한국어 형태론

한국어 형태론

최형용

역락

머리말

1.

'종이사전'이라는 말은 매우 흥미롭다. 이 말은 원래는 '사전'이었으나 컴퓨터에 기반한 '전자사전'에 그 자리를 내 주고 새롭게 등장한 말이다. '글씨'는 늘 손으로 쓰던 것이었는데 컴퓨터로 문서 작성을 하게 됨으로써 '손글씨'란 말이 새롭게 생겨난 것과 탄생 배경이 흡사하다.

'종이사전'은 어떤 것을 찾고 정리하는 속도에 있어서는 '전자사전'에 비길 바 아니다. 그러나 '종이사전'은 '전자사전'으로는 하기 힘든 기능을 가지고 있다. 그것은 의도한 것이든 그렇지 않은 것이든 어떤 단어를 찾을 때 그 앞, 뒤 단어를 살펴보게 되는 일이다. 이러한 과정이 중요한 것은 그 가운데서 미처 생각하지 못했던 숨은 질서에 대한 아이디어가 샘솟기 때문이다. '전자사전'은 주어진 검색 명령에 따를 뿐이기 때문에 주변에 있는 단어들까지 보여 주지는 못하므로 새로운 아이디어를 주기 힘들다.

이 책은 형태론에 관한 한 '전자사전'보다 '종이사전'과 같은 역할을 하고자 한다. 형태론에 대한 어떤 궁금증을 빠르고 직접적으로 해결하기보다는 될 수 있으면 많은 자료를 제시하고 독자들이 그 안에서 자유롭게 생각을 펼칠 수 있도록 노력하였기 때문이다. 아마도 그동안의 어떤 책보다 '사전'을 직접적으로 노출하는 일이 많은 것도 이러한 의도의 소산이라 할 수 있다. 이 과정에서 단어의 세계가 가지는 어떻게 보면 불규칙하고 어떻게 보면 오묘한 질서를 만나볼 수 있기를 희망한다. 물론 때로는 사전의 처리와 의견이 다른 경우도 있는데 이에 대해서는 독자들이 판단할 수 있도록 가급적 이를 밝히고자 하였다.

2.

　이 책은 한국어의 특징을 부각시키려는 노력 세 가지를 담고 있다는 점에서 그동안의 형태론 혹은 문법론 책들과 차별성이 있다고 생각한다. 먼저 '어미'에 독립된 품사 자격을 부여함으로써 품사 분류 기준으로서의 '형식'을 폐기하고 결과적으로 '활용'을 인정하지 않게 된 것을 들 수 있다. '활용'은 '굴절어'의 개념임을 염두에 둘 때 '교착어'인 한국어에는 이를 받아들이는 것이 적절하지 않다고 본 것이다. 그리고 '형식'을 폐기하는 대신 '분포'를 새로운 품사 분류 기준으로 전면화한 것도 기존의 논의들과 가지는 차이점이다.

　다음으로 다른 영역 특히 어휘론의 주된 관심사로 간주되던 의미 관계를 형태론에 적용시키기 위해 노력하였다. 파생어에 '동의파생어'를 넣은 것과 합성어에 '의미 관계'에 기반한 분류를 추가시킨 것이 그것이다. '동의파생어'는 이른바 '저지' 현상에 대한 예외가 되는데 한국어에는 이러한 예들이 적지 않아 단순한 예외로 보기 어렵다. '의미 관계'에 기반한 합성어의 분류는 합성어 형성이 '의미 관계'에도 영향을 받을 수 있다는 것을 알려 주는 동시에 한국어 합성어의 특징을 새롭게 조명할 수 있는 방안이 된다고 할 수 있다.

　마지막으로 파생어와 합성어 이외에 '통사적 결합어'를 설정하였는데 이것은 한국어의 조사와 어미가 단어 형성에 참여하는 모습을 부각하기 위한 것이다. 조사와 어미가 단어 형성에 참여하는 것은 한국어의 '교착'을 여실히 보여 주는 것이라고 판단하였다.

　이상의 세 가지는 그동안 형태론에 관심을 가지고 연구한 결과물들을 반영한 것이라고 할 수 있다. 이에 따라 책의 제목도 '국어 형태론'이 아니라 '한국어 형태론'이라고 붙였다.

3.

학교 문법은 학문 문법 혹은 기술 문법과 대비되어 단순히 교육용 실용 문법이라고 하여 폄하되는 일이 있다. 그러나 학교 문법과 학문 문법이 유리되지 않고 연구되었던 우리 문법 연구의 전통을 생각하면 이러한 이분법적 사고는 바람직하지도 않고 옳은 방향이라고도 할 수 없다.

이 책이 결과적으로 학교 문법과 얼마간 거리가 생긴 것은 부인하기 어렵지만 그것을 제외한 나머지 부분에서는 최대한 학교 문법을 따르려고 한 것은 학교 문법에 대한 이러한 시각을 반영한 것이다. 이 책의 체계를 세우는 데 가장 많은 참조를 한 것이 학교 문법의 이론적 토대를 담은 『표준국어문법론』인 것도 학교 문법에 대한 이 책의 지향점을 분명히 하는 것이라고 생각된다.

4.

처음 이 책을 기획할 때는 학부와 대학원뿐만이 아니라 일반 연구자들에게도 도움이 되도록 한다는 목표를 가지고 있었다. 그러나 여러 가지 부족함 때문에 아쉬운 감이 적지 않다. 다만 몇 가지 구성에 대해서는 독자들을 위해 그 의도를 밝힐 필요가 있어 보인다.

먼저 <연습 문제>는 학부 학생을 위한 것이다. 여기에서는 본문에서 제시된 내용을 확인하고 이해를 심화시키는 데 도움이 될 수 있도록 구성하려고 하였다. 단순히 질문만 제기하는 대신 가급적이면 본문에서 다루지 않은 자료를 제시하여 적용 능력을 향상시키려고 하였다.

다음으로 <탐구 문제>는 일차적으로는 대학원생이나 형태론에 관심이 있는 일반 연구자들을 위해 마련한 것이다. 본문에서 설명을 제시하기에는 논의가 장황하거나 여러 가지 해결안이 제기될 수 있는 것들을 여기에 담으려고 하였다. 여기에도 질문만 제시하는 것을 지양하고 자료들을 제시하되 새로운 해석의 실마리가 되도록 노력하였다.

<참고 문헌>은 이 책을 쓸 때 참고한 것은 물론 해당 주제에 대해 다양한 견해가 제시될 수 있는 것들도 포함하려고 하였다. 원래 의도는 책의 내용과 <참고 문헌>을 적재적소에 연결시키고자 하였으나 이 작업은 개정판으로 미루게 되었다.

조금 더 자세하고 친절한 설명을 위해 본문의 내용을 그때그때 표로 정리하고 경우에 따라서는 장황한 각주가 적지 않게 달린 것도 이 책이 가지는 구성상의 특징이라면 특징이라 할 수 있다.

5.

이 책을 쓰면서 '종이사전'을 곁에 두고 별다른 의도 없이 단어들을 살펴보는 일을 병행하였다. 원래 목적은 '종이사전'을 검토하면서 의도하지 않은 생각들을 따로 메모하고 이것을 책의 내용과 적절히 결합시켜 보고자 하였으나 아직 '종이사전'은 채 절반을 넘기지 못하고 말았다. 그것은 게으름 때문이기도 하려니와 떠오르는 생각이 꼬리에 꼬리를 물어 한 쪽을 넘기는 데도 생각보다 많은 시간이 흐른 때문이기도 하다.

이처럼 여러 가지 측면에서 부족하지만 이 정도 내용을 이렇게 반듯하게 책으로 출판해 주신 역락 출판사 이대현 사장님과 박태훈 부장님께 심심(甚深)한 감사의 말씀을 드리고 싶다. 그리고 까다로운 요구에 끝까지 미소를 잃지 않으시고 모두 반영해 주신 권분옥 편집장님께도 이 자리를 빌려 마음으로부터 우러나오는 감사의 인사를 전하고 싶다.

2016년 2월 1일
단어의 세계가 가장 오묘하다는 훔볼트의 말을 생각하며
저자 삼가 몇 자 적음.

차례

제1부 형태론의 정의와 범위

제2부 형태소와 단어

제3부 단어의 부류 : 품사

제4부 단어의 형성

형태론의 정의와 범위

제1장 형태론의 정의

1.1. '형태론'의 '형태'

포괄적인 의미에서 '인류학'은 '인류'에 대한 학문이고 '심리학'은 '심리'에 대한 학문이라고 할 수 있다. '인류학'이나 '심리학'은 언어학이 아니므로 관심을 언어학으로 돌려도 이러한 양상은 마찬가지이다. '음운론'은 '음운'에 대해 연구하는 학문 분야이고 '의미론'은 '의미'에 대해 연구하는 학문 분야이다. 이로써 미루어 짐작할 수 있는 것은 가령 'X학'이나 'Y론'이라고 하면 각각의 'X'와 'Y'는 그 연구 대상이라는 점이다. 따라서 어떤 학문 분야의 의미를 제대로 이해하기 위해서는 'X'와 'Y'가 무엇인지 분명하게 이해할 필요가 있다.

그렇다면 '형태론'도 이와 같은 맥락에서 '형태'에 대해 연구하는 학문 분야라고 쉽게 정의 내릴 수 있다고 생각할 수 있다. 그런데 이 '형태'라고 하는 개념은 이해하기가 그렇게 간단하지 않다. 우선 국립국어원의 『표준국어대사전』에서 '형태'에 대해 들고 있는 뜻풀이부터가 그렇다.[1]

---

[1] 이 책에는 특히 사전의 뜻풀이와 용례에 기대는 일이 적지 않은데 특별한 말이 없이 '사전'이라고 표시한 경우는 대체로 국립국어원의 『표준국어대사전』을 지칭한다는 점을 미

'음운'이나 '의미'는 사전의 뜻풀이가 대체로 그대로 적용 가능하지만 '형태'에 대한 다음 뜻풀이에서는 만족할 만한 대답을 찾기가 어렵다.

Ⅲ 형태(形態)

「명사」

「1」 사물의 생김새나 모양.

¶ 산의 형태/가구의 형태/건물의 배치 형태/일자 형태의 부엌/의복의 형태가 특이하다./이 옷은 소매가 나비 날개 형태로 되어 있다./옷감을 탈수하는 방법은 그 섬유의 종류, 조직, 형태에 따라 차이가 있다.

「2」 어떠한 구조나 전체를 이루고 있는 구성체가 일정하게 갖추고 있는 모양.

¶ 시조의 형태/이 나라 가족의 형태는 대부분이 대가족 형태이다./이들은 식사 때마다 특이한 형태의 기도를 한다./쇼 프로그램의 형태가 갈수록 다양해지고 있다./그와 그의 참모들은 우리에게 쓰는 여러 형태의 억압을 감추기 위해 불황이라는 말을 이용하고는 했다.≪조세희, 난쟁이가 쏘아 올린 작은 공≫

「3」 『심리』 부분이 모여서 된 전체가 아니라, 완전한 구조와 전체성을 지닌 통합된 전체로서의 형상과 상태. 늑게슈탈트.

「4」 『북한어』 『언어』=문법적형태.

위에 제시된 「1」, 「2」까지의 의미는 우리가 일상적으로 부르는 '형태'의 의미이고 「3」은 전문 용어이기는 하지만 심리학에서의 '형태' 개념이라 언어학의 '형태'를 뜻하는 것은 아니다. 「4」는 언어학과 관련되지만 북한어일 뿐만 아니라 '문법적 형태'를 줄여서 '형태'라고 부른다는 의미이므로 역시 '형태'의 의미가 무엇인지에 대해서는 아무런 정보를 주고 있지 못하다.

지금으로서는 '형태론'의 '형태'에 대해 더 잘 이해하기 위해 부득이하게 영어의 도움을 받을 수밖에는 없을 듯하다.[2] '형태론'은 영어로는

리 밝혀 두고자 한다.

'morphology'라고 한다. 우리가 잘 아는 것처럼 '-logy'는 '-론'의 의미를 갖
게 해 주는 부분이므로 '형태'는 (자음으로 끝나는 경우에 덧들어가는
'-o-'를 제외한) 'morph'에 해당한다는 것을 알 수 있다. 사실 위의 '형태'
에 대한 사전의 뜻풀이 가운데 「1」, 「2」는 영어로 치면 'form'에 해당하는
것이므로 이로써 '형태론'의 '형태'를 국어사전의 뜻풀이를 통해서는 이해
하기 어려운 이유가 드러난다.3)

1.2. '형태'와 '형태소'

그렇다면 'morph'를 한국어로 옮긴 '형태'란 무엇일까? 이때의 '형태'는
앞의 사전에서 나온 '사물의 형태'가 아니라 언어 단위인 '형태소(形態素)'
와 밀접한 연관을 가지고 있다.

'형태소'란 간단하게 정의하자면 '의미를 가지는 최소 단위'로서 영어
로는 'morpheme'이라고 한다. 이 형태소에 대해서는 다음 장에서 더욱 자
세히 논의하겠지만 우선은 다음 예들을 대상으로 하여 '의미를 가지는 최
소 단위'가 무엇인지에 대해 생각해 보기로 한다.

    (1) 가. ㅎ, ㅏ, ㄴ, ㅡ, ㄹ
        나. 하, 늘
        다. 하늘
        라. 하늘이 높다.

---

2) 이 책은 한국어의 형태론이 논의의 중심이지만 경우에 따라서는 한국어의 형태론을 더
   분명하게 파악하기 위해 영어를 비롯한 다른 언어에 관심을 기울이는 경우가 종종 있을
   것이다. 따라서 '국어' 대신 '한국어'라는 말을 주로 이용하고자 한다.
3) 형태론에서도 'form'은 매우 중요하다. 그러나 이것을 '형태'로 번역하면 'morph'와 혼동되
   므로 앞으로는 'form'에 대해서는 '형식'으로 불러 서로 구별하고자 한다.

(1)은 '하늘'을 여러 가지로 자르거나 다른 말과 결합시켜 본 것이다. 우선 (1가)의 'ㅎ, ㅏ, ㄴ, ㅡ, ㄹ'은 그 자체로는 아무런 의미를 가지지 못하므로 형태소라고 할 수 없다.4) 다음으로 (1나)의 '하'와 '늘'도 어떤 의미를 갖는다고 볼 수 없다.5) '하늘'의 의미가 '하'와 '늘'이 가지는 의미로부터 도출되는 것이 아니기 때문이다. 따라서 (1다)의 '하늘'에 이르러야 그것이 '지평선이나 수평선 위로 보이는 무한대의 넓은 공간'이라는 의미를 가진다는 사실을 알 수 있고 이에 따라 '하늘'이 형태소라는 사실을 알 수 있다. 이러한 기준에 따른다면 (1라)에는 형태소가 여러 개가 있음을 짐작하기 어렵지 않다.6) 형태소의 자격만 가지는 것을 먼저 말한다면 '하늘', '이', '높-', '-다'가 이에 해당한다.7) 여기서 주의할 것은 형태소의 정의에서 말하는 '의미'는 '하늘'과 같은 어휘적 의미뿐만이 아니라 '이'나 '-다'가 가지는 문법적 의미도 포함한다는 사실이다.8)

---

4) 'ㅎ'과 같은 것은 그 자체로는 의미를 가지고 있지 않지만 가령 동물의 종류인 '학'과 식물의 종류인 '박'의 경우에서 살펴볼 수 있는 것처럼 의미를 구별해 주는 기능을 한다. 이를 음소(音素, phoneme)라고 하는데 음운론의 단위가 된다. 한편 'ㄴ'이나 'ㄹ'이 언제나 음소의 자격만 가지고 형태소로서의 자격이 없는 것은 아니다. '방금 떠난 차', '앞으로 볼 책'에서의 'ㄴ', 'ㄹ'은 일정한 문법적 기능을 가지고 있으므로 형태소의 자격을 가지기 때문이다. 이 'ㄴ', 'ㄹ'은 '어미'라는 이름으로 나중에 다시 다루게 될 것이다.

5) 'ㅎ', 'ㅏ'와 같은 음소에 대해 '하'와 '늘'은 각각 '음절(音節, syllable)'이라고 한다. 음소도 형태소의 자격을 가지는 일이 있기 때문에 음절도 당연히 형태소의 자격을 가질 수 있다. 다만 '하늘'에서의 음절 '하'와 '늘'은 의미를 가지지 않는다는 뜻이라는 것에 주의할 필요가 있다.

6) "하늘이 높다."와 같이 '무엇이, 누가'에 해당하는 '주어(主語, subject)'와 '무엇이다, 어찌한다, 어떠하다'에 해당하는 '서술어(敍述語, predicate)'로 이루어져 있는 것을 '문장(文章, sentence)'이라고 한다. 문장에 따라서는 '무엇을'에 해당하는 것도 필요한데 이를 '목적어(目的語, object)'라고 한다. 한편 복잡한 문장은 그 안에 '구(句, phrase)', '절(節, clause)' 등을 더 가지는 경우도 있다. "하늘이 높다."를 "푸른 하늘이 높다."라고 했을 때 '푸른 하늘'처럼 두 '단어(單語, word)' 이상으로 이루어진 것을 '구'라고 하고 "네가 어제 본 하늘이 높다."라고 했을 때 '네가 어제 본'처럼 두 단어 이상으로 이루어지되 한 문장 안에 다시 주어와 서술어를 갖추고 있는 것을 '절'이라고 한다.

7) '높-'과 같이 '붙임표(-)'를 붙이는 이유는 붙임표를 붙이는 쪽에 무엇인가 다른 말이 와야 한다는 것을 의미하기 위해서이다.

이러한 형태소의 정의를 바탕으로 해야 '형태론'의 '형태'에 대해 이해할 수 있는 발판이 마련된 것이라 할 수 있다. '형태'란 '형태소'가 가지는 다양한 모습을 지칭한다. 즉 '하늘'은 늘 '하늘'로 나타나기 때문에 형태소 '하늘'의 형태는 '하늘'이 되는 셈이다.[9) 그러나 형태소와 형태의 모습이 늘 같은 것은 아니다. (1)의 예에서 '하늘이'의 '이'는 "나무가 많다."라는 문장에서는 '가'로 나타나기 때문이다. '이'와 '가'는 그 의미(정확하게는 '문법적 의미')는 완전히 같지만 바로 앞에 오는 말이 받침을 가지느냐 가지지 않느냐의 차이에 따라 실현되는 '형태'가 다른 경우가 된다.[10)

이상과 같은 사실들을 염두에 둔다면 이제 '형태론'의 연구 대상인 '형태'는 결국 '형태소'임을 알 수 있다. 따라서 가장 소박하게 '형태론'은 '형태소에 대해 연구하는 학문'이라고 정의 내릴 수 있다. 그러나 이것만으로는 충분하지 않다. (1)의 예들로 다시 돌아가 보자. 형태소를 따질 수 있는 것은 형태소 하나짜리인 (1다)뿐만이 아니라 여러 개의 형태소가 들어 있는 (1라)와 같은 것도 해당한다고 한 바 있다. 그렇다면 (1라)와 같은 것도 형태론의 대상이 된다는 말인지 분명히 해야 할 필요가 있기 때문이다.

---

8) '이'에도 '-다'처럼 붙임표를 붙여야 하지만 붙이지 않는 것이 관례이다. 이에 대해서는 나중에 다시 언급하기로 한다.

9) 형태소로서의 '하늘'을 {하늘}로 표시하여 구별하는 일도 있다. 참고로 음소는 그것을 특별히 구분하여 나타내고자 할 때는 /ㅎ/과 같이 표시하기도 한다.

10) '하늘', '나무'에 결합하여 문장에서 주어임을 분명하게 해 주는 '이', '가'와 같은 것들을 조사(助詞)라 한다. 조사는 이 외에도 다양한 것들이 존재하는데 이에 대해서는 8장에서 자세히 다루기로 한다.

제2장 형태론의 범위와 대상

국립국어원의 『표준국어대사전』에서는 '형태론'에 대해 다음과 같은 뜻풀이를 제시하고 있다.

> **Ⅲ 형태-론(形態論)**
> 「명사」『언어』
> 형태소에서 단어까지를 다루는 문법학 분야. ≒어형론·형태학「4」.

'형태론'을 '형태소에 대해 연구하는 학문'이라고 정의할 경우와는 달리 위의 뜻풀이에는 형태론의 범위에 대한 정보가 들어 있다는 점에서 차이가 있다. 즉 형태론은 형태소로부터 출발하여 단어까지가 그 범위라는 사실을 위의 뜻풀이가 담고 있는 것이다. 형태론을 달리 '단어의 내부 구조를 연구하는 학문'이라고도 하는데 위의 뜻풀이는 '형태소에 대해 연구하는 학문'과 '단어의 내부 구조를 연구하는 학문'이라는 형태론의 정의를 결합시키되 상한선과 하한선에 대한 정보를 적절하게 포착하고 있다고 할 수 있다. 그런데 여기에는 보다 분명하게 해야 할 몇 가지 문제가

포함되어 있다. 이를 '형태론의 대상'이라고 표현하여 다음과 같이 정리해
보기로 한다.

(2) 형태론의 대상
    가. '형태소에서'라고 할 때 '형태소'와 관련된 어떤 것들이 형태론
        의 대상이 되는가?
    나. '단어까지'라고 할 때 '단어'와 관련된 어떤 것들이 형태론의 대
        상이 되는가?
    다. '형태소'가 '단어'로 이르는 어떤 과정들이 형태론의 대상이 되
        는가?

먼저 (2가)는 형태소를 확인하는 것에서부터 시작하여 확인된 형태소의
종류를 확인하고 형태소가 일정한 환경에 따라 모양을 바꾸는 것을 그 내
용으로 한다. 가령 (1라)의 '하늘이'에서 '하늘'과 '이'라는 형태소를 확인
할 수 있다고 한 바 있는데 이러한 형태소를 확인하는 데는 일정한 기준
이 있다. 또한 '하늘'과 '이'는 모두 형태소이지만 '하늘'은 어휘적인 의미
를 가지고 있는 데 비해 '이'는 문법적인 의미를 가지고 있다. '하늘'이 문
장에서 홀로 쓰일 수 있음에 비해 '이'는 그렇지 못하다는 차이도 볼 수
있다. 이러한 것들은 '하늘'과 '이'가 형태소의 종류에서 보이는 차이에
따른 것이다. 한편 '하늘'은 언제나 그 모습이 변하지 않지만 '이'는 '나무
가'에서는 '가'로 그 모양이 변한다고 한 바 있는데 이것은 형태소가 일정
한 환경에 따라 모양을 바꿀 수 있다는 것을 의미한다.

다음으로 (2나)는 단어의 다양한 정의와 관련이 있다. 앞의 (1)을 통해
여러 가지 언어 단위에 대해 접하였지만 이 배열은 사실 일정한 방향성을
전제하고 있다. 즉 (1가)에서 출발하여 (1라)로 간다고 보는 것이 그것이
다. 그러나 인식론적 측면에서 보면 이것은 사실이 아닐 가능성이 크다.

말을 배우는 어린 아이들을 통해 이러한 사실을 간접적으로 확인할 수 있다. 어린 아이들이 말을 배울 때를 관찰해 보면 아이들은 (1가)에서부터 시작하여 (1라)의 단계로 이르는 것은 아니기 때문이다. 아이들은 말을 배울 때 (1가)와 (1나)의 단계를 뛰어넘어 (1다)의 단계에서부터 시작하여 (1라)의 단계로 발전해 나간다. 아이들의 언어 학습 단계를 '한 단어 시기', '두 단어 시기' 등으로 부르는 것이 이러한 사정을 반영한다. 이것은 곧 음소에서부터 시작하여 문장으로 그 단위의 크기를 확대해 가는 것은 편의상의 조치임을 의미한다.

(1다)의 '하늘'은 하나의 형태소라고 한 바 있지만 달리는 하나의 형태소가 단어가 되는 경우이다. 즉 '하늘'은 형태소이자 단어인 셈이다. 그런데 문제는 이 단어의 정의가 쉽지 않다는 데 있다. '단어'를 형태론의 대상이라고 한다는 사실에 변함이 없다면 이 단어의 정의에 따라 '형태소에서 단어까지'를 다루는 형태론의 대상도 달라질 수밖에 없다.[1] 그리고 그에 따라 형태소의 종류를 나눈 것처럼 단어의 종류도 다시 나눌 수 있다.

마지막으로 (2다)는 형태소가 단어로 될 때 어떤 과정을 거치느냐를 관심사로 삼는다는 것이다. '하늘'은 하나의 형태소가 그대로 단어가 된다는 점에서 특별한 과정을 거치지 않지만 우리가 알고 있는 단어 가운데 많은 것들은 두 개 이상의 형태소로 이루어져 있다. 가령 '눈알 바깥 면의 위에 있는 눈물샘에서 나오는 분비물'의 의미를 가지는 단어 '눈물'에는 '눈'과 '물'이라는 형태소가 들어 있고 '미나리아재빗과의 여러해살이풀'의 의미

---

1) 형태론을 '형태소에서 단어까지'라고 한다면 음운론(音韻論, phonology)은 '음소에서 형태소까지', 통사론(統辭論, syntax)은 '단어에서 문장까지'라고 그 대상을 간단하게 정리할 수 있다. 그러나 각각의 경계에 속하는 것들, 가령 형태소는 음운론과 형태론, 단어는 형태론과 통사론 모두의 관심사가 될 수 있다. 또한 경우에 따라서는 문장의 억양과 같이 음운론이 통사론과 연관되는 부분도 있을 수 있다. 의미론(意味論, semantics)도 단어의 의미와 문장의 의미를 모두 다룬다는 점에서 형태론, 통사론과 밀접한 연관을 맺는다.

를 가지는 단어 '꿩의다리'에는 '꿩', '의', '다리'라는 세 개의 형태소가 들
어 있다. 실제로 단어의 형성은 보다 복잡한 양상을 띠지만 (2다)는 이처
럼 형태론이 형태소가 단어로 되는 과정에 대해서 관심을 가진다는 것을
의미한다. 앞에서 언급한 것처럼 형태론을 '단어의 내부 구조를 다루는
학문 분야'라고 할 때의 '내부 구조'는 대체로 형태소가 단어로 되는 과정
에 초점을 맞춘 정의이다.

탐구 문제

1. 다음 (가)와 (나)에서 'ㄴ'이 하는 역할을 구별해 보고 이처럼 역할이 구별되는 것들에는 또 어떤 것들이 있는지 생각해 보자.

> 가. '날(日)'과 '달(月)'
> 나. '간 사람'과 '갈 사람'

2. 다음 현행 〈한글 맞춤법〉의 제2항에 대한 아래 (가), (나)에서 '단어'에 어떤 의미 차이가 있는지 생각해 보자.

> 제2항 문장의 각 단어는 띄어 씀을 원칙으로 한다.

> 가. 위에서 '문장의', '각', '단어는', '띄어', '씀을', '원칙으로', '한다'는 띄어 쓰고 있으므로 단어이다.
> 나. '문장의'의 '의', '단어는'의 '는', '씀을'의 '을', '원칙으로'의 '으로'는 단어이지만 붙여 쓴다.

제2부

형태소와 단어

제3장 형태소

3.1. 형태소의 '확인' : 계열 관계와 통합 관계

1장에서 형태소는 의미를 가지는 최소 단위로서 가령 "하늘이 높다."라는 문장은 '하늘', '이', '높-', '-다'의 네 개의 형태소로 이루어져 있다고한 바 있다. 그런데 이러한 분석은 어떻게 가능한 것일까? 즉 어떻게 형태소를 '확인'할 수 있을까? 가령 "바다가 푸르네."라는 문장도 "하늘이 높다."의 경우로 미루어 보면 '바다', '가', '푸르-', '-네'로 분석될 수 있다는 것을 알 수 있다. 그런데 이 두 문장은 자세히 보면 서로 일정한 상관관계를 가지고 있다. 이를 다음과 같은 그림으로 나타내 보기로 하자.

(1)

(1)과 같이 그림을 그리고 나면 "하늘이 높다."라는 문장에서 '하늘'을

분석할 수 있는 것은, "바다가 푸르네."라는 문장과 비교할 때 '하늘' 자리에 '바다'가 대신 들어갈 수 있고 '이'를 분석할 수 있는 것은 '이' 자리에 '가'가 들어갈 수 있기 때문이라고 말할 수 있다. '높-'과 '-다'의 분석도 마찬가지인데 '높-'의 자리에 '푸르-'가 들어갈 수 있고 '-다'의 자리에 '-네'가 들어갈 수 있다. 이처럼 대등한 것들이 그 자리에 대신 들어갈 수 있는가를 통해 형태소를 분석할 수 있는데 이러한 관계를 '계열 관계'라고 한다.[1]

형태소를 확인할 때는 이러한 계열 관계만으로도 충분하지만 경우에 따라서는 형태소와 형태소 사이에 다른 말이 들어가는 경우를 통해 형태소를 분석할 수도 있다. 즉 "하늘이 높다."의 경우 '하늘'과 '이' 사이에는 형태소 '만'이 들어갈 수 있으므로 '하늘'과 '이'라는 형태소를 확인할 수 있고 '높-'과 '-다' 사이에는 형태소 '-았-'이 들어갈 수 있으므로 '높-'과 '-다'라는 형태소를 분석할 수 있다고 말하는 것이다. 이처럼 형태소와 형태소 사이에 다른 말이 들어가는 경우는 '하늘만이'와 같은 결합체를 통해 형태소를 확인하게 되는데 이러한 관계를 '통합 관계'라고 한다.[2] (1)의 그림에 이러한 통합 관계를 함께 표시하면 다음과 같은 그림으로 나타낼 수 있다.

(2)

하늘	만	이		높	았	다
바다		가		푸르		네

---

1) '대신 들어가는'에 초점을 두어 '계열 관계'를 '대치 관계'라고 하기도 한다.
2) '결합체'에 초점을 두어 '통합 관계'를 '결합 관계'라고 하기도 한다.

이제 보다 복잡한 경우들에 대해 생각해 보면서 형태소의 분석 문제에 대해 살펴보기로 하자. 먼저 한자의 형태소 분석이다.

> (3) 가. 농사(農事), 토론(討論), 소설가(小說家) …
> 　　나. 밥상(-床), 달력(-曆), 초가집(草家-) …
> 　　다. 불란서(佛蘭西), 배추(白菜), 건달바(乾達婆) …

(3가)는 일반적으로 우리가 한자어라고 부르는 것들로 한자와 한자가 결합한 것들이다. 그 의미를 유지한 채 '농사'의 '농-'은 '가사(家事)'와, '농사'의 '-사'는 '농가(農家)'와 계열 관계를 가지고 있으므로 '농-'과 '-사' 두 개의 형태소로 분석된다는 것을 알 수 있다. 이와 마찬가지로 '토론'은 '이론(理論)', '토의(討議)'와의 계열 관계를 통해 '토-'와 '-론'의 두 개의 형태소를 확인할 수 있다. '소설가'는 우선 '소설책'과의 계열 관계를 통해 '소설'과 '-가'로 나눌 수 있고 다시 '소설'은 '연설(演說)', '소시(小詩)'와의 계열 관계를 통해 '소-'와 '-설'로 나눌 수 있다. 즉 '소설가'는 '소-', '-설', '-가'의 세 개의 형태소로 이루어진 단어이다.

(3나)는 한자와 고유어가 결합한 것들이다. 이 경우에도 형태소의 분석은 (3가)의 경우와 다르지 않다. '밥상'은 '책상(冊床)', '밥솥'과의 계열 관계를 통해 '밥'과 '상'으로 형태소가 분석되며 '달력'은 '월력(月曆)', '달삯'과의 계열 관계를 통해 '달'과 '-력'으로 분석된다. '초가집'은 우선 '기와집'과의 계열 관계를 통해 '초가'와 '집'으로 구분되고 다시 '초가'는 '폐가(廢家)', '초옥(草屋)'과의 계열 관계를 통해 '초-'와 '-가'로 분석된다. 즉 '초가집'도 '소설가'처럼 '초-', '-가', '집'의 세 개의 형태소로 이루어진 단어이다.

(3가, 나)를 통해 알 수 있는 것은 한자는 대체로 1음절이 하나의 형태소 자격을 갖는다는 것이다. 그러나 모두 그러한 것은 아니다. (3다)의 예

들이 이러한 사정을 잘 보여 준다. '불란서'는 '프랑스'를 음역한 것으로 이 단어에서는 '佛', '蘭', '西'의 각각의 의미를 찾아볼 수 없다. 따라서 '불란서'는 한자 세 개로 이루어져 있지만 하나의 형태소이다. '배추'는 중국의 구어체 글인 백화문(白話文)을 기원으로 한다. 즉 '白菜'의 발음을 본뜬 것인데 역시 '배추' 자체에서는 '白'과 '菜'를 분석해 내기 어렵다. '건달바'도 마찬가지이다.3) '건달바'는 고대 인도어인 산스크리트를 음역한 것이므로 비록 한자로 적는다고 하여도 한자 낱낱의 의미를 파악할 수 없으므로 전체가 하나의 형태소라고 해야 할 것이다.

다음의 예들은 형태소가 공교롭게 받침과 일치하는 모습을 보여 형태소 분석이 쉽지 않아진 경우라고 할 수 있다.

(4) 가. 울상   cf. 죽을상
    나. 열쇠   cf. 자물쇠

먼저 (4가)의 '울상'은 '울려고 하는 얼굴 모양'이라는 의미를 가지므로 이때 '울'은 '울다'에서 온 것임을 알 수 있다. 그런데 '상(相)'은 '모양'이라는 의미를 가지는 말이다. 참고로 제시한 '죽을상'이라는 단어를 보면 '울상'의 '-ㄹ'은 '울다'의 'ㄹ'이 아니라 '죽을'의 '-을'과 같이 뒤에 오는 말을 꾸며 주는 기능, 즉 고유한 문법적 의미를 가진 것임을 알 수 있다. 따라서 '울상'을 형태소로 분석하면 '우-+-ㄹ+상'이고 '울다'의 'ㄹ'이 탈락한 것이라고 보아야 한다.4) 즉 '울상'의 형태소 분석에는 '죽을상'이라는 단어와의 계열 관계가 중요한 역할을 담당하고 있다고 할 수 있다.

---

3) '하는 일 없이 빈둥빈둥 놀거나 게으름을 부리는 짓. 또는 그런 사람'의 의미를 가지는 '건달(乾達)'은 이 '건달바'에서 나온 말이다.
4) '+'는 형태소 경계를 나타내기 위한 기호이다. 단어 경계는 그것을 표시할 필요가 있으면 '#'로 나타내는데 '#'는 휴지(休止, pause)를 나타내는 데도 쓰인다.

이러한 형태소 분석은 '울다'가 '울고', '울어서', '울면', '우니'의 '우니'에서 보는 것처럼 '울다'의 'ㄹ'이 떨어지는 일이 있고 '가물다'의 경우도 '가뭄'이 될 때 'ㄹ'이 떨어진다는 것을 보면 보다 확실해진다.

(4나)의 '열쇠'도 마찬가지이다. 이와 계열 관계를 가지고 있는 '자물쇠'는, 비록 '잠다'가 현대 한국어에서는 생명력을 잃은 것이라고 할 수 있지만, 역시 (4가)의 '죽을상'처럼 '-ㄹ'을 가지고 있다는 사실을 확인할 수 있다. 따라서 '열쇠'의 경우도 (4가)의 '울상'처럼 '여-+-ㄹ+쇠'로 분석되어야 한다는 것을 알 수 있다.[5]

형태소 분석이 역사성과 관련되는 부분도 형태소 분석의 어려움을 나타내 준다.

　　　(5) 가. 믿다, 즐기다
　　　　　 나. 미덥다, 즐겁다

(5가)와 (5나)의 단어들을 비교해 보면 (5나)의 단어들에는 '-업-'이 통합 관계를 보이고 있다는 사실을 알 수 있다. 따라서 이러한 사실을 중시하면 '-업-'은 형태소로서의 자격을 가지고 있다고 할 수 있다. 그런데 문제는 '-업-'에 지금도 형태소로서의 자격을 부여할 수 있느냐 하는 것이다. '-업-'은 예전에 동사와 결합하여 형용사를 만드는 접미사의 자격을 가졌지만 지금은 그 생산성을 잃었다고 볼 수 있기 때문이다.[6] <한글 맞춤법>

---

5) 그러나 '들락날락'의 '-ㄹ'은 문법적 기능을 가진 것이 아니라 '들-'과 '날-'의 일부로서 형태소의 자격을 가지지 못한다. 이는 '-락'이 문법적 기능을 가지는 '-ㄹ'의 꾸밈을 받을 수 없는 말이기 때문이다. '오락가락', '쥐락펴락'을 보면 이러한 점이 더욱 분명해진다.

6) '동사(動詞, verb)'란 사물의 동작이나 작용을 나타내는 품사의 한 종류이고 '형용사(形容詞, adjective)'란 사물의 성질이나 상태를 나타내는 품사의 한 종류이다. 이들을 포함한 품사에 대해서는 3부에서 자세히 다루기로 한다. '접미사(接尾辭, suffix)'란 새로운 단어를 형성하는 '접사(接辭, affix)' 가운데 뒤쪽에 위치하는 것을 일컫는 것으로 앞쪽에 위치하는 '접두사(接頭辭, prefix)'와 대비된다. 접사에 대해서는 4부 13장에서 자세히 다루기로

에서 '믿업다'가 아니라 '미덥다'로 소리 나는 대로 적는 이유도 이러한 사
정을 반영한 때문이다. 따라서 더 이상 생산성을 가지고 있지 않은 '-업-'
에 대해 현대 한국어에서 형태소의 자격을 부여하기는 어렵다.[7]

언어의 역사성과 관련하여 형태소 분석의 어려움을 보여 주는 대표적
인 것은 사이시옷이 아닐까 한다.

> (6) 가. 부텻 모미 여러가짓 相이 ᄀᆞᄌᆞ샤<석보상절 6 : 41>(부처의 몸이
> 여러 가지의 모습을 가지시어)
> 나. 사ᄉᆞ미 등과 도ᄌᆞ기 입<용비어천가 88>(사슴의 등과 도적의 입)

(6)의 문장들은 15세기의 것 즉 중세 한국어의 예들인데 그 현대 한국
어 해석을 보면 모두 '의'로 되어 있는 것이 (6가)에서는 '부텻', '여러가
짓'에서 'ㅅ'으로 나타나고 있음을 볼 수 있다. (6나)에서는 '익'가 나타나
고 있는데 이것의 현대 한국어형이 '의'이다. 따라서 중세 한국어 당시에
는 'ㅅ'이 현대 한국어의 '의'에 해당하는 형태소로서의 자격을 가지고 있
음을 알 수 있다. 그러나 이러한 'ㅅ'은 현대 한국어에서는 더 이상 그 모
습을 찾을 수가 없고 다음과 같이 단어의 내부에서 그 흔적을 찾을 수 있
을 뿐이다.

> (7) 가. ① 나뭇가지, 혓바늘 …
> ② 잇몸, 빗물 …

한다. 한편 형태론에서의 '생산성(生産性, productivity)'이란 새로운 단어를 만드는 능력을
말한다.
7) '부끄럽다', '무섭다' 등에도 '-업-'이 들어 있으나 이들을 제외한 나머지 부분은 '믿다',
'즐기다'와는 달리 현대 한국어에서 그 모습을 남기고 있지 않다. '부끄럽다', '무섭다'에
서 '-업-'을 제외한 부분은 예전에 '붓그리다', '무싀다'였다. 따라서 이들 단어는 아예
'부끌', '뭇'이 현대 한국어에 존재하지 않기 때문에 '-업-'을 형태소로 분석하는 것이 더
어렵다고 할 수 있다.

③ 나뭇잎, 깻잎 …
나. ① 핏기, 텃세 …
② 제삿날, 훗날 …
③ 예삿일, 훗일 …
다. 곳간(庫間), 셋방(貰房), 숫자(數字), 찻간(車間), 툇간(退間), 횟수(回數)

(7)은 현행 <한글 맞춤법> 30항에서 사이시옷을 밝혀 적는 경우를 제시한 것인데 (7가)는 순 우리말로 된 합성어로서8) 앞말이 모음으로 끝난 경우, ① 뒷말의 첫소리가 된소리로 나는 것 ② 뒷말의 첫소리 'ㄴ, ㅁ' 앞에서 'ㄴ' 소리가 덧나는 것 ③ 뒷말의 첫소리 모음 앞에서 'ㄴㄴ' 소리가 덧나는 것의 예 일부이고 (7나)는 순 우리말과 한자어로 된 합성어로서 앞말이 모음으로 끝난 경우, ① 뒷말의 첫소리가 된소리로 나는 것 ② 뒷말의 첫소리 'ㄴ, ㅁ' 앞에서 'ㄴ' 소리가 덧나는 것 ③ 뒷말의 첫소리 모음 앞에서 'ㄴㄴ' 소리가 덧나는 것의 예 일부이다. 한편 (7다)는 예외적으로 두 음절로 된 한자어 가운데 사이시옷을 밝혀 적는 여섯 가지이다. 이는 곧 한자와 한자로 이루어진 합성어들의 대부분은 비록 앞말이 모음으로 끝나고 된소리가 실현되더라도 '고가(高價), 치과(齒科)' 등처럼 사이시옷을 적지 않는다는 것을 암시한다.

(7)의 단어들 가운데 가령 '나뭇가지'는 '잎가지', '나무다리'와의 계열 관계를 통해 '나무'와 '가지'로 형태소 분석을 할 수 있는데 문제는 남는 'ㅅ'이다. 이러한 'ㅅ'은 이른바 사잇소리 현상을 반영한 것인데 (7)의 경우처럼 언제나 표기에 반영하는 것은 아니다. 표기에 반영하는 것은 앞말이 모음으로 끝나서 'ㅅ'을 적을 공간이 있는 경우에 한정되고 그러한 공간이 없는 경우에는 동일한 사잇소리 현상이 나타나더라도 'ㅅ'을 적을

---

8) '합성어(合成語, compound words)'는 둘 이상의 어휘적 형태소가 결합한 단어이다. 이에 대해서는 4부에서 자세히 다루기로 한다.

수 없다. 가령 '등불'과 같은 경우가 그러한데 이 경우에는 사잇소리 현상
이 나타나지만 '등'이 모음으로 끝나지 않기 때문에 'ㅅ'을 따로 밝혀 적
을 수 없다.[9)]

  그렇다면 이 'ㅅ'은 과연 형태소일까? 물론 아무 곳이나 'ㅅ'이 들어가
는 것은 아니지만 현대 한국어를 기준으로 할 때 이 'ㅅ'에 일정한 의미
를 부여하기는 쉽지 않다는 점에서 형태소로 분석하는 것은 문제가 있다
고 판단된다. 무엇보다도 어떤 '의미'를 가지고 있다면 'ㅅ'이 나타나는
환경이 일정해야 할 텐데 현대 한국어에서는 그 환경을 명시하기가 쉽지
않다. 사이시옷이 나타나는 경우와 그렇지 않은 경우를 일정한 의미 관계
로 나누어 보면 다음과 같다.[10)]

> (8) 가. 아침밥, 밤잠, 겨울밤 ·············· <A가 B의 시간>
> 나. 안방, 촌사람, 산돼지 ·············· <A가 B의 장소>
> 다. 솔방울, 나뭇가지, 장밋빛 ········· <A(무정체언)가 B의 기원/소유주>
> 라. 고깃배, 잠자리, 술잔 ·············· <A가 B의 용도>
>
> (9) 가. 반달, 뱀장어, 사슴벌레 ············· <A가 B의 형상>
> 나. 도토리묵, 금가락지, 종이배 ······ <A가 B의 재료>
> 다. 불고기, 칼국수, 전기다리미 ······ <A가 B의 수단·방법>
> 라. 별똥별, 엄지가락, 수양버들 ······ <A가 B와 동격>
> 마. 개다리, 돼지고기, 개구멍 ········· <A(유정체언)가 B의 소유주/기원>
> 바. 손발, 논밭, 눈비 ····················· <병렬구성>

---

9) 따라서 사잇소리 현상이 나타나는 '등불'을 연구자에 따라서는 '등ㅅ불'로 표기하는 경우
  도 있고 'ㅅ'의 발음을 기준으로 '등t불'처럼 나타내기도 한다. 이 책에서는 현행 <한글
  맞춤법>에 따라 '등불'과 같은 경우에는 이를 따로 표시하지는 않기로 하겠지만 사잇소
  리 현상이 나타나는 것은 'ㅅ'을 밝혀 적는 경우와 마찬가지이므로 대신 '사잇소리 현상
  이 나타나는 경우'와 '사이시옷이 나타나는 경우'를 같은 의미로 사용하기로 한다.
10) 여기에 제시한 예들은 김창섭(1996b : 49-52)에서 가져온 것이다.

(8)은 사이시옷이 전형적으로 나타나는 예이고 (9)는 사이시옷이 전형적으로 나타나지 않는 예이다. 그런데 문제는 (9바)를 제외하고는 이들 모두에 예외가 존재한다는 사실이다.

(8') 가. 가을고치, 봄부채, 동지죽 ········· ⟨A가 B의 시간⟩
　　 나. 산도깨비, 코감기, 물뱀 ·········· ⟨A가 B의 장소⟩
　　 다. 장미색, 콩기름, 요임금 ·········· ⟨A(무정체언)가 B의 기원/소유주⟩
　　 라. 과일접시, 화장비누, 구두약 ······ ⟨A가 B의 용도⟩

(9') 가. 머릿돌, 코뿔소 ······················· ⟨A가 B의 형상⟩
　　 나. 판잣집, 콩국, 눈사람 ··············· ⟨A가 B의 재료⟩
　　 다. 동냥글, 눈칫밥 ······················· ⟨A가 B의 수단·방법⟩
　　 라. 종달새, 동짓날 ······················· ⟨A가 B와 동격⟩
　　 마. 벌집, 머슴방, 부잣집 ··············· ⟨A(유정체언)가 B의 소유주/기원⟩

(8')은 (8)에 의하면 사이시옷이 나타나야 하는데 정작 사이시옷이 나타나지 않는 경우이고 (9')은 (9)에 의하면 응당 나타나지 말아야 할 사이시옷이 나타나는 경우이다. 따라서 (8), (9)에 나타난 사이시옷에 일정한 의미를 부여한다는 것은 쉽지 않다. 위의 ⟨한글 맞춤법⟩에서도 어떤 '의미'를 기준으로 한 것이 아니라 '된소리', 'ㄴ' 소리의 덧남처럼 '소리'에 초점을 맞추고 있다는 점을 염두에 둘 필요가 있다.

　또한 화자에 따라 똑같은 단어라도 'ㅅ'이 실현되기도 하고 그렇지 않기도 한다는 문제점이 있다. 다음은 국립국어원에서 사잇소리 현상에 대한 발음의 실태를 조사한 결과의 일부이다.[11]

---

11) '[ ]'은 발음을 의미한다.

단어	발음	제보자 수	비율	표준 발음
돌담	예사소리	132	37.71%	[돌 : 담]
	된소리	218	62.29%	
산들바람	예사소리	170	48.57%	[산들바람]
	된소리	180	51.43%	
동아줄	예사소리	43	12.29%	[동아줄]
	된소리	307	87.71%	
막냇동생	예사소리	223	63.71%	[망내똥생/망낻똥생]
	된소리	123	35.14%	
	기타	4	1.14%	
날갯짓	예사소리	222	63.43%	[날개찓/날갣찓]
	된소리	128	36.57%	
머리말	[머리말]	53	15.14%	[머리말]
	[머린말]	297	84.86%	
인사말	[인사말]	40	11.43%	[인사말]
	[인산말]	310	88.57%	
감방	예사소리	128	36.57%	[감빵]
	된소리	222	63.43%	
반창고	예사소리	82	23.43%	[반창고]
	된소리	257	73.43%	
	기타	11	3.14%	

이러한 현상은 'ㅅ'을 형태소로 인정하는 데 주저하게 되는 요인이라 하지 않을 수 없다.12)

---

12) 한국어의 사이시옷과 같은 요소는 다른 언어에서도 발견된다. 다음은 독일어에서 발견 되는 '-s', '-en'의 경우인데 공교롭게도 이 '-s'는 한국어의 'ㅅ'과 마찬가지로 '의'의 기능을 가지던 것이었다.

Volk-s-wagen lit. '국민차'(Volk '국민, 사람들' + Wagen '차')
Liebe-s-brief '연애편지'(Liebe '사랑' + Brief '편지')
Schwan-en-gesang '백조의 노래'(Schwan '백조' + Gesang '노래')

3.2. 형태소의 종류

3.2.1. 자립 형태소와 의존 형태소

'확인'된 형태소는 일정한 기준에 따라 여러 가지 형태소로 나눌 수 있다. 자립 형태소(自立形態素, free morpheme)와 의존 형태소(依存形態素, bound morpheme)는 문장에서의 '자립성'을 기준으로 형태소를 나눈 것이다.

우선 앞에서 살펴보았던 "하늘이 높다."라는 문장에서의 형태소들을 이에 따라 나누어 보자. 형태소 '하늘', '이', '높-', '-다' 가운데 문장에서 자립할 수 있는 것은 '하늘'이다.13) 문장에서 자립할 수 있는 것들은 대체로 독립된 대답으로 기능할 수 있다.

> (10) 가. 질문 : 지평선이나 수평선 위로 보이는 무한대의 넓은 공간을 무엇이라고 하는가?
> 대답 : 하늘
> 나. 질문 : 아래에서부터 위까지 벌어진 사이가 크다는 의미를 나타내는 말은?
> 대답 : *높-

(10가)의 정의적 질문에 대해 '하늘'은 그 답으로서 아무 문제가 없지만 (10나)의 경우는, '높다'는 답이 될 수 있지만 '높-'만으로는 대답이 될 수 없다.14) 따라서 '높-'은 자립 형태소가 아니라 의존 형태소가 되는 것이다.

---

13) 이때 한 가지 주의할 점은 문장에서 자립할 수 있다는 것이 곧 형태소가 문장 형성에 직접 참여하는 것으로 잘못 이해되어서는 안 된다는 것이다. 앞서 통사론은 '단어에서 문장까지'를 연구 대상으로 삼는다고 하였는데 이는 달리 말하자면 문장의 최소 단위는 단어가 된다는 것을 의미한다. 따라서 문장에서 형태소가 자립한다는 것은 해당 형태소가 다른 형태소와의 결합 없이 그대로 단어로서 쓰일 수 있다는 것을 의미하는 것이다.
14) 위 첨자로 되어 있는 ' * ' 표시는 '성립이 되지 않는다'는 의미를 가지는 언어학 분야의 약속 기호이다. 문장에 쓰이면 '비문법적인 문장'의 의미를 가지고 있고 단어 앞에 쓰이

"바다가 푸르네."의 경우도 이와 흡사하게 '바다'가 자립 형태소이고 나머지 '가', '푸르-', '-네'는 의존 형태소이다.[15]

(3)에서 분석한 한자의 경우도 자립 형태소와 의존 형태소로 나눌 수 있다. (3)에서 한자만 대상으로 하여 표로 제시하면 다음과 같다.

(11)

	(3가)	(3나)	(3다)
자립 형태소		'상(床)'	불란서(佛蘭西), 배추(白菜), 건달바(乾達婆)
의존 형태소	'농(農)-', '-사(事)', '토(討)-', '-론(論)', '소(小)-', '-설(說)', '-가(家)'	'-력(曆)', '초(草)-', '-가(家)'	

(11)의 표에서 볼 수 있는 바와 같이 1음절 한자인 경우에는 의존 형태소가 압도적으로 많다. 또 이들 가운데는 같은 의미를 가지는 대응 고유어가 다음에서 보는 것처럼 자립 형태소인 경우가 적지 않다.

(12)

고유어 자립 형태소	'하늘'	'땅'	'구름'	'코'	'입'	…
한자 의존 형태소	'천(天)'	'지(地)'	'운(雲)'	'비(鼻)'	'구(口)'	…

면 '존재하지 않는 단어'의 의미를 갖는다. 역사적인 재구형(再構形, reconstructed form)에도 이 기호가 쓰이는데 재구형이란 문증되지는 않지만 존재했을 가능성이 높은 한 단계 이전의 기원형을 일컫는다. 가령 '무겁다'는 『표준국어대사전』에 따르면 최초형이 석보상절에 나오는 '므겁다'였는데 '미덥다, 즐겁다'와 관련하여 보면 '믁다'가 있었을 듯하지만 실제 문증되지는 않는다. 이 경우 '*믁다'와 같이 표기한다. 한편 '[?]'과 같은 기호도 사용하는데 이는 성립이 되지 않는다고 할 수는 없지만 '성립에 이상이 있다'는 의미를 갖는다. 흔히 문장의 성립에 사용하는데 '[?]'의 숫자가 많을수록 성립에 이상이 더 많이 있다는 의미를 갖는다.

15) 따라서 '붙임표(-)'는 의존 형태소임을 표시하는 것이라 할 수 있지만 의존 형태소 가운데 '이'와 같은 것에 붙지 않는 것은 '이'와 같은 것이 단순히 의존 형태소가 아니라 '하늘'처럼 단어로 인정되고 있기 때문이다.

따라서 자립 형태소인 고유어가 한자에 밀려 사라지게 되면 한자 의존 형태소가 자립성을 띠게 되기도 한다. 'ㄱ롬', '지게'가 사라지고 '강(江)', '문(門)'이 자립성을 가지게 된 것이 그 예라고 할 수 있다.16)

그러나 숫자를 나타내는 고유어 '하나, 둘, 셋, 넷' 등과 한자 '일(一), 이(二), 삼(三), 사(四)' 등은 모두 자립 형태소의 자격을 가지기 때문에 고유어와 대응 한자가 언제나 (12)와 같은 관계를 가지는 것은 물론 아니다.

그런데 자립 형태소와 의존 형태소의 경계에 속하는 것으로 보이는 것들이 있다.

> (13) 가. 도서관에 새 책이 많다.
>   가′. 질문 : 도서관에는 어떤 책이 많니?
>   답변 : *새
>   나. 집에는 먹을 것이 많다.
>   나′. 질문 : 집에는 무엇이 많니?
>   답변 : *것

앞에서 자립 형태소는 질문에 대해 단독으로 답변이 될 수 있다고 하였다. 이에 따르면 (13가)의 '새', (13나)의 '것'과 같은 경우는 질문에 대해 단독으로 답변이 될 수 없으므로 의존 형태소라고 해야 할 것이다. 그러나 그렇게 볼 수 없다. 이들은 질문에 대해 단독으로 답변이 될 수 없고 반드시 앞이나 뒤에 다른 요소가 나타나야 문장에 참여할 수 있어 자립성이 상당히 결여되어 있는 것은 분명하지만 그렇다고 하여 의존 형태소라고 부를 만한 것은 아니다.17)

우선 '새 책', '먹을 것'에서 '새'와 '책', '먹을'과 '것' 사이를 띄어 적

---

16) 이 '지게'는 '무지개'에 남아 있다. '무'는 '물(水)'에서 'ㄹ'이 탈락한 것인데 '무지개'는 곧 '물로 만든 문'의 의미를 갖는다.
17) 3부의 품사에서 다루겠지만 '것'과 같은 단어들은 명칭이 심지어 '의존 명사'이다.

는 이유가 여기에 있다. 이들은 '하늘'에 비해서는 상대적으로 높은 의존성을 띠고 있지만 그것은 자립 형태소의 끝자락이라고 보아야 한다. 만약 이들을 의존 형태소라고 한다면 무엇보다 이들이 문장에서 거의 동일한 기능을 하는 다른 요소들과의 공통성을 포착할 수 없게 된다.[18]

3.2.2. 어휘 형태소와 문법 형태소

어휘 형태소(語彙形態素, lexical morpheme)와 문법 형태소(文法形態素, grammatical morpheme)는 형태소가 가지는 의미의 '어휘성'을 기준으로 나눈 부류이다. 어휘 형태소는 말 그대로 형태소의 의미가 어휘적임에 비해 문법 형태소는 형태소의 의미가 문법적임을 뜻한다.[19] 의미의 '어휘성'은 달리 의미의 '실질성'과도 통하므로 어휘 형태소를 '실질 형태소'라 하기도 하고 문법 형태소를 '형식 형태소'라고 하기도 한다.

"하늘이 높다."라는 문장에서의 형태소 '하늘', '이', '높-', '-다'를 대상으로 어휘 형태소와 문법 형태소로 나누면 어휘 형태소는 '하늘', '높-'이 되고 나머지 '이', '-다'는 문법 형태소가 된다. "바다가 푸르네."의 경우도 마찬가지로 '바다', '푸르-'가 어휘 형태소가 되고 '가', '-네'가 문법 형태소가 된다.

한자의 경우에는 좀 복잡한 문제가 있다. 한자는 기본적으로 어휘적 의미를 가지고 있기 때문에 대부분 어휘 형태소로 분석되지만 앞의 (3)에서 제시한 것들 가운데 '소설가'의 '-가'와 같은 것도 어휘 형태소로 분석하

---

18) 이것도 3부에서 다루겠지만 '새 책'의 '새'는 '빨리 달린다'의 '빨리'와 마찬가지로 다음에 오는 말을 꾸며 준다는 점에서 공통되며 '먹을 것'의 '것'은 '하늘'과 문장에서 하는 역할이 주어, 목적어, 서술어 등으로 다르지 않다.
19) 1부에서 이미 형태소가 가지는 '의미'에는 '문법적 의미'도 포함하고 있다고 언급한 것을 상기할 필요가 있다.

는 것이 옳은가 하는 것이다. 사전에는 '소설가'의 '-가'에 대해 다음과
같이 뜻풀이가 되어 있다.

Ⅲ -가13 (家)

「접사」

((일부 명사 뒤에 붙어))

「1」 '그것을 전문적으로 하는 사람' 또는 '그것을 직업으로 하는 사람'의 뜻을
더하는 접미사.

¶ 건축가/교육가/문학가/작곡가/평론가.

「2」 '그것에 능한 사람'의 뜻을 더하는 접미사.

¶ 외교가/이론가/전략가/전술가.

「3」 '그것을 많이 가진 사람'의 뜻을 더하는 접미사.

¶ 자본가/장서가.

「4」 '그 특성을 지닌 사람'의 뜻을 더하는 접미사.

¶ 대식가/명망가/애연가.

즉 '초가집'의 '-가(家)'와는 그 모양이 같지만 그 의미뿐만이 아니라 지
위까지도 완전히 다른 것으로 간주하고 있는 것이다. 그리고 그 지위는
'미덥다'의 '-업-'과 마찬가지로 새로운 단어를 만드는 접미사임을 알 수
있다. 접미사는 새로운 단어 즉 어휘를 만들기는 하지만 그것을 제외한
나머지와 어휘성에서 본질적인 차이가 있다. 다시 말하자면 접미사의 의
미는 실질적이라기보다는 형식적인 특성이 적지 않은 것이다. 또한 접미
사는 그것이 결합하여 형성된 단어를 그 이전과는 매우 다른 분포를 가지
게 만든다는 점에서 문법성도 찾을 수 있다. 따라서 접미사는 그것이 한
자이든 고유어이든 문법 형태소로서의 자격을 부여하기로 한다.

이상의 논의를 바탕으로 하면 어휘 형태소와 문법 형태소는 앞에서 살
펴본 자립 형태소, 의존 형태소와 일정한 상관관계에 놓여 있음을 알 수

있다. "하늘이 높다."라는 문장과 한자어 '소설가', 고유어와 한자어의 결합인 '밥상'을 통해 이러한 상관관계에 대해 살펴보기로 한다.

(14)

형태소	하늘	이	높-	-다	소-	-설	-가	밥	상
자립 형태소	하늘							밥	상
의존 형태소		이	높-	-다	소-	-설	-가		
어휘 형태소	하늘		높-		소-	-설		밥	상
문법 형태소		이		-다			-가		

우선 자립 형태소와 어휘 형태소의 관계이다. 자립 형태소 '하늘', '밥', '상'은 모두 어휘 형태소이지만 어휘 형태소 가운데 '높-', '소-', '-설'의 경우는 의존 형태소이므로 어휘 형태소라고 해서 모두 자립 형태소인 것은 아니다. 다음으로 의존 형태소와 문법 형태소의 관계이다. 문법 형태소 '이', '-다', '-가'는 모두 의존 형태소이지만 의존 형태소 가운데 '높-', '소-', '-설'은 어휘 형태소이므로 의존 형태소라고 해서 모두 문법 형태소인 것은 아니다. 즉 이들 형태소는 서로 포함관계에 있음을 알 수 있는데 이를 그림으로 나타내면 다음과 같다.

(15) 가.   나.

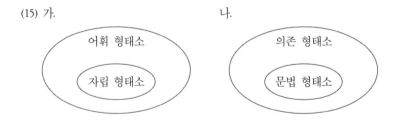

그리고 의존 형태소이면서 동시에 어휘 형태소인 것으로는 '높-'과 같은 어간, '소-', '-설'과 같은 한자 어근이 있다는 사실도 알 수 있다.[20]

3.2.3. 형성소와 구성소

앞에서 언급한 바와 같이 형태소를 '확인'한다는 것은 형태소보다 더 큰 단위에서 결과적으로 형태소를 '분석'해 낸다는 의미를 가지고 있다. 그런데 형태소 가운데는 '분석'이 아니라 '형성'의 관점에서 바라볼 수 있는 측면이 있다. 즉 형태소 가운데는 그것이 참여하는 보다 더 큰 구성에 생산적으로 참여하는 것도 있고 그렇지 못한 것도 있는 것이다. 형태소 가운데 보다 더 큰 구성에 생산적으로 참여하는 것을 '형성소'라 하고 그렇지 못한 것을 '구성소'라 한다.

먼저 단어 형성의 측면에서 이에 대해 살펴보기로 하자. 다음은 현행 <한글 맞춤법> 가운데 제3절 접미사가 붙어서 된 말의 두 번째 조항이다.

Ⅲ 제20항 명사 뒤에 '-이'가 붙어서 된 말은 그 명사의 원형을 밝히어 적는다.

1. 부사로 된 것

   곳곳이   낱낱이   몫몫이   샅샅이   앞앞이   집집이

2. 명사로 된 것

   곰배팔이   바둑이   삼발이   애꾸눈이
   육손이   절뚝발이/절름발이

[붙임] '-이' 이외의 모음으로 시작된 접미사가 붙어서 된 말은 그 명사의 원형을 밝히어 적지 아니한다.

   꼬락서니   끄트머리   모가치   바가지   바깥
   사타구니   싸라기   이파리   지붕   지푸라기   짜개

---

20) '어간(語幹, stem)'은 '어미(語尾, ending)'에 대응하는 말로 '높다'가 '높고, 높으니, 높아서' 등으로 변할 때 변하지 않는 '높-'을 말하고 변하는 '-고, -으니, -아서' 등을 어미라 한다. '어근(語根, root)'은 '접사(接辭, affix)'에 대응하는 말로 일차적으로는 단어를 형성하는 어휘 형태소가 된다. 어간과 어미에 대해서는 3부에서, 어근과 접사에 대해서는 4부에서 자세히 다룬다.

위 조항을 잘 살펴보면 '-이'의 경우는 이를 밝혀 주고 [붙임]에 제시된 바와 같이 그 이외의 모음으로 시작된 접미사는 이를 밝혀 주지 않는다는 것을 알 수 있다. 그런데 이처럼 '-이'의 경우에만 이를 밝혀 주고 그 이외에는 그렇지 않은 이유는 무엇일까? 이것은 역사성의 측면에서 해석할 수도 있지만 다른 한편으로는 '-이'의 경우는 새로운 단어를 형성할 수 있는 능력 즉 생산성이 높지만 나머지에서 분석되는 접미사는 생산성이 높지 않다는 것으로 해석하는 것이 자연스럽다. 즉 '꼬락서니'는 '꼴'에 '-악서니'가 결합한 것이고 '끄트머리'는 '끝'에 '-으머리'가 결합한 것이므로 여기에서 접미사 '-악서니', '-으머리'를 분석해 낼 수 있지만 그 생산성이 높지 않기 때문에 굳이 이를 밝히지 않는 것으로 해석할 수 있는 것이다. 따라서 단어 형성의 측면에서 보면 '-이'는 생산성이 높은 형성소가 되고 '-악서니'나 '-으머리'는 생산성이 낮은 구성소가 되는 것이다.

다음으로 문장 형성의 측면에서 형성소와 구성소의 문제를 살펴보기로 하자. 다음 문장에서 '웃는다'를 형태소로 분석해 보기로 하자.

(16) 아기가 웃는다.

'웃는다'는 '먹는다', '웃었다'와의 계열 관계를 통해 '웃-', '-는-', '-다'의 세 개의 형태소로 분석될 수 있다. 여기에서 관심사는 '-는-'과 '-다'인데 사전에서도 다음과 같이 별개의 표제항으로 등재하고 있다. 차례로 제시해 보기로 한다.

▣ -는-02

「어미」

(('ㄹ'을 제외한 받침 있는 동사 어간 또는 어미 '-으시-' 뒤에 붙어))((다른 어미 앞에 붙어))

이야기하는 시점에서 볼 때 사건이나 행위가 현재 일어남을 나타내는 어미. 종결 어미 '-다', '-다고', '-다나' 따위와 결합하여 확대된 종결 어미 '-는다', '-는다고', '-는다나' 따위를 만들기도 하고, 종결 어미 '-구나', '-구먼', '-군' 따위와 결합하여 확대된 종결 어미 '-는구나', '-는구먼', '-는군' 따위를 만들기도 한다.

¶ 귀로는 소리를 듣는다./많이 먹는다고 무조건 살찌는 것은 아니다./네 시에 가게 문을 닫는다면 너무 이르다./우리는 자네만 믿는다네./형님께서 이 회사에 근무하시는군요.

▣ -다07

「어미」

「1」 ((형용사 어간 또는 어미 '-으시-', '-었-', '-겠-' 뒤에 붙어))해라할 자리에 쓰여, 현재 사건이나 사실을 서술하는 뜻을 나타내는 종결 어미.

¶ 물이 맑다/사람은 생각하는 동물이다./그분은 참 부지런하시다./아기가 잠을 오래 잤다./동생이 일 등을 했다./고향에 가 보는 것이 노인의 소원이었다./하늘을 보니 눈이 오겠다./약속을 꼭 지키겠다.

「2」 ((주로 동사 어간이나 어미 '-으시-' 뒤에 붙어))간접적으로 청자나 독자를 상정한 상황인 일기문이나 신문 기사의 제목 따위에서 과거의 동작을 간략하게 진술하는 데 쓰는 종결 어미.

¶ 동생과 함께 올해 처음으로 관악산에 오르다/한국 축구, 세계를 제패하다.

「3」 (('이다'의 어간, 용언의 어간 또는 어미 '-으시-' 뒤에 붙어))'이다'나 용언의 활용형 중에서 기본형을 나타내는 종결 어미.

¶ 잡다/오다/작다/푸르다/계시다/이다/잡으시다/오시다/작으시다.

그런데 문제는 다음에서 보는 바와 같이 '-는-'과 '-다'의 결합형인 '-는다'도 사전에 등재되어 있다는 점이다.

> **Ⅲ -는다01**
> 「어미」
> (('ㄹ'을 제외한 받침 있는 동사 어간 뒤에 붙어))
> 해라할 자리에 쓰여, 현재 사건이나 사실을 서술하는 뜻을 나타내는 종결 어미.
> ¶ 아기가 웃는다./네 살짜리 아이가 벌써 책을 읽는다.

'-는-'과 '-다'가 있는데 이들의 결합형인 '-는다'를 사전에 별도의 표제항으로 등재하고 있는 이유는 무엇일까? 이는 사전에 어떤 접사가 등재되어 있고 또 이와 결합할 수 있는 어근이 등재되어 있는 경우 그 접사와 어근의 결합형을 사전에 등재하고 있는 것과는 차원이 다르다는 점에 주의할 필요가 있다.

이것을 형성소와 구성소의 측면에서 이해하면 '-는-'은 주로 '-다'와 결합하고 있다는 점이 중요하다. 위의 사전에서는 '-는-'이 '-구나'와 같은 것과도 결합한다고 하였으나 사실 '-구나'는 '먹는구나', '가는구나'의 '먹-'이나 '가-'처럼 자음으로 끝나는 말이나 모음으로 끝나는 말과 결합하더라도 언제나 '-는구나'를 유지한다.

그런데 '-는다'의 경우에는 '먹는다'와 '간다'에서 알 수 있는 바와 같이 자음으로 끝나는 말 다음에는 '-는다'이지만 모음으로 끝나는 말 다음에는 '-ㄴ다'가 된다는 점에서 차이가 있다. 이러한 사실을 고려하면 '-는-'은 엄밀한 의미에서 '-다'와 주로 결합하고 있기 때문에 '-는-'을 포함하여 '-었-', '-겠-' 등과 모든 형용사의 어간과 직접 결합할 수 있는 '-다'와는 문장을 형성하는 생산성에서 차이가 뚜렷하다. 이러한 관점에서 사전에서는 '-는-', '-다'뿐만이 아니라 '-는다'도 하나의 단위로 보아 등재하고 있는 것이다. 다시 말하자면 '-는다'에서 '-는-'은 '-는다'를 위한 구성소의 역할을 하고 있음을 알 수 있는 것이다. 물론 이때 '-다'는 형성소의 지위를 가지고 있다.

'-느냐', '-습니다'와 '-더냐', '-습디다'의 관계도 이와 비슷한 측면에서 살펴볼 수 있다.

(17) 가. 밥을 먹느냐?
　　가'. 밥을 먹습니다.
　　나. 밥을 먹더냐?
　　나'. 밥을 먹습디다.

(17가, 나)의 '먹느냐'와 '먹더냐'를 비교해 보면 계열 관계에 의해 '-느-'와 '-더-'를 분석할 수 있다. '-더-'는 '-느-'에 비한다면 현대 한국어에서도 그 기능이 어느 정도 인정되는 형성소이다. '-느-'도 예전에는 동사에 결합하여 동사의 현재성을 나타내 주어 '-더-'에 필적할 만하였지만 지금은 사전에도 독자적으로 올라 있지 않은 경우가 많다. 대신 '-느냐' 전체가 다음과 같이 사전에 실려 있다.

▣ -느냐

「어미」

(('있다', '없다', '계시다'의 어간, 동사 어간 또는 어미 '-으시-', '-었-', '-겠-' 뒤에 붙어))

해라할 자리에 쓰여, 물음을 나타내는 종결 어미.

¶ 지금 무엇을 먹느냐?/안에 누가 있느냐?/너는 그때 학생이었느냐?/아버님 어디 가셨느냐?/무엇을 택하느냐에 따라서 앞길이 달라진다.

따라서 지금은 '-느-'에 형태소 자격을 인정한다고 하더라도 그것은 구성소에 불과하다는 것을 알 수 있다.[21]

이 '-느-'가 '-습니다'에서는 '-니-'로 나타난다. '-더-'가 '-습디다'에
서 '-디-'로 변하는 것과 평행하다. 역시 (17가', 나')의 '먹습니다'와 '먹습
디다'의 계열 관계를 통해 '-니-'와 '-디-'를 분석할 수 있지만 '-니-'는
구성소에 불과하다는 것을 알 수 있다.[22] 사전에서는 '-습니다' 전체를
다음과 같이 뜻풀이하고 있다.

> Ⅲ -습니다
>
> 「어미」
> (('ㄹ'을 제외한 받침 있는 용언의 어간이나 어미 '-었-', '-겠-' 뒤에 붙어))
> 합쇼할 자리에 쓰여, 현재 계속되는 동작이나 상태를 있는 그대로 나타내는 종
> 결 어미.
> ¶ 그는 착한 사람이었습니다./아침에는 밥 대신 죽을 먹습니다./오후에는 약속이
> 있습니다./학교 다녀오겠습니다./잘 먹겠습니다./날씨가 참 좋습니다.

따라서 이때의 '-니-'도 '-느-'와 마찬가지로 형태소의 자격을 갖는다
고 하여도 구성소의 자격밖에는 줄 수 없다는 것을 알 수 있다. 앞의 '-는
다'의 경우는 그나마 '-는-'이 표제항으로 실려 있다는 점을 감안하면
'-느-', '-니-'의 현대 한국어에서의 형태소성은 더욱 더 위축되어 있다
고 할 수 있다. 그에 비하면 '-더-'는 '-었-' 정도는 아니지만 아직 그 기

---

21) '-느-'는 동사와 결합하여 현재성을 나타낸다고 하였는데 사전의 예문을 보면 '가셨느
냐?'처럼 과거를 나타내는 말과도 결합해 쓰이고 구어(口語)에서는 (17가)의 '먹느냐?'의
경우에도 '먹냐?'처럼 '-느-'가 결여되어 쓰이고 있다. 이것은 그만큼 '-느-'의 세력이
약화되었음을 나타내 준다. 앞에서 언급하지 않았지만 사실 '-는다'의 '-는-'은 '-느-'
의 다른 모습이다. 다만 '-던다'와 같은 구성이 없으므로 더 분석하지 않았을 뿐이다.
그러나 '학교에 가는 사람', '학교에 간 사람'의 경우에는 '-느-'가 통합 관계를 만족시
킬 뿐만 아니라 *'학교에 갔는 사람'이 성립하지 않으므로 '-느-'의 형태소로서의 자격
이 가장 분명히 남아 있는 부분이라고 할 수 있다.
22) 사전에서는 '-더-'는 독립적인 표제항으로 실었지만 '-디-'는 싣고 있지 않다.

능이 분명하다는 점에서 형성소의 자격을 가지고 있음을 알 수 있다.[23]

3.2.4. 영형태소와 공형태소

지금까지 다양한 관점에서 살펴본 형태소의 종류들은 전체 형태소를 이분(二分)하는 것이었다. 즉 형태소들은 자립 형태소이거나 의존 형태소 가운데 하나이고 어휘 형태소이거나 문법 형태소 중의 하나이며 형성소가 아니면 구성소라고 할 수 있다.

이에 비한다면 영형태소(零形態素, zero morpheme)와 공형태소(空形態素, empty morpheme)는 전체 형태소를 이분하는 것이 아니라 형태소의 정의적 속성과 관련된 형태소의 종류를 일컫는 말이다.

영형태소는 구체적으로 외현되는 형태는 없지만 일정한 의미를 가지는 경우 이를 형태소로 인정하기 위한 개념이다. 다음의 경우를 살펴보기로 하자.

> (18) 가. 아기가 웃는다.
>   가'. 아기가 웃었다.
>   나. 아기가 예쁘다.
>   나'. 아기가 예뻤다.

(18가, 가')의 경우 '웃-'은 동사인데 앞에서 살펴본 것처럼 현재를 나타낼 때 '-는-'이 결합하고 과거를 나타낼 때 '-었-'이 결합하고 있다. 그런

---

23) 다만 사전에서는 '-더-'뿐만 아니라 '-더냐'도 독립된 표제항으로 싣고 있는데 이것은 '-더-'의 기능이 약화되었음을 의미하는 것으로 해석할 수도 있지만 '-느냐'와의 계열적 관련성을 포착하기 위한 것으로 보아야 할 듯하다. 무엇보다도 '먹느냐'는 '먹냐'로도 실현될 수 있지만 '먹더냐'는 그것이 가능하지 않기 때문이다. '-느-', '-더-'의 분포에 대해서는 8장에서 다시 언급하기로 한다.

데 (18나, 나')의 경우 '예쁘-'는 형용사인데 과거를 나타낼 때는 '웃-'과 마찬가지로 '-었-'이 결합하고 있지만 현재를 나타낼 때는 아무런 표지(標識, marker)가 없다. 따라서 이러한 경우에 '-는-'과 같은 문법적 의미를 가지지만 외현적인 형태가 없는 영형태소 즉 'Ø'를 인정하기도 한다.

이처럼 영형태소를 인정하는 이유는 패러다임을 고려한 때문이라는 점에서 다분히 이론 지향적이라 할 수 있다.[24] 이론적인 측면에서는 현재를 나타내는 형태소가 있는데 경우에 따라서는 그 모습을 나타낼 수도 있고 경우에 따라서는 그 모습을 드러내지 않는 경우가 있다고 하는 것이 어떤 경우에는 현재를 나타내는 형태소가 있고 어떤 경우에는 없다고 얘기하는 것보다 더 체계적이기 때문이다.[25] 한국어는 단수, 복수와 같은 수(數, number)가 문법 범주가 아니지만 수가 문법 범주인 언어에서 단수를 나타내는 형태소가 없는 경우에 영형태소를 인정하는 것도 같은 이유에서라고 할 수 있다.

한편 공형태소는 영형태소와는 정반대로 외현적인 형태는 가지지만 의

---

24) 패러다임(paradigm)이란 어휘 형태소와 문법 형태소의 결합이 한 단어 안에서 체계적으로 대응되는 경우를 의미한다. 한국어에서는 체언과 조사의 결합, 어간과 어미의 결합에서 이러한 패러다임과 흡사한 모습을 찾을 수 있다. 어간과 어미의 결합만 예를 들어 보이면 다음과 같다.

어간＼어미	-고	-아	-으니	…
막-	막고	막아	막으니	…
잡-	잡고	잡아	잡으니	…
⋮	⋮	⋮	⋮	

한국어에서는 체언과 조사의 결합, 어간과 어미의 결합은 모두 문장 형성 층위에서 일어나는데 빈칸이 나타나지 않는 것이 일반적이다. 이와는 달리 단어 형성 층위에서 일어나는 어근과 접사의 결합은 빈칸이 적지 않다. 어근과 접사의 결합도 어휘 형태소와 문법 형태소의 결합이지만 그 결합이 체계적이지 않기 때문에 이를 패러다임으로 간주하기는 힘들다. 한국어에서의 체언과 조사의 결합, 어간과 어미의 결합이 이루는 패러다임의 성격에 대해서는 8장에서 더 자세히 다루기로 한다.

25) 물론 이러한 경우에 '-는-'과 'Ø'가 각각 동사와 형용사라는 품사의 차이에 의해 구현되는 것이라고 보아야 한다는 점은 부담이 된다.

미를 찾을 수 없는 경우를 위한 것이다. 영형태소가 비록 외현적인 형태를 가지지 않는 경우를 위한 것이기는 해도 형태소의 정의적 속성 즉 의미를 가진다는 점을 부정하지는 않는 데 비해 공형태소는 비록 외현적인 형태는 가지고 있지만 의미를 가지고 있지 않은 것을 가리킨다는 점에서 형태소의 정의적 속성에 위배되는 측면이 있다. 그러나 언어의 역사성으로 특정한 의미를 부여하기 어려운 형태가 존재하는 것이 현실이므로 공형태소의 개념이 도움이 될 때가 있다.

> (19) 가. 찹쌀, 멥쌀
>   나. 입때, 접때

먼저 (19가)의 '찹-', '멥-'은 접두사 '찰-',26) '메-'에 '쌀'이 결합한 단어인데 이들을 제외하면 'ㅂ'이 남는다. (19나)의 경우에도 마찬가지로 '이', '저'와 '때'를 제외하면 'ㅂ'이 남는다.

우선 (19가)에서 보이는 'ㅂ'은 '쌀'의 과거형이 'ᄡᆞᆯ'이었던 것과 관련이 있다. 즉 'ᄡᆞᆯ'의 'ㅂ'이 흔적을 남긴 것이 '찹쌀', '멥쌀'의 'ㅂ'이다. 다음으로 (19나)의 'ㅂ'은 '때'의 옛날 모습이 'ᄢᅢ'였던 것과 관련이 있다. 'ᄡᆞᆯ'과 마찬가지로 'ᄢᅢ'의 'ㅂ'이 흔적을 남긴 것이 '입때', '접때'의 'ㅂ'인 것이다. 여기서 중요한 것은 이때의 'ㅂ'이 어떤 의미를 가지는 것은 아니라는 점이다.27)

이렇게 보면 앞에서 언급했던 현대 한국어의 사이시옷도 공형태소로

---

26) '차조'처럼 'ㅈ' 앞에서는 'ㄹ'이 떨어진 '차-'로 실현되는 일이 있다. 이러한 형태 변화에 대해서는 13장에서 다시 살펴보기로 한다.
27) 이 'ㅂ'은 선행어에도 음운 변동을 일으키는 일이 있는데 이를 '이맘때'라는 단어에서 확인할 수 있다. '이맘때'라는 단어는 '이만'과 'ᄢᅢ'의 결합인데 '만'이 '맘'이 된 것은 '만'의 'ㄴ'이 'ㅂ'에 동화된 결과이다. 이는 'ᄢᅢ'는 아니지만 '혼ᄢᅴ'가 '함께'가 된 데서도 발견할 수 있는 현상이다.

분석될 가능성이 없는 것은 아니다. 현대 한국어에서는 형태는 있지만 특정한 의미를 부여하기는 어렵다고 보았기 때문이다. 다만 (19)에서의 'ㅂ'은 원래부터 형태소가 아니었던 데 대해 사이시옷은 원래 당당한 형태소였던 과거가 있다는 것이 차이이다.

3.3. 형태소의 교체

3.3.1. 이형태와 기본형

1장에서 '형태론'의 '형태'는 '형태소'와 밀접한 연관을 맺는다고 한 바 있는데 형태는 형태소가 구체적으로 실현된 것을 의미한다. 그런데 형태소가 형태로 실현될 때 그 모습이 일정한 경우도 있지만 다양하게 바뀌는 경우도 있다. 이때 한 형태소가 환경에 따라 음상(音相, phonemic shape)이 달라지는 일이 있는데 이들 각각을 한 형태소의 이형태(異形態, allomorph)라 한다.

한 형태소의 이형태들은 서로 상보적 분포(相補的 分布, complementary distribution)를 보여야 한다. 하나의 형태소의 이형태들이 상보적 분포를 보여야 한다는 것은 한 형태소가 가지고 있는 분포를 이형태들이 배타적으로 나눌 수는 있어도 동일한 환경에서 겹쳐서 가질 수는 없다는 것이다.[28] 그리고 하나의 형태소가 여러 이형태를 가지는 것을 교체(交替,

---

[28] 만약 동일한 환경에서 분포가 겹친다면 이것은 해당 요소가 서로 다른 형태소라는 것을 의미한다.
  가. 나는 철수에게 책을 주었다.
  나. 나는 철수한테 책을 주었다.
위의 예문에서 보면 똑같은 '철수'라는 환경 다음에 '에게'와 '한테'가 분포하고 있다. '에게'와 '한테'는, '한테'가 보다 구어적이라는 특성이 있기는 하지만 그 의미는 차이를

alternation)라고 하며 여러 이형태 가운데 대표가 되는 이형태를 기본형(基本形, basic form)이라 한다.29) 기본형은 이형태 가운데 다른 이형태로의 변화가 쉽게 설명되는 것으로 정하는 것이 원칙이다. 다음 예를 통해 이들 개념에 대해 자세히 살펴보기로 한다.30)

(20) 가. /이~가/

나. /흙~흑~흥/

(20가)의 '이'와 '가'는 '하늘이', '바다가'에서처럼 자음으로 끝나느냐 모음으로 끝나느냐에 따라 서로 이형태 관계를 가지고 있다. 이형태 관계

분명하게 말할 수 없을 정도로 동일하다고 보아 무방하다. 그러나 이처럼 분포가 겹치기 때문에, 즉 상보적 분포를 보이고 있지 않기 때문에 동일한 형태의 이형태라고 보기는 어렵고 서로 다른 형태소라고 보아야 한다. 이상에서 보는 바와 같이 형태소는 어떤 의미를 가지는 최소 단위이기는 하지만 만약 이형태를 가진다면 그 이형태 사이에는 상보적 분포 조건을 만족해야 한다는 정의적 속성을 가진다고 말할 수 있다.

29) 흔히 사전에 '가다', '예쁘다'처럼 '-다'로 끝나는 동사, 형용사들도 '기본형'이라고 한다. 이때의 기본형은 '가고, 가니, 가면' 등 여러 가지 모양으로 바뀌는 경우를 대표하기 위한 것이라는 점에서 대표 이형태인 '기본형'과 구별할 필요가 있다. 즉 사전에서 '가다', '예쁘다'처럼 '-다'로 끝나는 것으로 등재한 것은 어떤 필연적인 이유가 있는 것은 아니라는 점에서 임의적인 것이라 할 수 있다. 따라서 '가고, 예쁘고'로 할 수도 있고 '가', '예뻐'처럼 '-아'나 '-어'로 끝나는 것으로 실을 수도 있다. 그런데도 '-다'로 끝나는 것을 기본으로 삼은 데에는 몇 가지 이유가 있다. 우선 자음으로 시작하는 어미 가운데는 '-다'가 가장 빈도가 높다는 것을 들 수 있다. 그러나 자음으로 시작하는 어미는 발음의 측면에서 어간의 끝소리를 명세하기 어렵다는 문제가 있을 수 있다. 즉 '가다', '예쁘다'처럼 받침이 없는 어간이나 '먹다, 좁다'의 경우처럼 받침이 7개의 대표음[ㄱ, ㄴ, ㄷ, ㄹ, ㅁ, ㅂ, ㅇ] 가운데 하나인 것은 문제가 없지만 '깎다', '높다'와 같이 받침이 7개의 대표음이 아닌 경우는 모두 대표음으로 바뀌므로 받침의 형태를 알기 어렵다는 문제가 있다. 따라서 이러한 문제가 생기지 않도록 '깎아', '높아'처럼 모음으로 시작하는 어미와 결합한 것을 사전에 올리자고 주장할 수도 있다. 그러나 이렇게 되면 불규칙 교체를 하는 경우가 대체로 모음으로 시작하는 어미와 결합할 때 발생한다는 점에서 문제가 발생된다. 즉 '짓다, 돕다'의 경우는 자음으로 시작하는 어미 앞에서는 '짓-', '돕-'이라는 형태를 밝힐 수 있지만 '지어, 도와'처럼 모음으로 시작하는 어미 앞에서는 '지-', '도오-'로 변화하므로 이렇게 하면 '짓-', '돕-'과 같은 것이라는 것을 알기 어렵게 되는 것이다. '짓-', '돕-'의 불규칙한 교체 양상은 7장에서 자세히 살펴보기로 한다.

30) 형태소는 음소처럼 '/ /'으로 표시하고 이형태 관계는 '~'으로 표시하기로 한다.

는 '이'가 나타날 수 있는 자리에서는 '가'가 나타날 수 없고 '가'가 나타날 수 있는 자리에는 '이'가 나타날 수 없다는 상보적 분포를 통해 확인할 수 있다.

그런데 이 경우에는 어떤 것이 대표 이형태 즉 기본형이라고 할 수 있는지 정하기가 어렵다. '이'가 '가'로 변하는 이유를 말할 수 없고 반대로 '가'가 '이'로 변하는 이유도 설명할 수 없기 때문이다.[31] 따라서 표기에서도 '이'와 '가'를 그대로 밝힌다. '/을~를/', '/은~는/', '/과~와/'의 경우도 마찬가지이다.[32]

(20나)는 '흙이[흘기]', '흙도[흑또]', '흙만[흥만]'의 경우에서 이형태 '흙', '흑', '흥'을 확인할 수 있다. 이들도 역시 상보적 분포 조건을 만족한다. 그리고 이들 가운데 기본형은 '흙'이다. 그 이유는 '흙'에서 '흑', '흥'으로의 변화 과정이 잘 설명될 수 있기 때문이다.

먼저 '흙'이 '흑'으로 되는 이유는 두 가지로 설명이 가능하다. 첫째, 우리말에서 음절말에 두 개의 자음이 놓일 때 이 중 하나의 자음이 탈락하는 자음군 단순화에 따라 'ㄹ'이나 'ㄱ'이 탈락해야 한다. 둘째, '도'는 [또]로 발음되므로 이러한 환경을 만족할 수 있는 것은 'ㄹ'이 아니라 'ㄱ'이라는 것을 알 수 있다. 따라서 '흙'이 [흑]으로 되는 것을 설명할 수 있다.

다음으로 '흙'이 '흥'이 되는 이유는 '만'의 'ㅁ' 앞에서 'ㄱ'이 'ㅇ'으로 변하는 자음 동화 현상으로 설명할 수 있다. 만약 '흙'이 아니라 '흥'을 기

---

31) 역사적으로는 '이'가 훨씬 먼저 출현하였고 '가'는 16세기 무렵에 출현하였다. 이러한 출현 시기를 기준으로 '이'를 기본형으로 잡는 경우도 있다.

32) /이~가/, /은~는/, /을~를/의 교체는 각각 '자음+모음' 혹은 '모음+자음'의 구성을 위한 교체를 보이지만 /과~와/의 교체는 '책과', '사과와'에서처럼 '자음+자음' 혹은 '모음+모음'의 교체를 보인다는 점에서 차이가 있다. /와~과/의 순서가 아니라 /과~와/의 순서로 표시한 것은 이를 반영한 것이다.

본형으로 삼는다면 'ㄷ' 앞에서 'ㅇ'이 'ㄱ'으로 바뀌어야 한다고 보아야 하는데 한국어에는 이러한 음운 현상이 존재하지 않고 더욱이 모음 앞에서는 'ㅇ'이 'ㄱ'으로 바뀐 후 'ㄹ'까지 첨가되어야 한다고 하여야 하는데 이러한 음운 현상도 한국어에는 존재하지 않는다.

즉 '흙'으로 기본형을 삼으면 특별한 설명 없이도 발음이 [흑또], [훙만]으로 되는 것을 예측할 수 있으므로 표기도 '이', '가'의 경우와는 달리 '흙'으로만 표기한다.[33] '값'도 '흙'과 유사하게 /값~갑~감/의 이형태를 가지지만 '값'으로 표기를 고정한 것도 같은 이유에서이고 '먹다'의 '먹-'도 /먹~멍/의 이형태를 가지지만 '먹-'으로 언제나 표기하는 것도 동일한 맥락에서이다.

3.3.2. 교체의 종류

3.3.2.1. 교체의 조건 : 음운론적 교체와 형태론적 교체

교체는 먼저 조건에 따라 음운론적 교체(音韻論的 交替, phonological alternation)와 형태론적 교체(形態論的 交替, morphological alternation)로 나눌 수 있다. 음운론적 교체는 교체가 음운론적 정보에 의해 실현되는 것이다.

---

33) 훈민정음이 창제된 때로부터 근대 한국어 시기에 이르기까지 받침을 적는 대원칙은 '팔종성법'이었다. 팔종성법은 'ㄱ, ㄴ, ㄷ, ㄹ, ㅁ, ㅂ, ㅅ, ㅇ'으로만 받침을 적는다는 것이다. 이것은 우리의 표기 원칙이 현행 <한글 맞춤법>의 총칙 제1항 "한글 맞춤법은 표준어를 소리대로 적되, 어법에 맞도록 함을 원칙으로 한다."의 '소리나는 대로'를 중시해 왔다는 것을 의미한다. 근대 한국어 시기에는 팔종성 가운데 'ㄷ'을 더 적지 않아 '칠종성법'을 원칙으로 하였는데 현재처럼 모든 초성을 종성으로 적을 것을 천명한 것이 1933년의 <한글마춤법통일안>부터이므로 지금처럼 제 음가대로 발음되지 않는 받침을 적기 시작한 것은 채 100년이 되지 않는다. 현행 <한글 맞춤법>처럼 가능하면 형태소를 밝혀 적는 표기법을 시행하게 된 데 가장 큰 영향을 끼친 것은 주시경이다. 1933년의 <한글마춤법통일안>이 탄생하는 데 가장 큰 영향을 끼쳤던 1909년의 <국문연구의정안>은 주시경이 1907년 국문연구소의 소장을 맡아 이룩한 것이기 때문이다.

(21) 가. /이~가/, /흙~흑~흥/ …
　　　나. /-아~-여/, /-아라~-너라/

(21가)는 앞에서 교체의 개념 설명을 위해 예로 들었던 것들인데 '이'와 '가'의 교체는 그 앞의 말이 자음으로 끝나느냐 모음으로 끝나느냐에 따라 교체되는 것이다. /은~는/, /을~를/, /과~와/ 등도 모두 이에 속한다. '흙', '흑', '흥'의 교체도 자음군 단순화와 자음 동화로 설명할 수 있다고 하였는데 이들은 모두 음운 현상이다. 이처럼 음운론적 정보에 따라 교체되는 이형태는 매우 폭넓게 나타난다.

그런데 (21나)의 경우는 사정이 다르다. 먼저 /-아~-여/의 교체는 '잡아', '하여'에서 발견된다. '잡아'의 '-아'는 앞의 '잡-'이 'ㅏ' 모음을 가지고 있기 때문에 선택된 것인데 '하-'의 경우도 'ㅏ' 모음을 가지고 있지만 어미는 '-아'가 아니라 '-여'로 실현된다. 이러한 교체는 '하-'가 가지고 있는 음운론적 정보가 아니라 '하-'라는 형태소 때문이므로 그 교체는 형태론적인 교체가 된다.

다음으로 /-아라~-너라/의 교체는 명령형 '보아라', '오너라'에서 발견된다. '보아라'의 '-아라'는 앞의 '보-'가 양성 모음을 가지고 있기 때문에 선택된 것이다.[34] 그렇다면 '오-'의 경우도 '-아라'가 선택되어야 할 것인데 실제로 나타난 것은 '오너라'이다.[35] 그리고 '-너라'가 선택된 것도 역시 '오-'가 가지고 있는 음운론적 정보가 아니라 '오-'라는 형태소 때문이므로 그 교체는 형태론적인 교체가 된다.

---

34) 양성 모음에는 'ㅏ, ㅑ, ㅗ, ㅛ, ㅘ'가 있다.
35) 물론 구어체에서는 '오너라' 대신 '와라'로 실현되는 일이 적지 않다. 이것은 보다 많은 경우들에 적용이 되는 음운론적 정보가 더 강력한 효력을 떨치기 때문에 나타나는 현상이다. 그러나 적어도 '-너라'가 실현되는 경우는 '오-'에 한정된다는 사실에는 변화가 없다.

3.3.2.2. 교체의 동기 : 자동적 교체와 비자동적 교체

교체는 그 동기에 따라 자동적 교체(自動的 交替, automatic alternation)와 비자동적 교체(非自動的 交替, non-automatic alternation)로 나눌 수도 있다. 자동적 교체란 교체가 필연적으로 일어나야 하는 경우를 말하고 비자동적 교체란 교체가 필연적으로 일어나지 않는 경우를 말한다. 필연적인 경우는 교체의 조건이 음운론적이면서도 그 조건이 강력한 경우에 일어난다.

> (22) 가. /흙~흑~흥/
> 나. /이~가/

(22)는 앞에서 모두 교체의 조건 가운데 음운론적 교체의 예로 다루었던 것이다. 그런데 이들이 교체된 동기는 서로 차이가 있다. 즉 (22가)에서 나타나는 '흙', '흑', '흥'의 교체에서 나타나는 자음군 단순화와 자음 동화는 한국어의 음운 구조상 반드시 일어나야 하는 필수적인 것들이다. 그러나 (22나)에서 보이는 '이'와 '가'의 교체는 반드시 일어나야 하는 필수적인 음운 과정은 아니다. 가령 '흙만'은 [흥만]으로밖에는 발음할 수 없지만 '철수가'의 경우는 반드시 그렇게밖에 발음이 되지 않아서가 아니기 때문에 '가' 대신 '이'가 실현되어 [철수이]로 발음할 수 있는 것이다.

이렇게 보면 '이'와 '가'의 교체는 비록 그 조건이 음운론적인 것이라고 해도 일종의 약정의 성격을 갖는다고 할 수 있다. 따라서 /은~는/, /을~를/ 등의 교체는 모두 비자동적 교체의 예가 되며 반면 /값~갑~감/, /먹~멍/의 교체는 모두 자동적 교체의 예가 된다.[36]

---

36) 이것은 곧 현재의 표기와 관련하여 자동적 교체는 반영하지 않고 비자동적 교체는 반영하는 것을 의미하는 것이기도 하다.

3.3.2.3. 교체의 방식 : 규칙적 교체와 불규칙적 교체

교체를 그 방식에 따라 규칙적 교체(規則的 交替, regularly alternation)와 불규칙적 교체(不規則的 交替, irregularly alternation)로 나누기도 한다. 규칙적 교체란 교체가 예측 가능한 방식으로 나타나는 경우이고 불규칙적 교체란 교체가 예측 가능하지 않은 방식으로 이루어지는 경우이다.

(23) 가. /묻-~묻-/(埋)
　　 나. /묻-~물-~묻/(問)

(23가)는 '물건을 흙이나 다른 물건 속에 넣어 보이지 않게 쌓아 덮다'는 의미를 가지는 '묻다(埋)'의 이형태 교체를 보인 것이고 (23나)는 '무엇을 밝히거나 알아내기 위하여 상대편의 대답이나 설명을 요구하는 내용으로 말하다'는 의미를 가지는 '묻다(問)'의 이형태 교체를 보인 것이다.

앞의 경우는 '묻는다'와 같은 경우에만 [묻-]으로 실현되고 '묻어, 묻으니, 묻어서, 묻고, 묻지만' 등 나머지는 [묻-]으로 실현된다. [묻-]으로 실현되는 경우는 자동적 교체이므로 이 두 가지 교체는 충분히 예측이 가능하다. 그런데 뒤의 경우는 모음으로 시작하는 경우에 '물어, 물으니, 물어서'에서 보는 바와 같이 [물-]로 실현된다. 이러한 경우는 아무런 변화가 없는 [묻-]의 경우를 보아 예측이 불가능하여 따로 알고 있어야 한다. 따라서 (23가)와 같은 교체를 규칙적 교체라 하고 (23나)에서 '묻'과 '물'의 교체와 같은 것을 불규칙적 교체라 한다.

앞에서 살펴본 /흙~흑~흥/뿐만 아니라 /이~가/의 교체도 예측이 가능하므로 규칙적 교체에 해당한다. 반면 /-아~-여/, /-아라~-너라/의 교체는 특정한 형태소 다음에 일어나므로 예측이 불가능한 불규칙적 교체에 해당한다.

불규칙적 교체 가운데는 이형태 사이에 음성적 유사성이 전혀 발견되지 않는 경우도 있다.

    (24) 가. 하나, 둘, 셋, 넷, 다섯 …
         나. 첫째, 둘째, 셋째, 넷째, 다섯째 …

(24가)와 (24나)를 비교해 보면 (24가)의 '하나'가 '첫째'에서 '첫'으로 교체된 것을 볼 수 있다. 이러한 교체는 예측될 수 없다는 점에서 불규칙적 교체에 해당되지만 그나마 /-아~-여/, /-아라~-너라/ 등에서 발견되는 음성적 유사성이 전혀 발견되지 않는다. 이러한 이형태를 특히 보충법적 이형태라고 한다.[37]

이상에서 살펴본 교체의 종류들은 일정한 상관관계를 가지고 있다. 우선 자동적 교체는 강력한 음운론적 동기를 가지고 있으므로 모두 음운론적 교체에 해당하며 규칙적 교체에 해당한다. 또한 규칙적 교체는 언제나 예측이 가능하다는 점에서 음운론적 교체에 해당한다. 즉 이들 교체 사이에는 포함 관계를 가지고 있는데 이를 그림으로 제시하면 다음과 같다.

---

[37] 보충법(補充法, suppletion)이란 패러다임에서 전혀 예상되지 않는 형식이 출현하는 경우를 일컫는다.

단수	복수
나	우리
너	너희
저	저희

위의 표에서 '너'와 '너희', '저'와 '저희'의 경우를 염두에 둔다면 '나'의 경우는 '나희'가 예상되는데 이와는 전혀 다른 형식인 '우리'가 출현하고 있다. 따라서 보충법적 이형태란 보충법이 이형태로 출현하는 경우를 일컫는다. 물론 '우리'는 '나'의 이형태가 아니기 때문에 보충법 '우리'에서는 보충법적 이형태를 따질 수 없다.

(25) 음운론적 교체, 자동적 교체, 규칙적 교체의 상관관계

반대로 형태론적 교체는 모두 비자동적 교체이며 불규칙적 교체이다. 그러나 불규칙적 교체 가운데는 /묻-~물-/과 같이 음운론적 교체도 있고 /-아~-여/와 같이 형태론적 교체도 있다는 점에 유의할 필요가 있다.

1. 다음 문장을 형태소로 분석하고 자립성의 여부와 의미의 실질성에 따라 분류하여 보자.

> 만화책을 다 읽은 사람은 집에 가거라.

2. 다음 예문에서 보이는 이형태를 추출하고 그 교체의 종류를 설명해 보자.

> 가. 이 나무는 잎이 무성하다.
> 나. 그런데 잎만 무성하고 열매가 많지는 않다.

탐구 문제

1. 다음과 같은 영어 외래어 혹은 영어 외래어들이 포함된 한국어 단어들은 어떻게 형태소로 분석하는 것이 좋은지 생각해 보자.

> 가. 컴퓨터(computer), 믹서(mixer), 매니저(manager), 리더(leader) …
>
> 나. 미팅(meeting), 랭킹(ranking), 블로킹(blocking), 캠핑(camping), 마케팅(marketing) …
>
> 다. 드라마틱(dramatic)하다, 로맨틱(romantic)하다 …

2. 다음 문장을 단어 구성소와 단어 형성소, 문장 구성소와 문장 형성소로 나누어 보고 이들이 형태소의 개념과 관련하여 어떤 문제점을 지닐 수 있는지 생각해 보자.

> 가. 덮개를 시렁에 얹는다.
>
> 나. 덮개를 시렁에 얹었다.
>
> 다. 덮개를 시렁에 얹었습니다.

3. 다음 자료 가운데 (가)는 Murle이라는 언어에서 마지막 자음을 삭감하여 복수를 나타내는 경우이며 (나)는 Tohono O'odham이라는 언어에서 마지막 자음을 탈락시켜 과거를 나타내는 경우이다. 복수나 과거는 일반적으로 외형적 형태소가 추가되어 나타난다는 점을 고려할 때 외형적 실체는 없지만 복수나 과거를 나타내는 영형태소를 인정할 수 있는지 생각해 보자.

> 가. nyoon "양"   nyoo "양들"
>
> wawoc "하얀 왜가리"   wawo "하얀 왜가리들"
>
> onyiit "갈빗대"   onyii "갈빗대들"
>
> rottin "전사"   rotti "전사들"
>
> 나. hi：nk "(개가) 짖다"   hi：n "짖었다"
>
> ñeid "보다"   ñei "보았다"
>
> ñeok "말하다"   ñeo "말했다"

4. /이~가/의 교체는 서로 음성적 유사성이 존재하지 않는데도 이형태 교체를 보충법으로 설명하기는 쉽지 않다. 그 이유는 무엇인지 생각해 보자.

제4장 **단어**

4.1. 단어의 여러 개념

지금까지 '단어(單語, word)'라는 말을 여러 번 사용해 왔으나 사실 단어의 정의를 내리는 것은 매우 어렵다. 단어는 인식적 측면에서 매우 오래전부터 사용된 언어 단위이지만 역설적이게도 이런 이유가 단어의 정의를 내리는 데 긍정적으로 작용하지 못한 것이다.[1]

우선 그동안 제기된 단어에 대한 몇 가지 정의와 그 문제점에 대해 살펴보기로 한다.

> (1) 가. 단일한 의미를 가지는 음 결합체
> 　　 나. 최소의 자립 형식
> 　　 다. 휴지가 개입할 수 없고 내부가 분리되지 않는 형식

---

[1] 이에 대해 형태소는 Bloomfield가 그의 저서 『Language』(1933)에서 이를 처음 사용했다고 들 일컫지만 Mugdan(1986)에 의하면 러시아 언어학자 Courtenay가 1880년에 처음 '형태소' 즉 'morpheme'을 사용했다고도 한다. 어느 쪽이 시작이건 그 차이가 50여년에 불과하다는 점과 19세기 말 혹은 20세기 초의 일이라는 점을 감안하면 그 연원의 깊이가 '단어'에 비할 수 없다는 사실을 알 수 있다. 우리의 경우도 주시경이 『말의소리』(1914)에서 '늣씨'라는 개념을 도입한 적이 있다. 이에 따르면 '해바라기'라는 단어를 '해', '바라-', '-기'로 분석하였는데 이는 형태소와 매우 흡사하다.

(1가)의 정의는 '의미'를 기준으로 단어를 정의하려는 시도이다. 어떤 단위가 단일한 의미를 가지고 있다면 그것을 단어로 볼 수 있다는 것이다. 가령 '애인'은 형태소 '애(愛)-'와 '-인(人)'이 결합하여 '사랑하는 사람'이라는 의미를 가지고 있으며 늘 이러한 단일한 의미를 가지고 쓰이므로 단어라고 보는 것이다. 그러나 '의미'라는 기준은 모호한 구석이 있어 '애-'나 '-인'이 '단일한 의미'를 가지고 있지 않다고 분명히 말하기 어렵고 '애인'과 '사랑하는 사람'이 서로 별 차이 없는 의미를 가지고 있는데도 '애인'은 한 단어이지만 '사랑하는 사람'은 그렇지 않다는 것도 '단일한 의미'라는 기준이 가지는 문제가 아닐 수 없다.

(1나)의 정의는 이러한 문제를 해결하기 위한 것이다. '자립'이라고 하는 것은 '의미'보다 훨씬 객관적이기 때문이다. 이에 따르면 '애인'의 '애-'와 '-인'은 자립 형태소가 아니기 때문에 단어라고 할 수 없고 '사랑하는 사람'은 자립하는 두 요소 즉 '사랑하는'과 '사람'으로 나뉘기 때문에 단어가 아니며 '애인'의 경우만 단어라는 사실을 정확히 예측할 수 있다는 장점을 갖는다. 그러나 이러한 정의도 문제가 없는 것은 아니다. 가령 '책상'과 같은 단어는 이 단어를 이루고 있는 '책'과 '상'도 각각 자립 형식이다. 즉 단어는 자립 형식과 자립 형식이 결합하는 경우도 적지 않으므로 단어를 '최소'의 자립 형식으로 정의하는 것은 적지 않은 예외를 가지게 되는 것이다.

그런데 (1다)의 정의는 이러한 문제를 해결할 수 있다. '책상'이라는 단어의 사이에는 휴지(休止)가 개입하기 어렵고 또 내부가 다른 형식에 의해 분리되지도 않기 때문이다. 물론 '애인'과 '사랑하는 사람'의 경우에도 이러한 논리를 그대로 적용할 수 있다. 그러나 이러한 정의도 문제가 없는 것은 아니다. '철수도'와 같은 구성에서는 '철수'와 '도' 사이에 휴지가 있다고 보기 어렵고 또 '철수'와 '도' 사이에 다른 요소가 들어가는 것도 제약이 있는데도 불구하고 '철수도'를 한 단어라고 보기는 어렵기 때문이다. 더욱이 '깨끗하다'와 같이 단어임이 분명한 경우에는 '깨끗도 하다', '깨끗은 하다'처럼 '도'나 '은'과 같은 요소가 내부를 분리하는 경우도 있는 것이다.

이상의 경우에서 드러난 단어 정의의 어려움은 단어라는 말이 오래 사용되는 동안 너무 많은 개념이 이와 연관되기 때문에 나타난 현상이다. 따라서 단어에 대해서는 그것이 포괄하고 있는 모든 것을 충족할 수 있는 정의를 모색하기보다는 단어가 가지는 여러 가지 속성에 맞게 그 범위를 분리하여야 할 필요성이 생긴다.

4.2. 단어 개념의 해체

4.2.1. 음운론적 단어

음운론적 단어(音韻論的 單語, phonological word)란 기식군(氣息群, breath group) 에 의해 휴지 단위로 단어를 정의하자는 것이다. 따라서 이러한 단어 개념은 대체로 어절을 하나의 단어로 인정하자는 것으로 (1다)의 시각과 비슷한 부분이 많다. 어절은 문장 성분의 최소 단위로서 띄어쓰기의 단위와 일치한다.[2]

우리의 전통 문법에서 이러한 개념에 입각하여 단어를 바라본 경우도 적지 않다. 정렬모(1946)은 이러한 견해의 대표라 할 수 있다. 장하일(1947) 이나 이숭녕(1953, 1954, 1956, 1961)의 일련의 논의, 김민수 외(1960)도 음운

---

[2] 문장 성분(文章成分)이란 문장을 이루는 기본 단위로서 앞에서 언급한 주어, 서술어, 목적어 등을 일컫는다.

론적 단어 개념에 입각하여 한국어의 단어를 정의하고자 하였다.[3]

음운론적 단어 개념이 필요한 가장 큰 이유는 형태소의 교체가 단어 내부에서 일어난다는 사실을 설명할 수 있다는 점 때문이다. 앞에서 '산이', '바다가'와 같은 예를 들어 '이'와 '가'의 교체를 설명한 바 있다. 그리고 이때 '이'와 '가'의 교체는 앞 말이 자음으로 끝나느냐 아니면 모음으로 끝나느냐에 따른 것이라고 하였다. 만약 '산이' 전체를 하나의 단어가 아니라고 한다면 즉 '산'과 '이'가 형태소 경계가 아니라 단어 경계를 가진 것이라면 여기에서 일어나는 형태소 교체를 설명하기가 어려워지는 것이다. 따라서 형태소의 교체는 음운론적 단어 개념이 아니고서는 받아들이기 어려운 개념이 된다.

한편 단어를 띄어쓰기의 단위와 일치시키려는 노력은 서양의 언어관에 영향 받은 바가 크다. 서양에서는 전통적으로 단어를 띄어쓰기와 일치시켰기 때문이다. 그런데 사실 한국어와 서양의 언어는 그 구조가 다르다는 데 문제가 있다. 다음을 예로 들어 이에 대해 살펴보기로 하자.

> (2) 가. 책상 위에 책들이 많았다.
> 나. There were many books on the desk.

(2가)를 음운론적 단어로 나누면 '책상', '위에', '책들이', '많았다'의 네 단어가 된다. 이에 해당하는 영어인 (2나)는 음운론적 단어로 'There', 'were', 'many', 'books', 'on', 'the', 'desk'의 일곱 단어가 된다. 그런데 영어는 이들 단어가 모두 그대로 사전에 실리는 단어의 자격을 가지는 데 비해 한국어의 경우는 '위에', '책들이'와 같이 사전에서는 찾아볼 수 없는 것들

---

3) 이러한 견해는 3부에서 살펴볼 단어를 분류하는 문제 즉 품사 분류와도 밀접한 연관을 맺는다. 단어를 음운론적으로 정의하려는 입장에서는 품사의 수가 상대적으로 적을 수밖에 없다. 이를 전통적으로는 '종합적 견해'라 불렀다.

이 나온다.

이러한 결과가 나오는 이유는 한국어가 교착어(膠着語, agglutinating language) 로서 지니는 특성 때문이다.[4] 먼저 영어와 같은 굴절어(屈折語, inflecting language)에서는 '위에'의 '에'를 음운론적으로 독립된 단위로 표현하는 데 비해 한국어에서는 음운론적으로 의존적인 단위로 표현하는 경우가 많다. 다음으로 '책들이'의 '이'와 같은 요소는 영어와 같은 굴절어에서는 대체로 아예 독립된 문법 요소로 드러나지 않지만[5] 한국어에서는 역시 음운론적으로 의존적인 단위로 표현한다.

그러나 그렇다고 하여 음운론적 단어 개념이 한국어에서 쓸모없는 것은 아니다. 이미 언급한 바와 같이 통사론에서의 이른바 문장 성분은 바로 이 음운론적 단어 개념에 기반한 것이다.

또한 시야를 넓혀 언어에서 형태론이 어느 정도 풍부한가를 따질 때에도 음운론적 단어 개념을 사용해 왔다. 가령 Greenberg(1954)에서는 여러 언어의 특성을 계량화하여 따져 보았는데 그 가운데는 한 단어 안에 들

---

4) 『표준국어대사전』에는 교착어를 '실질적인 의미를 가진 단어 또는 어간에 문법적인 기능을 가진 요소가 차례로 결합함으로써 문장 속에서의 문법적인 역할이나 관계의 차이를 나타내는 언어'로 풀이하고 있지만 '교착'의 본질적 의미는 그렇게 차례로 결합한 문법 요소들이 '특별한 형식상의 변화 없이 꼭 달라붙어 있다'는 의미이다. 앞에서 '-는다', '-느냐', '-습니다' 등이 하나의 단위로 사전에 실려 있음을 확인한 바 있는데 이것은 바로 한국어가 교착어로서 문법 요소들이 특별한 형식적 변화 없이 꼭 달라붙어 하나의 단위로 간주되고 있다는 사실을 잘 보여 준다. 교착어에는 한국어 외에도 터키어, 핀란드어, 일본어 등이 더 있다.

5) 전형적인 굴절어에서는 주어나 목적어를 표시할 때도 단어의 형식은 변하지만 그것을 나타내는 요소를 추출할 수 없는 것이 일반적이다. 영어의 경우도 대명사에서 'I, my, me'로 각각 주격, 소유격, 목적격(=대격)을 표시하지만 이들에서 주격, 소유격, 목적격을 표시하는 표지를 분리해 낼 수 없다. 굴절어는 이처럼 문법적인 기능을 가진 요소를 따로 분리해 내기 어려운 언어이다. 따라서 영어에서 'take'의 과거형이 'took'일 때 'took'에서 과거를 나타내는 형태소를 분리해 내기 어려운 것이 굴절의 전형적인 특성이고 'work'의 과거형이 'worked'일 때 과거를 나타내는 '-ed'를 분리해 낼 수 있는 것은 교착의 특성을 보이는 것이라 할 수 있다.

어 있는 형태소의 수 즉 통합성 지수를 다음과 같이 산출할 수 있다고
하였다.

    (3) 통합성 지수(index of synthesis) = M/W(M=형태소의 수, W=단어의 수)

  그리고 이에 따라 몇몇 언어의 100 단어 즉 100 어절 분량을 추출하여
통합성 지수를 다음과 같이 제시하였다.[6]

(4)

	산스크리트어	앵글로-색슨어	페르시아어	영어	야쿠트어	스와힐리어	베트남어	에스키모어
통합성 지수	2.59	2.12	1.52	1.68	2.17	2.55	1.06	3.72

  이 가운데 야쿠트어, 스와힐리어는 교착어의 예이고 베트남어는 고립어
(孤立語, isolating language),[7] 에스키모어는 포합어(抱合語, incorporating language)
의[8] 예로 든 것이다. 앵글로-색슨어와 산스크리트어는 고대 언어의 예로
서 각각 현대의 영어 및 페르시아어와 비교하기 위한 것이다. 이를 보면
우선 현대의 영어 및 페르시아어는 과거보다 통합성 지수가 줄어들어 보
다 고립적 언어로 변하였음을 알 수 있다.[9]

---

6) Bauer(1988)에는 Greenberg(1954)에서는 분석되지 않은 요루바어, 터키어, 러시아어에 대
한 수치가 더 제시되어 있다. 영어의 경우를 비교해 보면 Greenberg(1954)에서는 1.68이
었던 것이 1.69로 되어 있지만 이 정도 차이라면 두 연구를 서로 동일한 선상에서 놓고
비교해도 큰 문제가 없다고 판단된다.

	요루바어	영어	터키어	러시아어
통합성 지수	1.09	1.69	2.86	3.33

7) 고립어는 형식의 변화나 접사 따위가 없고 그 실현 위치에 의하여 단어가 문장 속에서
가지는 여러 가지 관계가 결정되는 언어로 베트남어 외에 중국어, 타이어 등이 이에 속
한다.
8) 포합어는 동사를 중심으로 하여 그 앞뒤에 인칭 접사나 목적을 나타내는 어사를 결합 또
는 삽입하여 한 단어로서 한 문장과 같은 형태를 가지는 언어로 에스키모어 외에 아이누
어 등이 이에 속한다.

이제 (2가)에 제시한 "책상 위에 책들이 많았다."라는 문장을, 가능한
여러 가지의 단어 개념에 따라 통합성 지수를 산출해 보기로 하자.

(5)

문장	단어(W)	형태소(M)	통합성 지수(M/W)
책상 위에 책들이 많았다.	(가) 책상, 위에, 책들이, 많았다	책, 상, 위, 에,	2.50
	(나) 책상, 위, 에, 책, 들, 이, 많았다	책, 들, 이, 많-,	1.43
	(다) 책상, 위, 에, 책, 들, 이, 많, 았, 다	-았-, -다	1.11

(5가)는 음운론적 단어 개념에 따라 어절을 단어로 간주하여 통합성 지
수를 산출해 본 것이고 (5나)는 그보다 더 분석적으로 단어 개념을 적용하
여 '에', '이' 등에도 단어의 자격을 부여하여 통합성 지수를 산출한 것이
다. (5다)는 가장 분석적인 단어 개념을 적용하여 '-았-', '-다' 등에도 단
어의 자격을 주어 통합성 지수를 산출한 것이다. 통합성 지수는 (5다)로
갈수록 현저하게 낮아진다는 것을 알 수 있다.

그런데 위에서 제시한 (4)와 각주의 내용을 참고하면 교착어인 야쿠트
어, 스와힐리어, 터키어는 차례로 2.17, 2.55, 2.86으로 한 단어당 평균 2개
에서 3개 사이의 형태소 수를 보여 주고 있음을 볼 수 있다. 물론 어떠한
문장을 얼마나 분석하느냐에 따라 그 수치가 달라질 수는 있겠지만 (5가)
의 경우가 이들 수치와 가장 근접하고 (5나)나 (5다)의 경우는 굴절어나
고립어에 가깝다는 것을 알 수 있다. 따라서 통합성 지수를 통한 다른 언
어와의 비교를 위해서도 음운론적 단어 개념이 매우 유용하다는 것을 알
수 있다.

---

9) 이러한 사실에 기반하여 현대의 영어를 고립어로 분류하는 학자도 있다.

4.2.2. 문법적 단어₁과 문법적 단어₂

문법적 단어(文法的 單語, grammatical word)는 가리키는 내용에 따라 다시 두 가지로 나눌 수 있다. 하나는 통사론적 측면 즉 문장 형성에서 가장 기본이 되는 단어를 가리키는 것이고 다른 하나는 단어의 내용이 문법적인 것을 지시하는 것이다.

먼저 앞의 것은 쉽게 말하자면 문장을 형성하는 최소 단위가 단어라는 의미를 가지며 달리 말하자면 이러한 단어는 구(句, phrase) 이상과 결합한다는 것을 의미한다.

(6) 가. 밥을 먹었다.
　　가'. 밥을 먹고 책을 읽었다.
　　나. 산이 높다.
　　나'. 푸른 산이 높다.

(6가)의 문장을 과거에 일어난 일로 만들어 주는 것은 '-었-'이다. 그런데 (6가')에서 '먹고'도 과거에 일어난 일이다. 이것은 (6가)와 마찬가지로 '책을 읽었다'의 '-었-' 때문에 가능한 해석이다. 따라서 이와 관련된 (6가')의 문장 구조는 [[밥을 먹고 책을 읽]었다]와 같이 표시할 수 있다. 이것은 '-었-'이 음운론적으로는 '읽-'에 결합되어 있지만 문장의 형성에서는 '밥을 먹고 책을 읽-' 전체에 결합되어 있음을 의미한다. '밥을 먹고 책을 읽-'은 하나의 단어가 아니며 구(句) 이상이므로 이것과 결합하고 있는 '-었-'은 통사적인 측면 즉 문장 형성의 측면에서는 단어라고 해야 한다.

이러한 사실은 (6나, 나')을 통해서도 확인할 수 있다. '산이'의 '이'는 음운론적으로는 '산'에 결합하고 있지만 (6나')에서 '푸른'이 꾸며 주는 것은 '산'이므로 결국 '푸른 산'에 결합하고 있는 것으로 보아야 한다. 따라서 '푸른 산이'의 구조는 '[[푸른 산]이]'와 같다고 볼 수 있고 이때 '이'도 '푸른 산'이라는 구(句) 이상의 단위와 결합하고 있으므로 문장 형성의 측면에서는 단어라고 보아야 한다.

'-었-'이나 '이'처럼 문장 형성에서 최소의 단위로 기능하는 것들을 문법적 단어₁이라고 하여 후술하는 문법적 단어₂와 구별하기로 한다. 문법적 단어₁에는 '밥'과 같은 어휘 형태소이면서 자립 형태소인 것은 모두 해당하거니와 조금 전에 살펴본 '-었-'이나 '이'처럼 문법 형태소이면서 의존 형태소인 것 가운데 많은 것이 들어있다. 즉 문법 형태소이면서 의존 형태소 가운데 단어 형성에 참여하는 접두사와 접미사를 제외한 요소들은 전부 문법적 단어₁에 해당한다.

문법적 단어₁ 개념이 중요한 이유는 이를 통해 문장 형성의 최소 단위가 단어가 된다는 것을 확인할 수 있다는 점 때문이다.[10] 그렇지 않다면 '-었-'이나 '이'는 형태소가 바로 문장 형성에 참여할 수 있다는 것을 의미할 가능성이 있다. 그러나 다시 한 번 언급하거니와 형태소는 단어 내부의 요소이고 따라서 문장에 직접적으로 참여할 수는 없다.[11]

다음으로 그 기능이 문법적인 것을 가리키는 문법적 단어₂는 그 기능이 어휘적인 것과 대비되는 개념이다. 즉 형태소를 의미의 실질성에 따라 어휘 형태소와 문법 형태소로 나눈 것처럼 문장에서의 단어도 어휘적 단어와 문법적 단어로 나눌 수 있다고 할 때의 문법적 단어에 해당하는 것이다. 따라서 이러한 개념의 단어는 어휘적 단어도 포함하는 문법적 단어₁과는 구별할 필요가 있으므로 이를 문법적 단어₂라고 하기로 한다.

이러한 문법적 단어₂에는 앞에서 언급한 문법적 단어₁ 가운데 문법 형

---

10) 이것은 다름 아니라 바로 문법적 단어₁이 품사 분류의 대상이 된다는 것을 의미하는 것이기도 하다. 이에 대해서는 5장에서 더 자세히 다루기로 한다.

11) 즉 앞에서 가령 '산이', '바다가'에서 '이'와 '가'를 형태소로 분석한 것을 염두에 둔다면 '이'와 '가'는 형태소이자 단어임을 의미하는 것이 된다.

태소이면서 의존 형태소 가운데 단어 형성에 참여하는 접두사와 접미사를 제외한 요소들이 해당된다.[12] 이처럼 문법적 단어$_2$를 따로 설정하는 이유는 어휘적 단어가 단어 형성의 대상이 되므로 그렇지 않은 단어들을 따로 구분할 필요가 있기 때문이다.

이제 문법적 단어$_1$과 문법적 단어$_2$의 차이를 다시 (2가)의 "책상 위에 책들이 많았다."라는 문장을 통해 구분해 보면 다음과 같다.

(7)

문장 단어 개념	책상 위에 책들이 많았다.							
(가) 문법적 단어$_1$	책상,	위,	에,	책,	들,	이,	많,	았, 다
(나) 문법적 단어$_2$			에,		들,	이,		았, 다

(7가)는 앞에서 통합성 지수 산출을 위한 여러 가지 단어 개념 가운데 (5다)의 것과 일치한다는 사실을 상기할 필요가 있다.

4.2.3. 어휘적 단어

어휘적 단어(語彙的 單語, lexical word)란 앞에서 이미 잠시 언급한 것처럼 그 의미가 실질적이며 따라서 문법적이지 않은 단어들이다. 이는 문법적 단어$_1$ 가운데 문법적 단어$_2$를 제외한 것인데 어휘적 단어를 설정하는 가장 큰 이유는 어휘적 단어가 단어 형성의 직접적인 대상이 되기 때문이다. 즉 단어 형성에서 문제 삼는 '단어' 개념이 바로 어휘적 단어가 되는 셈이다. 이를 앞의 "책상 위에 책들이 많았다."라는 문장을 통해 살펴보기로 한다.

---

12) 3부에서 후술하겠지만 문법 형태소이면서 의존 형태소인 것 가운데 단어 형성에 참여하는 접두사와 접미사를 제외한 요소란 '-었-'과 같은 어미와 '가'와 같은 조사를 일컫는다.

(8) 단어 개념 문장	책상 위에 책들이 많았다.
어휘적 단어	책상, 위, 책, 많

(8)의 어휘적 단어는 (7가)에서 (7나)를 제외한 것과 일치한다. 우선 '책들'의 '들'은 앞에서 문법적 단어₂로 분류한 바 있다. 사실 사전에서는 이 '들'을 접미사로 간주하는 경우가 많지만 '책들'이 어휘적 단어로 실려 있는 경우는 찾아보기 힘들다는 점을 고려한 결과이다.[13]

한편 (8)의 '책상'을 통해 살펴볼 수 있듯이 어휘적 단어는 형태소 여럿이 모여서 된 경우들도 적지 않다. '책상'은 특히 어휘 형태소이자 자립 형태소인 '책'과 '상'이 결합한 어휘적 단어이지만 어휘 형태소이면서 의존 형태소와 어휘 형태소이면서 의존 형태소의 결합('농사'), 어휘 형태소이면서 의존 형태소와 문법 형태소이면서 의존 형태소의 결합('먹이'), 문법 형태소이면서 의존 형태소와 어휘 형태소이면서 자립 형태소의 결합('찹쌀') 등 그 경우의 수가 매우 다양하다.

어휘적 단어를 형성하는 데 큰 역할을 미치는 것 가운데 의존 형태소이면서 문법 형태소는 접두사와 접미사가 대표적이지만 동일하게 의존 형태소이면서 문법 형태소인 조사나 어미도 어휘적 단어 형성에 참여하는 일이 있다.

(9) 가. 때때로, 천지에
    가'. 꿩의다리, 너도밤나무
    나. 되게, 곧이어
    나'. 어린이, 길짐승

---

13) 이는 곧 접미사란 그것이 결합한 단위가 새로운 어휘적 단어로 결과되어야만 한다는 것을 의미하는 것이다.

(9가)의 '때때로'와 '천지에'는 조사에 해당하는 '로', '에'가 단어의 끝에 결합한 것이고 (9가')의 '꿩의다리'와 '너도밤나무'는 조사에 해당하는 '의'와 '도'가 단어의 중간에 나타난 것이다. 마찬가지로 (9나)의 '되게'와 '곧이어'는 어미에 해당하는 '-게'와 '-어'가 단어의 끝에 결합한 것이고 (9나')의 '어린이'와 '길짐승'은 어미에 해당하는 '-ㄴ'과 '-ㄹ'이 단어의 중간에 나타난 것이다.

이들 조사와 어미는 문법적 단어₂에 해당하므로 통사적 요소인데도 앞의 요소들과 결합하여 결과적으로 어휘적 단어 형성에 참여하고 있다. 한국어에는 이처럼 조사와 어미가 단어 형성에 참여한 경우가 매우 많은데 이것은 '-습니다', '-느냐'의 경우처럼 한국어가 교착어이기 때문에 나타나는 현상이다. 지금까지의 연구에서는 이러한 시각을 가진 경우가 많지 않았다는 것은 역시 한국어의 논의에 서양의 영향이 지대했음을 간접적으로 보이는 것이라 할 수 있다.[14]

4.3. 단어 개념에 따른 형태론의 범위

이제 지금까지 살펴본 여러 가지 단어 개념을 정리하고 그들 사이의 상관관계를 살펴보면서 이것이 1부에서 제시한 형태론의 범위와 어떻게 연결되는지 살펴보기로 한다.

우선 단어의 여러 가지 개념을 정리하기 위해 "책상 위에 책들이 많았다."라는 문장을 통해 이를 종합적으로 제시해 보기로 한다.

---

14) (9)와 같은 단어들에 대해서는 4부의 15장에서 '통사적 결합어'라는 이름으로 더 자세히 살펴보기로 한다.

단어 개념＼＼＼문장	책상 위에 책들이 많았다.			
(가) 음운론적 단어	책상,	위에,	책들이,	많았다
(나) 문법적 단어₁	책상, 위, 에,	책, 들, 이,	많, 았, 다	
(다) 문법적 단어₂	에,	들, 이,	았, 다	
(라) 어휘적 단어	책상, 위,	책,	많	

(10)

우선 (10나)의 문법적 단어₁은 (10다)의 문법적 단어₂와 (10라)의 어휘적 단어를 합한 것임을 알 수 있다. 즉 (10다)의 문법적 단어₂와 (10라)의 어휘적 단어는 서로 상보적인 관계에 놓여 있다. 그리고 음운론적 단어에는 적어도 하나 이상의 문법적 단어₁이나 어휘적 단어가 들어 있음을 알 수 있다. 또한 음운론적 단어 안에는 반드시 문법적 단어₂가 들어가 있어야 하는 것은 아니라는 사실도 알 수 있다.

한편 1부에서 형태론은 '형태소에서 단어까지를 다루는 문법학 분야', '단어의 내부 구조를 다루는 학문 분야'라고 한 바 있는데 그 범위는 '단어'의 개념에 따라 유동 폭이 매우 클 수 있다고 언급한 바 있다. 이제 단어의 여러 개념이 분명해진 만큼 형태론의 대상 즉 관심 영역도 보다 분명하게 언급할 수 있는 기반이 마련되었다고 할 수 있다.

(10가)의 음운론적 단어 개념에 따르면 '이형태의 교체'를 형태론의 대상으로 삼을 수 있음을 알 수 있다. (10나)의 문법적 단어₁의 개념에 따르면 이는 문장 형성의 기본 단위와 관련되므로 '품사의 분류'가 문법적 단어₁을 기반으로 이루어져야 한다는 것을 알 수 있다. (10라)의 어휘적 단어는 새로운 '단어 형성'의 결과물이 귀속되는 개념임을 알 수 있다. 곧 형태론은 그 정의와 함께 연구 대상과 관련하여 다음과 같이 정리될 수 있다.

(11) 형태론의 연구 대상

  형태론은 형태소가 단어로 되는 과정을 다루는 학문 분야로서 형태
  소의 교체, 품사의 분류, 단어의 형성을 주된 연구 대상으로 삼는다.

이를 (10)의 표에 반영하면 다음과 같다.

(12)

단어 개념 ＼ 문장	책상 위에 책들이 많았다.	형태론의 연구 대상
음운론적 단어	책상, 위에, 책들이, 많았다	형태소의 교체
문법적 단어₁	책상, 위, 에, 책, 들, 이, 많, 았, 다	품사의 분류
문법적 단어₂	에, 들, 이, 았, 다	
어휘적 단어	책상, 위, 책, 많	단어의 형성

1. 다음의 문장을 음운론적 단어, 문법적 단어$_1$, 문법적 단어$_2$, 어휘적 단어로 나누어 보자.

> 어쩜, 진달래가 아름답게 핀 저 산은 여기에서 아주 가까워 보이는군!

2. 전통문법가들은 단어에 대해 다음의 세 가지 견해를 가진 것으로 정리할 수 있다. 위 1번의 예문을 이에 따라 분석해 보고 음운론적 단어, 문법적 단어$_1$, 문법적 단어$_2$, 어휘적 단어와 어떤 공통점과 차이점이 있는지 비교해 보자.

> 가. 어절을 하나의 단어로 인정하는 종합적 견해(정렬모 등)
> 나. 조사와 어미를 모두 단어로 인정하는 분석적 견해(주시경 등)
> 다. 조사는 단어로 인정하고 어미는 단어의 일부로 인정하는 절충적 견해(최현 배 등)

※ 다음 예문을 바탕으로 아래 활동을 해 보자.

(가)

　바람은 달과 달라 아주 변덕 많고 수다스럽고 믿지 못할 친구다. 그야말로
바람장이 친구다. 자기 마음 내키는 때 찾아올 뿐 아니라, 어떤 때에는 쏘삭쏘삭
알랑거리고, 어떤 때에는 난데없이 휘갈기고, 또 어떤 때에는 공연히 뒤틀려 우
악스럽게 남의 팔다리에 생채기를 내놓고 달아난다. 새 역시 바람같이 믿지 못
할 친구다. 자기 마음 내키는 때 찾아오고, 자기 마음 내키는 때 달아난다. 그러
나, 가다 믿고 와 둥지를 틀고, 지쳤을 때 찾아와 쉬며 푸념하는 것이 귀엽다.
그리고, 가다 흥겨워 노래할 때, 노래 들을 수 있는 것이 또한 기쁨이 되지 아니
할 수 없다. 나무는 이 모든 것을 잘 가릴 줄 안다. 그러나, 좋은 친구라 하여 달
만을 반기고, 믿지 못할 친구라 하여 새와 바람을 물리치는 일이 없다.

　　　　　　　　　　　　　　　　　　　　　— 이양하의 「나무」 중에서

(나)

　우리는 민족중흥의 역사적 사명을 띠고 이 땅에 태어났다. 조상의 빛난 얼을
오늘에 되살려, 안으로 자주독립의 자세를 확립하고, 밖으로 인류 공영에 이바
지할 때다. 이에, 우리의 나아갈 바를 밝혀 교육의 지표로 삼는다.

　성실한 마음과 튼튼한 몸으로, 학문과 기술을 배우고 익히며, 타고난 저마다
의 소질을 계발하고, 우리의 처지를 약진의 발판으로 삼아, 창조의 힘과 개척의
정신을 기른다. 공익과 질서를 앞세우며 능률과 실질을 숭상하고, 경애와 신의
에 뿌리박은 상부상조의 전통을 이어받아, 명랑하고 따뜻한 협동 정신을 북돋운
다. 우리의 창의와 협력을 바탕으로 나라가 발전하며, 나라의 융성이 나의 발전
의 근본임을 깨달아, 자유와 권리에 따르는 책임과 의무를 다하며, 스스로 국가
건설에 참여하고 봉사하는 국민정신을 드높인다.

　반공 민주 정신에 투철한 애국 애족이 우리의 삶의 길이며, 자유세계의 이상
을 실현하는 기반이다. 길이 후손에 물려줄 영광된 통일 조국의 앞날을 내다보
며, 신념과 긍지를 지닌 근면한 국민으로서, 민족의 슬기를 모아 줄기찬 노력으
로, 새 역사를 창조하자.

　　　　　　　　　　　　　　　　　　　　　— 국민 교육 헌장(1968)

1. 다음 조건들을 참고하여 두 예문의 통합성 지수를 산출해 보자.

> 가. 단어의 여러 가지 개념 가운데 음운론적 단어 개념에 기반하여 분석한다.
>
> 나. 한자는 하나하나가 형태소 자격을 가지는 것으로 간주한다.
>
> 다. 형용사의 경우 현재 시제 형태소로 'Ø'를 인정할 수 있다.

2. 두 예문의 통합성 지수를 비교해 보고 차이가 나타나는 이유는 무엇 때문인지 생각해 보자.

제3부

단어의 부류 : 품사

제5장 품사 분류 기준과 한국어의 품사 체계

5.1. 품사 분류를 위한 '단어'의 개념 : 문법적 단어₁

품사(品詞, parts of speech)란 단어들을 그 공통된 성질에 따라 나눈 것이다. 품사에 대한 정확한 이해를 위해서는 이 정의 가운데 두 가지에 대해 관심을 기울일 필요가 있다. 첫 번째는 품사 분류의 대상이 되는 '단어'가 무엇이냐 하는 것이고 두 번째는 공통된 성질에 따라 나눌 때 어떤 기준에 따르느냐 하는 것이다. 품사 분류의 기준에 대해서는 후술하기로 하고 여기서는 먼저 품사 분류의 대상이 되는 '단어'의 개념에 대해 살펴보기로 한다.

품사 분류의 대상이 되는 단어는 이미 4장에서 '문법적 단어₁'이라고 한 바 있다. 문법적 단어₁은 문장 형성의 가장 기본이 되는 언어 단위이다. 그리고 문법적 단어₁은 구(句) 이상과 결합한다고 하였는데 이것은 문장 형성이 단어 형성과 본질적으로 구분된다는 것을 의미한다.

다음 예들을 살펴보기로 하자.

(1) 가. *그는 결코 비협조적이다.
　　 나. 그는 결코 협조적이 아니다.

다. 그는 결코 비협조적이 아니다.

(2) 가. *철수가 내일 왔다.
    나. 철수가 어제 왔다.

(3) 가. *철수가 어제 오겠다.
    나. 철수가 내일 오겠다.

(1가)에서 '결코'는 부정(否定) 서술어를 요구하는 말이다. 문장 내부에는 '비협조적'이라는 단어가 있는데 만약 부정의 의미를 가지는 접두사 '비(非)-'가 '결코'와 호응할 수 있다면 이 문장이 성립하지 못할 이유가 없다. 그런데 이 문장은 비문법적 문장이므로 단어 내부 요소 '비(非)-'는 '결코'가 참조(參照)할 수 없다고 해야 한다. 이러한 사실은 '결코'가 '아니다'라는 부정 서술어와 호응하고 있는 (1나, 다)의 문장의 문법성에 아무런 이상이 없다는 것으로 충분히 설명된다. 즉 문장 형성에 관여하는 요소는 단어 형성에 관여하는 요소를 직접적으로 참조할 수 없는 것이다.[1]

그런데 (2), (3)은 그 양상이 (1)과 차이가 있다. 먼저 (2가)의 문장이 성립되지 않는 것은 '내일'이 '왔다'의 '-았-'과 호응할 수 없기 때문이다. (2나)의 예문에서 보는 바와 같이 '-았-'과 호응하려면 '내일'이 아니라 '어제'가 와야 한다. 즉 '-았-'은 문장 형성에 관여하고 있으므로 단어 형성의 요소가 아니라 문장 형성의 요소라고 보아야 한다. 이 점은 (3)의 경우도 마찬가지이다. (3가)의 예문이 비문법적 문장이 되는 이유는 '어제'와 '-겠-'이 호응하지 않기 때문이다. 이 문장이 문법적인 문장이 되기

---

1) 이것을 어휘 고도 제약(語彙 孤島 制約, Lexical Island Constraint)이라 한다. 다시 말하자면 어휘 고도 제약은 어떤 어휘적인 요소가 문장 속에 쓰인 뒤에는 그 문장에 적용되는 통사적인 절차와 그 어휘 속에 들어있는 어휘 내적인 요소는 서로 연관될 수 없다는 것을 의미한다.

위해서는 (3나)의 예문과 같이 '어제'를 '내일'로 바꾸어야 한다. 따라서 (2)의 '-았-'이 문장 형성의 요소인 것처럼 (3)의 '-겠-'도 문장 형성의 요소로 보아야 한다.

(1)의 '비(非)-'와 (2), (3)의 '-았-', '-겠-'은 모두 의존 형태소이자 문법 형태소라는 점에서 공통된다. 그러나 (1)의 '비(非)-'는 단어 형성의 요소로서 형태소로서의 자격만 가지고 있는 데 비해 (2), (3)의 '-았-'과 '-겠-'은 문장 형성의 요소로서 문법적 단어₁의 자격을 가진다.

이제 문법적 단어₁과 품사의 관계를 살펴보기 위해 '품사'의 번역어에 대해 잠시 관심을 가져보기로 하자. 일반적으로 품사는 'parts of speech' 혹은 'word class'를 번역한 것이다. 그런데 이 두 가지는 역사적 측면에서 그 출현 동기의 차이를 반영하고 있다. 'parts of speech'는 의미를 중시하는 서양 전통 문법을 반영한 것이고 'word class'는 기능을 중심으로 한 구조주의 언어학에서 기원하였다.[2] 특히 'word class'는 이를 '품사' 대신 '유어(類語)'로 번역하여 구분한 적도 있다.

먼저 'parts of speech'에서 주목할 것은 'speech'이다. 'speech'의 현대적 개념이 그리 명확하지는 않지만 'parts of speech'는 그리스어 'morē tou lou' 즉 'part of sentence' 혹은 'part of phrase' 정도의 오역(誤譯)으로 일컬어진다. 만약 이것이 맞는다면 품사는 '문장'의 어떤 '일부'임을 알 수 있다. 그런데 여기서 중요한 것은 이 '일부'가 어디까지 내려가느냐 하는 점이다. 이때 '일부'란 문장을 잘라서 얻어낸 것이기는 하지만 현대 언어학적 개념에서 형태소 혹은 그보다 작은 음운 단위로까지 내려간다고 보기는 어렵다.

---

[2] '구조주의 언어학'은 언어 현상을 전체 구조의 측면에서 해석하려는 언어학의 한 분야이다. 이러한 관점에서는 모든 언어 요소가 개별적으로 존재하는 것이 아니라 어떤 큰 체계 안에서 유기적으로 관련되어 있다고 파악한다.

그 이유에 대해서는 앞서 품사를 달리 'word class'라 한 것을 통해 짐작할 수 있다. 앞에서 이미 품사를, '단어들을 그 공통된 성질에 따라 나눈 것'이라 한 바 있는데 이는 곧 품사가 문장의 일부 가운데 단어를 대상으로 한 것이라 정리할 수 있다. 즉 품사에 대한 'parts of speech'에는 품사를 나누기 위한 상한선에 대한 정보가 담겨 있다면 'word class'에는 그 하한선에 대한 의미가 포함되어 있는 것이다.

그리고 당연한 것이지만 품사의 종류들은 모두 '品詞'의 '詞'를 공유하고 있어야 한다. '조사', '명사', '동사', '형용사' 등이 그러한 것들이다. 한편 앞에서 이미 언급한 언어 단위 가운데 '詞'를 공유하고 있지 않는 것들은 품사의 한 종류가 아니라는 것을 알 수 있다.[3] '형태소', '음운', '어근' 등은 물론이거니와 '구', '문장' 등도 당연히 품사의 한 종류가 아니다. 주의할 것은 '접사'도 '사'를 공유하지만 이때의 '사'는 '詞'가 아닌 '辭'이므로 역시 '접사'는 품사의 한 가지가 아니라는 사실이다.[4]

따라서 이상의 논의를 바탕으로 할 때 품사는 문법적 단어₁을 대상으로 공통된 성질에 따라 분류한 것임을 다시 한 번 확인할 수 있다.

이제 다음의 문장을 대상으로 문법적 단어₁을 추출하는 과정에 대해 생각해 보기로 하자.

(4) 아! 둘도 없는 이 경치를 너와 함께 감상하고 싶다.

우선 (4)의 문장을 음운론적 단어로 나누는 것이 문법적 단어₁을 추출하는 과정의 시작이다. 그리고 앞의 4장에서 음운론적 단어에는 적어도 하

---

3) 그러나 그런 것 가운데 하나인 '어미'에 대해서는 품사의 자격을 부여하고자 하는데 이에 대해서는 후술하기로 한다.
4) 『표준국어대사전』과 같은 '사전'의 '사'도 '詞'가 아니라 '辭'이다. 따라서 사전에는 단어뿐만이 아니라 단어보다 작은 형태소들도 실려 있고 '만유인력의 법칙'처럼 단어보다 큰 구(句)들도 실려 있다.

나 이상의 문법적 단어$_1$이 들어 있다고 하였으므로 각각의 음운론적 단어 가운데 둘 이상의 문법적 단어$_1$이 들어 있는 경우를 더 나누면 된다. 이러한 과정을 보이면 다음과 같다.

(5)

음운론적 단어	아	둘도	없는	이	경치를	너와	함께	감상하고	싶다

⇩

문법적 단어$_1$	아	둘	도	없	는	이	경치	를	너	와	함께	감상하	고	싶	다

그런데 (5)의 문법적 단어$_1$ 가운데는 서로 공통되는 성질을 가지는 것들이 있다. 지금까지 배운 단어 개념은 문법적 단어$_1$을 어휘적 단어와 문법적 단어$_2$로 나누는 것이었다. 이를 반영하여 (5)의 문법적 단어$_1$을 나누면 다음과 같다.

(6)

음운론적 단어	아	둘도	없는	이	경치를	너와	함께	감상하고	싶다

⇩

문법적 단어$_1$	아	둘	도	없	는	이	경치	를	너	와	함께	감상하	고	싶	다

⇩

어휘적 단어	아	둘		없		이	경치		너		함께	감상하		싶	

⇩

문법적 단어$_2$			도		는			를		와			고		다

문법적 단어$_1$을 어휘적 단어와 문법적 단어$_2$로 나눈 것에도 '어휘적'이냐 아니면 '문법적'이냐의 기준이 적용된 것이라 할 수 있다. 그러나 이것만으로는 각각을 하나의 품사로 규정하는 것은 문제가 있다. (6)의 어휘적 단어 안에는 또 서로 이질적인 요소들이 들어 있고 문법적 단어$_2$도 모두 같은 성격을 가지는 것은 아니기 때문이다. 따라서 이들을 더 세분하여 한데 묶을 수 있는 기준 즉 품사 분류 기준이 필요하다는 사실을 알 수 있다.

5.2. 품사 분류의 기준

　품사 분류 기준 가운데 가장 대표적인 것은 '의미(意味, meaning)', '기능(機能, function)', '형식(形式, form)'의 세 가지이다. 우리의 문법 연구에서 품사 분류의 기준에 대한 직접적인 언급은 최현배(1930 : 60-61)에서 처음으로 보인다.

> (7)　씨(品詞)의 가름(分類)은 그 말법에서의 구실(役目, 職能) 곧 씨 서로 의 關係와 월(文)을 만드는 作用의 關係를 주장(主)으로 삼고, 그에 따르는 形式과 意義를 붙힘(從)으로 삼아, 이 네 가지가 서로 關係하 는 狀態를 標準으로 삼아 決定하여야 한다.
> 　　말은 어떠한 것이든지 다 무슨 뜻과 꼴(形式)을 가졌다. 딸아 뜻으 로만 가를 수도 잇으며, 꼴로만 가를 수도 잇다. 이 두 가지의 가름이 文法學에서 아조 必要없는 것은 아니지마는, 그것만으로는 말법을 硏 究할 수가 없다. 말법의 硏究에 가장 必要한 것은 그 말이 말법에서 가지는 구실(役目, 職能)이다. 이 말법에서의 구실이란 것은 씨와 씨 의 關係와 월을 만드는 作用의 關係의 두 가지로 난혼다. 씨와 씨의 關係란 것은 한 씨가 다른 씨와 合하는 일이 잇나 없나, 또 合하는 境 遇에는 어떠한 자리에서 하는가 하는 것이 그 씨의 뜻과 꼴(形式)에 들어나는 모양을 이름이요, 월을 만드는 일함(作用)의 關係란 것은 혹 은 풀이하는가 혹은 풀이의 주장이 되는가 하는 것인데, 그 文法上의 作用이 씨의 뜻과 꼴에 들어나는 여러 가지의 모양을 이름이다.
> 　　이와 같이 첫재는 말법에서의 구실을 보고, 담에는 그 구실에 對應 하는 뜻과 꼴을 보아 이것을 標準을 삼아서 씨가름(品詞分類)을 하는 것이 옳으니라.

　(7)에서의 '구실'은 '기능'이고 '意義'는 '의미'에 해당한다. 그 내용으로 볼 때 '기능'을 우선으로 삼고 '형식'과 '의미'는 부수적으로 삼을 것임을 주장하고 있다. 또한 '기능'을 더 세분하여 '품사 서로의 관계'와 '문장을

만드는 작용의 관계'로 나누었으므로 결과적으로 최현배(1930)에서는 품사 분류의 기준으로 총 네 가지를 설정하였음을 알 수 있다.

(7)을 염두에 둔 채 '의미', '기능', '형식'의 세 가지가 한국어의 품사 분류를 위해 어느 정도 타당한지 그리고 더 나아가 다른 기준이 필요한 것은 아닌지 차례대로 살펴보기로 하자.

5.2.1. 품사 분류 기준으로서의 '의미'

품사 분류 기준으로서의 '의미'는 문법적 단어$_1$ 각각의 구체적인 어휘적 의미가 아니라 일정한 부류에 속하는 문법적 단어$_1$이 가지는 공통된 추상적 의미이다.

> (8) 가. 그녀는 일요일만 되면 늦게까지 <u>잠</u>을 <u>잔다</u>.
>   나. 그는 기분 좋은 날이면 혼자서도 <u>춤</u>을 <u>춘다</u>.

만약 품사 분류 기준으로서의 '의미'가 어휘적 의미라면 (8가)의 '잠'과 '자-' 그리고 (8나)의 '춤'과 '추-'가 같은 품사로 묶일 가능성이 있다. 그러나 오히려 문장에서의 위치나 역할을 보면 (8가)의 '잠'과 (8나)의 '춤'이 같은 품사로 묶이고 (8가)의 '자-'와 (8나)의 '추-'가 같은 품사로 묶일 가능성이 더 높다. 이는 품사 분류 기준으로서의 '의미'는 같은 품사에 속하는 단어들이 가지는, 부류의 공통적 의미임을 단적으로 보여 준다. 따라서 그 의미는 구체적일 수 없고 따라서 추상적인 속성을 띤다. 또한 만약 품사 분류 기준으로서의 의미가 개별적이고 구체적이라면 '잠'과 '자-', '춤'과 '추-'가 같은 품사에 묶이지 않더라도 품사는 극단적인 의미에서 문법적 단어$_1$의 수만큼 다양해질 가능성도 있다.

그렇다면 문제는 이 공통적이고 추상적인 '의미'를 어느 범위까지 인정할 것인가에 달려 있다. 다시 앞의 (4)에서 제시한 문장에서 품사 분류의 대상이 된다고 한 문법적 단어$_1$을 대상으로 이를 살펴보기로 하자.

(9)

문법적 단어$_1$	어휘적 단어	문법적 단어$_2$	의미		
			A	B	C
아	아		사물에 대한 화자의 감정 표시	사물에 대한 화자의 감정 표시	사물에 대한 화자의 감정 표시
둘	둘		사물의 수량 지시	사물의 수량 지시	사물 지시
도		도	사물의 수량을 지시하는 말과 다른 말과의 관계 속에서 특정한 의미 추가	사물을 지시하는 말과 다른 말과의 관계 표시나 의미 추가	문법적 관계 표시
없	없		사물의 성질이나 상태 서술	사물의 성질이나 상태 서술	사물 서술
는		는	사물의 성질이나 상태를 나타내는 말을 수식하는 말로 바꿈	사물을 서술하는 말과 다른 말과의 관계 표시	문법적 관계 표시
이	이		사물의 이름 수식	사물의 이름 수식	수식
경치	경치		사물의 이름 지시	사물의 이름 지시	사물 지시
를		를	사물의 이름을 지시하는 말과 다른 말과의 관계 속에서 일정한 자격 표시	사물을 지시하는 말과 다른 말과의 관계 표시나 의미 추가	문법적 관계 표시
너	너		사물의 이름 대신 지시	사물의 이름 대신 지시	사물 지시
와		와	사물의 이름을 대신 지시하는 말과 다른 말과의 관계 속에서 일정한 자격 표시	사물을 지시하는 말과 다른 말과의 관계 표시나 의미 추가	문법적 관계 표시
함께	함께		사물의 동작이나 작용 수식	사물의 동작이나 작용 수식	수식
감상하	감상하		사물의 동작이나 작용 서술	사물의 동작이나 작용 서술	사물 서술
고		고	사물의 동작이나 작용을 나타내는 말을 사물의 성질이나 상태를 나타내는 말과 연결	사물을 서술하는 말과 다른 말과의 관계 표시	문법적 관계 표시

| 싶 | 싶 | | 사물의 성질이나 상태 서술 | 사물의 성질이나 상태 서술 | 사물 서술 |
| 다 | | 다 | 사물의 성질이나 상태를 서술하는 말을 종결 | 사물을 서술하는 말과 다른 말과의 관계 표시 | 문법적 관계 표시 |

(9)에서 제시한 의미 A열, B열, C열은 (4)의 문장을 문법적 단어₁로 분석한 후 각각이 가지는 의미를 추상화하여 제시한 것이다. 그리고 그 의미는 A에서 C로 갈수록 그 추상화 정도가 높아서 보다 많은 문법적 단어₁을 구성원으로 삼게 된다. 이들 각각에서 공통되는 의미로 제시된 것들이 동일한 품사로 묶이는 것이므로 그 결과를 정리해 제시하면 다음과 같다.

(10) 가. A열의 품사 : 13개

문법적 단어₁	의미
아	사물에 대한 화자의 감정 표시
둘	사물의 수량 지시
도	사물의 수량을 지시하는 말과 다른 말과의 관계 속에서 특정한 의미 추가
없, 싶	사물의 성질이나 상태 서술
는	사물의 성질이나 상태를 나타내는 말을 수식하는 말로 바꿈
이	사물의 이름 수식
경치	사물의 이름 지시
를, 와	사물의 이름을 지시하는 말과 다른 말과의 관계 속에서 일정한 자격 표시
너	사물의 이름 대신 지시
함께	사물의 동작이나 작용 수식
감상하	사물의 동작이나 작용 서술
고	사물의 동작이나 작용을 나타내는 말을 사물의 성질이나 상태를 나타내는 말과 연결
다	사물의 성질이나 상태를 서술하는 말을 종결

나. B열의 품사 : 10개

문법적 단어	의미
아	사물에 대한 화자의 감정 표시
둘	사물의 수량 지시
도, 를, 와	사물을 지시하는 말과 다른 말과의 관계 표시나 의미 추가
없, 싶	사물의 성질이나 상태 서술
는, 고, 다	사물을 서술하는 말과 다른 말과의 관계 표시
이	사물의 이름 수식
경치	사물의 이름 지시
너	사물의 이름 대신 지시
함께	사물의 동작이나 작용 수식
감상하	사물의 동작이나 작용 서술

다. C열의 품사 : 5개

문법적 단어	의미
아	사물에 대한 화자의 감정 표시
둘, 경치, 너	사물 지시
도, 를, 와 ; 는, 고, 다	문법적 관계 표시
없, 싶, 감상하	사물 서술
이, 함께	수식

그리고 품사 분류 기준으로서의 '의미'는 품사의 명칭으로 결과된다. 가령 (9), (10)에 제시된 '사물에 대한 화자의 감정 표시'를 '감탄사(感歎詞)'라고 하는 식이다. 우리의 전통 문법에서 가장 많은 품사 체계를 인정한 것은 김근수(1947)에서 보인다.

(11) 김근수(1947)의 품사 체계
   명사, 대명사, 존재사, 지정사, 형용사, 동사, 조용사, 조사, 관형사, 부사, 접속사, 감탄사, 수사

(11)은 그 숫자가 공교롭게도 (10가)와 같은 13개인데 이는 박승빈(1935)의 12 품사에 수사를 더한 결과이다. 이처럼 품사의 숫자가 늘어난 것은 품사 분류 기준으로서의 '의미'를 가장 중시한 것으로 해석할 수 있다.

그렇다면 (10)의 세 가지 혹은 그 이상의 분류가 가능하다고 할 때 어떤 경우를 품사 분류를 위한 '의미'로 삼을 것인가? 이에 대한 대답은 '의미' 그 자체에 있다기보다는 다른 품사 분류 기준과의 상관성에서 찾는 것이 가장 합당할 것이다. 대체로 같은 '의미'로 묶이는 것들은 이를테면 '기능'의 측면에서도 유사한 특성을 공유하기 때문이다. 따라서 (10)에 제시한 '의미'들 가운데 어느 정도의 추상성을 선택할지를 결정하는 것은 아직 유보해야 할 필요가 있다.

5.2.2. 품사 분류 기준으로서의 '기능'

품사 분류 기준으로서의 '기능'은 문장에서 문법적 단어₁이 수행하는 역할의 공통점을 파악하기 위한 것이다. 이를 보다 구체적으로 파악하기 위해서는 한국어의 문장 구조를 다음과 같이 몇 가지로 우선 단순화할 필요가 있다.

(12) 가. 무엇이 무엇이다.
나. 무엇이 어떠하다.
다. 무엇이 (무엇을) 어찌하다.

(12다)에서 '무엇을'에 괄호 표시를 한 것은 이것이 나타날 수도 있고 그렇지 않을 수도 있음을 드러내기 위해서이다. 4장에서 음운론적 단어는 통사론에서 문장 성분으로 부른다고 한 바 있는데 (12) 가운데 음운론적 단어 '무엇이', '무엇을'에 해당하는 것은 1장에서 살펴본 바와 같이 각각

주어, 목적어이다. 그리고 음운론적 단어 '무엇이다', '어떠하다', '어찌하다'에 해당하는 것은 서술어이다.

그런데 실제 우리가 접하는 문장은 (12)의 세 가지보다 훨씬 복잡하다. 이것은 (12)의 문장에 다른 음운론적 단어가 추가되는 경우가 적지 않기 때문이다. 이를 감안한다면 가령 (12다)의 문장은 다음과 같이 더 복잡해질 수 있다.

(13) 어떤 무엇이 어떤 무엇을 어떻게 어찌하다.

(13)에는 (12)에는 없는 음운론적 단어 '어떤', '어떻게'가 더 있는데 '어떤'은 '무엇'을 꾸미고 있고 '어떻게'는 '어찌하다'를 꾸미고 있다. 이러한 특성을 반영하여 이들 각각을 관형어(冠形語), 부사어(副詞語)라 한다.

한편 (12)와 (13)에는 없지만 (4)의 '아!'와 같이 다른 문장 성분과 별도로 존재하는 음운론적 단어를 독립어(獨立語)라고 한다.[5]

그런데 이들 문장 성분은 문장에서의 역할 즉 기능에 따른 부류이지만 그 대상은 모두 음운론적 단어로서 품사 분류의 대상이 되는 문법적 단어₁보다 큰 경우가 대부분이다. 그리고 똑같은 문장 성분이라고 하더라도 문법적 단어₁이 될 수도 있고 문법적 단어₁의 결합이 될 수도 있다. 가령 (13)에서 '어떤', '어떻게'를 예로 이에 대해 살펴보기로 하자.

(14) 가. 새 책
　　　가'. 새로운 책

---

5) 학교 문법에서는 이들 외에 보어(補語)를 더 설정하고 있다. 학교 문법에서의 보어란 "나는 학생이 되었다.", "나는 학생이 아니다."와 같은 문장에서 '되다', '아니다' 앞에 오는 '학생이'를 가리킨다. 그러나 연구자들 가운데는 보어의 개념을 보다 넓게 잡아 서술어가 필요로 하는 주어 이외의 성분을 가리키기도 한다. 이에 따르면 목적어뿐만 아니라 서술어가 반드시 필요로 하는 부사어도 보어의 테두리에 묶인다.

나. 빨리 달리다
나'. 빠르게 달리다

(14가, 나)의 '새'와 '빨리'는 각각 '어떤'과 '어떻게'에 해당하면서 그 자체로 문법적 단어₁이다. 그러나 (14가', 나')의 '새로운'과 '빠르게'도 각각 '어떤'과 '어떻게'에 해당하지만 이 안에는 '-ㄴ', '-게'라는 문법적 단어₁이 더 들어 있다. 품사 분류는 문법적 단어₁을 대상으로 한다고 하였으므로 (14가, 나)의 '새'와 '빨리'는 그 자체가 품사 분류의 대상이 되지만 '새로운'과 '빠르게'는 각각 두 개의 문법적 단어₁ 즉 두 개의 품사로 이루어져 있는 것이다.[6]

이제 (12)의 문장들을 다시 살펴보면 먼저 '무엇'은 그 자체가 문법적 단어₁로서 다른 문법적 단어₁과 결합하여 주어, 서술어, 목적어 등을 만드는 역할을 한다는 것을 알 수 있다. 이처럼 주어, 서술어, 목적어 등 문장에서 중심되는 성분을 만드는 데 기여하는 '무엇'과 같은 것을 체언(體言)이라고 한다.

다음으로 (12나, 다)의 문법적 단어₁ '어떠하-'와 '어찌하-'는 문법적 단어₁ '-다'와 결합하여 서술어를 만드는 역할을 한다는 사실을 알 수 있다. 이처럼 문장에서 서술어를 만드는 데 중심 역할을 하는 '어떠하-'와 '어찌하-'에 해당하는 것을 용언(用言)이라고 한다.

그리고 (14가, 나)의 문법적 단어₁ '새'와 '빨리'는 그 뒤에 오는 단어를 꾸며 주면서 각각 관형어와 부사어의 역할을 한다. 이처럼 문장에서 '어떤'과 '어떻게'의 의미를 가지면서 뒤에 오는 말을 꾸며 주는 것을 수식언(修飾言)이라 한다.

---

6) 이는 품사와 문장 성분의 기능이 일치하는 경우 서로 혼동이 일어날 수 있음을 의미하는 것이기도 하다. 이에 대해서는 11장에서 보다 자세히 살펴보기로 한다.

그런데 (12)의 문장들을 살펴보면 '무엇'과 '어떠하-', '어찌하-'는 그 자체로 음운론적 단어를 이루지 못한다. 즉 그 자체로 문장 성분을 이루지 못하고 '무엇'은 문법적 단어₁ '이', '을'과 결합하여 문장 성분의 역할을 할 수 있고 '어떠하-', '어찌하-'는 '-다'와 결합하여 문장 성분의 역할을 할 수 있다. '이', '을', '-다'와 같이 체언과 용언에 결합하여 다른 말과의 관계를 나타내 주는 것을 관계언(關係言)이라 한다.

한편 (4)의 문장에는 '아!'와 같은 독립어가 있다고 하였는데 '아!'는 음운론적 단어이지만 문법적 단어₁로서 역시 품사 분류의 대상이 되는데 이처럼 문장과 독립하여 존재하는 것을 독립언(獨立言)이라 한다.

이제 이상의 내용을 정리하면 주어, 서술어, 목적어, 관형어, 부사어, 독립어는 기능에 따른 부류이지만 그 자체로 문법적 단어₁이 아닐 수도 있으므로 품사 분류의 대상이 될 수 없음에 비해 체언, 용언, 수식언, 관계언, 독립언은 기능에 따른 부류이면서 그 자체로 문법적 단어₁이므로 품사 분류의 대상이 될 수 있다. 이러한 내용을 (4) 문장의 문법적 단어₁을 대상으로 보이면 다음과 같다.

(15)

기능	문장 (4)에서의 문법적 단어1	문장 성분과의 관계
독립언	아	독립어
체언	둘, 경치, 너	(관계언과 결합하여) 주어, 목적어, 부사어, 관형어, 독립어
용언	없, 싶, 감상하	(관계언과 결합하여) 서술어, 부사어, 관형어, 주어, 목적어
수식언	이, 함께	관형어, 부사어
관계언	는, 고, 다 ; 도, 를, 와	(체언, 용언과 결합하여) 주어, 목적어, 서술어, 관형어, 부사어

이제 (15)의 '기능'을 앞에서 살펴본 '의미'와 유기적으로 연관시킬 필요가 있다. 그런데 공교롭게도 (15)는 (10)의 세 가지 '의미' 가운데 (10다)와 완전히 일치한다는 사실이 주목을 끈다.

실제로 우리의 문법가 중에는 품사를 모두 다섯 개만 인정한 경우도 찾을 수 있다. 4장에서 음운론적 단어 개념에 기반하여 품사를 나눈 정렬모(1946), 장하일(1947)에서 이러한 견해가 보인다. 정렬모(1946)에서는 '명사', '동사', '관형사', '부사', '감동사'의 다섯 개의 품사를 인정하였고 장하일(1947)에서는 '임자씨', '풀이씨', '어떤씨', '어찌씨', '느낌씨'의 다섯 개의 품사를 인정하였는데 이 둘은 품사에 대한 명칭이 하나는 한자어이고 다른 하나는 고유어라는 차이를 가질 뿐 그 내용은 정확히 일치한다.

그런데 이러한 견해들이 (15)나 (10다)와 일치하는 것은 아니라는 점에 주의를 요한다. 다시 한 번 언급하거니와 정렬모(1946), 장하일(1947)은 음운론적 단어에 기반하여 품사를 설정하였기 때문에 (15)에서의 '관계언'은 단어의 일부일 뿐 독자적인 품사로서의 지위를 가지지 못하기 때문이다. '관계언'을 품사로 인정하는 대신 (15)의 '수식언'을 '관형사'와 '부사'의 두 가지로 구별하여 결과적으로 다섯 개의 품사가 된 것이다.

'수식언'이 '관형사'와 '부사'로 나뉠 수 있다면 '용언'도 더 나뉠 수 있다. (10가, 나)를 염두에 둔다면 여전히 (15)의 다섯 가지가 그대로 품사로 굳어진다고 단언하기 어려운 이유가 여기에 있다.

우리의 전통 문법에서 '기능'을 가장 우위에 둔 품사 분류는 주시경에서 보인다. 그의 대표적인 업적인 『국어문법』(1910)의 품사 체계를 예들과 함께 제시하면 다음과 같다.[7]

---

7) 주시경은 품사를 (16)에서 제시된 바와 같이 '기'로 부르다가 『국어문법』(1910)의 수정본인 『조선어문법』(1911)에서부터 '씨'로 바꾸었는데 그 이후 지금까지 품사를 가리키는 '씨'가 모두 여기에서 기원한 것이다. 한편 '임', '엇', '움', '겻', '잇', '언', '억', '놀', '끗'은 품사에 대한 고유어 명칭인데 그 이름을 지은 방법에 대해서도 다음과 같이 설명하고 있다.

(16) ― 임 : 여러 가지 몬과 일을 이름하는 기를 다 이름이라

　　(본) 사람, 개, 나무, 돌, 흙, 물, 뜻, 잠, 아츰

　　― 엇 : 여러 가지 엇더함을 이르는 기를 다 이름이라

　　(본) 히, 크, 단단하, 착하, 이르, 이러하

　　― 움 : 여러 가지 움즉임을 이르는 기를 다 이름이라

　　(본) 가, 잘, 자, 먹, 따리, 잡, 먹이, 잡히

　　― 겻 : 임기의 만이나 움기의 자리를 이르는 여러 가지 기를 다 이름이라

　　(본) 가, 이, 를, 을, 도, 는, 에, 에서, 로, 으로

　　― 잇 : 한 말이 한 말에 잇어지게 함을 이르는 여러 가지 기를 다 이름이라

　　(본) 와, 과, 고, 면, 으면, 이면, 나, 으나, 이나, 다가, 는데, 아, 어

　　― 언 : 엇더한(임기)이라8) 이르는 여러 가지 기를 다 이름이라

　　(본) 이, 저, 그, 큰, 적은, 엇더한, 무슨, 이른, 착한, 귀한, 한, 두, 세

　　― 억 : 엇더하게(움)라 이르는 여러 가지 기를 다 이름이라

　　(본) 다, 잘, 이리, 저리, 그리, 천천이, 꼭, 정하게, 매우, 곳, 크게, 착하게

　　― 놀 : 놀나거나 늣기어 나는 소리를 이르는 기를 다 이름이라

　　(본) 아, 하, 참

　　― 끗 : 한 말을 다 맞게 함을 이르는 여러 가지 기를 다 이름이라

　　(본) 다, 이다, 냐, 이냐, 아라, 어라, 도다, 오, 소

- 임 : 이름의 이와 ㅁ만 가리어 씀이라
- 엇 : 엇더하의 엇만 가리어 씀이라
- 움 : 움즉이의 움만 가리어 씀이라
- 겻 : 서로 얽히는 뜻이라
- 잇 : 한 말의 끗과 한 말의 끗을 서로 매어 따로 나게 하지 안이하고 한 줄이 되게 하는 뜻이라
- 언 : 엇더한의 어와 ㄴ만 씀이라
- 억 : 엇더하게의 어와 ㄱ만 가리어 씀이라
- 놀 : 놀나의 놀만 씀이라
- 끗 : 마지막의 뜻이라

8) 여기에서의 '(임기)'와 아래의 '(움)'은 '엇더한' 다음에 '임기'가 오고 '엇더하게' 다음에 '움'이 온다는 것을 나타낸 것이다.

주시경이 '기능'을 가장 우선하여 품사를 분류하고 있음을 알 수 있는 것은 '언'과 '억'에서 단적으로 찾아볼 수 있다. '언'에는 '이, 그, 저'와 같은 문법적 단어₁뿐만 아니라 '큰, 적은, 엇더한'과 같이 두 개의 문법적 단어₁로 이루어진 음운론적 단어를 넣었고 이와 마찬가지로 '억'에도 '다, 잘'과 같은 문법적 단어₁뿐만 아니라 '정하게, 크게, 착하게'와 같이 두 개의 문법적 단어₁로 이루어진 음운론적 단어를 넣었기 때문이다. 이들은 각각 '기능'을 중심으로 한 문장 성분으로서는 공통된다. '잇'과 '끗'을 구별하고 있는 것도 '기능'의 차이를 품사의 차이로 결과시킨 것임을 알 수 있다.[9]

5.2.3. 품사 분류 기준으로서의 '형식'과 한국어의 품사 분류

품사 분류 기준으로서의 '형식'은 단어가 형태 변화 즉 굴절성(屈折性, inflectedness)을 가지느냐의 여부를 따지는 것이다. 우선 주의할 것은 이때의 형태 변화는 이형태와는 다르다는 것이다. 이형태는 단어가 아니라 형태소가 그 모양을 바꾸는 것이기 때문이다.

학교 문법에서는 서술어 가운데 '어떠하-'와 '어찌하-'가 문법적 관계를 나타내는 '-다', '-고', '-니' 등과 결합하는 것을 '형식'의 변화로 간주하여 왔다.

> (17) 가. 예쁘다, 예쁘고, 예쁘니 …
> 나. 먹다, 먹고, 먹으니 …

---

9) 문법적 단어₂의 경우는 '의미'가 곧 '기능'을 반영한 것이므로 이 두 가지가 잘 구별되지 않는다. 주시경의 '잇'과 '끗'은, 기능은 차이가 있지만 '분포'의 공통성을 중시하면 같은 품사로 묶일 수 있다. 이에 대해서는 후술하기로 한다.

이것은 곧 (17가, 나)의 '예쁘다', '먹다' 전체를 하나의 단어로 간주하고 앞의 것은 형용사(形容詞), 뒤의 것은 동사(動詞)의 품사로 인정한다는 것을 의미한다.

그러나 품사 분류 기준으로서의 '형식'은 주로 인구어와 관련하여 중요한 영향을 미친 것임을 인식할 필요가 있다. 인구어는 단어의 형식 변화 곧 '굴절(屈折, inflection)'이 매우 중요한 역할을 담당하고 있기 때문에 다른 어떤 품사 분류 기준보다 형식의 변화 여부를 따지는 것이 최우선적인 변별 조건이라고 할 수 있다.

다음은 Jespersen이 오로지 '형식'을 기준으로 영어의 품사를 나눈 것을 보인 예인데 이를 통해 '형식'의 품사 분류 기준으로서의 중요성을 가늠할 수 있다.

(18)

품사	형식상의 특성			
실사	다음과 같이 어미가 굴절한다. 속격 : wife's 복수 : wives 복수 속격 : wives'			
형용사	다음과 같이 어미가 굴절한다. 비교급 : longer 최상급 : longest			
대명사	격에 따라 다음과 같이 어형이 변한다.			
	단수 주격 : I	he	she	who
	목적격 : me	him	her	whom
	복수 주격 : we	they		(who)
	복수 목적격 : us	them		(whom)
동사	다음과 같은 어형을 갖는다. 부정형 : (I may) drink, (I want) to drink 명령형 : Drink this! 직설법 현재 : I drink			

	가정법 현재 :	(If he) drink
	3인칭 단수 현재 :	drinks
	과거 :	drank
	과거분사 :	drunk
	현재분사 :	drinking
	동명사 :	drinking
불변화사	(위에서 언급한 것을 제외한) 어미가 굴절하지 않는 모든 낱말이 여기에 속한다.	

한국어의 품사 분류 체계에서 그 기준으로 '형식'을 언급한 것은 '도입'의 성격을 지닌 것이다. 그러나 한국어는 굴절어가 아니라 교착어이며 인구어와 다르게 문법적 기능을 하는 요소들이 문법적 단어₁의 내부 요소가 아니라 문법적 단어₁ 그 자체이다.

가령 (18)에서 형용사의 비교급 'longer'의 경우 비교급을 나타내는 '-er'은 문법적 단어₁이 아니라 문법적 단어₁의 내부에 들어 있는 형태소에 불과하다. 한국어에서는 가령 '예쁘다'의 '-다'가 문장 형성의 차원에서 구(句) 이상과 결합하는 요소임을 확인한 이상 문법적 단어₁의 내부 요소가 아니라 그 자체로 문법적 단어₁이다. 따라서 한국어의 품사 분류를 위해서는 그 기준으로 '형식'을 따로 도입할 필요를 느끼지 못한다.

그러나 이러한 결론이 곧 '동사, 형용사'와 나머지 품사들을 구분할 수 없다는 것을 의미하는 것은 물론 아니다. 이를 위해 품사 분류 기준으로서의 '기능'과 밀접한 연관을 맺고 있는 '분포'를 새로 품사 분류 기준으로 도입할 필요가 있다.

5.2.4. 품사 분류 기준으로서의 '분포'

품사 분류 기준으로서의 '분포(分布, distribution)'는 문법적 단어₁이 문장

내에서 차지하는 '위치'이다. 이것은 구체적으로는 어떤 문법적 단어₁들은 어떤 문법적 단어₁들과 '결합'하거나 혹은 '결합'하지 않는다는 정보로써 구체화된다.

대체로 같은 품사에 속하는 문법적 단어₁들은 기능상의 공통성뿐만이 아니라 분포에서도 공통성을 가진다. 그러나 같은 기능을 가지는 것이 반드시 같은 분포를 가지는 것은 아니라는 점에서 '분포'는 같은 기능을 가지는 문법적 단어₁들의 다른 면모를 살필 수 있는 기회를 제공한다. 무엇보다도 '기능'이 음운론적 단어에 크게 기대고 있는 부분을, 분포는 오롯이 문법적 단어₁에만 집중하게 해 준다는 점에서 품사 분류 기준으로서 매우 중요한 역할을 담당한다.

이러한 관점에서 '기능'에서 분류한 '독립언', '체언', '용언', '수식언', '관계언' 등에 대해 적용해 보기로 하자. 논의의 편의를 위해 구체적인 문법적 단어₁은 (4)의 문장에서 가져오기로 한다.

먼저 '독립언'에는 (4)의 '아'와 같이 문법적 단어₁인 경우만 포함하고 '영호야'처럼 두 개 이상의 문법적 단어₁이 결합한 경우가 포함되지 않도록 해야 한다. 따라서 이 두 가지를 구별하기 위해서는 '아'와 같은 것에 다른 문장 성분과 관계를 보이지 않으면서 문장에서 다른 문법적 단어₁과 결합하지 않는다는 분포 정보를 줄 필요가 있다.

다음으로 '체언' 가운데는 '너'와 같이 '이, 그, 저' 등과 잘 결합하지 않는 것들이 있다. 또한 '둘'과 같은 문법적 단어₁들은 '이, 그, 저' 등과 결합이 가능하기는 하지만 '경치'와 같은 것들보다는 자연스럽지 않다. 복수(複數, plural)를 의미하는 '들'과의 결합도 '둘'과 '너'는 제약되지만 '경치'는 비교적 자연스럽다는 정보도 도움이 될 때가 있다.

그리고 용언의 경우 '없-, 싶-'과 같은 문법적 단어₁들은 '-는다'와 결합하지 않고 반면 '감상하-'와 같은 문법적 단어₁들은 '-는다'와 결합한다

는 분포 정보를 얻을 수 있다.[10)]

한편 수식언의 경우에는, '이'와 같은 문법적 단어₁들은 체언 앞에 위치하지만 '함께'와 같은 문법적 단어₁들은 용언 앞에 위치한다는 것이 중요한 정보가 된다.

끝으로 관계언들의 경우에도 분포의 측면에서 차이를 보인다. 즉 '-는, -고, -다'는 용언과 결합하지만 '도, 를, 와'는 주로 체언과 결합하고 용언과는 잘 결합하지 않기 때문이다. 또한 분포는 '-는'과 '-다'가 주시경의 품사 체계에서처럼 '의미' 혹은 '기능'에서는 구별될 수 있지만 선행 요소는 용언으로 공통된다는 점에서 같은 품사로 묶을 수 있는 가능성을 열어 준다.

이상의 논의를 정리하여 기능과 분포의 상관관계를 문장 (4)에서의 문법적 단어₁에 적용하면 다음과 같다.

(19)

기능	문장 (4)에서의 문법적 단어₁	분포에 따른 (4)의 문법적 단어₁의 분류
독립언	아	아
체언	둘, 경치, 너	둘
		경치
		너
용언	없, 싶, 감상하	없, 싶
		감상하
수식언	이, 함께	이
		함께
관계언	는, 고, 다 ; 도, 를, 와	는, 고, 다
		도, 를, 와

분포를 염두에 두면 문장 (4)의 문법적 단어₁들은 모두 10개로 나눌 수

---

10) 물론 '없-'은 '둘도 없는 경치'에서 볼 수 있는 바와 같이 '-는'과 결합하지만 '싶-'은 '*싶는'도 아예 불가능하다. 이는 '없-'이 가지는 특수성 때문인데 이에 대해서는 '있-'과 관련하여 §7.3에서 자세히 다루기로 한다.

있는데 이것은 '의미'를 기준으로 한 (10)의 세 가지 가운데 (10나)와 서로
일치한다는 것을 알 수 있다.

5.3. 한국어의 품사 체계

이제 '의미', '기능', '분포'의 세 가지 품사 분류 기준을 이용하여 한국
어의 품사 체계를 제시할 차례가 되었다.

앞에서 여러 차례 강조한 바와 같이 품사는 문법적 단어₁을 대상으로 하
되 '의미', '기능', '분포'의 세 가지 기준이 서로 모순됨이 없어야 한다는
것이 전제되어야 한다. 따라서 그 과정은 순차적으로 적용될 필요가 있다.

먼저 '의미' 조건은 똑같은 문법적 단어₁이라고 하더라도 그 결과가 13
개에서 10개, 5개까지 가능할 수 있음을 살펴보았다. 그런데 13개의 품사
분류는 '기능'의 공통성을 간과하는 경우를 결과시킬 수 있다.

다음으로 '기능'을 우선으로 하면 5개의 품사 분류를 가능하게 하지만
그 안에는 음운론적 단어와 문법적 단어₁을 구별하지 못할 뿐만 아니라
'의미'를 구별하지 못하는 결과를 낳을 수 있음을 살펴보았다. 즉 '기능'
은 품사보다는 문장 성분의 분류에 가장 적합한 기준이라 할 수 있는 것
이다.

마지막으로 '분포'는 '기능'과 밀접한 연관을 가지지만 문법적 단어₁의
특성을 여실히 반영할 수 있다는 것을 알 수 있었다.

이러한 '의미', '기능', '분포'를 고려할 때 한국어의 품사는 모두 10개로
분류하는 것이 가장 합리적이라 판단된다. 남는 것은 품사에 대한 명칭인
데 이것은 (10나)에 제시한 바 있는 '의미'에 기반하여 부여하면 된다. 이
제 이상의 내용을 정리하여 한국어의 품사 체계를 정리하면 다음과 같다.

(20) 한국어의 품사 체계

'기능'	'분포'와 '의미'	문장 (4)의 문법적 단어₁
체언	명사	경치
	대명사	너
	수사	둘
용언	동사	감상하
	형용사	없, 싶
수식언	관형사	이
	부사	함께
관계언	조사	도, 를, 와
	어미	는, 고, 다
독립언	감탄사	아

(20)의 체계는 1963년 당시 문교부에서 공포한 <학교문법통일안>의 9 품사 체계와 비교하여 '어미'를 품사의 하나로 인정하고 있다는 점에서만 차이가 있다. 품사는 '사(詞)'를 공유하고 있어야 함에도 불구하고 '어미'를 '~사'로 따로 이름 짓지 않은 것은 이러한 사정을 반영한 것이다.[11] 그러나 한국어의 '어미'는 문장 형성의 요소로서 문법적 단어₁의 자격을 가지고 있으므로 품사가 문법적 단어₁을 분류 대상으로 삼고 있는 한 품사의 자격을 부여할 수 있다는 사실에는 변함이 없다.

---

11) 주시경은 '어미'를 '잇'과 '끗'으로 나누고 별도의 품사 자격을 부여하고 있음을 살펴본 바 있다. 이 두 가지를 하나의 품사로 묶은 것은 이들이 모두 용언과 결합한다는 '분포' 를 중시한 데 따른 것이다.

1. 다음은 홍기문(1927)에서 '토'를 중심으로 우리말의 품사 분류를 시도한 것이다. 이때 '토'가 가리키는 것이 본문의 무엇에 해당하는지 말해 보자.

> 가. 完全한 一個語를 이루지 못하고 他語를 補佐해서만 쓰는 것. 卽 토라고 하는 것.
> 나. 토의 補佐를 밧지 않고 쓰지 못하는 것. 卽 形容詞와 動詞.
> 다. 토의 補佐를 밧기도 하고 아니 밧고 獨立해 쓰기도 하는 것. 卽 名詞와 副詞.
> 라. 토와는 아조 沒關係한 것. 卽 感歎詞.

2. 다음 예문들을 문법적 단어₁로 나누어 보고 품사 분류 기준에 따라 이를 품사로 나누어 보자.

> 가. 짐승 같은 달의 숨소리가 손에 잡힐 듯이 들리며 콩포기와 옥수수 잎새가 한층 달에 푸르게 젖었다.
>
> —이효석의 「메밀꽃 필 무렵」 중에서
>
> 나. 내가 그의 이름을 불러 주기 전에는 그는 다만 하나의 몸짓에 지나지 않았다.
>
> —김춘수의 「꽃」 중에서

탐구
문제

※ 다음은 주시경의 마지막 업적인 『말의소리』(1914)에 나타난 품사 분류 체계이다. 이를
바탕으로 아래 활동을 해 보자.

> • 임 : (보기) 사람, 나무, 돌, 흙, 물, 뜻, 아츰, 나, 그, 너, 다, 더, 잘, 매우, 이리,
>   참, 아, 하, 어
> • 엇 : (보기) 히, 크, 길, 둑겁, 좁, 굳, 세, 맑, 좋, 곱, 차, 이르, 착하, 멀, 낮
> • 움 : (보기) 가, 날, 뛰, 놀, 울, 짖, 늘, 녹, 흐르, 먹, 따라, 밀, 잡, 접, 잡히, 먹
>   이, 늘이, 녹이
> • 겻 : (보기) 가, 이, 를, 을, 도, 는, 마다, 든지, 이든지, 나, 이나, 야, 이야, 야,
>   아, 여, 이여, 의, ㄴ, 은, 게, 에, 에서, 로, 으로, 까지, 와, 과, 에는, 에도,
>   에야, 로도
> • 잇 : (보기) 와, 과, 아, 어, 다가, 며, 으며, 면서, 이며, 으면서, ㄴ대, 는대, 인
>   대, 은대, 니, 으니, 이니, 매, 으매, 이매, 아서, 어서, 나, 으나, 이나, 되,
>   으되, 이되, 아도, 어도, 라도, 이라도, 거날, 어날, 이어날, 고도, 면, 으면,
>   이면, 거든, 어든, 이거든, 이어든, 아야, 어야, 어니와, 러, 으러
> • 긋 : (보기) 다, 이다, 오, 소, 으오, 이오, 오이다, 이오이다, 읍나이다, 으읍나이
>   다, 니라, 으니, 라, 이니라, 더라, 이더라, 러라, 이러라, 지, 이지, 냐, 으
>   냐, 이냐, 뇨, 으뇨, 이뇨, 랴, 으랴, ㄴ가, 은가, 인가, 아라, 어라, 오, 소,
>   야, 이야, 소서, 으소서, 도다, 이도다, 로다, 이로다, 고나, 이고나, 로고나,
>   이로고나

1. 본문에 제시된 『국어문법』(1910)과 어떤 차이가 있는지 그 예를 비교해 보자.

2. 『국어문법』(1910)과의 차이를 품사 분류 기준의 측면에서 해석해 보자.

제6장 체언 : 명사, 대명사, 수사

명사, 대명사, 수사는 문장에서 주어, 목적어로 쓰일 뿐만 아니라 '이–'
와 결합하면 서술어로 쓰인다는 점에서 공통성을 갖는다.

(1) 가. 책이 많다.
　　　가'. 책을 많이 가지고 있다.
　　　가". 책상 위에 있는 것은 책이다.
　　　나. 내가 오늘도 가장 빨리 학교에 왔다.
　　　나'. 세상에는 나를 좋아하는 사람도 있지 않을까?
　　　나". 저녁에도 늦게까지 남아 공부한 것은 나였다.
　　　다. 둘은 하나보다 강하다.
　　　다'. 하나를 잃으면 전부를 잃는 것이다.
　　　다". 하나에 둘을 더하면 셋이다.

(1가, 가', 가")는 명사 '책'이 각각 주어, 목적어, 서술어로 쓰일 수 있음
을 보여 주고 있고 (1나, 나', 나")을 통해서는 대명사 '나'가 각각 주어, 목
적어, 서술어로 사용될 수 있음을 볼 수 있다. 마찬가지로 (1다, 다', 다")에
서는 수사 '둘', '하나', '셋'이 각각 주어, 목적어, 서술어로 기능하고 있음
을 알 수 있다. 그러나 명사, 대명사, 수사는 각각 독립된 품사로서 그 나

름대로 의미와 분포의 측면에서 특성을 가지고 있다.

6.1. 명사

명사(名詞, noun)는 사물의 이름을 지칭하는 품사로서 전형적으로 관형사 다음, 조사 앞에 위치한다. 그리고 한국어의 단어 가운데 가장 많은 수가 명사에 속한다.[1]

> (2) 가. 어머니, 친구, 학생, 개, 닭 …
> 나. 개나리, 진달래, 산, 바위, 연필 …
> 다. 저녁, 천둥, 바람, 냄새, 안개 …
> 라. 사랑, 낭만주의, 희망, 삶, 가치관 …

(2)는 모두 명사인데 (2가)는 동물을, (2나)는 사물을 나타낸다. 특히 (2 가)처럼 감정을 가질 수 있거나 동작의 주체가 될 수 있는 것들을 유정 명사(有情名詞)라 한다. 이에 대해 (2나)는 감정을 가질 수 없고 동작의 주체가 될 수 없는 것들인데 이들을 무정 명사(無情名詞)라 한다. (2다)는 어떤 현상에 대해 붙여진 이름이고 (2라)는 추상적 개념을 지시하는 명사이다. 특히 (2라)와 같은 것들을 추상 명사(抽象名詞)라 하고 이에 대해 (2가, 나)와 같이 구체적인 모습을 가지는 것들을 구체 명사(具體名詞)라 부른다.

---

1) 국립국어연구원(2002 : 21)에 따르면 종이로 편찬한 『표준국어대사전』(1999)의 전체 표제어 509,076개 가운데 명사는 335,057개로 65.82%를 차지하고 있다. 그 다음이 동사로서 68,394개 13.43%임을 염두에 둘 때 명사의 비중을 짐작하기 어렵지 않다. 또한 의존 명사도 명사에 해당하고 의존 명사가 1,061개로 0.21%를 차지하므로 명사는 사실 336,118개로 66.03%에 해당한다. 『표준국어대사전』은 방언뿐만이 아니라 북한어 등도 싣고 있으므로 이들 수치는 이들을 모두 포함하고 있다는 점에 주의할 필요가 있다. 아래 다른 품사에 대한 정보도 모두 마찬가지이다.

6.1.1. 고유 명사와 보통 명사

명사는 대명사나 수사와는 달리 특정한 사물을 다른 것들과 구별하기 위한 특별한 부류를 가지고 있는데 이를 고유 명사(固有名詞, proper noun)라 한다.[2] 그리고 고유 명사와는 달리 일반 사물을 두루 지시하는 것을 보통 명사(普通名詞)라 한다.

     (3) 가. 주시경, 스위스, 파리 …
         나.   사람,   나라, 도시 …

(3가)는 고유 명사의 예이고 (3나)는 그에 대응하는 보통 명사를 든 것이다. 영어에서는 고유 명사임을 나타내 주기 위해 첫 글자를 대문자로 적고 일본어에서는 가타카나(片假名) 문장에서는 히라가나(平假名)로, 히라가나(平假名) 문장에서는 가타카나(片假名)로 고유 명사를 구별한다. 우리도 예전에는 가로쓰기에서는 밑줄을, 세로쓰기에서는 왼덧줄을 그어 표기에 반영하였던 적이 있다.

고유 명사는 (3)처럼 대응하는 보통 명사와 의미의 측면에서만 상하 관계를 가지는 경우도 있지만 다음처럼 형태의 측면에서도 유연성(有緣性)을 가지는 경우가 있다.[3]

     (4) 가. 금강, 설악산, 독립문 …
         나.   강,   산,   문 …

---

2) '특별한 부류'라는 점에서 고유 명사를 '특립 명사(特立名詞)'라 부르는 경우도 있다.
3) 어휘적 단어의 의미 관계는 크게 계열적 의미 관계와 결합적 의미 관계로 나눌 수 있다. 계열적 의미 관계는 어휘와 어휘 사이의 의미 관계를 문제 삼는 것으로서 유의 관계, 반의 관계, 상하 관계가 이에 속하고 결합적 의미 관계는 문장 속에서 다른 말과의 결합에 따른 어휘의 의미를 문제 삼는 것으로서 다의어와 동음이의어가 이에 속한다. 특히 상하 관계는 한 단어가 의미상 다른 단어를 포함하거나 다른 단어에 포함되는 의미 관계인데 이때 포함하는 단어를 상의어(上義語)라고 하고 포함되는 단어를 하의어(下義語)라고 한다.

(4가)와 (4나)는 동일한 형태소를 공유하고 있다는 점에서 그렇지 않은 (3가, 나)와는 달리 단어 형성의 측면에서 조명할 수 있다.

한편 고유 명사는 지시하는 대상이 하나밖에 없기 때문에 보통 명사와 는 달리 여러 가지 제약을 가진다.

>   (5) 가. *주시경들이 공원에서 산책하고 있다.
>   가'. 사람들이 공원에서 산책하고 있다.
>   나. *두 스위스에는 사람들이 많이 산다.
>   나'. 두 나라에는 사람들이 많이 산다.

(5)는 고유 명사가 보통 명사에 비해 '들'에 의해 복수를 나타낼 수 없 고 '두'와 같은 수 표현과 결합할 수 없음을 보여 준다.4) 이는 고유 명사 가 하나의 대상만을 지시하기 때문에 나타나는 현상이다.

다음과 같은 제약도 이러한 고유 명사의 특성과 연관성을 지닌다.

>   (6) 가. *이 금강은 물이 매우 맑다.
>   가'. 이 강은 물이 매우 맑다.
>   나. *그런 설악산에는 바위가 많다.
>   나'. 그런 산에는 바위가 많다.

(6)은 보통 명사와는 달리 고유 명사가 지시 표현과 결합하지 못한다는 것을 보여 준다. 즉 '이'나 '그런'과 같은 지시 표현은 다른 대상의 존재를 전제로 하기 때문에 이러한 제약을 보여 주는 것으로 해석할 수 있다.

그런데 고유 명사도 '들'과 같은 수 표현과 결합하는 일이 있다. 이때에

---

4) 보통 명사 가운데도 '들'에 의해 복수를 나타낼 수 없는 것들이 있다. '물', '바람' 등이 그러한데 이들은 셀 수 없는 명사라 하여 '불가산 명사'라 부른다. '불가산 명사'에 대해 '책', '사람' 등은 셀 수 있다는 뜻으로 '가산 명사'라 부른다.

는 고유 명사가 보통 명사화한 것으로 볼 수 있다.

(7) 이 학교는 21세기의 주시경들을 길러낸 전당으로 평가받고 있다.

(7)에서의 '주시경들'은 물론 '주시경'이 아니라 '주시경'의 업적에 필적할 만한 '사람들'을 가리킨다는 점에서 이때의 '주시경'은 고유 명사라 할 수 없다.

6.1.2. 의존 명사와 자립 명사

명사는 또한 대명사나 수사와는 달리 자립성이 현저히 결여되어 있는 부류를 가지고 있는데 이를 의존 명사(依存名詞, bound noun)라 한다. 그리고 의존 명사와는 달리 문장에서 홀로 쓰일 수 있는 것을 자립 명사(自立名詞, free noun)라 한다.

(8) 가. 사람들은 좋은 것을 가지고 싶어 한다.
　　가'. *사람들은 것을 가지고 싶어 한다.
　　나. 사람들은 좋은 집을 가지고 싶어 한다.
　　나'. 사람들은 집을 가지고 싶어 한다.

(8가)의 '것'은 의존 명사의 예이고 (8나)의 '집'은 자립 명사의 예이다. 의존 명사는 문장에서 홀로 쓰일 수 없고 반드시 그 앞에 '좋은'과 같은 관형어를 선행시켜야 한다. 그렇지 않으면 (8가')처럼 비문법적인 문장이 된다. 이에 대해 자립 명사인 '집'은 그 앞에 관형어가 없어도 (8나')처럼 문법성에 아무런 문제가 생기지 않는다.

의존 명사 가운데는 그 앞에 오는 관형어의 형식에 제약을 받는 것들과 그렇지 않은 것들이 있다. (8가)의 '것'은 '먹는 것', '먹을 것'처럼 '-ㄴ', '-ㄹ' 관형어가 모두 올 수 있다. '이, 분, 바, 데'와 같은 의존 명사도 이러한 점에서 '것'과 같다.

그러나 다음의 것들은 그렇지 못하다.

> (9) 가. 그는 고향을 떠난 지가 너무 오래되었다.
> 　　가'. *그는 고향을 떠날 지가 너무 오래되었다.
> 　　나. 네가 그렇게 말하니 그저 고마울 따름이다.
> 　　나'. *네가 그렇게 말하니 그저 고마운 따름이다.

(9가, 가')에서는 의존 명사 '지'가 '-ㄹ' 관형어와 결합할 수 없음을 보여 준다. 이에 대해 (9나, 나')에서는 의존 명사 '따름'이 '-ㄹ' 관형어와만 어울리고 '-ㄴ' 관형어와는 어울릴 수 없음을 알 수 있다.

한편 의존 명사는 뒤에 오는 말에 일정한 제약을 가지기도 한다. (8가)의 '것'은 '먹는 것이', '먹는 것을', '먹는 것이다'처럼 뒤에 오는 말에 특별한 제약이 없지만 (9가)의 '지'는 '가'와만 결합할 수 있고 (9나)의 '따름'은 '이다'와만 결합할 수 있다.

'지'는 '가'와 결합하여 주어로 쓰이기 때문에 이러한 점을 중시하여 주어성 의존 명사라 부른다. '할 리가 없다'의 '리', '이야기할 나위가 없다'의 '나위'도 주어성 의존 명사에 속한다. 이에 대해 '따름'은 '이다'와 결합하여 서술어로 쓰이기 때문에 이러한 점에 초점을 두어 서술성 의존 명사라 부르기도 한다. 서술성 의존 명사에는 '읽을 뿐이다'의 '뿐', '할 터이다'의 '터' 등이 더 있다.

다음의 '만큼', '대로'와 같은 의존 명사들은 '가'나 '이다' 등과 결합하지 않는 경우가 더 일반적이다.

(10) 가. 사람들에게 나누어 줄 만큼 나누어 주었다.

      나. 연습한 대로 하면 큰 실수는 없을 것이다.

그리고 그 성분은 부사어에 해당하기 때문에 '만큼'이나 '대로'와 같은 것들을 부사성 의존 명사라 부르기도 한다.

의존 명사 가운데 다음과 같이 수 표현과 어울리는 것들에는 특히 관심을 기울일 필요가 있다.

(11) 가. 소 한 마리, 운동화 세 켤레, 집 한 채, 바늘 한 쌈 …

      나. 사과 두 개(個), 사람 두 명(名), 자동차 다섯 대(臺), 배 세 척

        (隻) …

(11가)의 '마리, 켤레, 채, 쌈'은 고유어이고 (11나)의 '개, 명, 대, 척'은 한자어인데 모두 수 표현 다음에 위치하여 선행하는 명사의 수량을 표시하고 있다. 한국어에는 이처럼 선행하는 명사의 수량을 표시하는 말들이 적지 않다. 동음이의어이기는 하지만 '장'만 하여도 다음과 같이 여러 가지의 명사와 함께 쓰인다.

(12) 가. 무덤 세 장(=基)

      나. 길이 한 장(=길)

      다. 종이 한 장(張)

      라. 책 다섯 장(章)

(12가, 나)에서 표시한 바와 같이 같은 의미를 가지는 다른 의존 명사를 가지는 경우도 있다. (11)과 (12)에 제시한 의존 명사들은 수량 표현과 함께 특정 단위를 표시한다고 해서 이를 단위성 의존 명사라 부른다.

그런데 (11, 12)에서 제시한 단위성 의존 명사들은 자립성을 가지지 못

한다는 점에서는 전형적인 의존 명사와 차이가 없지만 선행 요소로 수량 표현과만 어울린다는 점에서 전형적인 의존 명사와는 차이가 있는 것이 현실이다.

   (13) 가. 먹을 것
       가′. *먹을 마리
       가″. 먹을 사과
       나. *두 이
       나′. 두 마리
       나″. 두 사람

   (13)에 제시한 바와 같이 전형적인 의존 명사들은 '-ㄴ'이나 '-ㄹ' 관형어가 선행어로 오고 수 표현이 선행어로 오는 데 제약을 보이는 반면 수량 표시 의존 명사들은 '-ㄴ'이나 '-ㄹ' 관형어가 선행어로 오지 못하기 때문이다.5) 이러한 점을 중시하여 단위성 의존 명사를 '분류사(分類辭, classifier)'라 부르기도 한다.6)

---

5) 물론 '분'과 같은 의존명사는 '드실 분', '두 분'처럼 수량 표현과도 결합할 수 있다.
6) 중국의 학교 문법에서는 분류사를 '양사(量詞)'라 하여 별도의 품사로 독립시켜 다루고 있다. 이는 특히 품사 분류 기준 가운데 '의미'를 중시한 결과라고 할 수 있다. 한편 Gil(2005b : 226)에 따르면 가산성이 높은 명사와 수사가 함께 쓰일 때 분류사의 동반 여부와 관련하여 세계 언어 400개를 대상으로 다음과 같은 조사 결과를 제시한 바 있다.
   가. 수 분류사가 없는 언어 ·· 260개
   나. 수 분류사가 수의적인 언어 ···················· 62개
   다. 수 분류사가 필수적인 언어 ·················· 78개
                    총 ·· 400개
   물론 한국어는 이 가운데 (다)에 해당한다.

6.2. 대명사

대명사(代名詞, pronoun)는 명사를 대신한다고 하여 붙여진 이름이다.

(14) 가. 민서가 학교에서 도시락을 먹는다.
　　　나. 그가 거기에서 그것을 먹는 것은 오늘이 마지막이다.

(14가)와 (14나)가 같은 맥락에서 이루어진 것이라고 할 때 (14나)의 '그', '거기', '그것'은 각각 '민서', '학교', '도시락'이라는 명사를 대신하고 있다. 대명사는 그 속성상 지시 대상이 어느 하나로 고정되지 않는다는 특성을 갖는다. 즉 '그것'은 맥락에 따라서는 '도시락'이 될 수도 있지만 경우에 따라서는 지시 대상이 '사과', '음료수' 등도 될 수 있다는 점에서 후보가 열려 있는 것이다.[7]

명사를 대신하므로 그 속성도 명사와 공유하는 것이 일반적이다. 조사와 결합하여 (14나)의 '그', '거기', '그것'의 문장 성분은 (14가)의 '민서', '학교', '도시락'과 마찬가지로 주어, 부사어, 목적어이다. 또한 명사처럼 자유롭지는 않지만 관형어가 그 앞에 올 수 있다.

6.2.1. 인칭 대명사

그러나 대명사는 명사와 수사가 가지지 않는 속성도 가지고 있다. 그 가운데 가장 두드러진 것은 한국어의 경우 명사나 수사가 인칭(人稱, person)과 별다른 관련을 가지지 않는 데 비해 대명사만 인칭과 관련성을 갖는다

---

7) 따라서 그 수가 많을 필요가 없다. 국립국어연구원(2002 : 21)에 따르면 종이로 편찬한 『표준국어대사전』(1999)의 전체 표제어 509,076개 가운데 대명사는 463개로 0.09%를 차지하고 있다.

는 점이다.[8] 대명사 가운데 이처럼 사람을 가리키는 대명사를 인칭 대명
사(人稱代名詞)라고 한다. 그리고 이러한 인칭 대명사들이 높임의 정도에 따
라 서로 상관관계를 갖고 있다는 점도 한국어 대명사의 주요한 특징이다.

(15) 가. 나(우리), 저$_1$(저희$_1$) ⋯
　　나. 너(너희), 자네, 당신$_1$, 귀하, 그대, 여러분 ⋯ cf. 자기
　　다. *이(이들), 그(그들), *저(저들), 이분, 그분, 저분, 이이, 그이, 저
　　　　이 ⋯ ; 자기, 저$_2$(저희$_2$), 당신$_2$

(15가)는 화자를 가리키는 1인칭 대명사의 예이다. '짐(朕)', '소생(小生)'
등도 1인칭 대명사이나 지금은 잘 쓰이지 않는다. '나'에 대해 '저$_1$'은 낮
춤말이다. '우리'와 '저희$_1$'은 각각 '나'와 '저$_1$'의 복수형인데 그 쓰임이
단순한 낮춤에만 머무르는 것은 아니다.

(16) 가. 우리는 너희와 함께 이곳에 남기로 했다.
　　가'. 저희는 여러분과 함께 이곳에 남기로 했습니다.
　　나. 우리 모두 여기에 남도록 합시다.
　　나'. *저희 모두 여기에 남도록 합시다.

(16가)의 '우리'는 청자를 제외한 배제적 용법을 보이고 있고 (16나)의
'우리'는 청자까지를 포함한 포괄적 용법을 보이고 있다. 즉 '우리'는 배
제적 용법과 포괄적 용법 모두를 가지고 있지만 낮춤형인 '저희'는 (16가',
나')에서 볼 수 있는 바와 같이 배제적 용법만 가능하고 포괄적 용법으로

---

8) 즉 한국어는 인칭이 특정 문법 형태소를 통해 반드시 실현되어야 하는 문법 범주(文法範
疇, grammatical category)가 아니다. 이 점 '수(數, number)'나 '성(性, gender)'도 마찬가지
이다. 다시 말하자면 한국어도 수나 성을 표시할 수는 있지만 이것을 특정 문법 형태소를
통해 반드시 실현시켜야 하는 언어는 아닌 것이다. 영어의 경우 수와 인칭은 문법 범주이
지만 성은 문법 범주가 아니다. 이에 대해 독일어의 경우는 수, 인칭, 성이 모두 문법 범
주에 해당한다.

는 쓰이지 않는 것이다.

한편 '우리'는 다음과 같이 단수적 상황에서도 사용된다.

> (17) 가. 우리 집, 우리 학교, 우리 아빠
> 나. 우리 남편, 우리 부인

가령 (17가)의 '우리 집'은 영어로 번역한다면 'our house'가 아니라 'my house'로 번역될 성질의 것이다. 이처럼 단수적인 상황에 '우리'가 쓰이는 것은 '집'이 단순히 한 개인의 소유가 아니라 공유의 대상임을 인식한 데 따른 것이라고 할 수 있다.

그런데 이렇게 해석하는 데 문제가 있는 것은 (17나)의 경우들이다. '집', '학교'는 공유의 대상이고 '아빠'도 자식이 여럿이 있는 경우를 생각한다면 공유의 대상이라는 해석을 적용할 수 있지만 '남편'이나 '부인'은 공유의 대상이 될 수 없기 때문이다. 이 경우는 공유의 대상이라기보다는 보다 친근한 느낌을 전달하기 위해 '우리'가 사용되는 것으로 보인다.[9]

(17가, 나)의 '우리'는 모두 '저희'로 바꿀 수 있다는 점에서 공통된다. 청자와 관련되어 낮춤을 표시할 때도 '네 학교, 네 남편'보다는 '너네(니네) 학교', '너네(니네) 남편'과 같이 복수를 나타내는 '-네'를 결합시켜 표현하는 것이 일반적이다.

(15나)는 청자를 가리키는 2인칭 대명사이다. 낮춤의 '너'('너희'는 복수)에 대해 '자네'는 하게체로 보다 대우해 주는 느낌이 있다.[10] '그대'는 주로 문어체에 쓰이면 상대방을 친근하게 이르는 느낌을 주지만 구어체에

---

9) '우리 선생님'이나 '우리 사장님' 등도 공유의 대상이라는 느낌보다는 친근함이 더 많이 배어 있다고 판단된다.

10) 청자를 대우해 주는 상대 높임법은 대체로 다음과 같은 체계를 가지는 것으로 볼 수 있다. 각각에 해당하는 어미 부류는 8장에서 더 자세히 살펴보기로 한다.

도 쓰여 하게체나 하오체에 쓰인다.

청자를 가장 높이는 것은 '귀하'가 아닐까 한다. "귀하께서는 어떻게 생
각하십니까?"처럼 '께서'와 함께 쓰이는 것이 이를 말해 준다. '여러분'도
상대방을 높이기는 하지만 '귀하'보다는 낮은 느낌이고 여러 명을 가리키
는 경우에만 쓰인다.

'당신₁'은 부부 사이에서 상대편을 높여 부르는 2인칭 대명사이지만 맞
서 싸울 때는 "당신이 뭔데 참견이야?"처럼 상대편을 낮잡아 이르는 경우
에도 쓰이고 있다는 점에서 높임의 등급이 일률적이지 않다.

한국어는 특히 공손성(恭遜性, politeness)을 표현할 때 2인칭 대명사를 피하
는 언어로 알려져 있다. Helmbrecht(2005 : 186)에서는 모두 207개 언어를
대상으로 2인칭 대명사와 공손성의 상관관계에 대해 조사한 바 있는데 그
결과는 다음과 같다.

(18) 가. 2인칭 대명사에 공손성 구별이 없는 언어　　　　… 136개
　　　나. 2인칭 대명사가 공손성에 따라 둘로 구별되어 있는 언어… 49개
　　　다. 셋 이상의 구별을 보이는 언어　　　　　　　… 15개
　　　라. 공손성을 표현할 때 2인칭 대명사를 피하는 언어　… 7개
　　　　　　　　총　　　　　　　　　　　　　… 207개

(18나)의 예로는 불어의 'tu/vous', 독일어의 'du/Sie', 러시아어의 'ty/vy'를
들 수 있다. 한국어는 (18라)에 속하는 것으로 표시되어 있는데 이러한 언
어에는 한국어를 포함하여 '일본어, 미얀마어, 태국어, 베트남어, 캄보디아

	격식체	비격식체
아주 높임	하십시오(합쇼)	해요
예사 높임	하오	
예사 낮춤	하게	해
아주 낮춤	해라	

이 가운데 하오체와 하게체는 최근 그 사용이 눈에 띄게 줄고 있다.

어, 인도네시아어'가 해당하는 것으로 되어 있다. 전체 비중을 볼 때 한국어는 매우 특수한 경우에 해당한다는 것을 알 수 있다.

(15나)에서 참고로 제시한 '자기'는 특히 구어체에서 연인이나 부부 사이에 2인칭 대명사로 쓰이는 경우가 적지 않지만 아직 2인칭 대명사로는 보편성을 얻지 못한 것으로 보인다.11)

(15다)는 화자와 청자를 제외한 사람들을 가리키는 3인칭 대명사이다. 한국어는 사실 한 번 나온 명사를 대명사로 바꾸지 않고 다시 그 명사를 반복하는 것이 일반적이다. 이것은 특히 3인칭 대명사로 바꿀 만한 것들에서 두드러진 현상이다.

> (19) 가. 아버지의 눈에는 눈물이 보이지 않으나
> 아버지가 마시는 술에는 항상
> 보이지 않는 눈물이 절반이다.
> 아버지는 가장 외로운 사람이다.
> 아버지는 비록 영웅이 될 수도 있지만…….
> — 김현승의 「아버지의 마음」 중에서
> 나. 수필은 청자연적이다. 수필은 난(蘭)이요, 학이요, 청초하고 몸맵시 날렵한 여인이다. 수필은 그 여인이 걸어가는, 숲 속으로 난 평탄하고 고요한 길이다. 수필은 가로수 늘어진 포도(鋪道)가 될 수도 있다. 그러나 그 길은 깨끗하고 사람이 적게 다니는 주택가에 있다.
> — 피천득의 「수필」 중에서

(19가)는 '아버지'라는 명사를 '그'와 같은 대명사로 바꾸지 않고 반복

---

11) 『표준국어대사전』에도 '자기'의 2인칭 대명사로서의 용법이 등재되어 있지 않고 국립국어원이 1992년의 『표준 화법 해설』을 수정하여 2011년에 발간한 『표준 언어 예절』에도 아직 '자기'의 2인칭 대명사로서의 용법을 인정하고 있지 않다. (15다)에 제시되어 있는 3인칭 대명사 '이이', '그이', '저이'의 경우에는 '여자가 다른 사람을 상대하여 자기 남편이나 애인을 가리킬 때 쓰이는 말'이라는 용법을 인정받은 것과 좋은 대비를 이룬다.

하고 있음을 보이고 있다. 이것은 인물이 아닌 (19나)의 '수필'과 같은 것에도 그대로 적용된다.[12] 이는 특히 한국어의 경우 3인칭 대명사가 1인칭이나 2인칭 대명사에 비해 고유의 형식을 가진 것들이 드물고 다른 형식과 결합한 것이 많다는 사실을 설명해 준다. '이분, 그분, 저분', '이이, 그이, 저이' 등은 모두 3인칭 대명사이기는 하지만 사실 '이, 그, 저'와 '분', '이'가 결합해서 형성된 것들이기 때문이다.

'이, 그, 저' 계열은 우선 발화 현장에서는 각각 화자 근처, 청자 근처, 화자와 청자로부터 모두 떨어진 것을 가리킨다는 점에 주의할 필요가 있다. 이를 도식화하면 다음과 같다.

(20)

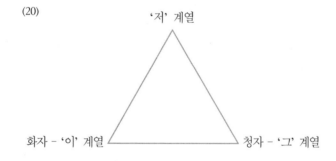

'이' 계열을 근칭(近稱), '그' 계열을 중칭(中稱), '저' 계열을 원칭(遠稱)이라 부르는 일도 있지만 경우에 따라서는 '그' 계열이 '저' 계열보다 물리적으로 더 먼 것을 지시할 수도 있으므로 화자와 청자를 중심으로 한 구분이 더 합리적이라 할 수 있다. 이러한 체계를 인칭 중심 체계라 하는데 일본어의 경우에도 이러한 체계를 가지고 있다. 이에 대해 영어나 중국어는 거리 중심 체계로서 근칭과 원칭으로 구별한다.

---

12) '수필'을 대명사로 바꾼다면 후술할 '이것' 정도라 할 수 있다.

그런데 '이, 저'의 경우 단독으로 쓰이면 3인칭 대명사로서의 용법이 완전하지 않다.

> (21) 가. *이가 우승의 주역이다.
> 　　가'. 이들이 우승의 주역이다.
> 　　나. 그는 성품이 온화하다.
> 　　나'. 그들은 성품이 온화하다.
> 　　다. *저가 우리를 공격하였다.
> 　　다'. 저들이 우리를 공격하였다.

(21)에서 볼 수 있는 바와 같이 '이'나 '저'는 단독 즉 단수로는 3인칭 대명사의 역할을 수행할 수 없고 '들'과 결합하여 복수를 나타내는 경우에만 3인칭 대명사의 용법을 가진다.[13]

'이분, 그분, 저분'과 '이이, 그이, 저이'는 높임의 정도에서 차이가 있는데 앞의 것들이 뒤의 것들보다 더 높임의 정도가 높다. 그러나 '이이, 그이, 저이'는 '이 사람, 그 사람, 저 사람'보다는 더 높이는 느낌이 있고 남편이나 애인을 지시할 때는 여성의 어투를 대변하는 경우도 있다. 그런데 높임의 정도가 가장 낮은 '이 사람, 그 사람, 저 사람'은 하나의 문법적 단어로 간주되지 않는다는 특징이 있다. '이분, 그분, 저분', '이이, 그이, 저이', '이 사람, 그 사람, 저 사람'의 '이, 그, 저'는 관형어로서 뒤에 오는 체언을 수식한다는 점에서 대명사로 간주되는 (21)의 '이, 그, 저'와는 차이가 있다.[14]

---

13) '이'는 "이보다 더 좋을 수 없다."와 같은 문장에서 대명사로서의 자격을 보인다. 그러나 이 경우에 사람을 지시하지 않는다는 점에서 '그'와 차이가 있다. '저'는 "사람은 저 하고 싶은 것을 해야 한다."와 같은 문장에서는 사람을 지시하지만 이때는 앞에 이미 나온 '사람'과 관련된다는 점에서 차이가 있다. 이러한 경우에는 '사람'이 '사람들'로 바뀔 때 '저들'이 아니라 '저희'로 바뀐다. 한편 '그'도 언제나 3인칭 대명사로만 쓰이는 것은 아니고 "그보다 더 좋을 수 없다."처럼 사람 아닌 것을 가리키는 용법도 가지고 있다.

한편 (15다)의 '자기, 저₂(저희₂), 당신₂'는 일반적으로 문장 안에 이미 제시된 체언을 다시 가리킨다는 점에서 재귀 대명사(再歸代名詞)라 불린다. 이미 제시된 체언은 사람이므로 이들은 인칭 대명사의 한 종류로 다룰 수 있고 인칭의 종류를 따지자면 이들이 가리키는 대상은 화자와 청자가 아닌 제3자라는 점에서 3인칭 대명사에 해당한다.[15]

> (22) 가. 영민이는 이번에도 자기가 나서겠다고 일어섰다.
> 가'. 그는 이번에도 자기가 나서겠다고 일어섰다.
> 가". 자기 배 부르면 남의 배 고픈 줄 모른다.
> 나. 은영이는 제가 모르는 것을 선생님께 질문했다.
> 나'. 그녀들은 저희도 모르게 모두 대문으로 달려갔다.
> 나". 저 잘난 맛에 산다.
> 다. 할아버지께서는 당신의 집이 사라지는 것을 원하지 않으셨다.
> 다'. ?그는 당신의 집이 사라지는 것을 원하지 않으셨다.
> 다". ??당신의 집이 사라지는 것을 원하지 않으셨다.

(22가)에서 '자기'는 '영민'을 다시 가리킨다. 이러한 '자기'는 (22가')에서 볼 수 있는 바와 같이 대명사 '그'를 받을 수도 있고 (22가")에서 볼 수 있듯이 같은 문장에 지시하는 말이 없는 경우에도 쓰일 수 있다.[16]

---

14) 이러한 '이이, 그이, 저이' 등의 '이, 그, 저'는 9장에서 후술하는 바와 같이 관형사로 간주된다.
15) 1인칭 대명사나 2인칭 대명사는 그것을 다시 받을 때 다음 (가), (나)와 같이 그 모양이 달라지지 않는다.
　　가. 나도 나를 잘 모를 때가 있다.
　　나. 너는 너의 본분을 잊을 때가 없니?
　　한편 영어의 경우에는 'himself, herself, itself, themselves'처럼 3인칭 재귀 대명사뿐만 아니라 'myself'나 'yourself'처럼 1인칭이나 2인칭 재귀 대명사도 존재한다.
16) 이처럼 재귀 대명사가 되받는 말을 선행사(先行詞, antecedent)라 한다. 다음 문장에서처럼 재귀 대명사의 선행사는 전체 문장의 주어인 경우가 가장 일반적이다.
　　가. 준희ᵢ는 민수에게 자기ᵢ가 좋아한다고 말했다.
　　나. 준희ᵢ는 민수가 자기ᵢ를 좋아한다고 생각한다.

'저₂'도 이러한 용법에는 차이가 없으나 (22나)에서 볼 수 있는 바와 같이 '가'가 결합하면 '제'로 바뀌는 특성이 있다. 또한 (22나')에서 알 수 있는 바와 같이 복수를 나타낼 때는 1인칭 대명사와 마찬가지로 '저희'가 된다. (22나")은 '자기'의 (22가")과 동일하게 같은 문장에 지시하는 말이 없는 경우에 쓰이는 '저'인데 '자기'보다는 이러한 용법이 더 보편적인 것으로 판단된다. '자기'보다는 '저'가 더 낮잡는 느낌을 주기도 하지만 큰 차이는 없는 것으로 여겨진다.

이에 대해 (22다)의 '당신'은 재귀 대명사 가운데 높임의 자질이 가장 높아 '극존칭'으로 부르기도 한다. 따라서 (22다')처럼 높임의 자질이 중립적인 '그'를 '당신'이 되받는 것은 자연스럽다고 생각되지 않으며 (22다")처럼 같은 문장에 지시하는 말이 없는 경우에는 잘 쓰이지 않는다고 판단된다. 적절한 문맥이 뒷받침되지 않으면 특히 2인칭의 '당신₁'과 혼동되는 데도 한 이유가 있을 것이다.

다음의 대명사들도 넓게는 인칭 대명사에 포함시킬 수 있다.

(23) 누구, 아무

(23)의 대명사들은 어떤 사람을 지시하는지 모르거나 정해지지 않았을 때 사용한다.

(24) 가. 오늘 가장 늦게 온 사람이 누구니?
　　 가'. 오늘 누가 가장 늦게 왔니?
　　 가". 누구나 당황하면 실수를 할 수 있다.
　　 나. 아직 아무도 오지 않았다.
　　 나'. 이 책은 아무나 읽을 수 있도록 쉽게 쓰여졌다.

위 문장 (가), (나)에서 '자기'의 선행사는 '민수'가 아닌 '준희'이다.

먼저 '누구'는 (24가)처럼 의문문에 쓰이면 어떤 사람을 지시하는지 모른다는 의미를 가지므로 이를 미지칭(未知稱)이라고 한다. 같은 의문문에 쓰이더라도 '가'와 결합하면 (24가')처럼 '누구'가 '누'가 된다.17) (24가")은 미지칭이 아니라 특정한 사람이 아닌 막연한 사람을 가리키는데 이를 부정칭(不定稱)이라고 한다. 따라서 '누구'는 글로 쓰면 미지칭인지 부정칭인지 구별이 되지 않을 때가 있다.

        (25) 누구 왔니?
            가. 영호가 왔어요.
            나. 누군가가 왔어요.

"누구 왔니?"라는 질문에 대한 대답 (25가)는 '누구'가 미지칭으로 쓰인 경우로서 '누'에 강세가 있고 억양은 하강조가 된다. 이에 대해 대답 (25나)는 '누구'가 부정칭으로 쓰인 경우로서 '왔'에 강세가 있고 억양은 상승조가 된다.

(24나, 나')의 '아무'는 막연한 사람을 지시하므로 부정칭임을 알 수 있다. 대체로 (24나)와 같이 부정(否定)의 뜻을 가진 말과 호응하지만 (24나')처럼 '나'나 혹은 '라도'와 결합하면 긍정(肯定)의 의미를 가진 말과 호응하기도 한다.

'누구'나 '아무'는 역시 화자나 청자가 아닌 제3자를 지시한다는 점에서 인칭 대명사에 넣는다면 3인칭 대명사임을 알 수 있다.

---

17) 그러나 이것은 어디까지나 현대적인 관점에서이고 역사적인 측면에서는 다른 해석이 가능하다. 이에 대해서는 8장에서 자세히 언급하기로 한다.

6.2.2. 지시 대명사

지시 대명사(指示代名詞)란 인칭 대명사와는 달리 사람을 가리키지 않고 사물이나 장소를 가리키는 대명사이다. 만약 화자와 청자를 제외한 모든 것을 3인칭으로 본다면 지시 대명사도 3인칭 대명사에 해당한다고 할 수 있다. 영어의 경우가 이러한 체계를 가지고 있다.

(26) 가. I am so diligent.
　　　나. You are so diligent.
　　　다. He is so diligent.
　　　다'. This is my book.

(26)을 보면 인칭에 따라 동사의 모양이 달라지는데 (26다')에서 볼 수 있는 바와 같이 지시 대명사 'this'는 (26다)의 'He' 즉 3인칭 대명사와 동일한 동사를 취하고 있다. 지시 대명사뿐만 아니라 일반 단수 명사도 모두 (26다, 다')과 같은 양상을 보이기 때문에 영어의 경우는 인칭을 넓게 해석해도 문제가 없다.

그러나 한국어의 경우는 인칭에 따라 동사의 모양이 달라지는 일이 없으므로 인칭에 따른 문장의 차이가 드러나는 일이 없다. 따라서 적어도 대명사가 가지는 품사의 특성을 드러내기 위해서는 굳이 지시 대명사를 인칭 대명사와 함께 3인칭으로 묶을 필요는 없어 보인다.

한국어의 지시 대명사에는 우선 다음과 같은 것들이 있다.

(27) 가. 이, 그
　　　나. 이것(요것), 그것(고것), 저것(조것)
　　　다. 여기(요기), 거기(고기), 저기(조기)

(27가)의 '이'와 '그'는 이미 3인칭 대명사의 예로 살펴본 바 있지만 앞서 잠깐 언급한 것처럼 이들은 인칭 대명사가 아니라 지시 대명사로서의 용법도 가지고 있다.

(28) 가. 이보다 더 좋은 물건이 있을 수는 없다.
　　가'. 이는 그가 늘 나를 생각하고 있음을 말해 주는 근거이다.
　　가". 오늘도 할당량을 채우지 못했다. 이는 내 건강에 문제가 있음을
　　　　보여 준다.
　　나. 그보다 더 좋은 물건이 있을 수는 없다.
　　나'. 지금 당장 구입하자는 의견이 있었는데 그보다 조금 더 기다리
　　　　는 것이 나을 것 같다.

(28가)의 '이'는 화자에게 가까이 있는 대상을 가리키는 것이고 (28가')은 화자가 생각하고 있는 대상을 가리킨다. '이'는 (28가")에서 보는 바와 같이 바로 앞에서 말한 대상을 가리키기도 한다. 한편 (28나)의 '그'는 청자에게 가까이 있는 대상을 가리키고 (28나')은 청자가 생각하고 있는 대상을 가리킨다.

'이'나 '그'는 지시 대명사로서의 용법도 가지고 있지만 '저'는 지시 대명사로의 용법을 아예 보이지 않는다는 점에 주의할 필요가 있다.

(27나)의 '이것', '그것', '저것'은 지시 대명사 가운데 사물을 지시하는 가장 대표적인 것들이다.

(29) 가. 이것은 내가 너에게 주는 선물이다.
　　가'. 이것은 우리가 지금까지 추구해 온 이상이다.
　　가". 청춘, 이것은 듣기만 해도 가슴이 설레는 말이다.
　　나. 네 옆에 있는 그것을 나에게 다오.
　　나'. 그것이 과연 너의 주장이란 말이냐?
　　나". 네가 받은 돈, 그것으로는 가족들을 보살피기 어렵다.

다. 저것이 무엇인지 아느냐?

(29가)의 '이것'은 화자에게 가까이 있는 대상을 가리키는 것이고 (29가')은 화자가 생각하고 있는 대상을 가리킨다. '이것'은 (29가")에서 보는 바와 같이 바로 앞에서 말한 대상을 가리키기도 한다. 이는 (28)에서 제시한 '이'와 평행하다. 한편 (29나)의 '그것'은 청자에게 가까이 있는 대상을 가리키고 (29나')은 청자가 생각하고 있는 대상을 가리킨다. 그런데 '그'와는 달리 (29나")에서는 '그것'이 앞에서 말한 대상을 가리킬 수 있음을 보여 준다. (29다)는 '저것'이 화자나 청자에게서 모두 먼 대상을 가리키는 지시 대명사로 쓰임을 보여 준다. '저'가 아예 지시 대명사로서의 용법을 가지고 있지 않은 것과 대비된다.

'이것', '그것', '저것'은 낮잡거나 귀엽게 이르는 경우 3인칭 대명사로서의 쓰임도 가지고 있다.

(30) 가. 아니, 이것들이 여기가 어디라고 들어와!
     가'. 이것이 이제 제법 어른 티가 나네.
     나. 그것이 이제 아예 겁을 내지 않는 것 같구나!
     나'. 이리 말을 잘 들으니 그것이 어찌나 귀엽던지.
     다. 이번에는 저것을 용서하지 않겠다.
     다'. 꼬물거리는 저것들을 두고 어떻게 발을 뗄 수 있겠니?

(30가, 나, 다)는 낮잡는 느낌을 가지는 경우이고 (30가', 나', 다')는 귀엽게 이르는 예들이다. 낮잡는 느낌을 주는 것은 '이것, 그것, 저것'이 본래 지시 대명사이므로 사람을 사물처럼 대하는 데서 나오는 것이라 해석할 수 있다. 귀엽게 이르는 느낌은 모두 '아이'를 대상으로 한 것으로서 상대적으로 '작은 물건'의 느낌을 부각한 것이라 할 수 있다. 따라서 '이것, 그

것, 저것'이 인칭 대명사의 용법을 가지는 것은 이들의 주된 용법이 아니라 지시 대명사로서의 용법이 확대된 것이라고 보는 것이 좋을 것이다.

(29)와 (30)의 '이것, 그것, 저것'은 각각 그 용법을 그대로 가진 채 다시 낮잡거나 귀엽게 이르는 경우 '요것, 고것, 조것'으로 대체될 수 있다는 특징을 갖는다.

(27다)의 '여기', '거기', '저기'는 지시 대명사 가운데 장소를 가리키는 것들이다.

> (31) 가. 여기가 앞으로 우리가 생활하게 될 곳이다.
> 나. 흥분하지 말고 거기에 앉아서 내 말을 좀 듣게.
> 나'. 우리가 여행을 다녀온 거기에도 똑같은 유형의 집들이 있었다.
> 다. 저기까지 가려면 제법 일찍 출발해야 할 것 같아.

'여기', '거기', '저기'는 기원적으로 각각 '이+어긔', '그+어긔', '저+어긔'에서 온 말이므로 장소를 나타내는 경우에도 (20)에서 살펴본 '이, 그, 저'의 구별을 따른다. 즉 (31가)의 '여기'는 화자에게 가까운 장소, (31나)의 '거기'는 청자에게 가까운 장소, (31다)의 '저기'는 화자와 청자에게서 모두 먼 장소를 가리킨다. (31나')의 '거기'도 장소를 지시하지만 이미 언급된 장소라는 점에서 눈앞에 보이는 (31나)의 '거기'와는 차이가 있다.

그런데 '여기'와 '거기'의 경우는 단순히 장소를 가리키는 것 이외의 다른 용법을 더 가지고 있다.

> (32) 가. 각자 생각이 다르다는 것 바로 여기에 문제의 본질이 있다.
> 나. 서로 이해하지 못하게 된 거기에서부터 갈등이 시작된 것 같다.
> 나'. 내가 말하고자 하는 것은 거기가 관여할 바가 아니라는 점입니다.

(32가)의 '여기'는 장소가 아니라 바로 앞에서 이야기한 것을 지시하고 있고 (32나)도 장소가 아니라 이미 언급한 것을 지시하고 있다. 그러나 이들은 모두 '에'나 '에서'가 결합하고 있다는 점에서 장소를 나타내는 '여기'와 '거기'의 용법이 추상화한 것이라고 볼 수 있다. 한편 (32나)은 '거기'가 청자를 의미하고 있다는 점에서 2인칭 대명사의 용법이라고 할 수 있다는 점에 주의를 요한다. 이러한 경우는 청자를 '거기'로 사물화하고 있다는 점에서 낮잡는 의미가 확연히 느껴진다.

지시 대명사에도 인칭 대명사와 마찬가지로 미지칭과 부정칭이 존재한다.

(33) 무엇, 어디

(33)의 '무엇'은 사물을 가리키는 지시 대명사로서 미지칭과 부정칭의 용법을 가지고 있고 '어디'는 장소를 가리키는 지시 대명사로서 역시 미지칭과 부정칭의 용법을 가지고 있다.

(34) 가. 네 이름은 무엇이냐?
　　가'. 우선 무엇이라도 좀 먹었으면 좋겠다.
　　나. 오늘 수업은 어디에서 한다고 하셨니?
　　나'. 나 오늘은 어디 좀 가 볼 데가 있어요.

(34가)의 '무엇'은 모르는 사실이나 사물을 가리키므로 미지칭으로 쓰인 경우이고 (34가')의 '무엇'은 정하지 않은 대상을 나타내므로 부정칭으로 쓰인 것임을 알 수 있다. (34나)의 '어디'는, (34가)의 '무엇'과 마찬가지로 모르는 장소를 가리키므로 미지칭이며 (34나')의 '어디'는, (34가')의 '무엇'과 마찬가지로 정해지지 않은 장소를 나타내므로 부정칭으로 사용된 것임을 알 수 있다. 따라서 이들은 다음과 같이 문맥에 따라 두 가지 의미로

해석될 수 있다.

> (35) 무엇을 먹느냐?
> 가. 사과를 먹습니다.
> 나. 무엇을 좀 먹고 있습니다.

> (36) 어디 가느냐?
> 가. 학교에 갑니다.
> 나. 어디 좀 갈 데가 있습니다.

(35가), (36가)의 대답은 '무엇'과 '어디'가 미지칭으로 쓰인 것임을 알게 해 준다. 이 경우에는 미지칭으로 쓰인 앞의 '누구'와 마찬가지로 '무'와 '어'에 강세가 놓이고 억양은 하강조가 된다. (35나), (36나)의 대답은 '무엇'과 '어디'가 부정칭으로 쓰인 것임을 말해 준다. 이 경우에는 부정칭으로 쓰인 앞의 '누구'와 마찬가지로 '먹'과 '가'에 강세가 놓이고 억양은 상승조가 된다.

한편 '무엇'에는 추상화된 용법이 발견되지 않지만 '어디'의 경우에는 '장소'에서 추상화한 의미로의 쓰임이 발견된다.

> (37) 가. 하나라도 남은 것이 어디냐?
> 나. 이번 경기는 어디까지나 현우가 주인공이다.

(37가)의 '어디'는 장소의 의미가 아니라 수량이나 범위가 아주 대단함을 나타내는 의미로 사용되었다. 특히 반어적 의문문에서 이러한 용법을 찾을 수 있다. (37나)의 '어디'는 '까지나'와 결합하여 조금의 여지도 없음을 강조하고 있는데 이 경우에도 '어디'에 구체적인 장소의 의미를 찾기는 어렵다.

6.3. 수사

수사(數詞, numeral)는 사물의 수량이나 순서를 나타내는 품사이다. 문장에서의 기능이나 분포는 명사나 대명사와 공통되는 점이 많으나 그 나름대로의 특징을 가지고 있다.[18)

> (38) 가. 경하는 준서에게 딸기 하나를 건네주었다.
> 나. 그 집은 첫째 너무 낡았고 둘째 큰길에서도 멀다.
> 나'. 그 집은 첫째보다 둘째의 키가 더 크다.

(38가)의 '하나'는 수량을 나타내는 말이고 (38나)의 '첫째, 둘째'는 순서를 나타내는 말이다. 그런데 우선 '하나'는 바로 앞에 나온 '딸기'를 가리킨다는 점에서 대명사와 기능이 흡사하다. 그리고 (38나)의 '첫째, 둘째'는 각각 '첫째 아이', '둘째 아이'의 의미를 가진다는 점에서 명사로 간주할 수 있다. 실제로『표준국어대사전』에는 '첫째, 둘째, 셋째'까지는 각각 '맏이, 둘째 자식, 셋째 자식'의 의미를 가진다고 보아 이들을 명사로도 처리하고 있다.

그러나 대명사로서의 용법을 가지는 '하나'는 대명사가 경우에 따라 '이것', '그것', '저것' 등으로 바뀔 수 있는 데 비해 언제나 형태가 고정된

---

18) 주시경의 품사 분류 체계는『국문문법』(1905)의 7개에서 시작하여 산제본(刪除本)『말』(1908)의 6개,『고등국어문전』(1909)과『국어문법』(1910)의 9개를 거쳐『말의소리』(1914)의 6개로 귀결되는 동안 그 변동의 폭이 작지 않지만 대명사와 수사를 명사로 간주하는 데는 변화가 없었다. 이는 앞에서 얘기한 것처럼 주시경이 품사 분류 기준에서 '기능'을 가장 중시한 데 따른 것이다. 이러한 주시경의 견해는 그의 제자들에게도 영향을 미쳐 수사를 별도의 품사로 인정하지 않는 견해가 주류를 이루었다. 우리 문법 연구에서 수사를 품사의 하나로 처음 인정한 것은 안확(1917)에서인데 공교롭게도 안확이 한자 혼용, 전통적인 표음주의 맞춤법을 주장하고 있다는 점에서 주시경의 반대편에 선 대표적인 학자라는 사실이 매우 흥미롭다. 한편 이희승(1949)에서는 수사를 대명사에 편입시킨 바 있다.

다는 점에서 차이가 있고 (38나)처럼 '첫째, 둘째'가 명사로도 쓰이는 것은 매우 한정되어 있다는 점에서 수사 전체를 명사로 다루는 것도 문제가 있다. 이미 앞에서 언급한 바와 같이 명사가 의존 명사, 고유 명사와 같은 부류를 가지는 데 비해 수사는 그렇지 않으며 대명사가 인칭에 따른 분류 체계를 가지는 데 비해 수사는 그렇지 않다는 점도 차이라고 할 수 있다.

수사는 또한 다른 품사에 비하면 매우 정연한 체계를 가지고 있으면서 열려 있다는 점도 특징이라고 할 수 있다. 따라서 사전에 모든 수사를 싣는다는 것은 가능하지도 않지만 경제적이지도 않다. 가령 고유어의 경우 1~10까지의 기본수와 10단위는 등재되어 있지만 그 두 가지의 결합으로 예측되는 '열하나, 열둘 … ' 등은 실려 있지 않다. 한자어의 경우도 '십일, 십이 … ' 등은 등재되어 있지 않다. 이렇게 보면 한자어 '이십(二十), 삼십(三十) … 구십(九十)' 등도 등재될 필요가 없지만 『표준국어대사전』에 이들을 싣고 있는 것은 고유어의 경우 '스물, 서른 … ' 등이 고유한 형식을 가지고 있다는 것을 감안한 것으로 보인다.

그러나 순서를 나타내는 경우는 이러한 대칭 관계를 찾아보기 어렵다. 고유어 '첫째, 둘째 … 아홉째'는 실려 있지만 이에 대한 한자어 '제일(第一), 제이(第二) … 제구(第九)'는 아예 실려 있지 않다. 이러한 점에서 『표준국어대사전』에서는 '-째'와 '제(第)-'를 각각 접미사와 접두사로 처리하고 있지만 이에 의해 형성되는 단어들의 등재에는 일관된 모습을 보여 주고 있지 못하다고 할 수 있다.[19]

한편 수량이나 순서를 나타낸다고 해서 모두 수사가 되는 것은 아니라는 점에 주의할 필요가 있다. '하루, 이틀, 사흘', '한나절, 반나절'처럼 기간이나 시간의 길이를 나타내거나 '삼일절, 팔일오'와 같은 기념일도 수사

---

19) 국립국어연구원(2002 : 21)에 따르면 종이로 편찬한 『표준국어대사전』(1999)의 전체 표제어 509,076개 가운데 수사는 277개로 0.05%를 차지하고 있다.

가 아니라 명사이다. '칠석, 이십사절기' 등에도 수 표현이 들어가지만 역시 특정한 날을 가리킨다는 점에서 수사가 가지는 보편적인 지시 특성을 결여한 것도 모두 명사이다. '처음, 중간, 마지막' 등도 순서와 관련되지만 역시 수사가 아닌 것은 마찬가지이다.

이상과 같은 사실을 염두에 두고 한국어의 수사에 대해 수량을 나타내는 양수사와 순서를 나타내는 서수사로 나누어 그 특징을 살펴보기로 한다.

6.3.1. 양수사

한국어의 양수사는 우선 고유어 계통과 한자어 계통으로 나뉜다는 특성을 가지고 있다.

(39) 가. 하나, 둘, 셋, 넷, 다섯, 여섯, 일곱, 여덟, 아홉, 열, 열하나 … 스물 … 서른 … 마흔 … 쉰 … 예순 … 일흔 … 여든 … 아흔 … 아흔아홉

나. 일(一), 이(二), 삼(三), 사(四), 오(五), 육(六), 칠(七), 팔(八), 구(九), 십(十), 십일(十一) … 이십(二十) … 삼십(三十) … 사십(四十) … 오십(五十) … 육십(六十) … 칠십(七十) … 팔십(八十) … 구십(九十) … 백(百) … 천(千) … 만(萬)

(39가)는 고유어 양수사의 예이고 (39나)는 한자어 양수사의 예다. 고유어와 한자어의 경우 모두 1에서 10까지 고유한 형식이 있다는 점은 공통되지만 고유어가 10단위에 해당하는 고유 형식이 있는 반면 한자어는 1에서 10까지의 형식으로 10단위를 구성하고 있다는 점에서 차이가 있다. 또 고유어는 100, 1000, 10000에 해당하는 고유한 형식이 없다는 것도 한자어와의 차이이다. 원래는 고유어에도 100에 해당하는 '온', 1000에 해당

하는 '즈믄'이 있었지만 지금은 사어(死語)화하였다.

고유어 양수사 가운데 '하나, 둘, 셋, 넷'은 특별히 주의할 부분이 있다.

(40)

하나	둘	셋	넷
한	두	세/서/석	네/너/넉

여기에서 생각해 보아야 할 것은 두 가지이다. 먼저 양수사 '셋', '넷'과 관련된 '세/서/석', '네/너/넉'이 서로 어떤 관계에 있는가 하는 것이다. 이들의 분포는 다음과 같다.

(41) 가. 세/네 {명, 개, 분, 채 … }
    나. 서/너 {돈, 말, 발, 푼 … }
    다. 석/넉 {냥, 되, 섬, 자 … }

이들 각각은 주로 단위성 의존 명사와 결합하여 3이나 4를 지시하지만 그 분포가 겹치지는 않는다. 동일한 의미, 상보적 분포라는 이형태 조건 두 가지를 만족한다. 따라서 '세/서/석'과 '네/너/넉'은 서로 이형태 관계에 놓여 있음을 알 수 있다.[20]

다음으로 '하나'와 '한', '둘'과 '두', '셋'과 '세', '넷'과 '네'는 각각 서로 어떤 관계에 있는가 하는 것이다.[21] 이들의 분포는 다음과 같다.

---

20) 그런데 최근에는 이들 분포가 완전히 상보적이지 않은 경우도 존재한다. 가령 커피숍에서 주문을 할 때 (41다)의 '자'를 참고하면 "여기 커피 {석/넉} 잔 주세요."가 예상되지만 젊은 세대에서는 '석 잔'이나 '넉 잔' 대신 '세 잔'이나 '네 잔'이라고 하는 경우도 적지 않기 때문이다. 그러나 이것은 상보적 분포에 어긋난다고 보는 것보다는 이형태 가운데 가장 분포가 넓은 '세', '네'로 단일화하고 있는 과정이라고 해석하는 것이 바람직하다.
21) 편의상 '세/서/석', '네/너/넉' 가운데는 '세'와 '네'만을 대상으로 삼기로 한다.

(42) 가. {하나, 둘, 셋, 넷} {이/가, 의, 을/를, 에게 … }
　　 나. {한, 두, 세, 네} {명, 개, 분, 채 … }

(42가)와 (42나)를 비교해 보면 의미도 공통적이고 분포도 겹치지 않으므로 일견 이형태 조건을 만족하는 듯이 보인다. 그러나 분포의 양상은 (41)의 경우와는 본질적으로 다르다는 점에 주의할 필요가 있다. (42가)는 가령 '하나'가 '하나가, 하나의, 하나를, 하나에게'처럼 조사와 결합하여 문장에서 주어, 관형어, 목적어, 부사어 등이 될 수 있음을 보여 준다. 즉 이것은 수사가 체언으로서 가지는 기능의 공통성을 말한다.

그런데 (42나)의 '한'은 '한 명, 한 개, 한 분, 한 채'처럼 주로 단위성 의존 명사와 결합하여 언제나 관형어로서만 기능함을 의미한다. 즉 (41)의 '세/서/석'과 '네/너/넉'은 어떤 이형태가 선택되더라도 언제나 관형어로만 기능한다는 기능상의 공통점을 보이지만 (42가)의 '하나, 둘, 셋, 넷'과 '한, 두, 세, 네'는 그 기능이 다른 것이다. 따라서 이들은 서로 이형태 관계에 놓여 있다고 보는 대신 서로 다른 형태소로 간주하는 것이 합리적이다.

'한, 두, 세, 네'는 조사가 결합할 수 없고 언제나 관형어로만 쓰인다는 점에서 후술하는 관형사에 소속시키고자 한다.[22] 이러한 처리는 '다섯'이 하부터는 '다섯이'와 '다섯 명'으로 그 형태가 하나로 고정되지만 수사와 관형사를 각각 인정해야 한다는 것을 아울러 의미한다. 이에 대해서는 11장 '품사의 통용'에서 후술하기로 한다.

한편 (39)는 수의 범위가 정해져 있는 정수(定數)이지만 그렇지 않은 부정수(不定數)도 존재한다.

---

22) '다섯'에 대해서는 '닷'이 되는 일이 있다. '닷'은 '되, 말, 냥' 등 앞에 오므로 '다섯'과 '닷'의 관계는 '하나'와 '한'의 관계와 같다고 할 수 있다. 그러나 '명, 개, 분, 채' 등에는 '닷'이 아니라 '다섯'과의 결합이 더 자연스럽다고 판단되므로 여기서는 '닷'을 포함시키지 않았다. 그만큼 '닷'은 '세/서/석', '네/너/넉'과 차이가 있기 때문이다.

(43) 가. 한둘, 두엇, 두셋, 두서넛, 서넛, 너덧, 네다섯, 댓, 너더댓, 대여섯,
　　　　 예닐곱, 일여덟 … 여남은, 여럿, 몇, 몇몇
　　 가'. 한두, 두어, 두서너, 서너, 여러
　　 나. 기십(幾十), 수십(數十), 기백(幾百), 수백(數百), 기천(幾千), 수천(數
　　　　 千), 기만(幾萬), 수만(數萬)
　　 나'. 일이(一二), 이삼(二三), 삼사(三四), 사오(四五), 오륙(五六) …

(43가, 나)는 부정수(不定數)로서의 양수사이다. 이에 대해 (43가', 나')은 부정수(不定數)로서의 관형사를 든 것이다. 우선 (43가)의 부정수(不定數)로서의 고유어 양수사는 정수(定數) 양수사로 끝나거나 'ㅅ'을 가진 형태임에 대해 (43가')의 고유어 부정수(不定數) 관형사는 정수(定數) 관형사가 서로 결합되거나 'ㅅ'을 가지지 않은 형태라는 특징이 있다.

다음으로 (43나)의 부정수(不定數)로서의 한자어 양수사는 10단위, 100단위, 1000단위, 10000단위와 '기(幾)', '수(數)'와의 결합에 의해 형성되고 있음을 알 수 있다. 한편 (43나')의 정수 양수사의 결합으로는 관형사로만 귀결된다는 특징을 가지고 있다.

따라서 부정수(不定數) 고유어 양수사 가운데 '한둘, 두엇, 두셋, 두서넛, 서넛, 여럿'은 수사로만 쓰이고 이들에 대응하는 (43가')의 관형사가 존재하는 반면 부정수(不定數) 한자어 양수사 (43나)는 수사와 관형사의 용법 두 가지를 모두 가지고 있다는 특징을 갖는다.

6.3.2. 서수사

한국어의 서수사도 고유어 계통과 한자어 계통으로 나뉜다.

(44) 가. 첫째, 둘째, 셋째, 넷째, 다섯째, 여섯째, 일곱째, 여덟째, 아홉째,

열째, 열한째, 열두째 … 스무째 … 서른째 … 아흔아홉째
　나. 제일(第一), 제이(第二), 제삼(第三), 제사(第四) …

(44가)는 고유어 서수사의 예이고 (44나)는 한자어 서수사의 예이다. 먼저 고유어 서수사를 보면 '첫째'의 경우를 제외하면 대체로 고유어 양수사에 '-째'를 결합시켜 서수사가 형성된 것처럼 보인다. 그러나 여기에는 다소 복잡한 사정이 있다. '둘째, 셋째, 넷째'의 경우에는 '둘, 셋, 넷'이 고유어 양수사와 같지만 '열한째, 열두째, 스무째'의 경우에는 '열한, 열두, 스무'가 고유어 양수사가 아닌 관형사이기 때문이다. 사실 1988년에 현행 표준어 규정으로 바뀌기 전에는 순서를 나타내는 '둘째, 셋째, 넷째'가 '두째, 세째, 네째'였고 '둘째, 셋째, 넷째'는 각각 '두 개째, 세 개째, 네 개째'의 의미로 서로 구별되어 쓰이다가 그 구별을 하지 않기로 하였다. 이것을 참고한다면 고유어 서수사는 관형사에 '-째'가 결합하여 형성된 것임을 알 수 있다.[23] '-째'는 현재 『표준국어대사전』에서는 접미사로 처리하고 있지만 기원적으로는 의존 명사 '자히'의 변화형이라는 점도 참고할 수 있다.

'첫째'의 경우는 규칙성에 따르면 '하나째'가 되어야 할 것이나 '하나'가 그 형태와 관련성이 전혀 없는 '첫'으로 바뀌어 보충법으로 실현되고 있다는 특징을 갖는다.[24] 사실 다른 언어에서도 서수사의 경우에 이러한 보충법을 찾는 것은 그리 어렵지 않다. 이에 대해서는 Stolz & Veselinova (2005 : 218)에서의 다음과 같은 통계를 참고할 수 있다.

---

23) 이러한 사실은 후술하는 부정수 서수사의 경우에서도 드러난다.
24) '하나째'는 순서가 아니라 '한 개째'의 의미로는 가능하다. '열두째'는 '열두 번째'의 의미이지만 '열둘째'는 '열두 개째'의 의미를 가지는 것과 같다.

(45) 가. 서수사가 존재하지 않는 언어 ……………………………………… 33개
　　나. 'one, two, three'처럼 서수사와 기수사가
　　　　구별되지 않는 언어 ………………………………………………… 3개
　　다. 'first, two, three'처럼 'one', 'first'에서만 서수사와 기수사
　　　　가 구별되는 언어 ……………………………………………………… 12개
　　라. 'one−th, two−th, three−th'처럼 서수사가 기수사에서
　　　　도출되는 언어 ……………………………………………………… 41개
　　마. 'first/one−th, two−th, three−th'처럼 모든 서수사가 기수사
　　　　에서 도출되지만 첫 번째만 두 가지 방법이 있고 'first'처럼
　　　　기수사와 형태론적으로 무관한 언어 ……………………………… 54개
　　바. 'first, two−th, three−th'처럼 두 번째 이상에서는 기수사로
　　　　부터 도출되고 첫 번째는 보충법인 언어 ……………………… 110개
　　사. 'first, second, three−th'처럼 첫 번째와 몇몇
　　　　개만 보충법인 언어 ………………………………………………… 61개
　　아. 기타 언어 ……………………………………………………………… 7개
　　　　총 ………………………………………………………………………… 321개

　　그리고 Stolz & Veselinova(2005)에서는 한국어의 경우를 (45라)에 소속시
킨 바 있다. 그러나 한국어의 서수사는 '첫째, 둘째, 셋째'이므로 엄밀한
의미에서는 (45라)와 (45바)의 두 가지 속성을 모두 보이고 있다. 서수사를
만드는 '−째'가 등장한다는 점에서는 (45라)에 속하지만 '하나'가 아니라
'첫'으로 보충법이 나타나고 있다는 점에서는 (45바)에 속하기 때문이다.25)
　　(44나)는 한자어 서수사의 예인데 예외 없이 한자어 양수사에 '제(第)−'
를 결합시키면 된다. 『표준국어대사전』에서는 '제(第)−'를 접두사로 처리하
고 있지만 정작 한자어 서수사는 하나도 등재되어 있지 않다.26)

────────────

25) 그러나 만약 (45라)와 (45바) 가운데 어느 하나에 한국어를 소속시켜야 한다면 보충법에
　　더 큰 비중을 두어 (45바)에 속하는 것으로 보는 것이 낫다고 생각한다.
26) '제일(第一)'이 등재되어 있기는 하지만 수사가 아니라 "쉬는 것이 제일이다.", "나는 사
　　과를 제일 좋아한다."에서처럼 각각 명사와 부사의 용법만 인정하고 있다.

한편 서수사의 경우에도 부정수(不定數)가 존재하지만 이는 고유어에만
해당한다는 점에서 특징이 있다.

    (46) 한두째, 두어째, 두세째, 두서너째, 서너째, 몇째

    (46)에서 '-째'를 제외한 것은 모두 관형사의 자격을 가지고 있다. 이는
'-째'가 역시 기원적으로 의존 명사인 것과 관련이 있다. 따라서 '몇째'의
'몇'도 관형사로 보는 것이 좋을 것이다.[27]

---

27) '몇'은 '몇이'일 경우에는 수사이고 '몇 명'일 때는 관형사에 해당한다.

1. 상표명을 대상으로 보통 명사가 고유 명사화하는 경우에는 어떤 것이 있는지 찾아보자.

2. 다음의 단위성 의존 명사들은 특정한 수치를 지시한다. 사전에서 이들 단위성 의존 명사가 각각 몇 개를 지시하는지 찾아보자.

> 가. 손(고등어 한 손)
> 나. 타(양말 한 타)
> 다. 두름(조기 한 두름)
> 라. 쾌(북어 한 쾌)
> 마. 축(오징어 한 축)
> 바. 쌈(바늘 한 쌈)
> 사. 접(오이 한 접)

3. 다음의 예문들을 이용하여 명사와 구별되는 대명사의 특수성은 무엇인지 말해 보자.

> 가. 너는 거기서 무엇을 하느냐?
> 가'. 나는 여기서 연필을 찾고 있다.
> 나. 너는 나가 있어라.
> 나'. 자네는 나가 있게.
> 다. 철수가 책을 읽고 있다.
> 다'. *나가 책을 읽고 있다.

4. Dryer(2005c : 410)에서는 674개 언어를 대상으로 주어 인칭 대명사를 다음과 같이 세분하여 통계를 제시하고 있다. 이 가운데 한국어는 어디에 속하는지 생각해 보자.

> 가. 주어 위치에서 대명사로 실현되며 필수적인 언어 … 77개
> 나. 주어 대명사가 동사에 접사로 표현되는 언어 … 409개
> 다. 주어 대명사가 다양한 숙주(host)에 접어(clitic)로 표현되는 언어
> … 33개
> 라. 주어 위치에서 대명사로 실현되지만 일반 주어와 통사적 위치가 다른 언어
> … 64개
> 마. 주어 위치에서 대명사로만 실현되지만 필수적이지 않은 언어 … 61개
> 바. 위의 여러 개 유형이 섞인 언어 … 30개

〈접어와 숙주 : 접어란 영어의 'mustn't'의 '‐n't'처럼 문법적으로는 단어이지만 음운론적으로는 단어를 이루지 못해 다른 문법적 단어와 연합하여 하나의 음운론적 단어를 이루는 것들이고 이때 접어가 붙는 'must'와 같은 문법적 단어를 숙주라 함〉

5. 다음 예문을 중심으로 한국어의 '복수' 표시가 가지는 특수성에 대해 말해 보자.

> 가. 공원에 사람이 많다.
> 가'. 공원에 사람들이 많다.
> 나. 우리의 소원은 통일이다.
> 나'. 우리들의 소원은 통일이다.
> 다. 학생 세 명이 왔다.
> 다'. 학생들 세 명이 왔다.
> 다". *학생 세 명들이 왔다.
> 라. 어서 물들을 마셔라.
> 라'. *강에 물들이 많이 흐른다.

**탐구
문제**

1. 다음은 지시 대상이 하나뿐인 명사들이다. 이들을 고유 명사로 보는 것이 좋은지 아니면 보통 명사로 보는 것이 좋은지 생각해 보자.

> 해, 달

2. 다음은 한국어의 수량 표현을 다양하게 제시해 본 것이다. 이 가운데 어떤 것이 수사이고 어떤 것은 수 관형사인지 나누어 보고 '친구, 학생'과 '사과, 연필'의 문법성이 다른 이유가 무엇일지 생각해 보자.

가. 두 친구,	여섯 학생,	*한 사과,	*일곱 연필
나. 친구 둘,	학생 여섯,	사과 하나,	*연필 일곱
다. 친구 두 명,	학생 여섯 명,	사과 한 개,	연필 일곱 자루
라. 두 명의 친구,	여섯 명의 학생,	한 개의 사과,	일곱 자루의 연필

제7장 용언 : 동사, 형용사

동사, 형용사는 문장에서 어미와 결합하여 서술어로 쓰일 수 있다는 점이 가장 큰 특징이다.

> (1) 가. 물이 졸졸 흐른다.
>   나. 하늘이 매우 푸르다.

(1가, 나)에서는 동사 '흐르-'와 형용사 '푸르-'가 각각 어미 '-ㄴ다', '-다'와 연결되어 전체 문장의 서술어로 기능함을 보여 준다. 동사와 형용사를 용언(用言)이라고 부르는 것도 바로 이 서술어 기능에 중점을 둔 때문이다. 한국어에서 서술어로 기능할 수 있는 것은 동사, 형용사와 이미 앞에서 살펴본 '체언(혹은 부사나 어미)+이다'가 전부이다.[1]

그러나 동사, 형용사가 서술어로만 쓰일 수 있는 것은 물론 아니다. 경우에 따라서는 관형어, 부사어로 쓰일 뿐만 아니라 주어나 목적어로도 쓰일 수 있다.

---

[1] 가령 "오늘도 열심히 공부."의 '공부'처럼 명사도 서술어로 가능하다고 보는 견해가 있다. 이러한 견해 아래에서는 '공부'와 같은 명사를 서술성 명사라 부른다.

(2) 가. 졸졸 흐르는 물이 매우 맑다.

　　가'. 매우 푸른 하늘을 언제나 볼 수 있었으면 좋겠다.

　　나. 물이 졸졸 흐르게 장치를 조정해라.

　　나'. 하늘을 푸르게 그려라.

　　다. 여기는 물이 흐르기가 어렵다.

　　다'. 하늘의 푸르기가 바다보다 더하다.

　　라. 물이 흐르기를 멈추면 땅이 마를 것이다.

　　라'. 하늘이 언제나 푸르기를 바란다.

　(2)에는 문장의 구조가 단순하지 않은 것들이 적지 않지만 동사나 형용사가 다양한 문장 성분으로 기능할 수 있음을 보여 준다. 우선 (2가, 가')의 '흐르는', '푸른'은 동사나 형용사가 관형어가 될 수 있음을 보여 주고 (2나, 나')의 '흐르게', '푸르게'는 동사나 형용사가 부사어가 될 수 있음을 보여 준다. 다음으로 (2다, 다')의 '흐르기가', '푸르기가'는 동사나 형용사가 주어가 될 수 있음을 보여 주고 (2라, 라')의 '흐르기를', '푸르기를'은 동사나 형용사가 목적어가 될 수 있음을 보여 준다. 이처럼 동사나 형용사가 다양한 성분으로 기능할 수 있는 것은 정확하게 말하자면 어미 덕분이다. 이러한 어미의 다양한 종류와 기능에 대해서는 8장에서 후술하기로 한다.

　이렇게 다양한 성분으로 기능하면서 복잡한 문장의 경우에는 서술어의 기능을 함께 하고 있는 것도 동사나 형용사의 특징이다. (2)의 경우에만 한정한다면 우선 (2나, 다, 라, 라')의 '물이 졸졸 흐르게', '물이 흐르기가', '물이 흐르기를', '하늘이 언제나 푸르기를'에서 '흐르게', '흐르기', '푸르기'는 각각 그 자체로는 부사어, 주어, 목적어로 쓰이고 있지만 '물이', '하늘이'라는 문장 속 다른 문장의 주어에 대한 서술어로도 기능하고 있음을 볼 수 있다. 마찬가지로 (2가, 가')의 '흐르는 물', '푸른 하늘'에서 '흐르는'과 '푸른'은 각각 관형어로 쓰이고 있으면서 문장 속 다른 문장의 주어

'물', '하늘'에 대한 서술어 기능을 하고 있음을 알 수 있다.[2]

한국어의 동사와 형용사를 그 기능의 공통성에 근거하여 구분하지 않으려는 시도도 있다. 동사를 '동작 동사'로, 형용사를 '상태 동사'로 부르는 경우가 이러한 시각을 대표한다. 그러나 이러한 시각에는 인구어(印歐語)적 사고도 영향을 적지 않게 미치고 있다고 판단된다. 인구어(印歐語)는 형용사가 서술의 기능이 아니라 수식의 기능을 하기 때문이다. 그러나 최근의 유형론적 논의에서는 형용사 가운데 명사에 가까운 것뿐만이 아니라 동사에 가까운 것도 인정하려는 시도가 발견되고 있다. 가령 Dixon (2010b : 67)에서는 각 언어의 문법적 특성에 따라 형용사의 부류를 다음과 같이 나누고 있다.

(3) A 유형　　명사　　　　　　　　　**형용사**　동사
　　B 유형　　명사　**형용사**　　　　　　　　동사
　　C 유형　　　　　명사　**형용사**　동사
　　D 유형　　명사　　　　　**형용사**　　　　동사

(3)에 제시된 A유형의 형용사는 동사와 문법적 속성을 공유하는 경우이고 B유형의 형용사는 명사와 문법적 속성을 공유하는 경우이다. C유형의 형용사는 명사의 속성도 가지고 있고 동사의 속성도 가지고 있는 경우이고 D유형은 형용사가 명사 및 동사와 구분되는 독자적인 속성을 가지고 있는 경우이다.

Dixon(2010b : 68)에서는 유럽어가 대부분 B유형을 보인다는 점에 근거하여 A유형을 보이는 언어들에서의 형용사를 동사로 간주한 경우가 있었다

---

2) 이처럼 한 문장 속에 하나의 성분으로 기능하는 서술어는 절을 형성하는데 관형어, 부사어 역할을 하는 경우는 각각 관형절, 부사절이라 부르고 주어나 목적어의 역할을 하는 경우는 명사절이라 부른다.

고 밝힌 바 있다. 그리고 Dixon(2010b)에서는 그 입장을 바꾸어 동사와 구
별될 수 있는 근거가 발견되면 이를 별도의 범주 즉 형용사로 다루는 것
이 유형론적 작업에 도움이 된다고 진술하고 있다. 이에 따라 Dixon(2010
a : 331)의 용어 해설에서는 '형용사'를 '자동적 서술어 자리 혹은 계사(繫
辭)[3] 보어 자리에서 쓰여 어떤 속성을 진술하는 것'과 '명사구에서 핵인[4]
명사가 지시하는 것을 수식함으로써 명세하는 것' 두 가지로 대등하게 기
술한 바 있다. 한국어의 형용사는 바로 앞의 정의에서 '자동적 서술어 자
리'에 쓰이는 것임을 알 수 있는데 이에 기반한다면 한국어에서 형용사를
독자적인 품사로 인정하지 못할 이유는 크지 않다는 것을 알 수 있다.

7.1. 동사

동사(動詞, verb)는 사물의 동작이나 작용을 나타내는 품사이다. 명사와는
차이가 크기는 하지만 그래도 품사 가운데 두 번째로 많은 것이 동사이
다.[5] 동사가 사물의 동작이나 작용을 나타낸다고 할 때 '동작'과 '작용'은
서로 구분되는 속성을 갖는다.[6]

---

3) 계사(繫辭, copular)란 문면 그대로 연결해 주는 기능을 하는 말을 일컫는다. "나는 학생이다."
   라고 할 때 '나'를 '학생'과 연결시키는 '이다'가 이에 속한다. 영어의 be 동사도 계사이다.
4) 핵(核, head)이란 어떤 구성의 분포(分布, distribution)를 결정짓는 것을 일컫는다. 명사구에
   서는 명사가 그 구성의 분포를 결정짓기 때문에 이름을 명사구라 붙인 것이다. 마찬가지
   로 동사구에서는 동사가 그 구성의 분포를 결정짓는다.
5) 전술한 것처럼 국립국어연구원(2002 : 21)에 따르면 종이로 편찬한 『표준국어대사전』
   (1999)의 전체 표제어 509,076개 가운데 동사는 68,394개로 13.43%를 차지하고 있다. 여
   기에 보조 동사 48개를 더하면 동사는 총 68,442개로 13.44%에 해당한다.
6) 앞서 어미도 품사 분류의 대상이 되는 문법적 단어로 간주하였기 때문에 동사나 형용사
   는 이를 표시할 때 어미를 제외한 부분만 제시해야 한다. 그러나 동사나 형용사 어간은
   의존 형태소이고 언제나 어미와 결합하여야만 문장에 나타날 수 있으므로 편의상 어미
   '-다'를 결합시켜 나타내기로 한다.

(4) 가. 먹다, 읽다, 뛰다, 걷다 …

　　 나. 피다, 흐르다, 걷히다, 이루어지다 …

(4가)는 대체로 사물의 '동작'을 나타내는 동사의 예인데 이들은 유정 명사와 주로 결합한다. 이에 대해 (4나)는 사물의 '작용'을 나타내는 동사의 예인데 이들은 무정 명사와 함께 쓰인다.[7] 따라서 (4가)는 사람이 주어일 경우 명령이나 청유가 가능하지만 (4나)는 이것이 불가능하다.

(5) 가. 애야, 밥을 빨리 먹어라. / 애들아, 이제는 좀 느리게 걷자.

　　 나. *꽃아, 빨리 피어라. / *물아, 느리게 흐르자.

만약 (5나)가 가능하려면 그것은 '꽃'이나 '물'을 사람처럼 인식하는 의인화(擬人化)가 작용한 경우라고 할 것이다.

물론 동사 가운데는 유정 명사와 함께 쓰여 동작을 나타내기도 하고 무정 명사와 함께 쓰이면 작용을 나타내는 경우도 적지 않다. 이때에는 (5가, 나)의 두 가지 경우가 모두 가능하다. 당장 (4가)의 '먹다'만 하여도 다음과 같이 무정 명사와 함께 쓰이는 용법을 가지고 있으며 이 경우에는 명령이나 청유가 가능하지 않다.

(6) 가. 이 옷은 풀이 잘 먹는다.

　　 나. *풀이 잘 먹어라. / *풀이 잘 먹자.

따라서 동사라면 동작이든 작용이든 모두 어미 '-는다' 혹은 '-ㄴ다'와

---

7) 주어나 목적어로 쓰이는 체언이 가지는 일정한 역할을 의미론적으로 구별한 것을 의미역(semantic role)이라고 하는데 이에 따르면 동사의 주어는 동작의 주체가 될 수 있다는 점에서 '동작주 혹은 행위주(agent)'라 하고 작용의 주어는 동작의 주체가 아니라 동작의 영향을 받는다는 점에서 '대상(theme)'이라고 부른다.

결합할 수 있다는 공통점을 가지지만 동사라고 해서 모두 명령이나 청유가 가능한 것은 아니라는 사실을 알 수 있다.

또한 동사가 '동작'을 나타낸다고 할 때 이 '동작'은 (4가)에서처럼 전형적으로는 가시적이지만 그렇지 않은 것도 있을 수 있다.

> (7) 가. 쉬다, 머무르다, 듣다 …
>   나. 믿다, 생각하다, 알다, 사랑하다 …

(7가)는 각각 '일하다, 이동하다, 말하다'와 같은 반의 관계 연관 동사에 비한다면 '동작'의 정도가 현저히 낮은 것이거나 동작이 멈추어져 있는 경우라고 할 수 있고 (7나)는 아예 구체적인 '동작'을 가정하기 어려운 것들이다. 그러나 이들도 모두 명령이나 청유가 가능하고 '-는다' 혹은 '-ㄴ다'와 예외 없이 결합하고 있다는 점에서 모두 동사임에는 의심의 여지가 없다.

7.1.1. 자동사와 타동사

동사의 종류를 나누는 가장 기본적인 것 중의 하나는 동사가 나타내는 동작이나 작용이 주어에만 미치는지 아니면 주어 이외의 목적어에도 미치는지를 기준으로 자동사와 타동사로 나누는 것이다.

자동사(自動詞, intransitive verb)란 동작이나 작용이 주어에만 미치는 동사이다. (4)와 (7)에서 제시한 동사 가운데 자동사를 정리하면 다음과 같다.

> (8) 가. 뛰다, 걷다
>   나. 피다, 흐르다, 걷히다
>   다. 쉬다, 머무르다

이들은 다음 예문처럼 주어만 있으면 문장을 이루는 데 문제가 없다.

  (9) 가. 아기가 뛴다.
      나. 구름이 걷히고 해가 나왔다.
      다. 너희들은 쉬고 우리들만 일할 수는 없다.

이러한 자동사에는 '뛰다', '피다', '쉬다'처럼 원래부터 자동사인 것도 있지만 (8나)의 '걷히다'처럼 원래는 타동사이던 것이 자동사로 변한 것도 있다.8)

타동사(他動詞, transitive verb)란 동작이나 작용이 주어 이외에 목적어에도 미치는 동사이다. 역시 (4)와 (7)에서 제시한 동사 가운데 타동사를 정리하면 다음과 같다.

  (10) 가. 먹다, 읽다
       나. 믿다, 생각하다, 알다, 사랑하다

이들은 다음 예문처럼 주어 이외에 목적어도 있어야 문장을 이룰 수 있다.

  (11) 가. 학생들이 책을 읽는다.
       나. 나는 그 사람을 잘 안다.

이러한 타동사에도 원래부터 타동사인 것이 있고 타동사로 변한 경우도 있다. 다만 자동사보다 조금 복잡해서 타동사로 변한 경우가 세 가지

---

8) '걷히다'처럼 원래는 타동사이던 것이 '-이-, -히-, -리-, -기-'와 같은 접미사와 결합하여 남의 행동을 입어서 행하여지는 동작을 나타내는 동사를 피동사(被動詞, passive verb)라 한다. '보이다', '잡히다', '물리다', '안기다' 등도 모두 피동사인데 이들은 모두 접미사와 결합하고 있어 새로운 단어의 자격을 갖는다는 특징이 있다. 따라서 이들에 대해서는 단어 형성의 측면에서 13장에서 다시 다루기로 한다.

로 나뉜다는 것에 차이가 있다.

(12) 가. 앉히다, 남기다, 웃기다 …
나. 먹이다, 읽히다, 알리다 …
다. 높이다, 넓히다, 낮추다 …

(12가)는 자동사 '앉다, 남다, 웃다'가 타동사로 변한 것이며 (12나)는 (10)에서 제시한 타동사 가운데 다시 타동사로 변한 것을 제시한 것이다. 한편 (12다)는 형용사가 타동사로 변화한 것을 제시한 것이다.[9)]

그런데 동사 가운데는 아무런 형태 변화 없이 그대로 자동사와 타동사로 쓰이는 경우가 있다. 이미 앞에서 살펴본 '먹다'의 경우도 자동사의 용법과 타동사의 용법을 모두 가지고 있다.

(13) 가. 밥을 먹다 / 욕을 먹다 / 나이를 먹다 / 더위를 먹다
나. 풀이 잘 먹다 / 화장이 잘 먹다 / 벌레가 먹다

(13가)는 '먹다'가 타동사로 쓰인 경우이고 (13나)는 자동사로 쓰인 경우이다. 이러한 동사 가운데는 '먹다'처럼 의미가 구분되지 않고 단순히 주어와 목적어 표지를 바꾸는 것도 적지 않다.

(14) 가. 차가 멈추다 / 차를 멈추다
나. 돌이 움직이다 / 돌을 움직이다
다. 몸이 다치다 / 몸을 다치다
라. 울음이 그치다 / 울음을 그치다

---

9) (12)에 제시된 단어들은 모두 문장의 주체가 자기 스스로 행하지 않고 남에게 그 행동이나 동작을 하게 함을 나타내는 동사인데 이러한 동사들을 사동사(使動詞, causative verb)라 한다. 앞의 피동사와 마찬가지로 사동사는 접미사가 결합하여 형성되므로 이에 대해서는 역시 13장에서 다시 다루기로 한다.

가령 '밥을 먹다'는 '밥이 먹다'로 바꿀 수 없고 '벌레가 먹다'도 '벌레를 먹다'로 하면 그 의미가 완전히 달라지지만 (14)의 '멈추다, 움직이다, 다치다'와 같은 동사들은 그러한 의미 차이 없이 쓰일 수 있다는 점에서 자·타동 양용 동사 혹은 중립 동사라 불리기도 한다.10)

7.1.2. 지시 동사

동사 가운데는 어떤 동사를 대신 받는 지시 동사들이 있다.

> (15) 가. 너무 회의가 길어지는군. 이러다가는 작업 시작도 못해 보고 해
> 가 저물겠다.
> 나. 당신 혼자 결정하다니, 그러는 법이 어디 있어요?
> 다. "또 저런다." 쉬지 않고 운동하는 동생을 보며 형이 말했다.

(15가, 나, 다)의 '이러다', '그러다', '저러다'가 이러한 지시 동사에 해당하는데11) 이들은 각각 '(회의가) 길어지다', '(혼자) 결정하다', '(쉬지 않고)

---

10) (14)의 동사들을 '능격(能格) 동사'로 부르는 일도 있다. 한국어는 자동사의 주어와 타동사의 주어가 주격으로 표시되고 타동사의 목적어가 대격으로 표시되는 주격·대격 언어인데 한국어와는 달리 자동사의 주어와 타동사의 목적어가 절대격으로 표시되고 타동사의 주어가 능격으로 표시되는 절대격·능격 언어도 있다. '움직이다'와 같은 단어를 '능격 동사'로 부르는 것은 '돌이 움직이다', '돌을 움직이다'처럼 '움직이다'라는 동사가 자동사의 주어뿐만이 아니라 타동사의 목적어와도 함께 쓰이기 때문에 이를 절대격·능격 언어와 비슷한 현상으로 해석한 데 따른 것이다. 그러나 '주격'이나 '능격'으로 언어를 나누는 것은 이를 표시하는 표지에 따라 결정되므로 만약 '움직이다'가 능격 동사라면 '돌'이 주어로 쓰이든 목적어로 쓰이든 동일한 표지를 가져야 한다. 그러나 '돌이 움직이다'와 '돌을 움직이다'에서 표지는 '이'와 '을'로 여전히 구별된다는 점에서 자·타동 양용 동사를 능격 동사로 해석하는 것은 문제의 여지가 있다.

11) 『표준국어대사전』에서는 '이러다', '그러다', '저러다'를 각각 '이리하다', '그리하다', '저리하다'의 준말로 처리하고 있다. 이것은 이들 지시 동사들의 과거형이 *'이렀다', *'그렀다', *'저렀다'가 되지 않고 '이랬다', '그랬다', '저랬다'가 되고 명령형이 *'이러라', *'그러라', *'저러라'가 아니라 '이래라', '그래라', '저래라'가 되는 것을 염두에 둔 것으로 보이지만 현재형만을 염두에 둔다면 '-리하-'가 '-러-'로 줄어드는 것은 자연스럽지 않다.

운동하다'를 지시한다. 이들과 상관적인 '요러다', '고러다', '조러다'도 역시
지시 동사에 해당한다. 이들은 동사인 만큼 (15다)의 '저런다'처럼 '-ㄴ다'
결합형이 가능하고 명령형이나 청유형도 가능하다.

7.1.3. 본동사와 보조 동사

한국어의 동사는 연속하여 연결될 수 있다.

> (16) 가. 학생들이 밥을 다 먹고 간다.
>   나. 학생들이 밥을 다 먹어 간다.

(16)은 동사가 연속하여 결합할 수 있음을 보여 주고 있다. 그런데 그
연결 양상은 차이가 있다. (16가)의 경우에는 '밥을 먹는' 행위와 다시 어
디론가 '가는' 행위 두 가지가 연결되어 있다. 즉 '먹다'와 '가다'는 서로 구
분되는 동작이다. 이에 대해 (16나)의 경우에는 '밥을 먹는' 행위는 공통적
으로 나타나 있지만 어디론가 '가는' 행위라는 의미가 나타나지 않고 있
다. 즉 (16나)에서의 '가다'는 '먹는' 행위가 계속 진행되고 있음을 의미하
고 있다.

따라서 (16가)의 문장은 다음 (16'가, 가')처럼 두 문장으로 나누어도 '먹
다'와 '가다'의 의미가 그대로 유지되는 것을 볼 수 있지만 (16나)의 문장
은 만약 두 문장으로 이를 나누면 (16'나')에서 보는 바와 같이 '가다'의 의
미가 '계속 진행되고 있음'을 나타낼 수 없다.

> (16') 가. 학생들이 밥을 다 먹었다.
>   가'. 학생들이 간다.
>   나. 학생들이 밥을 다 먹었다.
>   나'. *학생들이 간다.['계속 진행'의 의미로]

(16가)의 '가다'와는 달리 (16나)의 '가다'는 바로 앞의 '먹다'라는 동사에 붙어서 그 의미를 보조해 준다고 하여 이를 '보조 동사'라 하고 이러한 보조 동사의 도움을 받는 '먹다'를 '본동사'라 한다. 즉 (16가)의 문장은 본동사와 본동사의 결합이고 (16나)의 문장은 본동사와 보조 동사의 결합이다.

동사 가운데는 동일한 동사가 본동사로도 쓰이고 보조 동사로도 쓰이는 경우가 적지 않다. 당장 (16)에서의 '가다'도 그렇지만 '먹다'도 다음과 같은 보조 동사로의 쓰임을 가지고 있다.

> (17) 가. 약속을 잊어 먹었다.
> 　　 나. 동생을 노예처럼 부려 먹었다.
> 　　 다. 야구공으로 유리를 깨 먹었다.

(17)에서의 '먹다'는 모두 보조 동사로서 쓰인 것인데 대체로 앞말이 뜻하는 행동을 강조하여 그 행동이나 행동과 관련된 상황이 마음에 들지 않을 때 사용한다. 이들이 보조 동사로 사용되고 있다는 것은 다음과 같이 두 개의 문장으로 이를 구성해 보면 '먹다'만으로는 비문법적인 문장이 되는 것을 통해 알 수 있다.

> (17') 가. 약속을 잊었다.
> 　　 가'. *약속을 먹었다.
> 　　 나. 동생을 노예처럼 부렸다.
> 　　 나'. *동생을 노예처럼 먹었다.
> 　　 다. 야구공으로 유리를 깼다.
> 　　 다'. *야구공으로 유리를 먹었다.

또한 보조 동사는 그 의미가 다양하게 사용되는 경우도 적지 않다. 『표준국어대사전』에 제시된 보조 동사로서의 '보다'의 의미는 다음과 같이 네 가지로 제시되어 있다.

(18) 「1」 ((동사 뒤에서 '-어 보다' 구성으로 쓰여))어떤 행동을 시험 삼아 함을 나타내는 말.
¶ 먹어 보다 /입어 보다/말을 들어 보다/꼼꼼히 따져 보다
「2」 ((동사 뒤에서 '-어 보다' 구성으로 쓰여))어떤 일을 경험함을 나타내는 말.
¶ 이런 일을 당해 보지 않은 사람은 내 심정을 모른다./그런 책은 읽어 본 적이 없다./학생 중에는 불량배에게 맞아 본 아이가 많다.
「3」 ((동사 뒤에서 '-고 보니', '-고 보면' 구성으로 쓰여))앞말이 뜻하는 행동을 하고 난 후에 뒷말이 뜻하는 사실을 새로 깨닫게 되거나, 뒷말이 뜻하는 상태로 됨을 나타내는 말.
¶ 마구 때리고 보니 아무리 악인이지만 너무 했다는 생각이 들었다./ 사람이란 몇십 년 살고 보면 감각이나 감성이 닳고 낡아 버려져서 아주 둔해지는 모양이다.≪유치환, 나는 고독하지 않다≫
「4」 ((동사 뒤에서 '-다(가) 보니', '-다(가) 보면' 구성으로 쓰여))앞말이 뜻하는 행동을 하는 과정에서 뒷말이 뜻하는 사실을 새로 깨닫게 되거나, 뒷말이 뜻하는 상태로 됨을 나타내는 말.
¶ 오래 살다 보니 이런 좋은 일도 있네./일을 하다가 보면 요령이 생겨서 작업 속도가 빨라진다.

앞에서 제시한 보조 동사 '가다', '먹다', '보다'는 모두 본동사의 용법도 가지고 있을 뿐만 아니라 그 의미도 완전히 무관한 것이라고 할 수 없다. 대부분의 보조 동사는 이처럼 본동사와 밀접한 관련을 가지고 있다.

그러나 다음에 보이는 동사들은 오로지 보조 동사로서의 용법만 가지고 있다는 점에서 주목할 만하다.

(19) 가. 항상 택시만 타 버릇하면 버스 타기가 싫어진다.
　　나. 많은 일을 하루 만에 해 재끼고 나서는 또 일을 찾고 있다.

　(19가, 나)의 '버릇하다', '재끼다'가 보조 동사인데 이들은 모두 본동사로서의 용법은 가지고 있지 않다. '버릇하다'는 앞말이 뜻하는 행동을 습관적으로 거듭함을 나타낸다. '재끼다'는 일을 솜씨 있게 쉽게 처리하거나 빨리 해 버림을 나타내는 말이다.
　지금까지 살펴본 보조 동사들은 그 품사가 동사로 고정되어 있다. 그러나 보조 동사 가운데는 선행하는 용언의 품사가 동사인 경우에만 보조 동사 기능을 하는 것들이 있다.

(20) 가. 동생은 지금도 잠을 이루지 못한다.
　　가'. 옥상에서 바라보는 풍경이 그리 아름답지 못하다.
　　가". *옥상에서 바라보는 풍경이 그리 아름답지 못한다.
　　나. 형은 늘 아침밥은 먹지 않는다(아니한다).
　　나'. 마음씨가 곱지 않다(아니하다).
　　나". *마음씨가 곱지 않는다.

　(20가, 나)에서 볼 수 있듯이 부정(否定)을 나타내는 '못하다', '않다(아니하다)'가 이러한 예의 대표격인데 이들이 '-ㄴ다'나 '-는다'와 결합하여 보조 동사로서의 역할을 하는 이유는 각각에 선행하고 있는 '이루다', '먹다'가 동사이기 때문이다. 이에 대해 (20가', 나')의 '못하다', '않다'는 선행하는 말 '아름답다', '곱다'가 형용사이기 때문에 역시 그 품사도 형용사임을 알 수 있다. (20가", 나")에서 보는 바와 같이 '-ㄴ다'나 '-는다'가 결합하지 못하기 때문이다.

7.2. 형용사

형용사(形容詞, adjective)는 사물의 성질이나 상태를 나타내는 품사이다.[12]

(21) 가. 이 돌은 저 돌보다 더 부드럽다.
나. 오늘은 마음이 뿌듯하다.

(21가)의 '부드럽다'는 '돌'의 성질을 나타내고 있고 (21나)의 '뿌듯하다'는 화자의 심리 상태를 나타내고 있다. 이처럼 형용사는 사물의 성질이나 상태를 나타내므로 동작을 나타내는 동사와는 달리 명령형이나 청유형이 불가능하다.

(22) 가. *오늘은 마음이 뿌듯해라.
나. *오늘은 마음이 뿌듯하자.

그런데 형용사 가운데 기원이나 희망, 바람 등을 나타낼 때 명령형이나 청유형이 가능해 보이는 경우가 있다.

(23) 가. 앞으로도 건강하십시오.
나. 이제부터는 행복하자.

(23가)의 '건강하십시오'나 (23나)의 '행복하자'는 각각 '건강하게 지내십시오', '행복하게 살자'와 같이 동사를 이용해 바꿀 수 있기 때문에 학교 문법에서는 비문법적인 것으로 간주되지만 일상생활에서는 이렇게 쓰이

---

12) 국립국어연구원(2002 : 21)에 따르면 종이로 편찬한 『표준국어대사전』(1999)의 전체 표제어 509,076개 가운데 형용사는 17,361개로 3.41%를 차지하는데 이는 동사의 약 1/4 수준이다. 보조 형용사도 형용사이므로 29개를 더하면 형용사는 17,390개로 3.47%를 차지하고 있다.

는 일이 적지 않다. 그러나 이러한 경우에도 '-는다'나 '-ㄴ다'가 가능하지 않으므로 '-는다'나 '-ㄴ다'가 가능한 동사와 구별된다.

(24) 가. *언제나 건강한다.
나. *이제 행복한다.

한편 형용사는 동사와는 달리 '-나'나 '-디-'를 매개로 반복 구성이 가능하다는 특성이 있다.

(25) 가. 머나먼 길 / 크나큰 은혜 / 기나긴 여행
나. 차디찬 손 / 희디흰 눈 / 넓디넓은 바다 / 좁디좁은 단칸방 / 푸르디푸른 하늘 / 높디높은 산 / 깊디깊은 우물 / 쓰디쓴 한약
나'. 지단을 얇디얇게 부치다 / 분위기가 무겁디무겁게 가라앉았다 / 영수증을 확인한 후 자디잘게 찢었다.

(25가)의 '-나'는 관형사형 구성에서만 쓰인다는 제약을 가지는 데 비해 '-디-'를 매개로 하는 경우에는 (25나')에서 보는 바와 같이 부사형도 가능하다는 특징이 있다. 어떤 경우든 '-나'나 '-디-'가 동사와는 결합하지 않는다는 사실에는 변함이 없다.

7.2.1. 객관성 형용사와 주관성 형용사

형용사는 사물의 성질이나 상태를 나타낸다고 하였는데 이러한 형용사는 크게 객관성 형용사와 주관성 형용사로 나눌 수 있다. 객관성 형용사란 심리적이거나 물리적 환경에 따라 변하지 않는 성질이나 상태를 나타내는 형용사이고 이에 대해 주관성 형용사란 심리적이거나 물리적 환경에 따라 변할 수 있는 성질이나 상태를 나타내는 형용사이다.

다음은 객관성 형용사를 다시 몇 가지로 나누어 제시한 것이다.

(26) 가. 희다, 검다 ; 달다, 쓰다 ; 고요하다, 시끄럽다 ; 미끄럽다, 거칠다 ;
　　　향기롭다, 매캐하다
　　나. 착하다, 부지런하다, 게으르다 ; 아름답다, 화려하다, 추하다
　　다. 같다, 비슷하다, 흡사하다, 다르다 ; 낫다, 못하다

(26가)는 감각을 나타내는 형용사인데 각각 시각, 미각, 청각, 촉각, 후각을 나타내는 형용사들을 제시한 것이다. (26나)는 대상에 대한 평가를 나타내는 객관성 형용사인데 '착하다, 부지런하다, 게으르다'는 대상이 사람의 성격인 경우이고 '아름답다, 화려하다, 추하다'는 대상이 사람의 성격이 아니라 사람을 포함한 외양인 경우이다. (26다)는 비교를 나타내는 객관성 형용사의 예인데 '같다, 비슷하다, 흡사하다, 다르다'는 조사 '와/과'를 선행 요소로 가지는 반면 '낫다, 못하다'는 조사 '보다'를 선행 요소로 가진다.

한편 주관성 형용사에는 다음과 같은 것들이 속한다.

(27) 행복하다, 두렵다, 고프다, 배부르다, 아프다, 싫다, 좋다, 예쁘다 …

(27)에 제시된 형용사들은 대체로 화자의 심리적 상태를 나타내기 때문에 이러한 점을 중시하여 '심리 형용사'라 불리기도 한다. 주관성 형용사는 다음처럼 '-아/어하다'가 결합하여 해당 형용사의 느낌을 가지게 되는 동사를 만들 수 있다는 특징을 갖는다.

(28) 가. 결혼 생활이 행복하다.
　　가'. 결혼 생활을 행복해하다.
　　나. 손자가 예쁘다.

　　나'. 손자를 예뻐하다.
　　다. 여행이 싫다.
　　다'. 여행을 싫어하다.

　이는 역시 해당 동사가 화자의 심리 상태와 관련되기 때문인데 객관성 형용사는 화자의 심리 상태가 아니라는 점에서 '-아/어하다'가 결합되는 데 제약이 있다.[13)

　(29) 가. 책의 표지가 검다.
　　　가'. *책의 표지를 검어하다.
　　　나. 그 사람은 부지런하다.
　　　나'. *그 사람을 부지런해하다.
　　　다. 연필과 볼펜은 다르다.
　　　다'. *연필과 볼펜을 달라하다.

　(29가', 나', 다')은 객관성 형용사에 '-어/아하다'를 결합시켜 본 것인데 모두 비문법적 문장이 된다는 것을 알 수 있다.

7.2.2. 지시 형용사

동사에 지시 동사가 있는 것처럼 형용사에도 지시 형용사가 있다.

　(30) 가. 겉모습이 이렇다고 무시하면 안 된다.
　　　나. 상황이 그렇게 변할 줄 누가 알았겠니?
　　　다. 생김새는 저렇지만 마음씨는 매우 착하다.

---

13) 주관성 형용사라도 경우에 따라서는 객관성 형용사로 쓰인 것으로 판단하는 것이 좋을 때가 있다. 가령 '좋다'의 경우 "날씨가 좋다."나 "집안이 좋다."의 경우는 "*날씨를 좋아한다."나 "*집안을 좋아한다."가 가능하지 않은데 이때는 '날씨'나 '집안'에 대한 화자의 심리 상태기라보다는 대상에 대한 평가의 측면이 강하기 때문으로 보인다.

(30가, 나, 다)에서 보이는 '이렇다, 그렇다, 저렇다'가 지시 형용사의 예인데 이들과 연관되는 '요렇다, 고렇다, 조렇다'도 지시 형용사에 해당한다. 그런데 지시 형용사는 지시 동사와는 몇 가지 점에서 차이가 있다.

첫째, 지시 형용사 가운데 '그렇다'는 관용적으로 굳어진 의미를 가지고 있다.

> (31) 가. 요새는 그저 그렇습니다.
> 나. 이 영화 좀 그렇지?

(31가)는 지시 형용사 '그렇다'가 '특별한 변화가 없다'의 의미를 가지고 있음을 보여 주고 (31나)는 지시 형용사 '그렇다'가 '만족스럽지 아니하다'의 의미를 나타내고 있음을 보여 준다. 지시 동사를 포함하여 '이렇다, 저렇다'뿐만이 아니라 '그렇다'와 연관되는 '고렇다'에서도 이러한 의미는 찾기 힘들다.

둘째, 지시 형용사는 일반적인 성질이나 상태를 나타내는 형용사와 함께 어울리는 경우가 적지 않다.

> (32) 가. 그렇게 빠르게 달리는 차는 얼마나 비쌀까?
> 나. 저렇게 예쁜 꽃은 처음 본다.

(32가, 나)의 지시 형용사 '그렇다', '저렇다'는 객관성 형용사 '빠르다'나 주관성 형용사 '예쁘다'와 결합하여 쓰이고 있음을 알 수 있다. 그런데 이러한 경우 그 순서가 정해져 있어서 지시 형용사는 객관성 형용사나 주관성 형용사보다 앞에 온다는 특징이 있다. 이러한 점들을 고려하여 객관성 형용사나 주관성 형용사를 묶어 성상 형용사라 하고 지시 형용사는 성상 형용사 앞에 위치한다고 언급하는 것이 일반적이다.[14]

7.2.3. 보조 형용사

보조 동사와 마찬가지로 스스로는 문장을 완성시키지 못하는 보조 형용사가 있다. 보조 형용사의 품사적 특성을 가장 잘 보여 주는 것은 '싶다'가 아닐까 한다.

> (33) 가. 나도 나중에 크면 선생님이 되고 싶다.
> 　　가′. *나도 나중에 크면 선생님이 싶다.
> 　　가″. *나도 나중에 크면 선생님이 되고 싶는다.
> 　　나. 오늘은 배가 아파서 그냥 집에 갈까 싶다.
> 　　나′. *오늘은 배가 아파서 그냥 집에 싶다.
> 　　나″. *오늘은 배가 아파서 그냥 집에 갈까 싶는다.

(33가)의 '싶다'는 '-고' 다음에 쓰여 앞말이 뜻하는 행동을 하고자 하는 마음이나 욕구를 갖고 있음을 드러내고 (33나)의 '싶다'는 '-(으)ㄹ까' 다음에 쓰여 마음속에 앞말이 뜻하는 행동을 할 의도를 가지고 있음을 나타내고 있다. 이들이 본용언이 아니라 보조 용언인 이유는 (33가′, 나′)에서 보는 바와 같이 혼자서는 문장을 완결 짓지 못하기 때문이며 보조 용언 가운데서도 형용사에 해당하는 이유는 (33가″, 나″)에서 알 수 있는 바와 같이 '-는다'가 결합하지 못하기 때문이다. 즉 (33)의 '싶다'는 본동사와 결합하여 보조 형용사의 역할을 하고 있음을 알 수 있다.

물론 '싶다'가 동사와만 결합하는 것은 아니다.

---

14) 그동안 형용사는 '성상 형용사'와 '지시 형용사'로 나누는 것이 일반적이었지만 이때 '성상'이 '성질과 상태'를 합한 말이고 형용사는 그 정의상 성질이나 상태를 나타내는 품사이므로 형용사의 종류에 다시 성상 형용사가 있다고 하는 것은 잉여적인 느낌이 있다. 즉 후술하는 부사의 종류나 관형사의 종류에 성상 부사나 성상 관형사가 있는 것과는 차원이 다른 것이다. 그럼에도 불구하고 이들을 성상 형용사라 한 것은 그만큼 지시 형용사가 지시 동사보다 쓰임의 폭이 넓고 또한 성상 형용사와 함께 쓰이는 일이 많기 때문이다. 이점 지시 동사와 구별되는 부분이다.

(34) 가. 청소라도 하면 마음이 편할까 싶었다.
　　 나. 그가 준 것이 돈일까 싶어 마음이 불안하였다.

　(34가)는 '싶다'가 형용사와 연결된 경우이고 (34나)는 '싶다'가 '이다'와
도 연결될 수 있음을 보여 준다. 그리고 이 경우의 '싶다'는 (33나)와 똑같
은 '-ㄹ까' 구성에 결합하고 있지만 그 의미는 '의도'가 아니라 앞말대로
될까 두려워하거나 걱정하는 마음을 나타내고 있다는 점에서 구별된다.
　'싶다'의 경우는 대부분의 보조 동사가 본동사로서의 쓰임도 가지고 있
는 데 비해 본용언으로서의 용법을 가지고 있지 않다. 사실 '본용언'이라
는 말은 '본동사'와 '본형용사'가 하위 부류로 가능하다는 것인데 '본동
사'라는 말은 널리 쓰이지만 '본형용사'라는 말은 매우 생소하다. 이는 보
조 동사의 경우에는 본동사와의 관련성이 매우 크지만 보조 형용사는 그
러한 경우가 매우 드물다는 것을 의미하는 것이기도 하다. 따라서 보조
형용사는 보조 동사에 비하면 그 규모도 훨씬 작다는 것을 알 수 있다.
　앞에서 보조 동사의 예로 제시한 '보다'의 경우는 보조 형용사로서의
쓰임도 가지고 있다.

(35) 가. 그저 어딘지 멀리 가나 보다.
　　 가'. *그저 어딘지 멀리 가나 본다.
　　 나. 그 사람은 인기가 많은가 보다.
　　 나'. *그 사람은 인기가 많은가 본다.
　　 다. 두 사람이 몹시 닮은 것이 부자지간인가 보다.
　　 다'. *두 사람이 몹시 닮은 것이 부자지간인가 본다.

　(35가, 나, 다)에서의 '보다'는 각각 동사, 형용사, '이다'와 결합하고 있
지만 (35가', 나', 다')에서 보는 바와 같이 '-ㄴ다'와 결합할 수 없다는 점
에서 형용사임을 알 수 있다. 그리고 앞말이 뜻하는 행동이나 상태를 추

측하거나 어렴풋이 인식하고 있음을 나타내고 있다. 본용언으로서는 '보다'도 동사만 가능하고 형용사는 될 수 없으므로 역시 이 경우에도 본형용사라는 말은 쓸 수 없음을 알 수 있다.

이미 앞에서 살펴보았지만 보조 형용사도 (33)의 '싶다'나 (35)의 '보다'처럼 언제나 형용사로 귀결되는 것이 아니라 앞에 오는 말이 동사인지 형용사인지에 따라 결정되는 수도 있다.

> (36) 가. 옥상에서 바라보는 풍경이 그리 아름답지 못하다.
> 　　 나. 마음씨가 곱지 않다(아니하다).

(36)의 '못하다'와 '않다'는 선행 용언이 형용사이기 때문에 이들도 보조 형용사로 귀결된 경우이다.

7.3. 동사와 형용사의 경계

7.3.1. '있다'와 '없다'

'있다'와 '없다'는 서로 반의 관계에 놓여 있다. 그런데 '있다'는 경우에 따라서는 동사의 모습을 보여 주기도 하고 형용사의 모습을 보여 주기도 한다. 이러한 특성 때문에 이 두 단어를 묶어 별도의 품사인 존재사(存在詞)로 간주해야 한다는 견해도 제시된 바 있다.

> (37) 가. 그는 내일 집에 있는다고 했다.
> 　　 가′. 내일은 집에 좀 있어라.
> 　　 가″. 내일은 집에 좀 있자.
> 　　 나. 날지 못하는 새도 있다.

　　　나'. *날지 못하는 새도 있는다.
　　　나". *날지 못하는 새도 {있어라, 있자}.

　(37가, 가', 가")에서의 '있다'는 동사 검증의 틀인 '-는다'와 결합이 가
능할 뿐만 아니라 명령형과 청유형도 가능하므로 동사임에 틀림이 없다.
그러나 그에 대해 (37나, 나', 나")를 보면 이때의 '있다'는 동사 검증의 틀
인 '-는다'와 결합이 불가능할 뿐만 아니라 명령형과 청유형도 불가능하
다. 따라서 이 경우에는 형용사임에 틀림이 없다.
　그런데 이 두 가지의 '있다'는 의미가 구별된다. (37가)의 '있다'는 '머
물다'나 '상태를 유지하다'라는 의미를 가지고 있고 (37나)의 '있다'는 '존
재'의 의미를 가지고 있으며 '소유'의 의미를 가지는 경우도 역시 형용사
의 용법을 보인다. 따라서 이들은 높임의 표현에서도 차이를 갖는다.

　　(38) 가. 할아버지께서 오늘은 집에 계신대.
　　　　　나. 할아버지는 돈이 많이 있으시다.

　(38가)의 '계시다'는 '머물다'의 의미를 가지는 동사 '있다'의 높임 표현
이고 (38나)의 '있으시다'는 '소유'의 의미를 가지는 형용사 '있다'의 높임
표현이다.
　'있다'는 보조 용언으로서도 기능한다.

　　(39) 가. 언니는 다리를 다쳐 의자에 앉아 있다.
　　　　　나. 형이 음악을 듣고 있다.

　(39가)의 '-아 있다'는 주로 동사와 결합하여 앞말의 행동이나 변화가
끝난 상태가 지속되어 있음을 나타내고 (39나)의 '-고 있다'도 주로 동사
와 결합하여 앞말의 행동이 계속되거나 그 행동의 결과가 지속되고 있음

을 나타낸다. 이들은 모두 '있는다'가 가능하고 '있어라', '있자'와 같이
명령형이나 청유형이 가능할 뿐만 아니라 높임 표현으로도 '있으시다'가
아니라 '계시다'가 자연스럽다는 점에서 보조 형용사가 아니라 보조 동사
로 보는 것이 좋다.

이에 비하면 '없다'는 주로 '상태'를 나타내는 용법만 보인다.

> (40) 가. *그는 내일 집에 없는다고 했다.
>   나. 날지 못하는 새는 없다.
>   다. *할아버지께서 오늘은 집에 없으신대.
>   라. 할아버지는 돈이 많이 없으시다.
>   마. *언니는 다리를 다쳐 의자에 앉아 없다.
>   마'. *형이 음악을 듣고 없다.

(40)은 (37)-(39)의 '있다'를 '없다'로 바꾸어 본 것인데 형용사로 간주되
는 '존재', '소유'의 경우에 쓰이는 '있다'의 반의어로만 가능함을 보여 준
다. 따라서 '없다'는 형용사로 기능한다고 결론내릴 수 있고 (40마, 마)을
볼 때 보조 용언으로도 기능하지 못한다는 것을 알 수 있다.[15]

이상의 현상들은 '있다'와 '없다'를 별도의 품사로 간주하기보다는 그
의미에 따라 동사로서의 '있다'와 형용사로서의 '있다'를 구분하는 것으로
충분하다는 사실을 보여 준다. 즉 품사 분류 기준인 '의미', '기능', '분포'

---

15) '있다', '없다'는 의문형으로 '있느냐', '없느냐'가 가능하고 관형사형으로 '있는 사람',
'없는 사람'도 가능하다. *예쁘느냐, *예쁘는'은 불가능하다는 점에서 '-느냐', '-는'과
결합할 수 있는 것은 형용사가 아니라 동사의 특성이라고 할 수 있다. 따라서 '없다'가
동사의 특성을 전혀 가지고 있지 않다고 말할 수는 없지만 이것은 현대 한국어에서는
그 기능을 상실해 가는 '-느-'와 관련된다는 점에서 논의의 여지가 있다. 당장 '있느
냐', '없느냐'는 구어에서는 '-느-'가 실현되지 않고 모두 '있냐', '없냐'로 실현된다는
점을 참고할 필요가 있다. 따라서 '없다'가 동사적 용법을 보이는 것은 '없는'에만 한정
된다고 할 수 있는데 '없다'가 이러한 용법을 보이는 것은 '있는'에 이끌린 것으로 해석
하기도 한다.

의 측면에서 동사, 형용사와 구별되는 속성을 보인다고 보기는 어렵다. 이는 마치 '보다'가 그 의미와 분포에 따라 보조 동사와 보조 형용사로 간주될 수 있는 것과 차이가 없다.

7.3.2. '이다'

'이다'는 현행 학교 문법에서는 서술격 조사로 다루어지고 있으면서 다른 한편으로 용언의 성격을 가지는 것으로도 처리되어 문제를 제기하고 있다. 이러한 특성 때문에 '이다'와 '아니다'를 별도의 품사인 지정사(指定詞)로 간주해야 한다는 견해도 제시된 바 있다.

'이다'를 '서술격 조사'로 간주하게 된 가장 큰 이유는 이것이 체언과 결합하여 서술어를 만드는 것이 마치 주격 조사가 주어를 만들고 목적격 조사가 목적어를 만드는 것과 동일한 맥락으로 해석된 때문이다. 그러나 그렇게 보면 다음의 '-답다'도 서술격 조사가 되지 못할 이유가 없다.

> (41) 가. 이렇게 많은 음식을 순식간에 하다니 정말 우리 엄마답다.
>   나. 다른 사람이 보지 않는 곳에서도 질서를 지키는 것이 훌륭한 학생답다.

(41가, 나)의 '-답다'는 각각 체언 '엄마', '학생'과 결합하여 '엄마답다', '학생답다'를 서술어로 만들어 줄 뿐만 아니라 '이다'처럼 다양한 어미와 결합할 수 있다.16)

더욱이 '이다'는 체언과만 결합하는 것도 아니다.

---

16) '-답다'는 (41)처럼 구(句)에 연결되는 것도 있지만 '정답다'와 같이 단어 내부 요소가 되는 일도 있다. 이때는 새로운 단어를 만드는 접미사인데 이 두 가지 '-답다'에 대해서는 13장에서 다시 다루기로 한다.

(42) 가. 여기에 온 건 내가 제일 먼저이다.
　　　나. 잠을 깬 것은 오후가 다 되어서였다.

(42가)에서는 '이다'가 '먼저'라는 부사와 결합하고 있고 (42나)에서는 '이다'가 '-어서'라는 어미와 결합하고 있다. 체언이 아닌 부사나 '-어서' 결합 성분은 격을 나타낼 수가 없다.

이러한 사실은 '이다'가 체언에 결합한다고 하더라도 이를 격 조사의 하나로 간주하기는 어렵다는 것을 의미한다. '이다'가 다양한 어미와 결합한다는 것은 이것이 동사나 형용사와 같은 용언의 하나로 간주되는 것이 자연스럽다는 것을 말해 준다.

만약 '이다'가 용언의 하나라면 동사나 형용사 가운데 어디에 해당할까?

(43) 가. 그 사람은 훌륭한 학생이다.
　　　가'. *그 사람은 훌륭한 학생인다.
　　　나. *앞으로 훌륭한 학생이어라.
　　　다. *앞으로 훌륭한 학생이자.

(43)은 '이다'가 '-ㄴ다'를 가질 수도 없으며 명령이나 청유가 불가능하다는 사실을 보여 준다. 이것은 만약 '이다'를 용언으로 간주한다면 그것은 동사가 아니라 형용사로 분류되어야 한다는 것을 말해 준다.

7.4. 규칙 용언과 불규칙 용언

7.4.1. 규칙 용언

동사나 형용사의 어간이 어미와 결합할 때[17] 어간이나 어미의 모습이 변하는 일도 있고 그렇지 않은 경우도 있다.

> (44) 가. 뛰고, 뛰지, 뛰는, 뛰겠- …
> 나. 뛰며, 뛰니, 뛸, 뛰시- …
> 다. 뛰어, 뛰어라, 뛰었- …

> (45) 가. 검고, 검지, 검겠- …
> 나. 검으며, 검으니, 검을, 검으시- …
> 다. 검어, 검어서, 검었- …

(44)는 동사 '뛰다'의 어간 '뛰-'가 다양한 어미와 결합하고 있는 것을 보인 것이며 (45)는 형용사 '검다'의 어간 '검-'이 다양한 어미와 결합하고 있는 것을 제시한 것이다. (44가)와 (45가)는 자음으로 시작하는 어미와의 결합 양상이다. 이에 대해 (44다)는 모음으로 시작하는 어미와의 결합 양상이다. (44가)나 (44다)는 모두 어간이 자음으로 끝나든 혹은 모음으로 끝나든 어미의 모습에 변화가 없다.

그런데 (44나)는 사정이 좀 다르다. (45나)에서 보는 바와 같이 어간이 자음으로 끝날 때에는 '으'가 포함된 어미가 결합하며 (44나)에서 보는 바와 같이 어간이 모음으로 끝날 때에는 '으'가 포함되지 않은 어미와 결합한다. 종래에는 이때의 '으'를 매개 모음(媒介母音)이라 하여 어간이 자음으로 끝날 때에 '으'가 삽입되는 것으로 보았으나 최근에는 '-으며, -으니' 등의 어미가 모음으로 끝나는 어간과 결합할 때 '으'가 탈락하는 것으로

---

17) 용언의 어간과 어미가 결합하는 일을 흔히 '활용(活用, conjugation)'이라 한다. 이는 체언과 조사의 결합을 '곡용(曲用, declension)'이라 불러 '굴절(屈折, inflection)'의 하위 부류로 삼을 때 쓰는 말이다. '굴절'은 문법적 단어₁ 내부의 형태 변화를 일컫는 말인데 한국어의 '조사'는 그 자체로 문법적 단어₁에 속하므로 '곡용'이라는 말을 쓸 수 없다. 이 책에서는 '어미'에도 조사와 마찬가지로 문법적 단어₁의 자격을 부여하였으므로 이제 '활용'이라는 말도 쓸 수 없음에 주의할 필요가 있다.

보는 견해가 힘을 얻고 있다.18)

　(44), (45)를 보면 어간은 하나의 형태로 고정되어 있고 이에 다양한 어미가 변화되고 있음을 알 수 있다. 어간을, 어미와의 결합 과정에서의 불변 요소라 부르고 어미를, 어간과의 결합 과정에서의 가변 요소라 부르는 것은 이러한 특성을 고려한 것이다.

　이러한 경우에는 어간의 모습이나 어미의 모습이 충분히 예측되므로 (44)와 (45)의 '뛰다', '검다'와 같은 용언들을 규칙 용언이라 부른다. 그런데 어간과 어미가 결합할 때 (44), (45)와는 달리 형태가 변화하는 일이 있다. 이러한 변화는 다시 크게 '규칙'과 '불규칙'의 두 가지로 나눌 수 있다. 다음은 어간에 변화가 있지만 '규칙'의 테두리에 들어오는 경우이다.

　　(46) 가. 쓰고, 쓰지, 쓰는, 쓰겠- …
　　　　 나. 쓰며, 쓰니, 쓸, 쓰시- …
　　　　 다. 써, 써라, 썼-…

　　(47) 가. 날고, 날지, 나는, 날겠- …
　　　　 나. 날며, 나니, 날, 나시- …
　　　　 다. 날아, 날아라, 날았- …

　(46)은 '쓰다'가 모음으로 시작하는 어미와 결합할 때 어간의 '으'가 탈락한다는 것을 알 수 있다. 이에 대해 (47)은 '날다'가 'ㄴ'으로 시작하는 어미, '-(으)ㄴ', '-(으)시-, -(으)ㄹ'처럼 '-(으)'를 가지고 있는 어미와 결합할 때 어간의 'ㄹ'이 탈락하는 양상을 보여 준다. 어간의 'ㄹ'은 이 외

---

18) 따라서 '-으며, -으니' 등은 모음 어미라고 할 수 있으나 이들은 경우에 따라서는 자음 어미와 동일한 양상을 보이기도 하고 경우에 따라서는 모음 어미와 동일한 양상을 보이기도 한다는 점에서 별도로 묶을 필요가 있다. 즉 어미는 자음으로 시작하는 어미, '으'를 가지는 어미, 모음으로 시작하는 어미의 세 가지로 분류할 필요가 있는 것이다.

에도 '-ㅂ니다, -ㅂ니까', '-오'와 같은 어미 앞에서도 탈락한다.

　(46)과 (47)의 용언들은 어미와 결합할 때 어간의 일부가 떨어진다는 점에서 공통되지만 이들은 모두 규칙 용언의 테두리에 들어온다. 그 이유는 앞에서 언급한 환경 아래에서는 언제나 어간의 '으'나 '르'이 탈락하는 데 예외가 없기 때문이다. 즉 규칙 용언은 어간에 어미가 결합할 때 아무런 변화가 없는 것이 아니라 그 결과가 예측되는 것들이라는 점에 주의할 필요가 있다. 종전에는 '으' 탈락과 '르' 탈락을 불규칙으로 간주한 경우도 있었지만[19] '으'나 '르'을 가진 용언은 이처럼 언제나 그 결과가 예측되기 때문에 규칙의 테두리에 들어온다.

7.4.2. 불규칙 용언

　그런데 어간이 어미와 만날 때의 형태 변화 양상이 예측되지 않는 경우가 있다. 이러한 양상을 보이는 용언을 불규칙 용언이라고 부른다. 어간이 어미와 만날 때 예측되지 않는 변화의 양상은 경우의 수가 세 가지이다. 하나는 어간에 변화가 일어나는 것이고 다른 하나는 어미에 변화가 일어나는 것이며 마지막은 어간과 어미 모두에 변화가 일어나는 경우이다.

7.4.2.1. 어간 불규칙 용언

　다음의 예들은 어간에 변화가 일어나는 불규칙 용언에 해당하는데[20]

---

19) 현행 <한글 맞춤법>에서는 (46)의 '으' 탈락과 (47)의 '르' 탈락을 불규칙에 해당하는 것으로 분류하고 있는데 이때의 불규칙은 예측 가능성이 아니라 형태 변화 여부에 초점을 두었기 때문이다. 여기서도 형태 변화가 중요하기는 하지만 규칙과 불규칙을 나누는 일차 조건은 예측 가능성에 있다는 점에서 <한글 맞춤법>과 차이가 있다.

20) 어간에 불규칙이 나타난다는 것은 결과적으로 어간이 어느 하나로 고정되지 않고 두 개가 된다는 의미이다. 중세 한국어에서는 체언도 조사와 결합할 때 이러한 모습을 보이는 경우가 있어서 가령 현대 한국어의 '나무'는 '나무는', '나무와'처럼 아무 변화가 없지만 중세 한국어에서는 '남ᄀᆞᆫ', '나모와'처럼 변화가 있어서 '났', '나모' 두 개의 형식을 가

먼저 'ㅅ'을 가지는 어간의 경우를 들 수 있다.

(48) 가. 짓고, 짓지, 짓는, 짓겠- …
　　 나. 지으며, 지으니, 지을, 지으시- …
　　 다. 지어, 지어라, 지었- …

(48)의 '짓다'는 '으'를 가지고 있는 어미, 그리고 모음 어미와 결합할 때 어간의 'ㅅ'이 탈락하는 모습을 보여 준다. 그런데 똑같이 'ㅅ'을 가지고 있는 용언 가운데 '벗다'의 경우에는 (48)과는 다른 모습을 보여 준다.

(49) 가. 벗고, 벗지, 벗는, 벗겠- …
　　 나. 벗으며, 벗으니, 벗을, 벗으시- …
　　 다. 벗어, 벗어라, 벗었- …

(49)에서 보이는 것처럼 '벗다'는 '으'를 가지는 어미, 그리고 모음 어미와 결합할 때도 어간의 'ㅅ'이 탈락하지 않는다. 따라서 '벗다'는 (45)의 '검다'와 마찬가지로 규칙 용언에 속하지만 '짓다'는 불규칙 용언에 속한다.

이처럼 'ㅅ'을 가지는 용언 가운데 '짓다'처럼 어간의 'ㅅ'이 탈락하는 용언을 'ㅅ' 불규칙 용언이라고 부른다. 'ㅅ' 규칙 용언과 불규칙 용언을 몇 가지 제시하면 다음과 같다.

(50) 가. 'ㅅ' 규칙 용언 : 빗다, 빼앗다, 씻다, 솟다 … <동사>
　　 나. 'ㅅ' 불규칙 용언 : 잇다, 젓다, 긋다, 낫다(癒) … <동사>, 낫다(勝)<형용사>

졌다. 현대 한국어에서는 체언이 이러한 경우가 존재하지 않기 때문에 불규칙은 용언의 전유물이라 할 수 있다.

'ㅅ' 불규칙 용언 가운데 형용사는 '낫다(勝)' 정도이며 나머지는 규칙이든 불규칙이든 모두 동사만 있는 것으로 보인다.

다음 예는 어간의 'ㄷ'에 변화가 보이는 경우이다.

> (51) 가. 싣고, 싣지, 싣는, 싣겠- …
> 나. 실으며, 실으니, 실을, 실으시- …
> 다. 실어, 실어라, 실었- …

(51)에서 보는 바와 같이 '싣다'는 '으'를 가지는 어미, 모음 어미 앞에서 어간의 'ㄷ'이 'ㄹ'로 변화한다. 그런데 똑같이 'ㄷ'을 가지는 '믿다'의 경우는 다음에서 보는 바와 같이 '으'를 가지는 어미, 모음 어미 앞에서 어간의 'ㄷ'이 'ㄹ'로 변화하지 않는다.

> (52) 가. 믿고, 믿지, 믿는, 믿겠- …
> 나. 믿으며, 믿으니, 믿을, 믿으시- …
> 다. 믿어, 믿어라, 믿었- …

따라서 '믿다'는 앞의 '벗다'와 마찬가지로 규칙 용언에 해당하지만 '싣다'는 동일한 환경에서 'ㄷ'이 'ㄹ'로 바뀌므로 불규칙 용언에 해당한다는 것을 알 수 있다.

이처럼 'ㄷ'을 가지는 용언 가운데 '싣다'처럼 어간의 'ㄷ'이 'ㄹ'로 변하는 용언을 'ㄷ' 불규칙 용언이라고 부른다. 'ㄷ' 규칙 용언과 불규칙 용언을 몇 가지 제시하면 다음과 같다.

> (53) 가. 'ㄷ' 규칙 용언 : 묻다(埋), 걷다(收), 돋다, 얻다 … <동사>
> 나. 'ㄷ' 불규칙 용언 : 묻다(問), 걷다(步), 깨닫다, 듣다 … <동사>

(53)에 제시한 것처럼 동일한 형태인 '묻다, 걷다'가 의미에 따라 규칙과 불규칙으로 갈린다는 사실이 매우 흥미롭다. 이것은 그만큼 'ㄷ'이 'ㄹ'로 변하는 것이 음운론적으로는 예측되지 않는다는 것을 의미하는 것이기도 하다. 한편 'ㄷ' 규칙 용언과 불규칙 용언에는 동사만 존재하고 형용사는 존재하지 않는 것으로 보인다.

다음 예는 어간의 'ㅂ'에서 변화가 보이는 경우이다.

> (54) 가. 눕고, 눕지, 눕는, 눕겠- …
>   나. 누우며, 누우니, 누울, 누우시- …
>   다. 누워, 누워라, 누웠- …

(54)에서 보는 바와 같이 '눕다'는 '으'를 가지는 어미, 모음 어미 앞에서 어간의 'ㅂ'이 '우'(더 정확하게는 /w/)로 변한다. 이는 기원적으로는 'ㅸ'과 관련이 되어 있다. 그런데 똑같이 'ㅂ'을 가지는 '입다'의 경우는 다음에서 보는 바와 같이 '으'를 가지는 어미, 모음 어미 앞에서 어간의 'ㅂ'이 '우'로 변화하지 않는다.

> (55) 가. 입고, 입지, 입는, 입겠- …
>   나. 입으며, 입으니, 입을, 입으시- …
>   다. 입어, 입어라, 입었- …

따라서 '입다'는 앞의 '벗다', '믿다'와 마찬가지로 규칙 용언에 해당하지만 '눕다'는 동일한 환경에서 'ㅂ'이 '우'로 바뀌므로 불규칙 용언에 해당한다는 것을 알 수 있다.

이처럼 'ㅂ'을 가지는 용언 가운데 '눕다'처럼 어간의 'ㅂ'이 '우'로 변하는 용언을 'ㅂ' 불규칙 용언이라고 부른다. 'ㅂ' 규칙 용언과 불규칙 용언을 몇 가지 제시하면 다음과 같다.

(56) 가. 'ㅂ' 규칙 용언 : 뽑다, 씹다, 잡다, 접다 … <동사>, 굽다(曲), 좁
　　　다 … <형용사>
　　나. 'ㅂ' 불규칙 용언 : 돕다, 줍다, 굽다(炙) … <동사>, 덥다, 곱다
　　　… <형용사>

'ㅂ' 불규칙 용언 가운데는 'ㅂ'이 '오'로 변하는 경우도 있다. 이것은
어미가 어간 모음이 양성이냐 음성이냐에 따라 '-아'나 '-어'로 변하는
것과 기본적으로는 평행한 현상이다. 그러나 현행 맞춤법에서는 어간이
양성 모음으로 끝나더라도 2음절 이상인 경우에는 '오'가 아니라 '우'로
적는 것을 원칙으로 삼고 있다. 따라서 '돕다'는 모음으로 시작하는 어미
와 만났을 때는 가령 '도와'로 실현되지만 '아름답다'는 '아름다와'가 아
니라 '아름다워'로 적는다.

또한 'ㅂ' 불규칙 용언 가운데는 '사랑스럽다', '정답다', '애처롭다'처
럼 '-스럽다', '-답다', '-롭다'를 가지는 말들이 모두 포함된다는 사실에
도 주의할 필요가 있다.

다음 예는 어간의 '르'에서 변화가 보이는 경우이다.

(57) 가. 기르고, 기르지, 기르는, 기르겠- …
　　나. 기르며, 기르니, 기를, 기르시- …
　　다. 길러, 길러라, 길렀- …

(57)에서 보는 바와 같이 '기르다'는 자음으로 시작하는 어미와 '으'를 가
지는 어미 앞에서는 아무런 변화가 없지만 모음 어미 앞에서 어간의 '으'가
떨어지고 'ㄹ'이 덧생긴다. 그런데 똑같이 '르'를 가지는 '치르다'의 경우는
다음에서 보는 바와 같이 모음 어미 앞에서 어간의 '으'만 탈락한다.

(58) 가. 치르고, 치르지, 치르는, 치르겠- …
　　 나. 치르며, 치르니, 치를, 치르시- …
　　 다. 치러, 치러라, 치렀- …

'벗다', '믿다', '입다'와는 달리 '치르다'는 모음 어미 앞에서 '으'가 탈락하기는 하지만 앞서 살펴본 바와 같이 '으' 탈락은 언제나 예측이 된다는 점에서 규칙의 테두리에 넣을 수 있다.

이처럼 '르'를 가지는 용언 가운데 '기르다'처럼 어간의 '르'가 '르르'로 변하는 용언을 '르' 불규칙 용언이라고 부른다. '르' 규칙 용언과 불규칙 용언을 몇 가지 제시하면 다음과 같다.

(59) 가. '르' 규칙 용언 : 들르다, 따르다, 다다르다, 우러르다, 잦추르
　　　　 다,[21] 치르다<동사>, 푸르르다<형용사>
　　 나. '르' 불규칙 용언 : 고르다, 흐르다, 나르다, 이르다(謂) … <동
　　　　 사>, 게으르다, 다르다, 빠르다, 이르다(早) … <형용사>

흥미로운 것은 '르'를 가지는 용언의 대부분이 규칙인 '치르다'가 아니라 불규칙인 '기르다'에 해당한다는 점이다. '르'를 가지는 용언 가운데 '으'가 탈락하는 규칙 용언은 (59가)의 일곱 개가 거의 전부라고 할 수 있다. 그리고 최근에 표준어가 된 '푸르르다'의 경우를 제외한 나머지는 모두 동사라는 특징이 있다. 이에 비해 '르' 불규칙 용언은 동사, 형용사에 고루 분포한다는 특성을 가지고 있다.

구어에서는 가령 '몰라', '달라'에 기반하여 자음 어미나 '으'를 가지는 모음 어미와 결합할 때도 각각 '몰르고, 몰르니', '달르고, 달르니'처럼 '몰르다'와 '달르다'로 실현되는 경우가 있다. 이는 곧 '모르다', '다르다' 대신

---

21) '잇따라 재촉하여 바싹 몰아치다'의 의미.

'몰르다'와 '달르다'를 설정하는 것으로 해석할 수 있는데 이러한 현상은 (59가)의 '르' 규칙의 '들르다'와 동일한 규칙 용언으로 간주하려는 경향 이 반영된 것으로 해석할 수 있다. 즉 불규칙이 규칙으로 변하는 유추적 평준화(analogical levelling)가 일어난 것이다. 불규칙이 규칙으로 변하게 되면 불규칙을 기억해 두어야 하는 부담이 줄기 때문에 어휘부(語彙部, lexicon) 가22) 보다 경제적이게 되는 효과를 거둘 수 있다.

다음은 '우'를 가지는 용언인데 역시 불규칙 용언으로 간주되는 경우이다.

(60) 가. 푸고, 푸지, 푸는, 푸겠- …
나. 푸며, 푸니, 풀, 푸시- …
다. 퍼, 퍼라, 펐- …

동사 '푸다'는 자음으로 시작하는 어미와 '으'를 가지는 어미의 경우에 서는 어간에 아무런 변화가 없지만 모음으로 시작하는 어미와 만나는 경 우에 어간의 '우'가 탈락하는 모습을 보여 준다. 그러나 '두다'의 경우에 는 다음과 같이 어간에 아무런 변화가 나타나지 않는다.

(61) 가. 두고, 두지, 두는, 두겠- …
나. 두며, 두니, 둘, 두시- …
다. 두어(둬), 두어라(둬라), 두었(뒀)- …

따라서 '푸다'는 어간의 '우'가 탈락하는 '우' 불규칙 용언으로 분류된 다. 그런데 이처럼 '우'가 탈락하는 경우는 '푸다'에 국한된다. 이것은 '푸

---

22) 어휘부란 축자적인 의미에서는 어휘의 집합소라는 의미를 가지고 있지만 학자들에 따라 불규칙하고 예외적인 형태소나 단어의 목록으로 간주하기도 하고 단어 형성을 관장하는 독립적 모듈을 가지는 문법의 한 부문으로 간주하기도 한다. 최근 인지 언어학에서는 인간의 언어 생산에 대한 심리적인 실재성을 탐구하는 측면에서 점점 그 중요성이 강조 되고 있다.

다'의 역사적 발달 단계에서 그 원인을 찾을 수 있다. '푸다'는 '프다'에서 '으'가 '우'로 원순 모음화한 결과인데 '프다'가 모음 어미와 결합할 때 '으'가 탈락하는 것은 '쓰다'가 모음 어미와 결합할 때 '으'가 탈락하는 것과 동일한 현상이다. 즉 '프다'가 모음 어미와 결합할 때 '으'가 탈락하는 것은 '으' 탈락 규칙 용언의 모습을 보이는 것이지만 현대 한국어에서는 원순 모음화한 영향으로 '프다'가 아닌 '푸다'를 인정하게 되면서 '으'가 아니라 '우'가 탈락하는 불규칙의 예가 형성된 것이다.

지금까지 살펴본 어간 불규칙은 모두 예측되지 않는 변화가 시작되는 어간의 일부를 중심으로 명칭을 붙이고 있다는 공통성을 갖는다. 그래서 가령 'ㅅ 불규칙'은 "어간의 'ㅅ'이 예측되지 않는 방향으로 변화가 일어난다."는 의미를 가지는 것이다.

7.4.2.2. 어미 불규칙 용언

어간과 어미가 결합할 때 어간에서가 아니라 어미에서 변화가 일어나고 그것이 예측 불가능한 경우가 있을 수 있다. 다음은 '하다'가 어미와 결합할 때 이러한 일이 일어나는 경우이다.

> (62) 가. 하고, 하지, 하는, 하겠- …
> 나. 하며, 하니, 할, 하시- …
> 다. 하여(해), 하여라(해라), 하였(했)- …

(62)에서 보는 바와 같이 '하다'는 자음으로 시작되는 어미, '으'를 가지는 어미와의 결합에서는 아무런 변화가 없지만 모음으로 시작하는 어미와 결합할 때 어미가 '여'로 실현되는 특징을 보여 준다. '하다'와 동일한 구조를 가지는 '차다(蹴)'의 경우는 다음에서 보는 바와 같이 이러한 변화가 보이지 않는다.

(63) 가. 차고, 차지, 차는, 차겠- …
　　　나. 차며, 차니, 찰, 차시- …
　　　다. 차, 차라, 찼- …

(63다)에서 볼 수 있는 바와 같이 '차다'의 경우에는 모음 조화에 따라 '아' 계열의 어미가 결합한다. 이 경우 동일한 모음이 생략되어 '차', '차라', '찼-'으로 실현되는 것은 충분히 예측되는 결과이므로 '차다'는 규칙 용언이라 할 수 있다. 이에 대해 '하다'는 모음 어미가 '여'로 변화하는 것이 예측되지 않는다. 이러한 점에 기반하여 '하다'를 '여' 불규칙 용언이라고 부른다.

'하다'는 보조 용언으로 쓰이는 경우에도 '여' 불규칙 용언의 모습을 보일 뿐만 아니라 접미사로 사용되는 경우에도 물론 마찬가지 양상을 보인다.

(64) 가. 눈도 오고 해서 집에 그냥 있기로 결심했다.
　　　가'. 길도 멀고 해서 출발을 서둘렀다.
　　　나. 그 두 사람은 서로 진실로 사랑하였다.
　　　나'. 최근에는 병원에 가지 않아도 될 만큼 건강하였다.

(64가, 가')은 '하다'가 각각 보조 동사와 보조 형용사로 쓰이는 경우이고 (64나, 나')은 '하다'가 각각 동사 형성 접미사와 형용사 형성 접미사로 쓰이는 경우인데 '여' 불규칙을 보이는 것은 마찬가지임을 알 수 있다.[23]
다음은 '르'를 가지는 용언이 어미와 결합할 때 어미에 변화가 나타나는 경우이다.

---

[23] '해'는 '하여'가 축약된 결과로 언급된다. 이것은 '해'가 '하여'로 환원이 되는 경우를 전제하는 것이지만 가령 "시간이 없으니 빨리 밥을 먹도록 해."와 같은 문장에서는 "*시간이 없으니 빨리 밥을 먹도록 하여."처럼 환원이 불가능한 경우가 있다. 이러한 경우를 중시하여 '여' 불규칙이 아니라 '해' 불규칙 혹은 '애' 불규칙 등으로 불러야 한다는 견해도 있다.

(65) 가. 이르고, 이르지, 이르는, 이르겠- …

　　　나. 이르며, 이르니, 이를, 이르시- …

　　　다. 이르러, 이르러서, 이르렀- …

(65)는 '至'의 의미를 가지는 '이르다'가 자음으로 시작하는 어미와 '으'를 가지는 어미와의 결합에서는 아무런 변화를 보이지 않지만 모음으로 시작하는 어미와 결합할 때는 해당 모음 어미가 '어'에서 '러'로 바뀌는 변화를 보여 준다. 앞서 살펴본 바와 같이 '르'를 가지는 규칙 용언 '치르다'의 경우에는 어간의 '으'만 떨어졌던 것을 감안하면 어간의 '으'가 떨어지지 않고 오히려 어미가 '어'에서 '러'로 바뀌는 것은 예측되지 않는 변화라 할 수 있다.

어미 '어'가 '러'로 바뀐 것에 기반하여 이러한 용언을 '러' 불규칙 용언이라고 부른다. 이러한 '러' 불규칙 용언은 (65)의 '이르다(至)' 외에 '누르다(黃)', '노르다(黃)', '푸르다'에 국한되는데 '이르다'만 동사이고 나머지는 모두 형용사임을 알 수 있다.

지금까지 살펴본 바와 같이 어간이 '르'를 가지는 용언은 모두 세 가지 양상을 보인다는 것을 알 수 있다. 하나는 '치르다'와 같이 '르'의 '으'만 탈락하는 규칙 용언이고 또 하나는 '기르다'처럼 어간의 '르'가 'ㄹㄹ'로 변하는 '르' 불규칙 용언이며 마지막 하나는 '푸르다'처럼 어미의 '어'가 '러'로 변하는 '러' 불규칙 용언이다.

다음은 '오다'가 어미와 결합할 때 명령형 어미에서 변화가 보이는 경우이다.

(66) 가. 오고, 오지, 오는, 오겠- …

　　　나. 오며, 오니, 올, 오시- …

　　　다. 와, 오너라, 왔- …

(66)에서 보는 바와 같이 '오다'는 자음으로 시작하는 어미, '으'를 가지는 어미뿐만이 아니라 모음으로 시작하는 어미의 대부분에서도 아무런 변화가 없는데 유독 명령형 어미에서만 '-아라'가 '-너라'로 변하는 양상을 보여 준다. 규칙 용언인 '보다'의 경우에는 명령형이 '보아라(봐라)'인 점을 고려하면 '오너라'의 불규칙성이 두드러진다. 이러한 점에 초점을 두어 이를 '너라' 불규칙 용언이라고 부른다.

'하다'의 경우와 마찬가지로 '너라' 불규칙도 '가져오다', '건너오다', '걸어오다', '끌어오다', '나오다', '돌아오다' 등 '오다'가 확인되는 모든 경우에 해당된다.

한편 구어에서는 '오다'의 명령형인 '오너라'가 잘 확인되지 않고 '와라'가 실현되는 경우가 많은데 이는 다른 규칙형에 이끌린 결과이다. 따라서 '몰르다', '달르다'와 마찬가지로 불규칙이 규칙형으로 교체되는 유추적 평준화의 예에 해당함을 알 수 있다.[24]

'오다'와 마찬가지로 명령형에서만 불규칙이 확인되는 것으로 '달다'가 더 있다.

> (67) 가. 그 물건을 나에게 다오.
>   나. 자유가 아니면 죽음을 달라.

'달다'는 사전에 실을 때 용언 어간에 어미 '-다'와의 결합형을 기준으로 했기 때문에 나타나는 형식이고 실제로는 (67)에서 보는 바와 같이 '다오'와 '달라' 두 가지 모습으로만 존재한다. '달다'의 명령형은 두 가지인

---

24) 종전에는 '가다'의 경우 명령형이 '가거라'로 실현되는 점에 근거하여 '거라' 불규칙이 인정되었지만 '오너라'로 실현되는 '오다'의 경우와는 달리 '-거라'는 '있거라, 서거라, 먹거라' 등에서도 실현될 수 있는 것으로 보아 현행 학교 문법에서는 불규칙에서 제외되었다. 이는 오히려 불규칙이 세력을 넓힌 경우로 해석할 수 있다는 점에서 유추적 확대 (analogical extension)의 예라고 할 수 있다.

데 하나는 상대방에게 직접적으로 명령하는 경우로서 (67가)에서 보이는 '다오'이고 다른 하나는 상대방이 특정 개인이 아닐 때 명령하는 경우로서 (67나)에서 보이는 '달라'이다.25) 이 가운데 불규칙은 앞의 것으로서 직접 명령을 나타내는 '-아라'가 '달다'의 경우에서는 '-오'로 바뀌었다. 어간에서 'ㄹ'이 탈락한 경우는 쉽게 예측되지만 명령형 어미 '-아라'가 '-오'로 바뀐 것은 예측되지 않는다. 따라서 이러한 점에 근거하여 '달다'를 '오' 불규칙 용언이라고 부른다.

'나에게'가 아니라 '남에게'의 경우에는 '주다'가 사용된다.26) 그런데 '달다'는 (67)에서 보는 바와 같이 매우 한정적인 용법을 보이기 때문에 최근에는 '나에게'의 경우에도 '주다'의 명령형 '주어라', '주라'가 사용되는 일이 있다. '주다'는 규칙 용언이기 때문에 이 역시 유추적 평준화의 예로 다룰 수 있다.

지금까지 살펴본 어미 불규칙은 모두 예측되지 않는 변화가 결과되는 어미를 중심으로 명칭을 붙이고 있다는 공통성을 갖는다. 그래서 가령 '여 불규칙'은 "예측되지 않게 어미가 '여'로 변화한다."는 의미를 가지는 것이다.

7.4.2.3. 어간과 어미 불규칙 용언

불규칙 용언 가운데는 어간과 어미 모두가 예측되지 않는 방향으로 형태가 변화하는 것이 있다.

---

25) 보통 앞의 것을 직접 명령, 뒤의 것을 간접 명령이라고 부른다. '오너라'를 포함하여 지금까지 '-어라/아라'에 의한 명령형이 직접 명령에 해당한다. 간접 명령은 '-어라/아라'가 아니라 '-라'로 실현된다. 즉 직접 명령인 '오너라'는 간접 명령에서는 '오라'로 실현된다.

26) 이러한 점에 기반하여 '달다'를 '나에게'의 의미를 전달할 때 '주다'가 보충법적으로 교체된 것이라고 보는 견해도 있다. 그러나 '나에게'와 '남에게'의 의미를 철저하게 구별한다면 '달다'와 '주다'는 서로 다른 용언이므로 둘 사이를 보충법적인 교체로 보기 어렵다는 견해도 제기된 바 있다.

(68) 가. 노랗고, 노랗지, 노랗겠- …
     나. 노라며, 노라니, 노랄, 노란, 노라시- …
     다. 노래, 노래서, 노랬- …

형용사 '노랗다'는 (68)에서 보이는 바와 같이 어간과 어미 모두에서 변화가 나타난다. 우선 (68가)에서 보는 바와 같이 자음으로 시작하는 어미와 결합할 때는 아무런 변화가 없지만 (68나)에서 보는 바와 같이 '으'를 가지는 어미와 결합할 때는 어간의 'ㅎ'이 탈락한다. 그리고 (68다)와 같이 모음으로 시작하는 어미와 결합할 때에는 어간의 'ㅎ'이 탈락할 뿐만 아니라 어간의 모음이 어미와 화합하여 '애'로 바뀐다.[27]

이는 '으'를 가지는 어미와 결합할 때나 모음으로 시작하는 어미와 결합할 때 아무런 변화가 없는 '좋다'의 경우와 차이를 갖는다.

(69) 가. 좋고, 좋지, 좋겠- …
     나. 좋으며, 좋으니, 좋을, 좋으시- …
     다. 좋아, 좋아서, 좋았- …

따라서 '좋다'는 아무런 변화가 나타나지 않는 규칙 용언이라고 할 수 있지만[28] '노랗다'는 변화 양상이 예측되지 않는다는 점에서 불규칙 용언이라고 할 수 있다. 다만 그 양상이 어간의 'ㅎ' 탈락과 '애'로의 변화 두 가지이고 이는 각각 어간과 어미의 변화라는 점에서 명칭을 붙이는 데 문제가 있다. 지금까지는 어간에 초점을 두어 '노랗다'와 같은 용언들을

---

27) '누렇다'의 경우처럼 어간이 음성 모음인 경우에는 '애'가 아니라 '에'로 바뀐다.
28) '좋아', '좋아서'는 표기에는 'ㅎ'이 들어가 있지만 실제 발음에서는 'ㅎ'이 발음되지 않는다. 따라서 지금까지의 규칙 용언과 불규칙 용언에 대한 설명은 모두 실제 발음이 아니라 철저하게 '형태'를 중심으로 한 표기에 초점을 두고 있다는 것에 다시 한 번 주의할 필요가 있다.

'ㅎ' 불규칙 용언이라 불러왔다.

'놓다', '넣다', '쌓다'와 같은 동사는 모두 규칙 용언에 해당하지만 어간에 'ㅎ'을 가지는 형용사 가운데 규칙 용언은 (69)의 '좋다' 하나뿐이고 '좋다'를 제외한 'ㅎ' 받침 형용사들은 모두 불규칙에 해당한다. 앞서 '르'의 경우에서도 살펴본 것처럼 규칙과 불규칙을 나누는 기준이 그 수의 많고 적음에 있는 것이 아니라 변화의 예측 가능성에 있음을 다시 한 번 확인할 수 있는 예가 바로 'ㅎ' 받침 형용사라고 할 수 있다.

지금까지 살펴본 용언의 불규칙을 표로 정리하면 다음과 같다.

	명칭	결합 어미	결과	예
어간 불규칙	'ㅅ' 불규칙	'으'를 가지고 있는 어미 모음으로 시작하는 어미	'ㅅ' 탈락	'짓-', '긋-', '낫-', '붓-' 등
	'ㄷ' 불규칙	'으'를 가지고 있는 어미 모음으로 시작하는 어미	'ㄷ'→'ㄹ'	'걷-', '깨닫-', '싣-', '일컫-' 등
	'ㅂ' 불규칙	'으'를 가지고 있는 어미 모음으로 시작하는 어미	'ㅂ'→오/우	'눕-', '덥-', '춥-', '돕-' 등
	'르' 불규칙	모음으로 시작하는 어미	'르'→'ㄹㄹ'	'기르-', '다르-', '빠르-' 등
	'우' 불규칙	모음으로 시작하는 어미	'우' 탈락	'푸-'
어미 불규칙	'여' 불규칙	모음으로 시작하는 어미	'아'→'여'	'하-', 'X하-'
	'러' 불규칙	모음으로 시작하는 어미	'어'→'러'	'이르(至)-', '푸르-', '누르-'
	'너라' 불규칙	명령형 어미	'아라'→'너라'	'오-', 'X오-'
	'오' 불규칙	명령형 어미	'아라'→'오'	'달-'
어간, 어미 불규칙	'ㅎ' 불규칙	'으'를 가지고 있는 어미	'ㅎ' 탈락	'좋-'을 제외한 모든 'ㅎ' 받침 형용사
		모음으로 시작하는 어미	'ㅎ'탈락, 어간 및 어미 모음→ '애/에'	

1. 다음의 (가, 가')은 필수적 부사어를 가지는 자동사의 예들이고 (나, 나', 나", 나"')은 필수적 부사어를 가지는 타동사의 예들이다. 한편 (다, 다')은 필수적 부사어를 가지는 형용사의 예들이다. 이들 각각을 이용해 문장을 만들어 보고 어떤 부사어를 필수적으로 요구하는지 알아보자.

> 가. 속다, 해당하다
> 가'. 변하다, 향하다
> 나. 넣다, 양보하다, 폭로하다
> 나'. 꺼내다, 받다, 빼앗다
> 나". 바꾸다, 흥정하다
> 나"'. 여기다
> 다. 기쁘다, 섭섭하다
> 다'. 미안하다, 충실하다, 필요하다

2. 다음의 (가)는 전통적으로 보조 동사로 처리되어 오던 것이고 (나)는 보조 형용사로 처리되어 오던 것이다. 『표준국어대사전』에서도 이를 각각 보조 동사, 보조 형용사로 처리하고 있다. 그러나 본문에서는 이들을 보조 용언으로 언급하지 않았는데 이들을 보조 용언으로 처리하는 데 어떤 문제가 있는지 구체적인 문장을 예로 들어 생각해 보자.

> 가. 체하다, 양하다
> 나. 뻔하다, 듯하다, 듯싶다

3. 다음은 현재 학교 문법에서 서술격 조사로 다루어지는 '이다'에 대한 『표준국어대사전』의 뜻풀이를 그대로 가져온 것이다. 어떤 부분이 서술격 조사로 다루는 데 문제가 있는지 말해 보자.

「1」 ((체언 뒤에 붙어))주어가 지시하는 대상의 속성이나 부류를 지정하는 뜻을 나타내는 서술격 조사.

¶ 이것은 책이다./침묵은 금이다.

※ 모음 뒤에서는 '다'로 줄어들기도 하는데 관형형이나 명사형으로 쓰일 때는 줄어들지 않는다. 학자에 따라서 '지정사'로 보기도 하고, '형용사'로 보기도 하며, '서술격 어미'로 보기도 하나, 현행 학교 문법에서는 서술격 조사로 본다. 용언처럼 활용을 한다.

「2」 ((접미사 '-적'이 붙은 명사 뒤에 붙어))주어의 속성을 나타내는 서술격 조사.

¶ 그는 양심적이다./그는 꽤 진보적이다./그는 매사에 적극적이다.

「3」 ((일부 명사 뒤에 붙어))용언처럼 주체의 행동이나 상태를 나타내는 서술격 조사.

¶ 너는 어떻게 입만 열면 불평이니?/할머니는 아버지가 해외로 출장 간 내내 걱정이시다.

「4」 ((부사 뒤에 붙어))주체의 행동이나 상태에 대한 양상을 나타내는 서술격 조사.

¶ 일하는 솜씨가 제법이다./여기에 온 건 내가 제일 먼저다.

「5」 ((연결 어미 '-어서' 뒤에 붙어))주체의 행동에 관여하는 상황을 나타내는 서술격 조사.

¶ 일요일 아침잠을 깬 것은 9시가 넘어서였다./내가 오늘 남편에게 한마디도 하지 않은 것은 너무 화가 나서이다.

**탐구
문제**

1. 다음 (1)의 언어는 Quechua이고 (2)의 언어는 Avar이다. 제시된 설명과 해석을 참고
하여 어떤 언어가 한국어와 같은 주격-대격 언어이고 어떤 언어가 절대격-능격 언어에
해당하는지 생각해 보자.

> (1) 가. Juan−∅   aywa−n
>   호안−격표지   가다−3단수
>   "호안이 간다."
>
>   나. Juan−∅   Pedro−ta   maqa−n−∅
>   호안−격표지   페드로−격표지   때리다−3단수−3단수
>   "호안이 페드로를 때린다."
>
> (2) 가. W−as−∅   w−ekér−ula
>   남성−아이−격표지   남성−달리다−현재
>   "소년이 달린다."
>
>   나. Inssu−cca   j−as−∅   j−écc−ula
>   아버지−격표지   여성−아이−격표지   여성−칭찬하다−현재
>   "아버지가 소녀를 칭찬한다."

2. '르' 불규칙 용언의 경우 현행 〈한글 맞춤법〉 제19항에서는 다음과 같이 어간의 변화가 아니라
어미의 변화로 기술하고 있다. 이러한 견해가 가지는 장점과 단점은 무엇인지 생각해 보자.

> 9. 어간의 끝음절 '르'의 'ㅡ'가 줄고, 그 뒤에 오는 어미 '-아/-어'가 '-라/-러'
>   로 바뀔 적
>
>   가르다 : 갈라   갈랐다 | 부르다 : 불러   불렀다
>   거르다 : 걸러   걸렀다 | 오르다 : 올라   올랐다
>   구르다 : 굴러   굴렀다 | 이르다 : 일러   일렀다
>   벼르다 : 별러   별렀다 | 지르다 : 질러   질렀다

3. 다음은 '않'과 '말-'이 다양한 어미와 결합하는 양상을 보인 것이다. '유추적 평준화'나 '유
추적 확대'의 관점에서 (다)와 같은 현상을 어떻게 해석하는 것이 좋은지 생각해 보자.

> 가. 가지 {않는다, *만다}   가'. 가지 {않는구나, *마는구나}
> 나. 가지 {*않자, 말자}   나'. 가지 {*않아라, 말아라(마라)}
> 다. 가지 {않기, 말기} 바란다.

제8장 관계언 : 조사, 어미

지금까지 살펴본 조사(助詞)는 주로 체언과 결합하여 그 체언으로 하여금 문장에서 어떤 역할을 하는지 분명하게 해 주는 역할을 한다. 그런데 조사 가운데는 체언과 결합하지 않고 부사나 어미와도 결합하여 어떤 의미를 부가하는 것도 있었다. 정리하자면 조사는 체언, 부사, 어미와 결합하여 다른 말과의 관계를 나타낸다는 특징이 있다.

조사 가운데는 어간에 바로 결합하는 경우가 없는 것은 아니다.

> (1) 가. 차가 너무 막혀 오도 가도 못하게 되었다.
> 나. 그 일에 대해서는 듣도 보도 못해서 아는 바가 전혀 없다.

(1)에서의 '도'가 바로 이러한 경우에 해당한다. 그러나 이는 매우 예외적일 뿐만 아니라 주로 '오도 가도'나 '듣도 보도'처럼 반의 관계어와 함께 쓰인다. 또한 현대 한국어를 기준으로 할 때 '도' 이외의 다른 조사들은 어간과 바로 연결되어 쓰이기 힘들다.[1]

---

1) 이때의 '도'는 역사적인 측면에서 조명할 수 있는 것으로 어간에 조사가 직접 결합한다기 보다는 용언의 어간이 조사가 바로 결합할 만큼 자립적인 용법을 가지고 있었다는 것을 주장하는 견해에 대한 근거로 제시되기도 하였다.

이에 대해 어미(語尾)는 용언의 어간과만 결합한다. 다시 말하자면 어간은 어미가 없으면 문장에서 독립적으로 사용될 수 없다. 그리고 어미는 용언의 어간과 결합하여 그 말이 문장에서 다양한 성분으로 기능하게 해 주는 역할을 한다. 즉 용언의 어간이 어미와 결합한다고 할 때 고정된 요소가 어간이고 변화하는 요소가 어미라고 할 수 있다.

이처럼 조사와 어미는 문장에서 다른 말과의 관계를 나타내는 데 중요한 역할을 한다는 점에서 관계언(關係言)이라는 이름으로 묶을 수 있다. 한국어를 교착어라고 하기도 하지만 달리 첨가어(添加語)라고도 하는데 이는 조사와 어미가 선행 요소와 결합하여 다양한 문법적 관계를 나타낸다는 점에 기반한 것이다. 즉 조사와 어미는 한국어의 문법적 특성을 드러내는 매우 중요한 요소가 되는 것이다.

조사를 영어로 번역할 때 마땅한 말이 없는 것도 그와 일치하는 문법 요소를 영어에서는 찾기 힘들기 때문이다. 어미는 보통 'ending'으로 번역하지만 영어의 'ending'은 음운론적으로나 통사론적으로 단어 내부 요소여서 품사의 자격을 가지지 않는다. 이에 비해 한국어의 어미는 음운론적으로는 단어 내부 요소이지만 통사론적으로는 구(句)와 결합하므로 단어 내부 요소가 아니기 때문에 품사의 자격을 가질 수 있다는 차이가 있다. 앞서 조사와 어미를 문법적 단어₂로 따로 묶은 것도 이러한 인식에 따른 것이다.

8.1. 조사

조사는 관계언이기는 하되 체언과 결합할 수 있다는 점에서 어미와 구별된다.[2] 조사는 기능과, 결합하는 말의 성격에 따라 격 조사와 접속 조사 그리고 보조사로 나뉜다.

> (2) 가. 선생님께서 학생들에게 선물을 주셨다.
> 　　　가'. 선생님께서 선물을 학생들에게 주셨다.
> 　　　가". 학생들에게 선생님께서 선물을 주셨다.
> 　　　나. 책상에 연필과 책이 놓여 있다.
> 　　　다. 말이 참 빨리도 달린다.
> 　　　다'. 물이 깊지는 않다.

　(2가)에서 '께서', '에게', '을'이 격 조사에 해당한다. 격 조사는 체언에 결합하여 그 말이 문장에서 어떤 성분으로 기능하는지 명시해 준다. 따라서 (2가', 가")처럼 격 조사가 결합한 말의 순서를 바꾸어도 그 기능이 달라지지 않는다. 그러나 이를 영어로 하면 사정이 다르다.

> (2') 가. My teacher gave students gifts.
> 　　　가". Students gave my teacher gifts.

　(2'가, 가")은 그 의미가 (2가, 가")과는 차이가 있다. 영어에서는 조사와 어미가 문법적 관계를 나타내는 한국어와는 달리 대체로 어순(語順, word order)이 문법적 기능을 결정하는 일이 많기 때문이다.
　(2나)에서 '연필과'의 '과'가 접속 조사에 해당한다. 접속 조사는 단어나 문장을 연결해 주는 기능을 가지는 조사이다.
　(2다, 다')에서 '빨리도', '깊지는'의 '도'와 '는'이 보조사에 해당한다. 보조사는 격 조사와는 달리 결합하는 말이 문장에서 가지는 기능을 나타내기

---

2) 국립국어연구원(2002 : 21)에 따르면 종이로 편찬한 『표준국어대사전』(1999)의 전체 표제어 509,076개 가운데 조사는 357개로 0.07%를 차지하고 있다. 어미가 2,526개로 0.50%임을 염두에 둘 때 상대적으로 비중이 높지 않다.

보다는 특별한 의미를 더하기 때문에 '빨리'나 '깊지'와 같이 부사나 어미 다음에도 연결되는 특성을 보인다.

8.1.1. 격 조사

격(格, case)이란 포괄적인 의미에서 둘 이상의 단어로 이루어진 구성이 있다고 할 때 그 구성의 문법적 특성을 결정하는 핵이 그렇지 않은 요소에 대해 가지는 관계의 유형이라고 할 수 있다. 문장의 경우 전체 문장의 문법적 특성을 결정하는 것은 동사나 서술성을 가지는 형용사이고, 종속적인 요소는 대체로 명사나 명사의 역할을 할 수 있는 것들이므로 격은 문장에서 동사나 서술성을 가지는 형용사가 명사에 부여하는 자격으로 더 자세하게 정의할 수 있다.

그런데 영어와 같은 경우는 형용사가 일반적으로 서술성을 가지지 않기 때문에 격을 동사가 명사에 대해 부여하는 자격이라고 정의해도 큰 문제가 없다. 그러나 한국어는 동사뿐만이 아니라 형용사도 서술성을 가지고 있고 명사나 명사의 역할을 할 수 있는 것은 체언으로 포괄할 수 있기 때문에 격을 서술어가 체언에 부여하는 자격으로 정의할 수 있다.

한국어의 격 조사는, 학교 문법에서는 문장 성분과 일치시켜 분류해 왔다. 학교 문법에서의 문장 성분은 주어, 서술어, 목적어, 보어, 부사어, 관형어, 독립어의 일곱인데 이에 따라 격 조사도 주격 조사, 서술격 조사, 목적격 조사, 보격 조사, 부사격 조사, 관형격 조사로 분류하였다. 독립어의 경우는 독립격 조사가 아니라 호격 조사를 설정하였는데 이는 독립어 가운데 '철수야'처럼 부름말을 나타내는 경우만 격 조사가 나타날 수 있다고 본 데 따른 것이다.

그런데 앞서 제시한 격의 정의에 따르면 서술격 조사가 가장 큰 문제를 제기한다. 서술격 조사는 '이다'를 일컫는데 한국어에서는 격을 서술어가 선행하는 성분에 부여하는 자격이라고 한다면 '서술격'이라는 말 자체의 성립에 모순이 생기기 때문이다. 또한 '이다'는 그 자체로 어미가 결합되어 있는 '어간+어미' 구조를 가지고 있다는 점에서 용언의 하나로 인정할 수 있다고 한 바 있기 때문에 서술격 조사를 따로 설정하지는 않기로 한다.

격을 서술어가 체언에 부여하는 자격으로 정의하면 관형격도 문제를 제기한다.

(3) 가. 아버지가 아들의 운동화를 샀다.
나. 아버지가 운동화를 샀다.

(3가)에서 '아들의'가 관형어이고 '의'가 관형격 조사인데 (3나)의 문장 성립에 아무런 문제가 없는 것을 보면 '아들의'라는 성분은 서술어 '샀다'가 요구하는 것이라고 보기 어렵기 때문이다. 그러나 그렇다고 하여도 격의 포괄적인 정의인 '둘 이상의 단어로 이루어진 구성이 있다고 할 때 그 구성의 문법적 특성을 결정하는 핵이 그렇지 않은 요소에 대해 가지는 관계의 유형'에 따르면 '아들의 운동화'라는 구성에서 이 구성의 문법적 특성을 결정하는 요소는 '운동화'이고[3] 그렇지 않은 요소가 '아들의'이므로 '아들의'도 격을 가진다고 할 수 있다. 이러한 점에 근거하여 관형격 조사는 격 조사의 하위 부류로 다루기로 한다.

8.1.1.1. 주격 조사

주격 조사란 체언과 결합하여 그 체언으로 하여금 문장에서 주어로 기

---

[3] 따라서 '아들의 운동화'는 명사구가 된다.

능하고 있음을 나타내 주는 조사를 일컫는다. 한국어의 주격 조사에는 '이/가', '께서', '에서'가 대표적이다.4)

> (4) 가. 동생이 오면 음식을 주문하자.
> 가'. 마루가 꽤 넓구나.
> 나. 선생님께서 오늘 수업을 늦게까지 하신다.
> 나'. 학생들이 오늘 수업을 늦게까지 한다.
> 나". 선생님께서는 오늘 수업을 늦게까지 하신다.
> 다. 이번 대회는 우리 학교에서 우승을 차지했다.

(4가, 가')은 자음으로 끝나는 말에 '이'가, 모음으로 끝나는 말에 '가'가 결합하여 선행 명사로 하여금 주어가 된다는 것을 나타내고 있다. 그러나 이들 주격 조사는 단순히 명사에 결합하고 있다고 보기는 어렵다.

> (4') 가. [[높은 지붕]이] 눈으로 덮여 있다.
> 가'. [[큰집의 마루]가] 꽤 넓다.

(4'가, 가')에서 보는 바와 같이 '이'나 '가'는 각각 '높은 지붕', '큰집의 마루'라는 명사구에 결합하고 있다고 할 수 있다. 이처럼 한국어의 격 조사는 구와 결합할 수 있으므로 독자적인 문법적 단어로서 기능하고 있음을 알 수 있다.5)

(4나)의 '께서'는 높임을 나타내는 주격 조사이다. 주어에 '께서'가 결합하면 서술어에도 '-(으)시-'가 나타나는 것이 일반적이다. (4나')과 비교하면 이러한 사실이 분명히 드러난다. 또한 '께서'는 (4나")에서 보는 바와

---

4) "둘이서 학교에 갔다."의 '이서'도 흔히 주격 조사로 일컫지만 보조사나 부사격 조사로 간주하는 견해도 적지 않다.
5) 이러한 특성은 다른 조사들도 대체로 적용 가능하다.

같이 '이/가'와는 달리 보조사 '는'과도 결합할 수 있다는 특징을 갖는다.

(4다)의 '에서'는 주어가 '단체'일 때 주격 조사의 역할을 한다. 엄밀한 의미에서는 '차지하다'가 동작을 전제하는 동사이므로 '학교의 사람들'이 주어이겠지만 이를 굳이 나타내지 않고자 할 경우 '에서'로 주어를 나타낼 수 있다고 보아야 할 것이다.

주격 조사 '가'가 결합할 때 인칭 대명사에 변화가 나타나는 일이 있다.

(5) 가. 내가, 제가
    나. 네가
    다. 제가
    다'. 누가

현대 한국어의 관점에서 볼 때 (5가)는 1인칭 대명사 '나'와 '저$_1$'이 주격 조사 '가'와 결합할 때 '내', '제'로 바뀐다고 해석할 수도 있다. 그러나 이는 역사적인 설명이 가능하다. 중세 한국어에서는 체언이 자음으로 끝나는 경우에 '이'가 결합하였고 모음으로 끝나는 경우에는 'ㅣ'만 실현되었으므로 '내'와 '제'가 주격 조사 결합형이었다. 그런데 근대 한국어 시기에 '가'가 출현하고 모음으로 끝나는 말에 결합하게 되면서 이미 주격 조사가 결합한 '내', '제'에도 '가'가 더 결합한 것으로 해석할 수 있다.

(5나)의 '네가', (5다)의 '제가'도 현대 한국어의 관점에서는 각각 2인칭 대명사 '너', 3인칭 재귀 대명사 '저$_2$'에 주격 조사 '가'가 결합할 때 '네', '제'로 바뀌는 경우라고 할 수 있으나 역시 역사적으로 설명이 가능하다. 방언 가운데는 '나가', '저가', '너가'로 실현되는 경우도 있는데 이 경우는 1인칭 대명사 '나', '저$_1$', 2인칭 대명사 '너'에 바로 주격 조사 '가'가 결합한 것으로 해석할 수 있다.

(5다')의 '누가'는 현대 한국어의 관점에서는 3인칭 미지칭·부정칭 '누

구'가 주격 조사 '가'와 결합할 때 '누'로 바뀐 것이라 해석할 가능성이 있다. 그러나 역사적인 측면에서 보면 '누구'는 '누'로 존재했을 때가 있었기 때문에 여기에 바로 주격 조사 '가'가 결합한 것으로 해석할 수 있다.6) 중세 한국어에서는 '누'의 주격 조사 결합형이 '뉘'였고 지금도 이것이 주격 조사형으로 쓰이는 경우가 있다. 즉 '뉘'가 옛 주격 조사와의 결합형이라면 '누가'는 보다 새로운 주격 조사 결합형이라고 할 수 있다.7)

한편 주격 조사가 나타나더라도 꼭 주어로 결과되는 것은 아니다.

> (6) 가. 방이 깨끗하지가 않다.
> 나. 동생의 그림은 대개가 낙서나 다름이 없다.
> 다. 나는 이제 김치가 먹고 싶다.

(6가)는 '가'가 '깨끗하지'라는 어미에 결합하고 있고 (6나)는 '가'가 '대개'라는 부사에 결합하고 있다. '깨끗하지'나 부사는 주어가 될 수 없으므로 이때의 '가'는 주격 조사와 모양은 같지만 주격 조사라고 할 수 없다. (6다)의 '김치'는 체언이므로 우선 주어의 자격을 가질 수는 있지만 용언은 '먹고'로서 타동사이므로 '김치'는 주어가 아니라 목적어라고 할 수 있다. 따라서 (6)에 나타난 '가'는 모두 주격 조사가 아니라 특정한 의미를 가지는 보조사라 할 수 있다.

그리고 문장에서 주격 조사가 꼭 나타나야만 체언이 주어임을 나타낼 수 있는 것은 아니다.

---

6) '누구'의 기원형은 '누고'인데 이때 '-고'는 의문사가 있는 의문문의 종결 어미로 짐작된다. '누구'의 '구'는 곧 이 '-고'가 '-구'로 변한 것인데 '-고'와의 연관성이 사라지면서 '누구'가 하나의 형태소로 변한 것이라고 할 수 있다.
7) 근대 한국어에는 '뉘가' 형도 목격되는데 '뉘가'는 곧 '내가'와 마찬가지 현상을 보이는 것으로 해석할 수 있다.

(7) 가. 동생 오면 음식을 주문하자.

　　　가'. 마루 꽤 넓구나.

　　　나. *선생님 오늘 수업을 늦게까지 하신다.

　　　나'. *학생들 오늘 수업을 늦게까지 한다.

　　　다. *이번 대회는 우리 학교 우승을 차지했다.

(7)은 (4)에서 주격 조사를 빼 본 것이다. (7나, 나', 다)의 경우는 주격 조사가 없으면 비문법적인 문장이 되지만 (7가, 가')의 문장은 성립에 특별한 문제를 가지지 않는다. 따라서 주격 조사가 없어도 문장의 성립에 지장이 없는 경우가 존재할 뿐만 아니라 서술어 '오다'를 보면 '동생'이 문장에서 주어가 된다는 데 아무런 이견(異見)이 없다. 이는 곧 주격 조사가 체언으로 하여금 주어가 되도록 하는 것이 아니라 주어임을 보다 분명하게 만드는 것이라는 점을 알게 해 준다.

8.1.1.2. 목적격 조사

목적격 조사란 체언과 결합하여 그 체언으로 하여금 문장에서 목적어로 기능하고 있음을 나타내 주는 조사를 일컫는다.[8] 한국어의 목적격 조사에는 '을/를'이 있다.

(8) 가. 이 푸른 천을 치마로 만들었다.

　　　나. 코를 막으면 냄새가 좀 덜 날 걸.

(8가, 나)의 '천을', '코를'에서 보이는 바와 같이 자음으로 끝나는 체언은 '을'을, 모음으로 끝나는 체언은 '를'을 목적격 조사로 취한다.

한편 목적격 조사가 나타나더라도 꼭 목적어로 결과되는 것은 아니다.

---

8) 목적격은 달리 '대격(對格, accusative)'이라고도 부른다. '주격 · 대격 언어'에서 이러한 예를 사용한 바 있다.

(9) 가. 아무리 해도 흥분이 가라앉지를 않았다.

　　나. 그 여자는 콩으로 메주를 쑨다고 해도 내 말은 곧이를 듣지 않아요.

　　다. 너는 어쩌자고 혼자 시장에를 갔니?

　(9가)에서는 '를'이 '가라앉지'라는 어미에 결합하고 있고 (9나)는 '를'이 '곧이'라는 부사에 결합하고 있다. '가라앉지'나 부사는 목적어가 될 수 없으므로 이때의 '를'은 목적격 조사와 모양은 같지만 목적격 조사라고 할 수 없다. (9다)는 '를'이 '시장에'에 결합하고 있지만 '가다'라는 자동사 서술어를 염두에 둔다면 목적어라고 할 수 없다. 따라서 (9)에 나타난 '를'은 모두 목적격 조사가 아니라 특정한 의미를 가지는 보조사라 할 수 있다.

　주격 조사와 마찬가지로 목적격 조사가 실현되지 않더라도 체언이 목적어 역할을 할 수 있다.

(10) 가. *이 푸른 천 치마로 만들었다.

　　나. 코 막으면 냄새가 좀 덜 날 걸.

　(10)은 (8)에서 목적격 조사를 빼 본 것이다. (10가)는 목적격 조사가 없으면 불가능하거나 상당히 부자연스러운 문장이라고 할 수 있지만 (10나)의 문장은 목적격 조사가 없어도 문장 성립에 지장이 없다. 또 이 경우 타동사 '막다'를 통해 '코'가 목적어가 된다는 것을 확인하는 데는 문제가 없다.

8.1.1.3. 보격 조사

　5장에서 언급한 바와 같이 학교 문법에서는 '되다'와 '아니다'에 앞서는 성분을 보어로 규정하고 있다.

(11) 가. 아들은 이제 명망 높은 학자가 되었다.

　　나. 그 사람은 보통 인물이 아니다.

(11가, 나)에서 각각 '되다', '아니다'에 앞서는 '학자가', '인물이'는 '이, 가'를 취하고 있는데 이를 보격 조사라 한다.

보격 조사는 그것이 실현되지 않더라도 보어임을 알 수 있다는 점에서 주격 조사와 흡사한 부분이 있다.

> (12) 가. *아들은 이제 명망 높은 학자 되었다.
> 나. 그 사람(은) 보통 인물 아니다.

(12)는 (11)에서 보격 조사를 빼본 것인데 (12가)는 비문법적이거나 어색하지만 (12나)의 경우에는 문장 성립에 이상이 없다. 이 역시 '되다'와 '아니다'가 그 앞에 보어를 요구한다는 사실이 크게 작용한 때문이다.

그런데 보격 조사는 주격 조사와 모양은 같지만 구별되는 점이 없는 것은 아니다.

> (13) 가. 선생님께서 학교의 대표가 되셨다.
> 가'. *선생님이 학교의 대표께서 되셨다.
> 나. 아버지께서는 주인이 아니셨다.
> 나'. *아버지가 주인께서 아니셨다.

주격 조사와 보격 조사의 가장 큰 차이점은 주격 조사 '이'나 '가'는 높임을 띠면 '께서'로 바뀔 수 있지만 보격 조사는 (13가', 나')에서 보는 바와 같이 높임을 띠는 경우에도 '께서'로 바뀔 수 없다는 것이다.

또한 용언이 '되다'인 경우에 한정되는 것이기는 하지만 이때는 보격 조사가 체언과만 결합하고 어미나 부사와 결합하는 경우가 존재하지 않는다는 점에서 보조사로서의 쓰임을 찾기 어렵다는 것도 주격 조사와의 차이라면 차이일 수 있다.9)

8.1.1.4. 관형격 조사

관형격 조사란 체언으로 하여금 뒤에 오는 체언을 수식하여 관형어의 역할을 하고 있음을 드러내는 조사를 말한다. 한국어의 관형격 조사에는 '의'가 있다.

> (14) 가. 그의 가방 안에는 언제나 많은 책이 들어 있다.
> 나. 영철이의 얼굴에는 늘 웃음이 가득하다.

(14가, 나)의 '의'가 관형격 조사인데 (14가)에서 '가방'은 '그'의 소유임을 말해 주고 (14나)에서 '얼굴'은 '영철이'에 소속되어 있음을 나타내 준다. 이러한 점에 근거하여 관형격을 달리 소유격(所有格) 혹은 속격(屬格)이라 부르기도 한다.

그러나 관형격 조사가 언제나 '소유'나 '소속'을 의미하는 데 사용되는 것은 아니다. 한국어의 관형격 조사가 나타내는 선행 체언과 후행 체언의 관계를 문장 구조와 관련지어 몇 가지 제시하면 다음과 같다.

> (15) 가. 나라의 발전에 온 힘을 기울이고 싶다.
> 나. 학문의 연구에는 지름길이 없다.
> 다. 그에게 왕의 칭호는 너무 벅찬 것이었다.
> 라. 도둑은 이제 순금의 보석을 손에 넣었다.

(15가)에서는 '의'가 뒤 체언의 행동이나 작용의 주체를 나타내는 데 쓰여 의미상 앞 체언으로 하여금 주어 구실을 하게 한다. (15나)에서는 '의'가 뒤 체언이 나타내는 행동의 대상을 나타내는 데 쓰여 의미상 앞 체언

---

9) '아니다'의 경우에는 '너무 늦어서가 아니라', '그렇게 빨리가 아니라면'처럼 어미나 부사와의 결합이 가능하다.

을 목적어 구실을 하게 한다. (15다)에서는 '의'가 앞 체언과 뒤 체언이 동격의 자격을 가지고 있음을 나타내는 데 쓰여 '왕이라는 칭호'의 의미를 나타내고 있다. (15라)에서는 '의'가 앞 체언이 뒤 체언의 재료임을 나타내는 데 쓰여 '순금으로 만든 보석'의 의미를 나타내고 있다.10)

관형격 조사 '의'가 결합할 때 인칭 대명사에 변화가 나타나는 일이 있다.

(16) 가. 내(나의), 제(저의)
나. 네(너의)
다. 제(저의)
다'. 뉘(누구의)

현대 한국어의 관점에서 볼 때 (16가)의 '내, 제'는 1인칭 대명사 '나'와 '저₁'이 관형격 조사 '의'와 화합한 것으로 볼 수 있다. 마찬가지로 (16나)의 '네'는 2인칭 대명사 '너'가 관형격 조사 '의'와 화합한 것이고 (16다)의 '제'는 3인칭 재귀 대명사 '저₂'가 관형격 조사 '의'와 화합한 것으로 볼 수 있다. (16다')의 '뉘'는 앞서 살펴본 주격 조사 결합형과 모습이 같지만 '누'에 관형격 조사 '의'가 화합한 것이라는 점에서 차이가 있다.11)

관형격 조사도 그것이 실현되지 않더라도 선행 체언을 관형어로 간주

10) 국립국어원의 『표준국어대사전』에서는 관형격 조사 '의'의 용법을 모두 21개로 나누어 설명하고 있음을 참고할 필요가 있다.
11) '뉘'가 주격과 관형격으로 모두 쓰일 수 있는 것처럼 예전에는 '내', '제', '네'도 모두 주격과 관형격으로 쓰일 수 있었다. 이들은 대신 성조로 구별이 되었는데 이를 정리하여 제시하면 다음과 같다.

주격	관형격
·내	내
:네	네
:제	제
·뉘	:뉘

왼쪽에 점 한 개는 거성(去聲)이고 두 개는 상성(上聲)을 나타낸다. 아무런 점도 없는 것은 평성(平聲)이다.

하는 데 큰 문제가 없는 경우가 있다.

> (17) 가. *그 가방 안에는 언제나 많은 책이 들어 있다.[(14가)의 의미로]
> 나. 영철이 얼굴에는 늘 웃음이 가득하다.

(17가)는 (14가)에서 관형격 조사를 빼본 것인데 (14가)의 의미로는 해석되지 않아 비문법적인 문장이 되는 경우이지만 (17나)에서는 관형격 조사가 없어도 문장 성립에 지장이 되지 않는다는 것을 알 수 있다. 다만 주격 조사, 목적격 조사, 보격 조사는 실현되지 않더라도 서술어에 의해 각각 주어, 목적어, 보어가 된다는 것을 검증할 수 있는 데 비해 관형격 조사는 서술어가 아니라 선행 체언과 후행 체언의 관계에 따라 선행 체언이 관형어로 해석될 수 있는 경우에만 관형격 조사가 실현되지 않아도 된다는 점에서 차이가 있다.

8.1.1.5. 부사격 조사

부사격 조사란 체언으로 하여금 뒤에 오는 용언을 수식하여 부사어의 역할을 하게 만드는 조사를 말한다. 한국어에는 매우 다양한 부사격 조사가 있는데 '에', '에서', '으로', '와/과', '보다' 등이 이에 속한다.

> (18) 가. 언덕 위에 건물을 지었다.
> 나. 형은 늘 도서관에서 공부를 한다.
> 다. 수업이 끝나면 곧장 집으로 와라.
> 라. 이 책은 내가 가지고 있는 것과 같다.
> 라'. 그 차는 빠르기가 번개와 같다.
> 마. 그는 누구보다도 걸음이 빠르다.

(18가)의 '에'는 '처소(處所)' 가운데 '낙착점'의 의미를 나타낸다. 이를 중

시하여 처격(處格) 혹은 위격(位格)을 따로 설정하는 경우도 있다. '에'는 처소 이외에도 다양한 의미를 나타내는데 이를 몇 가지 제시하면 다음과 같다.

(19) 가. 진달래와 개나리는 봄에 핀다.
　　나. 동생은 방금 집에 갔다.
　　다. 그는 요란한 소리에 잠이 깼다.
　　라. 우리는 햇볕에 옷을 말렸다.
　　마. 나는 꽃에 물을 주었다.
　　마'. 나는 동생에게 물을 주었다.

(19가)는 '에'가 '시간'을 나타낸다. (19나)는 '에'가 '진행 방향'을 나타내는데 '으로'와 큰 의미 차이 없이 바꾸어 쓸 수 있다. (19다)는 '에'가 '원인'을 나타내고 (19라)는 '에'가 '수단, 방법'이 됨을 나타내고 있다. (19마)는 '에'가 움직임이나 작용이 미치는 '대상'임을 의미한다. 다만 그 대상이 유정 명사일 때는 (19마')에서 보는 바와 같이 '에게'로 실현되는데 특히 이를 '여격(與格)'이라 부르는 일도 있다.

부사격 조사 '에게'가 결합할 때 인칭 대명사에 변화를 가져오는 일이 있다.

(20) 가. 내게(나에게), 제게(저에게)
　　나. 네게(너에게)
　　다. 제게(저에게)

현대 한국어의 관점에서 볼 때 (20가)의 '내게, 제게'는 1인칭 대명사 '나'와 '저₁'이 부사격 조사 '에게'와 화합한 것으로 볼 수 있다. 마찬가지로 (20나)의 '네게'는 2인칭 대명사 '너'가 부사격 조사 '에게'와 화합한 것이고 (20다)의 '제게'는 3인칭 재귀 대명사 '저₂'가 부사격 조사 '에게'

와 화합한 것으로 볼 수 있다.

(18나)의 '에서'는 '처소'라는 점에서는 '에'와 비슷하지만 특히 행동이 이루어지는 장소를 나타낸다는 점에서 차이가 있다.[12] 따라서 이때 '에서'는 '에'와 대치될 수 없다. '에서'도 행동이 이루어지는 장소 외에 다른 의미를 가지는 일이 있다.

> (21) 가. 이제 서울에서 부산까지 시간이 그렇게 오래 걸리지 않는다.
>   나. 이에서 더 나쁠 수는 없을 것이다.

(21가)는 '에서'가 출발점의 의미를 나타내는 용법을 보인 것이다. (21나)는 '에서'가 비교의 기준이 되는 점을 나타낸다. 따라서 이때는 '에서'가 '보다'와 대치될 수 있다.

(18다)의 '으로'는 '움직임의 방향'을 나타내고 있다. 따라서 이때의 '으로'는 '에'와 대치될 수 있다. '으로'도 이러한 '방향' 이외에 다양한 의미를 가지고 있다. 몇 가지 제시하면 다음과 같다.

> (22) 가. 요새는 흙으로 그릇을 만드는 일이 예전보다 많지 않다.
>   나. 지각으로 벌을 받은 사람은 손을 들어라.
>   다. 그는 이번에도 우리 모임의 회장으로 선출되었다.
>   라. 한 시간으로 이 모든 문제를 푼다는 것은 쉽지 않을 것 같다.

(22가)의 '으로'는 '재료, 원료'의 의미를 나타내고 있고 (22나)의 '으로'는 어떤 일의 '원인, 이유'의 의미를 나타내고 있다. (22다)의 '으로'는 '자격'의 의미를, (22라)의 '으로'는 '시간'을 나타내는 데 쓰이고 있다.

---

12) '에서'는 '에'가, '있다'의 옛 이형태인 '시다'가 어미와 결합한 '셔'와 합쳐져 하나의 조사로 굳어진 것이다. 따라서 그 의미는 '에 있으면서' 정도에서 출발하였다.

(18라)의 '과'는 '비교'의 의미를 나타내고 있으며 (18라')에서 보는 바와 같이 선행하는 체언이 모음으로 끝날 때는 '와'로 실현된다. 그런데 '과' 는 '비교'가 아닌 다른 용법도 가지고 있다는 점에 주의할 필요가 있다.

(23) 가. 어제는 친구들과 어울려 늦게까지 놀았다.
　　　가'. 어제는 친구들과 함께 어울려 늦게까지 놀았다.
　　　나. 한 시민이 도둑과 싸워 그 도둑을 잡았다.
　　　나'. *한 시민이 도둑과 함께 싸워 그 도둑을 잡았다.

(23가)는 '과'가 '일 따위를 함께 함'의 의미를 나타내는 데 사용되고 있 고 (23나)는 '과'가 '상대로 하는 대상'임을 나타내는 데 사용되고 있다. (23가)와 (23나)는 (23가', 나')에서 보는 바와 같이 '함께'라는 부사가 사용 될 수 있느냐 여부로 구별할 수 있다.

그러나 '어울리다', '싸우다'를 비롯하여 '결혼하다, 만나다, 닮다' 등은 혼자서는 동작을 할 수 없고 반드시 동작을 함께 하는 다른 참여자를 필 요로 한다는 점에서 공통점이 있다. 이처럼 둘 이상의 참여자를 반드시 필요로 하는 동사를 '대칭 동사'라고 한다.

(18마)의 '보다'는 '비교'의 의미를 나타내는데 이 말이 결합하는 말은 비교의 대상이 된다.13) 앞에서 '에서'도 비교의 의미를 나타낼 수 있다고 한 바 있다. 그런데 비교를 나타내는 '에서'는 '보다'로 바꿀 수 있지만 다

---

13) '와/과'도 '보다'와 마찬가지로 '비교'의 의미를 가지지만 두 가지가 동일한 것은 아니다. 가장 큰 차이점은 '와/과'가 결합한 말은 문장에서 반드시 필요하지만 '보다'가 결합한 말은 그렇지 않다는 점이다. (18라)에서는 '과'가 결합한 '내가 가지고 있는 것과'는 '같 다'가 반드시 요구하는 성분이지만 (18마)에서는 '누구보다도'가 없어도 문장 성립에 지 장이 없는 것이다. 이러한 점과 '보다'가 결합한 성분이 경우에 따라서는 주격으로 또 경 우에 따라서는 목적격으로도 쓰인다는 점 등을 들어 '보다'를 격 조사가 아니라 보조사 로 보는 견해도 있다. 한편 '보다'에 의해 실현되는 비교를 차등(差等) 비교라 하고 '와/ 과'에 의해 실현되는 비교를 동등(同等) 비교라 하여 구분하기도 한다.

음 예문에서 알 수 있는 바와 같이 '보다'는 '에서'로 바꿀 수 있는 경우가
제한되어 있다.

> (24) 가. *그는 누구에서도 걸음이 빠르다.
>   나. *내가 너에서 크다.

한편 인용을 나타내는 '라고', '고'도 부사격 조사로 다루어져 왔다.

> (25) 가. "빨리 달려라."라고 선생님께서 말씀하셨다.
>   나. 빨리 달리라고 선생님께서 말씀하셨다.

(25가)의 '라고'는 직접 인용을 나타내는 조사이고 (25나)의 '고'는 간접
인용을 나타내는 조사이다. 전통적으로 이를 부사격 조사로 본 것은 인용
하는 말의 내용이 타동사의 목적어에 해당하는 '무엇을'보다는 부사어로
서 '어떻게'에 해당한다고 해석한 때문이다.

지금까지 살펴본 부사격 조사는 주격 조사, 목적격 조사, 관형격 조사
와는 달리 일반적으로 비실현이 어려운 것으로 논의된다. 이는 주격 조사,
목적격 조사, 관형격 조사가 조사 없이 체언만으로도 서술어나 후행 명사
와의 관계가 분명하게 드러나는 데 비해 부사격 조사는 특정한 의미를 전
달하는 경우가 많기 때문이다. 이러한 점에 근거하여 주격 조사, 목적격
조사, 관형격 조사를 문법격(혹은 구조격) 조사라고 하고 부사격 조사를 의
미격(혹은 내재격) 조사라 불러 구별한다.[14]

---

14) 따라서 문법격 조사는 그것이 실현되지 않아도 되는 경우가 종종 있기 때문에 지금까지
해당하는 격을 '분명하게 나타낸다'고 표현했지만 의미격 조사인 부사격 조사는 그것이
실현되지 않는 경우가 상대적으로 드물기 때문에 이러한 표현을 하지 않았음에 유의할
필요가 있다. 한편 문법격 조사와 의미격 조사의 구별은 특히 격 조사의 상호 결합에서
도 매우 유용한 개념이다. 이에 대해서는 §8.1.4에서 살펴보기로 한다.

8.1.1.6. 호격 조사

호격 조사란 체언으로 하여금 부름자리에 놓이게 하여 독립어를 만들어 주는 조사이다. 현대 한국어의 호격 조사에는 '아'와 '야'가 있다.

> (26) 가. 두껍아, 두껍아, 헌 집 줄게, 새 집 다오.
>   나. 꼬마야, 집이 어디니?

호격 조사 '아'는 (26가)에서 볼 수 있는 바와 같이 자음으로 끝나는 체언에 결합하고 '야'는 (26나)에서 볼 수 있는 바와 같이 모음으로 끝나는 체언에 결합한다. 호격 조사는 유정 명사에 결합하는 것이 원칙이고 무정 명사에 결합하는 경우에는 해당 무정 명사가 의인화(擬人化)한 경우라고 할 수 있다.

중세 한국어에는 호격 조사에 '하'가 더 있었다. 이는 존칭의 체언류("님금하 아ᄅᆞ쇼셔")에 결합하였으나 현대 한국어에서는 자취를 감추었다.

8.1.2. 접속 조사

조사 가운데는 둘 이상의 체언을 같은 자격으로 연결하는 것들이 있다. 이를 접속 조사라 한다. 한국어의 접속 조사에는 우선 '와/과', '하고', '(이)랑' 등이 있다.

> (27) 가. 동물원에 가면 호랑이와 사자를 볼 수 있다.
>   나. 아버지가 아들하고 딸하고 사진을 찍었다.
>   다. 유치원에 엄마랑 아빠랑 갔다.

(27)의 조사들은 모두 체언과 체언을 연결하고 있다. '와'의 경우는 접

속하는 맨 마지막 말에는 나타나지 않지만 '하고'나 '랑'은 맨 마지막 말에도 나타난다는 차이가 있다.

그런데 흥미로운 것은 이들은 모두 격 조사로도 사용할 수 있다는 점이다. 따라서 격 조사와 접속 조사로서의 쓰임을 구별할 필요가 있다. '와'를 예로 들어 접속 조사와 격 조사를 구별해 보기로 하자.

> (28) 가. 철수와 영희는 결혼했다.
> 나. 철수가 영희와 결혼했다.
> 다. 철수는 민지와 결혼하고 영희는 동규와 결혼했다.

우선 (28가)의 '와'는 격 조사일 수도 있고 접속 조사일 수도 있다. 그 이유는 (28가)의 문장이 (28나)의 해석을 가질 수도 있고 (28다)의 해석을 가질 수도 있기 때문이다. (28나)의 해석을 가질 때는 결혼한 사람이 '철수'와 '영희'이고 이는 '결혼하다'라는 용언이 필요로 하는 대상이 충족된 것이므로 이때의 '와'는 격 조사이다.

그러나 (28다)의 해석을 가질 때는 '철수'가 결혼한 것이 '영희'가 아니라 다른 사람이며 마찬가지로 '영희'도 다른 사람과 결혼을 한 것을 단지 연결한 것이므로 이때의 '와'는 접속 조사이다. 즉 (28나)의 의미를 가지는 '와'는 단어와 단어를 연결하되 반드시 두 가지가 함께 있어야 하는 것이며 (28다)의 의미를 가지는 '와'는 문장과 문장을 연결하고 있는 것으로 구별이 가능하다.

따라서 조사가 접속 조사로 쓰인 (27)의 예문은 다음과 같이 어느 하나를 뺀 문장도 성립에 아무런 문제가 없다.

> (29) 가. 동물원에 가면 호랑이를 볼 수 있다.
> 나. 아버지가 아들하고 사진을 찍었다.

다. 유치원에 엄마랑 갔다.

그런데 접속 조사 가운데는 문장 접속이 아니라 단어 접속으로만 사용되는 것들도 있다. '(이)며', '(이)나', '에(다가)' 등이 이에 속한다. 우선 이 가운데 '이며'와 '이나'는 선행하는 말이 자음으로 끝나는 경우에 실현되며 모음으로 끝나는 말이 결합할 경우에는 각각 '며'와 '나'로 실현되는 특징을 갖는다.

> (30) 가. 돌이며 나무며 그의 손이 거치지 않은 것이 없다.
> 나. 당신이나 나나 평사원인 것은 똑같다.
> 다. 결혼식에서 밥에(다가) 떡에(다가) 배불리 먹었다.

이들은 다음처럼 어느 하나가 빠지면 문장 성립이 어려워진다는 점에서는 격 조사와 비슷하다고 할 수 있다.

> (31) 가. *돌이며 그의 손이 거치지 않은 것이 없다.
> 나. *당신이나 평사원인 것은 똑같다.
> 다. *?결혼식에서 밥에(다가) 배불리 먹었다.

그러나 이것은 문장의 서술어가 요구하는 것이 아니라 해당 접속 조사가 반드시 둘 이상의 단어를 연결해야만 하는 데 따른 것이라는 점에서 격 조사와 차이가 있다. 즉 서술어가 아니라 접속 조사가 둘 이상의 단어의 연결을 요구하는 것이다.

8.1.3. 보조사

조사 가운데는 단순한 자격을 표시하는 대신 특수한 의미를 덧붙이는 것들이 있다. 이러한 조사를 보조사 혹은 특수 조사라 한다. 보조사는 특수한 의미를 덧붙이기 때문에 문장에서 다양한 성분의 자리에 사용될 수 있다는 분포적 특징을 갖는다.

(32) 가. 선생님은 학생들에게 선물을 주신다.
　　 나. 선생님이 학생들은 선물을 주신다.
　　 다. 선생님이 학생들에게 선물은 주신다.

(33) 가. 선생님도 학생들에게 선물을 주신다.
　　 나. 선생님이 학생들도 선물을 주신다.
　　 다. 선생님이 학생들에게 선물도 주신다.

(34) 가. 선생님만 학생들에게 선물을 주신다.
　　 나. 선생님이 학생들만 선물을 주신다.
　　 다. 선생님이 학생들에게 선물만 주신다.

(32), (33), (34)는 보조사 '은/는', '도', '만'의 예이다. 이들은 각각 (32가), (33가), (34가)에서는 체언과 결합하여 문장에서 주어 자리에 쓰이고 있으며 (32나), (33나), (34나)에서는 부사어 자리에, (32다), (33다), (34다)에서는 목적어 자리에 쓰이고 있음을 볼 수 있다.
또한 주로 체언에 결합하는 격 조사와는 달리 부사나 어미 다음에도 결합할 수 있다.

(35) 가. 이 차가 그렇게 빨리는 달리기 어렵다.
　　 나. 물이 아직 따뜻하지는 않다.

(35가)에서는 보조사 '는'이 부사 '빨리'에 결합하고 있으며 (35나)에서는 보조사 '는'이 어미 '-지'에 결합하고 있음을 보여 주고 있다. 격 조사

와 모양이 같은 '이/가', '을/를' 가운데도 (35)와 같은 분포를 보이는 것들을 보조사로 처리한 것은 이러한 분포의 공통점에 기반한 것이다.

보조사 '은/는'은 '대조', '화제', '강조' 등의 의미를 갖는다.

> (36) 가. 인생은 짧고 예술은 길다.
> 나. 오늘은 날씨가 참 좋다.
> 다. 너에게도 잘못은 있다.

(36가)의 '은'은 '인생'과 '예술'을 '대조'하는 데 사용되고 있고 (36나)의 '은'은 '오늘'에 대해 말한다는 '화제'의 의미를 주기 위해 사용되고 있다. (36다)의 '은'은 그것을 사용함으로써 '너에게 잘못'이 있음을 '강조'하고 있다.

특히 화제로 사용되는 '은'은 그에 대해 서로 알고 있음을 전제한다는 점에서 구정보(old information)를 나타내는 역할을 한다.

> (37) 가. 옛날 옛날에 한 임금님이 살고 있었습니다.
> 가'. *옛날 옛날에 한 임금님은 살고 있었습니다.
> 나. 그런데 그 임금님은 커다란 귀를 가지고 있었습니다.
> 나'. *그런데 그 임금님이 커다란 귀를 가지고 있었습니다.

(37)은 옛이야기의 도입 부분인데 (37가)에서는 '임금님'이 주격 조사 '이'를 가지고 있지만 (37나)에서는 '은'과 함께 나타나고 있음을 볼 수 있다. (37가)에서 '임금님'이 주격 조사 '이'를 가지고 있는 것은 '임금님'이 신정보(new information)로서 처음 나타났기 때문이다. 이 경우에는 (37가)에서 보는 바와 같이 '은'을 사용할 수 없다. 그런데 (37나)에서는 정반대로 '이'가 실현될 수 없고 '은'이 실현되어야 한다. 이는 '임금님'이 이미 앞에서 나온 구정보이기 때문이다.

보조사 '도'는 다양한 의미를 가지고 있는데 이를 몇 가지 제시하면 다음과 같다.

(38) 가. 나도 배가 고프다.
　　　나. 성적이 그렇게도 중요한가?
　　　다. 공연을 보러 온 사람이 천 명도 넘는다.
　　　다'. 그 사람은 아직 집도 없다.
　　　라. 오늘 안 되면 내일도 좋다.

(38가)는 '도'가 '이미 어떤 것이 포함되고 그 위에 더함'을 의미하는 것으로 해석되는 경우이다. (38나)는 '도'가 '놀라움'이나 '감탄'의 의미를 나타내고 있다. (38다)는 '도'가 '보통 이상' 혹은 '예상 이상'의 의미를 나타내는 데 사용된 것인데 (38다')에서 보는 바와 같이 '보통 이하' 혹은 '예상 이하'의 의미를 나타내는 데 쓰이기도 한다. (38라)의 '도'는 '양보'의 의미를 나타내는 데 쓰이고 있음을 볼 수 있다.

보조사 '만'도 여러 가지 의미로 쓰인다.

(39) 가. 우리 가족 중에 미국은 나만 갔다 왔다.
　　　나. 하루 종일 잠만 잤더니 머리가 아프다.
　　　다. 그를 만나야만 모든 문제가 해결될 수 있다.
　　　라. 청군이 백군만 못하다.

(39가)는 '만'이 '단독'의 의미를 나타내고 (39나)는 '한정'의 의미를 나타내는 것으로 볼 수 있다. (39다)는 '만'이 '강조'의 의미를 나타내는 것이고 (39라)는 '정도'를 나타내는 데 '만'이 쓰이고 있다.

보조사 가운데는 접속 조사의 '(이)며', '(이)나'처럼 '이'의 실현이 선행하는 말의 음운 환경에 따라 좌우되는 것들이 적지 않은데 '(이)나' '(이)나

마', '(이)라도', '(이)야' 등이 이에 속한다.15) 이들도 다른 보조사들처럼 체
언뿐만이 아니라 부사 혹은 어미와도 결합이 가능하다. '(이)야'의 경우만
예로 들면 다음과 같다.

> (40) 가. 철수야 우등생이지.
> 나. 이제야 제 정신이 드는군.
> 다. 그 음식을 먹어야 보았겠지.

(40가)는 '(이)야'가 체언과 연결된 경우이며 (40나)는 부사와 연결된 것
을 보인 것이다. (40다)는 '(이)야'가 어미와 결합하고 있음을 볼 수 있다.
또한 보조사 가운데는 서로 그 의미가 비슷한 경우가 있다.

> (41) 가. 그렇게 공부만 하던 철수{조차, 마저, 까지} 시험에 떨어졌다.
> 나. 그렇게 공부만 하던 철수{조차도, 마저도, 까지도} 시험에 떨어
> 졌다.

(41)에 제시된 '조차', '마저', '까지'는 의미가 비슷하여 (41가)에 제시된
바와 같이 서로 바꾸어 쓸 수도 있고 (41나)에 제시한 것처럼 여기에 '도'
가 붙는 것도 공통된다.
그러나 이들 사이에 의미 차이가 전혀 없는 것은 물론 아니다.

> (42) 가. 그녀와 헤어진다는 것은 생각할 수{조차, *마저, *까지} 없는 일
> 이다.
> 나. 가능하면 부엌{*조차, 마저, 까지} 청소하자.

15) 이들은 모두 기원적으로는 '이다'의 어미 결합형이 하나의 조사로 굳어진 것으로 간주되
는 것들이다.

'조차'는 일반적으로 예상하기 어려운 극단의 경우까지 양보한다는 의미를 가지고 기대에 어긋나는 일에 쓰인다. 기대에 어긋나기 때문에 주로 부정문과 쓰이고 또한 명령문이나 청유문에는 쓰이지 못한다. '마저'는 하나 남은 마지막이라는 의미가 강하지만 주로 긍정문과 쓰이고 또한 명령문이나 청유문에서도 큰 제약이 없다. 이 점 '까지'도 마찬가지이다. 이러한 점을 종합하면 (42가)에서 '조차'만 쓰이고 (42나)에서는 '조차'만 불가능한 것을 이해할 수 있다.

'(이)나', '(이)나마', '(이)라도'도 역시 비슷한 의미를 가지는 부분이 있다.

(43) 너무 추워서 담요{나, 나마, 라도} 하나 있었으면 좋을 것 같아요.

(43)을 보면 '(이)나', '(이)나마', '(이)라도'는 모두 자기가 바라는 최상의 길은 아니지만 이 정도면 만족할 수 있다는 의미를 가지고 있다. 그러나 역시 이들 사이에도 의미 차이가 없는 것은 아니다.

(44) 가. 너{*나, 나마, 라도} 와 주어서 다행이다.
    나. 너{나, *나마, *라도} 그런 음식 좋아하지.
    다. 그 문제는 누구{나, *나마, 라도} 풀 수 있다.

'(이)나'는 사실은 더 나은 상태를 바라는 마음을 가지고 있기 때문에 (44가)에서 보는 바와 같이 아쉬움이 담기지 않는 '다행이다'와 같은 말에는 잘 쓰이지 않는다. 이에 대해 '(이)나마', '(이)라도'는 아쉬운 마음이 일반적으로 수긍될 만한 것에 쓰인다는 점에서 주관적인 판단을 내리는 (44나)와 같은 맥락에서는 잘 쓰이지 않는 것이다. 또한 '누구'와 같은 부정(不定) 대명사와 결합하면 '마지막 하나까지 다'의 의미를 가지게 되는데 이런 의미로는 '나마'는 쓰이지 않기 때문에 (44다)에서 보듯이 [*]'누구나마'와 같은 말은 잘 쓰이지 않는다.

   이상에서 언급한 보조사들은 어미에 결합하더라도 문장의 중간에 나타난다는 공통점이 있다. 그런데 보조사 가운데는 문장의 끝에 나타날 수 있는 것이 있다. 대표적인 것이 '요'이다.

   (45) 가. 돈이 없어요.
      가'. 돈이 없어.
      나. 친구가 많이 아프던가요?
      나'. 친구가 많이 아프던가?
      다. 이것은 말이요, 그것은 소요, 저것은 돼지이다.
      다'. [*]이것은 말이, 그것은 소, 저것은 돼지이다.

   (45가, 나)의 '요'는 문장의 마지막에 결합하여 청자에게 존대의 뜻을 나타낸다.[16] 이것이 보조사인 이유는 그것이 없어도 (45가', 나')처럼 문장의 문법성에는 영향을 미치지 않기 때문이다.[17] 그러나 보조사 '요'와 모습이 같은 어미 '-요'가 있는데 이것은 (45다)에서 보는 바와 같이 문장 가운데 쓰일 뿐만 아니라 청자에게 존대의 뜻을 나타내지도 않으며 어미이기 때문에 만약 이것을 빼면 (45다')처럼 비문법적인 문장이 된다.

   보조사 '요'는 문장 끝에만 사용되는 것은 아니며 물론 일반 보조사처럼 문장 가운데 나타나는 경우도 있다.[18]

16) 6장에서 살펴본 바와 같이 '요'는 상대 높임법 가운데 해요체를 형성한다.
17) "자네 오늘은 기분이 좋아 보이는구먼그래.", "그것참 신통하군그래.", "그 물건 자네가 사겠다고 하지그래."에서 나타나는 '그래'도 역시 문장 끝에 오는 보조사 '요'와 성격이 비슷하다. 보조사 '그래'는 이처럼 '-구먼, -군, -지'와 같은 어미 다음에서 문장의 내용을 강조함을 나타낸다. '그래'는 의미 차이 없이 '그려'로도 나타날 수 있다.
18) 문장 끝에 오는 보조사 '그래' 혹은 '그려'의 경우에는 문장 중간에 오는 일이 없다는 점에서 '요'와 차이가 있다.

(46) 가. 마음은요 더없이 좋아요.

　　가'. 마음은 더없이 좋아요.

　　나. 어서요 읽어 봐요.

　　나'. 어서 읽어 봐요.

　　다. 그렇게 해 주시기만 하면요 정말 감사하겠어요.

　　다'. 그렇게 해 주시기만 하면 정말 감사하겠어요.

(46가)는 '요'가 체언 다음에 결합하는 경우이고 (46나)는 부사 다음에, (46다)는 문장을 끝맺지 않는 어미 다음에 결합하는 경우이다. 이들을 뺀 (46가', 나', 다')을 보면 역시 문장의 문법성에는 지장이 없다. 물론 이들 '요'는 (45)에서 문장 끝에 나타나는 보조사 '요'와 같은 것이다.

8.1.4. 조사의 상호 결합

지금까지 살펴본 격 조사, 접속 조사, 보조사는 하나만 출현하는 경우가 대부분이지만 서로 연속하여 출현하는 경우도 적지 않다. 그런데 우선 주의할 것은 여러 개의 조사가 연속하여 출현하는 경우와 아예 하나의 조사로 굳어진 경우를 구별해야 한다는 점이다.

(47) 가. 교통의 발달은 서울에서부터 부산까지의 이동 시간을 단축시켰다.

　　가'. 교통의 발달은 서울에서 부산까지 이동 시간을 단축시켰다.

　　가". 교통의 발달은 서울부터 부산의 이동 시간을 단축시켰다.

　　나. 집으로부터 학교까지의 거리는 걸을 수 있는 정도이다.

　　나'. *집으로 학교까지 거리는 걸을 수 있는 정도이다.

　　나". 집부터 학교의 거리는 걸을 수 있는 정도이다.

　　다. 나는 대전으로부터 이사를 왔다.

　　다'. *나는 대전으로 이사를 왔다.[(다)의 의미로]

　　다". *나는 대전부터 이사를 왔다.

(47가, 가', 가")의 예를 보면 '에서부터'는 '에서'만으로도 가능하고 '부터'만으로도 가능하며 '까지의'도 '까지'만으로도 가능하고 '의'로도 가능하므로 조사 연속 구성이라고 할 만하다.

그런데 (47나, 나', 나")과 (47다, 다', 다")은 사정이 다르다. '출발점'을 의미하는 '으로부터'는 (47나)에서 보는 바와 같이 '으로'만으로는 사용될 수 없으며 이 점은 (47다)도 마찬가지이다. (47다)은 그 자체로는 비문법적인 문장은 아니지만 그 의미는 '대전'이 출발점인 (47다)와는 완전히 다른 도착점의 의미를 갖는다는 점에서 '부터' 없이 쓰일 수 없다.

또한 도착점이 명시적으로 제시되지 않은 경우에는 (47다")처럼 '으로'가 없이는 쓰일 수 없다. 곧 '으로부터'는 '에서부터'와는 달리 하나의 조사로 굳어진 것으로 처리할 가능성이 훨씬 높은 것이다. 여기서는 '으로부터'보다는 '에서부터'처럼 조사가 연속되는 구성에 초점을 두되 이를 몇 가지 경우로 나누어 살펴보기로 한다.

8.1.4.1. 격 조사와 격 조사의 결합

먼저 격 조사와 격 조사가 결합하는 경우를 살펴보기 위해 앞서 언급한 바와 같이 주격 조사, 목적격 조사, 관형격 조사를 포괄하는 문법격 조사와 부사격 조사에 해당하는 의미격 조사로 나눌 필요가 있다.

(48) 가. 오늘 학교에서의 일은 비밀이다.
　　　가'. *오늘 학교의에서 일은 비밀이다.
　　　나. 갑자기 모든 관심이 나에게로 쏟아졌다.
　　　나'. *갑자기 모든 관심이 나로에게 쏟아졌다.
　　　다. *도서관에 책을이 많다.
　　　다'. *도서관에서 책이를 읽다.
　　　다". *{도서관이의, 도서관을의} 책

우선 (48가, 가')을 통해 알 수 있는 것은 격 조사 가운데 의미격 조사와 문법격 조사가 결합할 경우에는 문법격 조사가 후행한다는 것이다. (48나, 나')을 통해 알 수 있는 것은 의미격 조사와 의미격 조사도 결합할 수 있지만 그 순서는 정해져 있다는 것이다. 다만 (48다, 다', 다")에서 알 수 있는 바와 같이 문법격 조사와 문법격 조사는 서로 결합할 수 없다. 따라서 다음과 같은 격 조사들의 결합도 예측이 가능하다.

(49) 그에게로의 관심은 너무 지나친 구석이 있다.

(49)는 격 조사가 세 개 결합한 예인데 이때는 의미격 조사, 의미격 조사, 문법격 조사의 순서가 되는 것이다.

8.1.4.2. 격 조사와 보조사의 결합

격 조사와 보조사가 결합하는 일도 있다.

(50) 가. 나에게도 그런 행운이 찾아올까?
　　가'. *나도에게 그런 행운이 찾아올까?
　　나. 그곳은 차로는 가기 어렵다.
　　나'. *그곳은 차는으로 가기 어렵다.
　　다. *그 음식은 사과를은 넣어 만들었다.
　　다'. *그 음식은 사과는을 넣어 만들었다.

(50)을 보면 격 조사가 보조사와 결합하는 경우 (50가, 가'), (50나, 나')에서 보는 바와 같이 격 조사는 의미격 조사이고 그 순서는 의미격 조사가 앞선다는 것을 알 수 있다. (50다, 다')에서 보듯이 문법격 조사는 보조사와 결합하기 어렵다.

그런데 보조사 가운데 '만'은 (50)과 다른 분포 양상을 보인다는 점에 주목할 필요가 있다.

(51) 가. 건물은 돌로만 지을 수는 없다.
　　　가'. 건물은 돌만으로 지을 수는 없다.
　　　나. 그 서점에서 책만을 판매하는 것은 아니다.
　　　나'. *그 서점에서 책을만 판매하는 것은 아니다.
　　　다. 우리가 경기에서 진 것은 너만의 문제가 아니다.
　　　다'. *우리가 경기에서 진 것은 너의만 문제가 아니다.

　‘만’은 (51가)에서는 ‘은/는’이나 ‘도’와는 같은 배열 양상을 보이지만 (51가')에서는 ‘은/는’이나 ‘도’와는 달리 의미격 조사에 선행할 수 있다. 또한 (51나, 다)에서 보는 바와 같이 문법격 조사 앞에 위치할 수 있다. 이는 ‘만’이 ‘은/는’이나 ‘도’와는 달리 의존 명사에서 기원한 데 이유가 있다. 따라서 ‘만’은 다음과 같은 구성도 가능하다.

(52) 가. 건물은 돌로만은 지을 수 없다.
　　　가'. 건물은 돌만으로는 지을 수 없다.
　　　나. 너에게만이 아니라 우리 모두에게 혜택이 돌아온다.
　　　나'. 너만에게가 아니라 우리 모두에게 혜택이 돌아온다.

　(52가, 가')은 (51가, 가')을 이용한 예문인데 먼저 (52가)를 보면 ‘만’이 다시 보조사와 결합할 수 있음을 알 수 있고 (52가')은 ‘만’ 다음에 다시 의미격 조사와 보조사가 결합하여 (50가)와 같은 결합 양상을 보이는 것으로 해석할 수 있다. (52나)는 의미격 조사와 결합한 ‘만’이 다시 문법격 조사 ‘이’를 취할 수 있는 경우이고 (52나')은 ‘만’ 다음에 의미격 조사와 문법격 조사 ‘가’가 결합한 것인데 이는 ‘만’을 제외하면 (48가)와 동일한 현상임을 알 수 있다.

보조사 '만큼'도 '만'과 비슷한 모습을 보여 주기는 하지만 서로 차이가 없는 것은 아니다.

> (53) 가. 직장에서만큼 집에서 일하는 것은 어렵다.
> 　　가'. *직장만큼에서 집에서 일하는 것은 어렵다.
> 　　나. 그만큼을 가지고 집을 살 수는 없다.
> 　　나'. *그를만큼 가지고 집을 살 수는 없다.
> 　　다. 집에서만큼이 아니라 직장에서만큼 일해야 한다.
> 　　다'. *집만큼에서가 아니라 직장만큼에서 일해야 한다.

보조사 '만큼'이 '만'과 비슷한 부분은 (53가)처럼 의미격 조사에 후행하고 (53나)처럼 문법격 조사를 뒤에 가져올 수 있으며 (53다)처럼 의미격 조사와 결합한 후에 다시 문법격 조사와 결합할 수 있다는 점이다. 앞서 살펴본 바와 같이 보조사 '은/는'이나 '도'는 (53나)나 (53다)와 같은 분포가 가능하지 않다. 그러나 (53가', 다)과 같은 경우가 (51가'), (52나')에서 살펴본 바와 같이 '만'에서는 가능한데 '만큼'은 불가능하다는 점에서 서로 차이가 있는 것이다.

이러한 차이는 곧 '만큼'이 '만'과 결합할 때 일정한 순서만 가능한 현상으로 결과된다.

> (54) 가. 직장에서만큼만 집에서 일하자는 것은 억지에 가깝다.
> 　　가'. *직장에서만만큼 집에서 일하자는 것은 억지에 가깝다.
> 　　나. 그만큼만을 가지고 집을 살 수는 없다.
> 　　나'. *그만만큼을 가지고 집을 살 수는 없다.
> 　　다. 학교에서만큼만이 아니라 도서관에서만큼만 공부해도 좋은 점수
> 　　　 를 받을 것이다.
> 　　다'. *학교에서만만큼이 아니라 도서관에서만만큼 공부해도 좋은 점
> 　　　 수를 받을 것이다.

(54가, 가', 나, 나', 다, 다')에서 보는 바와 같이 '만큼'이 '만'과 결합할 수도 있는데 이때는 언제나 '만큼'이 '만'을 앞서는 것이다. 물론 이 경우 '만' 다음에 다시 문법격 조사나 보조사가 결합하여 '직장에서만큼만이', '직장에서만큼만은'과 같은 구성도 가능하다.

8.1.4.3. 보조사와 보조사의 결합

보조사와 보조사가 결합하는 경우도 적지 않다.

> (55) 가. 요즘 사람들은 명절이나 제사 때{라야만, *만이라야} 고향을 찾
> 아간다.
> 가'. 요즘 사람들은 명절이나 제사 때라야 고향을 찾아간다.
> 나. 너{만이라도, 만큼만은} 시험에 통과하길 바랐다.
> 나'. 너{만, *만큼, 만큼은, 만은} 시험에 통과하길 바랐다.
> 다. 나는 털끝만큼도 부끄러운 일을 한 적이 없다.
> 다'. *나는 털끝만큼 부끄러운 일을 한 적이 없다.
> 라. 저 사람이 아까부터는 아예 대놓고 너를 쳐다보고 있다.
> 라'. 저 사람이 아까부터 아예 대놓고 너를 쳐다보고 있다.
> 마. 선생님조차도 그런 책을 본 적이 없다고 하셨다.
> 마'. 선생님조차 그런 책을 본 적이 없다고 하셨다.
> 바. 그렇게 빨리까지는 일을 마칠 수 없다.
> 바'. *그렇게 빨리까지 일을 마칠 수 없다.
> 바". 그렇게 빨리는 일을 마칠 수 없다.

(55)에서 제시된 '라야만', '만이라도', '만큼만은', '만큼도', '부터는', '조차도', '까지는'은 모두 보조사와 보조사가 연속한 것들이다. 보조사는 독자적인 의미를 가지고 있기 때문에 서로 양립 가능한 의미여야 결합이 가능한데 이는 그만큼 다양한 경우가 존재할 수 있다는 것을 뜻하는 것이기도 하다.

따라서 보조사들이 연속할 때 일정한 순서를 정하는 것은 쉽지 않다. (55)를 전체적으로 보면 연속하는 보조사 가운데 후행하는 보조사가 없어도 문장 성립에 지장이 없는 경우가 대부분이지만 '만큼'과 '까지'의 경우는 (55나', 다', 바')에서 보는 바와 같이 후행하는 보조사가 있어야만 문장이 성립되는 경우가 있다. 무엇보다 보조사들이 서로 결합하는 경우 '은/는', '도'는 가장 마지막에 온다는 공통점이 있음에도 주목할 필요가 있다.

8.1.5. 체언과 조사 결합의 불완전성

체언과 조사의 결합은 일종의 패러다임을 이룬다.[19]

(56)

체언 \ 조사	이/가	을/를	의	에	(으)로	도	만	…
구름	구름이	구름을	구름의	구름에	구름으로	구름도	구름만	…
나무	나무가	나무를	나무의	나무에	나무로	나무도	나무만	…
⋮	⋮	⋮	⋮	⋮	⋮	⋮	⋮	

그리고 (56)에서 보이는 것처럼 특별한 경우가[20] 아니면 빈칸(gap)이 나타나지 않는다. 그런데 체언 가운데는 조사와의 결합이 극히 제한되어 빈칸이 훨씬 많은 경우가 나타난다. 이를 불완전(defective) 패러다임이라 할 수 있다. 여기서는 조사를 격 조사와 보조사로 나누어 이러한 현상에 대

---

19) '일종의'라는 말을 쓴 것은 3장에서 이미 암시한 것처럼 전형적인 패러다임은 굴절어를 기준으로 할 때, 음운론적으로 한 단어, 어휘적으로 한 단어, 문법적으로 한 단어 조건을 모두 만족시키지만 한국어에서 체언과 조사의 결합은 그것이 어휘적 단어로 결과되지 않는 한 음운론적으로 한 단어 조건만 만족시키기 때문이다. 용언의 어간과 어미의 결합도 마찬가지이다.

20) 가령 '사람'의 경우에는 '에게'가 결합하고 '나무'의 경우에는 '에게'가 결합하기 어려운 경우가 이에 속한다. 이는 결합하는 체언의 의미적 속성에 따른 것이다.

해 살펴보기로 한다.21)

8.1.5.1. 체언과 격 조사 결합의 불완전성

체언 가운데 일부 격 조사와만 결합하는 경우도 다시 몇 가지로 나눌수 있다. 먼저 하나의 격조사와 결합하되 그 격 조사가 실현되지 않기도하는 경우가 있을 수 있다. 격 조사 결합이 불완전한 체언은 거의 대부분명사에 한정되므로 이를 편의상 '[N]'으로 표시하면 다음과 같이 격 조사의 유형과 그 예들을 제시할 수 있다.

> (57) 가. [N(가)]형 : 어이(가), 인정머리(가)
> 나. [N(을)]형 : 발버둥(을), 용(을), 복대기(를)
> 다. [N(의)]형 : 만반(의), 불패(의), 소정(의), 일련(의)
> 라. [N(에)]형 : 가두(에), 극비리(에), 무심중(에), 반면(에), 불원간(에),
> 야반(에), 양단간(에), 은연중(에), 일견(에), 일조(에), 적시(에), 절
> 찬리(에), 진두(에)
> 마. [N(로)]형 : 마구잡이(로), 불철주야(로)

(57가)는 조사가 실현된다면 주격 조사이지만 그것이 실현되지 않기도하는 예이고 (57나)는 조사가 실현된다면 목적격 조사이지만 그 목적격조사가 실현되지 않기도 하는 경우이다. (57다)는 조사가 실현된다면 관형격 조사이지만 그 관형격 조사가 실현되지 않기도 하는 경우이다. (57라)와 (57마)는 조사가 실현된다면 부사격 조사이지만 그 부사격 조사가 실현되지 않기도 하는 경우이다.

---

21) 이러한 현상이 중요한 것은 극도로 제한된 체언과 조사의 결합, 어간과 어미의 결합이
하나의 어휘적 단어로 굳어지는 경우가 존재하기 때문이다. 이처럼 체언과 조사가 결합
하거나 어간과 어미가 결합하여 그대로 별다른 형태 변화 없이 하나의 단어로 굳어지는
것은 한국어가 '교착어'라고 할 때 '교착' 즉 '단단히 결합하고 있음'을 잘 드러내는 것
이라 할 수 있다.

　다음으로는 하나의 격조사와 결합하되 그 격 조사가 늘 실현되는 경우를 들 수 있다.

> (58) 가. [N의]형 : 공전의, 만강의, 모종의, 미증유의, 배전의, 본유의, 불굴의, 불요불굴의, 불세출의, 불후의, 소기의, 유일의, 유일무이의, 일말의, 일종의, 저간의, 절호의, 천부의, 철천의, 초미의, 특단의, 특유의, 필생의
> 　나. [N에]형 : 겁결에, 고하간에, 내친김에, 단모금에, 단박에, 단방에, 만면에, 말말결에, 말말끝에, 무망중에, 무심결에, 무심중간에, 무언중에, 무의식중에, 미구에, 미명하에, 미심결에, 미연에, 부앗김에, 부지불각에, 부지불식간에, 부지불식중에, 분김에, 불하일장에, 비밀리에, 사품에, 삽시에, 삽시간에, 성공리에, 성황리에, 세상천지에, 소란통에, 암묵리에, 암암리에, 언파에, 언필에, 언하에, 얼결에, 얼김에, 얼떨결에, 엉겁결에, 연분에, 열김에, 인정간에, 일언지하에, 일조일석에, 입결에, 자고급금에, 잠결에, 장마통에, 전고에, 제바람에, 족부족간에, 졸사간에, 졸창간에, 차제에, 첫눈에, 청사에, 청필에, 친소간에, 하가에, 한걸음에, 한눈에, 홧김에
> 　다. [N(으)로]형 : 겨끔내기로, 겹으로, 겹겹으로, 뜬눈으로, 백방으로, 시쳇말로, 온이로, 천정부지로, 허위단심으로
> 　라. [N에(서)]형 : 중로에(서)

　(58가)는 체언이 관형격 조사 '의'와만 결합하되 이것이 늘 실현되는 경우이다. (58나), (58다), (58라)는 체언이 부사격 조사 '에', '(으)로', '에(서)'와 결합하되 이것이 늘 실현되는 경우를 든 것이다. (58나)에서 보는 바와 같이 부사격 조사 '에' 결합형이 가장 많은 예를 보유하고 있음을 알 수 있다.

　체언이 두 개의 격 조사와 결합하되 이 두 가지가 모두 실현되지 않거나 어느 하나만 실현되지 않는 경우도 있다.

(59) 가. [N(이/을)]형 : 거덜(이)/거덜(을), 울음보(가)/울음보(를), 웃음보(가)/
　　　　웃음보(를), 인사정신(이)/인사정신(을), 치(가)/치(를)
　　나. [N(로)/를]형 : 어깨너머(로)/어깨너머를, 온새미(로)/온새미를,[22]
　　　　통째(로)/통째를

　(59가)는 체언이 주격 조사와 목적격 조사 두 가지와 결합할 수 있지만
두 가지 모두 실현되지 않을 수 있는 경우이고 (59나)는 체언이 부사격 조
사 '로'와 목적격 조사 '를'과 결합하지만 부사격 조사 '로'는 실현되지 않
는 경우도 가능한 경우이다.
　다음으로 두 개의 격 조사와 결합하되 두 개의 격 조사가 모두 실현되
는 경우를 들 수 있다.

(60) 가. [N가/의]형 : 마(魔)가/마(魔)의
　　나. [N이/을]형 : 물꼬가/물꼬를, 박차가/박차를, 억장이/억장을, 이골
　　　　이/이골을, 판판이/판판을
　　다. [N가/로]형 : 자유자재가/자유자재로
　　라. [N에/(으)로]형 : 단손에/단손으로, 단참에/단참으로, 단칼에/단칼
　　　　로, 든손에/든손으로, 때문에/때문으로, 보암보암에/보암보암으로,
　　　　불일내에/불일내로, 선걸음에/선걸음으로, 선바람에/선바람으로,
　　　　선발에/선발로, 한달음에/한달음으로

　(60가)는 체언이 주격 조사, 관형격 조사와 결합하되 이 두 조사가 실현
되는 경우이고 (60나)는 체언이 주격 조사와 목적격 조사와 결합하되 이
두 조사가 모두 실현되는 경우이다. (60다)는 주격 조사와 부사격 조사
'로'와 결합하되 이 두 조사가 모두 실현되는 경우이며 (60라)는 부사격
조사 '에'와 '(으)로'와 결합하되 이 두 조사가 모두 실현되는 경우로서 다

---

22) '온새미'는 '가르거나 쪼개지 아니한 생긴 그대로의 상태'의 의미이다.

른 유형보다 가장 많은 예를 가지고 있다.

마지막으로 세 개의 격 조사와 결합하되 세 개의 격 조사가 모두 실현되는 경우를 들 수 있다.

> (61) 가. [N가/로/를]형 : 두루치기가/두루치기로/두루치기를, 통짜가/통짜
> 로/통짜를, 한일자가/한일자로/한일자를
> 나. [N로/에/의]형 : 불시로/불시에/불시의
> 다. [N에/의/이]형 : 왕년에/왕년의/왕년이

(61가)는 체언이 주격 조사와 부사격 조사 '로', 그리고 목적격 조사와 결합하되 이들이 모두 실현되는 경우이고 (61나)는 부사격 조사 '로'와 '에' 그리고 관형격 조사와 결합하되 이들이 모두 실현되는 경우이다. (61다)는 체언이 부사격 조사 '에', 관형격 조사 그리고 주격 조사와 결합하고 이들이 모두 실현되는 경우이다.

8.1.5.2. 체언과 보조사 결합의 불완전성

체언과 격 조사만큼은 아니지만 보조사도 체언과의 결합에서 불완전성을 보이는 경우가 없지는 않다.[23] 다음에 몇 가지를 제시해 보기로 한다.

> (62) 가. [N는]형 : 요(要)는
> 나. [N(도)/만]형 : 찍소리(도)/찍소리만

(62가)는 보조사 '는'과 결합하는 예를 든 것이고 (62나)는 '도'와 '만'과 주로 결합하되 '도'는 실현되지 않는 경우도 있음을 나타낸다.

마지막으로 격 조사와 보조사 결합형이 그 자체로 불완전한 패러다임

---

23) 이는 곧 조사와의 결합이 어휘적 단어로 결과되는 경우가 보조사에는 현저히 적다는 것을 의미한다.

을 보이는 경우인데 다음의 '에도'를 들 수 있다.

    (63) [N에도]형 : 아무짝에도

    (63)의 '아무짝'은 '아무짝에'로는 잘 쓰이지 않지만 '아무짝에도'형으로 부정어와 호응하여 "아무짝에도 소용이 없다."와 같이 쓰인다.

8.2. 어미

    어미는 관계언 가운데 용언의 어간과 결합하는 것으로서[24] 우선 분포에 따라 크게 두 가지로 나눌 수 있다.[25] 하나는 단어의[26] 끝에 오는 것이고 다른 하나는 이에 앞서는 것이다. 앞의 것을 어말 어미라 하고 뒤의 것을 선어말 어미라고 한다.[27]

    어말 어미는 다시 기능에 따라 문장을 끝맺는 역할을 하는 종결 어미와, 문장 접속이나 전성의 기능을 띤 비종결 어미로 나눌 수 있다. 문장의 접속을 나타내는 비종결 어미는 연결 어미라 부르고 전성의 기능을 띤 비종결 어미는 전성 어미라 부른다.

---

24) 물론 이미 살펴본 바와 같이 용언 어간과 결합하는 보조사 '도'와 같은 경우가 없는 것은 아니다.

25) 국립국어연구원(2002 : 21)에 따르면 종이로 편찬한 『표준국어대사전』(1999)의 전체 표제어 509,076개 가운데 어미는 2,526개로 0.50%로 비중이 높다고 할 수는 없지만 조사가 357개로 0.07%를 차지한다는 점을 감안하면 상대적으로 비중이 매우 높다고 할 수 있다.

26) 이때의 '단어'는 물론 음운론적 단어의 의미를 갖는다.

27) 어말 어미는 문법적으로는 문장의 마지막에 오는 어미를 가리키므로 이러한 점을 중시하면 어말 어미가 아니라 '문말 어미'라 할 수 있고 마찬가지로 선어말 어미는 '선문말 어미'라 할 수 있다. 여기서는 학교 문법에서 쓰여 온 용어를 따라 '어말 어미'와 '선어말 어미'로 부르기로 한다. 이는 형태론에서는 문장보다는 음운론적 단어라도 단어를 더 중심에 두는 데 따른 것이기도 하다.

8.2.1. 선어말 어미

학교 문법에서 선어말 어미는 분포의 넓고 좁음에 따라 분리적 선어말 어미와 교착적 선어말 어미 두 가지로 나누고 있다.

> (64) 가. '-(으)시-'
> 　　나. '-는-', '-었-', '-겠-'

(64)는 분리적 선어말 어미의 예로서 분포가 상대적으로 넓은 것들이다. (64가)는 주체 높임을 나타내는 선어말 어미인데 현대 한국어를 기준으로 하면 선어말 어미 가운데 분포가 가장 넓어서 어간 바로 다음에 나타난다. (64나)는 시제를 나타내는 선어말 어미인데 차례로 현재, 과거, 미래를 나타낸다.28) '-(으)시-'와 함께 나타날 경우 그 다음에 나타난다.29)

> (65) 가. '-ㅂ-'
> 　　나. '-느-', '-더-', '-리-'

(65)는 교착적 선어말 어미의 예인데 분리적 선어말 어미에 대해 그 분포가 극히 제한되어 있는 것들이다. 따라서 그 쓰임도 예전에 비해서는

---

28) 학자에 따라서는 '-겠-'을 미래 시제 선어말 어미로 인정하지 않고 한국어의 시제를 과거 대 비과거의 대립으로만 간주하는 경우가 있다. '-겠-'이 없이도 "내일도 수업이 있다."처럼 미래를 나타내는 것이 가능하고 "나도 그 정도는 고기를 잡았겠다."처럼 과거 시제와도 함께 쓰일 수 있다는 것이 그 주된 근거이다. 이때의 '-겠-'은 '추측'을 의미하는 정도로 해석한다. '추측'은 그 성격상 아직 일어나지 않은 사태에 대해 짐작하는 것이 일반적이므로 공교롭게 미래로 쓰이는 경우가 많았다고 보는 것이다. 물론 '-었-'도 "너는 이제 죽었다.", "그는 우리 반에서 가장 잘생겼다."처럼 과거가 아닌 경우에도 쓰일 수 있지만 과거를 나타낼 때는 '-었-'을 사용하는 것이 보편적이라는 점에서 '-겠-'과 차이가 있다.
29) (64)의 선어말 어미 외에 공손을 나타내는 '-옵-'을 분리적 선어말 어미의 예로 더 드는 일이 있다. 그러나 '-옵-'은 현대 한국어에서는 잘 쓰이지 않는다.

매우 위축되어 있다. 이 가운데 (65가)의 '-ㅂ-'은 상대 높임법의 하십시
오체를 나타내는 선어말 어미로서 모음으로 시작되는 말 다음에 오며 자
음으로 시작되는 말 다음에는 '-습-'이 온다. (65나)는 서법(敍法, mood) 표
시의[30] 선어말 어미로 간주되는 것들인데 '-느-'는 직설법, '-더-'는 회
상법, '-리-'는 추측법을 나타낸다.[31]

분리적 선어말 어미와 교착적 선어말 어미는 함께 나타나는 일이 있는
데 나타나는 선후 관계가 곧 분포의 넓고 좁음에 비례한다. 이러한 예를
몇 가지 보이면 다음과 같다.

> (66) 가. 하신다
> 나. 하십니다
> 다. 하시었더군
> 다′. 하시었겠더군
> 다″. *하시겠었더군
> 라. 하시리라

(66)은 앞의 선어말 어미를 여러 가지 경우로 나누어 결합시켜 본 것이
다. (66가)는 '주체 높임'과 '현재 시제' 선어말 어미의 결합이고 (66나)는

---

30) 서법이란 문장의 내용에 대한 화자의 심리적 태도가 문법 형태소를 통해 드러나는 일을
일컫는다.

31) '-느-'와 '-더-'가 각각 구성소와 형성소의 자격을 가질 수 있다는 점에 대해서는 이미
3장에서 살펴본 바 있다. 이 가운데 '-느-'를 '-는-'의 이형태로 간주하는 견해도 있는
데 이것은 현대 한국어에서 시제와 서법이 각각 '현재, 과거, 미래'나 '직설법, 회상법,
추측법' 등으로 정연한 체계를 갖지 않는다는 의미를 갖는 것이기도 하다. 사실 3장에서
언급한 바와 같이 '-는다'의 '-는'은 그 분포가 '-었-', '-겠-'에 비하면 현저히 좁다
는 것도 감안할 필요가 있다. 또한 현대 한국어를 기준으로 하면 '-느-', '-더-', '-리-'
의 분포도 서로 큰 차이가 있는데 '-느-'와 '-리-'는 '-더-'에 비하면 그 분포가 상당
히 위축되어 있는 것이 현실이다. 한편 이들 외에 강조법을 나타내는 '-것-', 원칙법을
나타내는 '-니-'를 교착적 선어말 어미로 더 제시하는 일이 있으나 앞의 분리적 선어
말 어미 '-옵-'처럼 현대 한국어에서는 잘 쓰이지 않는다.

'주체 높임', '상대 높임'과 '직설법' 선어말 어미의 결합이다. (66나)에서 '-니-'는 직설법 선어말 어미 '-느-'의 이형태이다.

(66다)는 '주체 높임', '과거 시제', '회상법' 선어말 어미의 결합인데 만약 '-겠-'이 나타난다면 (66다', 다")에서 볼 수 있는 바와 같이 '-었-'이 앞서야 하고 이때 '-겠-'은 미래가 아니라 '추측'의 의미로 해석된다. (66라)는 '주체 높임'과 '추측법' 선어말 어미의 결합을 보인 것이다. (66)에서 알 수 있는 것은 선어말 어미가 여럿이 결합할 때 그 순서는 '주체 높임' – '시제' – '상대 높임' – '서법'이라는 것이다.[32]

8.2.2. 어말 어미

8.2.2.1. 종결 어미

종결 어미는 문장의 종류를 결정지을 뿐만 아니라 동시에 상대 높임법의 등급도 결정한다. 학교 문법에서는 문장의 종류를 평서문, 감탄문, 의문문, 명령문, 청유문의 다섯으로 나눈다.[33] 그리고 앞서 언급한 바와 같이 상대 높임법은 격식체의 네 가지와 비격식체의 두 가지 모두 여섯 가

---

[32] '-옵-'이나 '-것-', '-니-'가 나타나는 경우에도 이러한 순서를 따른다. '하시옵더니'나 '했것다', '하느니라' 등에서 이러한 순서를 살펴볼 수 있다. 한편 이러한 선어말 어미의 순서가 중세 한국어도 지금과 같았던 것은 물론 아니다. 중세 한국어에서는 가령 '흐더시니'와 같은 예가 있었으므로 '-시-'보다도 '-더-'의 분포가 더 넓었던 때도 있었던 것으로 보인다.

[33] 학자에 따라서는 간접 인용에서 감탄문 어미가 평서문 어미로 바뀐다는 사실을 들어 문장의 종류에서 감탄문을 제외하기도 한다. 다음의 예문을 보면 이러한 사실이 잘 드러난다.
　가. "날씨가 춥군."이라고 아버지께서 말씀하셨다.
　나. 날씨가 춥다고 아버지께서 말씀하셨다.
(가)는 직접 인용인데 이를 간접 인용인 (나)로 바꾸면 감탄형 어미 '-군'이 평서형 어미 '-다'로 바뀜을 볼 수 있다. 따라서 감탄형 어미도 평서형 어미의 일종으로 간주할 수 있다고 보는 것이다. 나머지 의문문, 청유문, 명령문에서는 이러한 일이 생기지 않는다.

지로 나뉜다.

    (67) 가. 밥을 먹는다.
         나. 밥을 먹는구나.
         다. 밥을 먹었니?
         라. 밥을 먹어라.
         마. 밥을 먹자.

    (67)은 각각 평서문, 감탄문, 의문문, 명령문, 청유문을 나타내기 위해
종결 어미 '-다', '-구나', '-니', '-어라', '-자'가 사용되고 있다. 그런데
이들은 동시에 상대 높임법 등급이 '낮춤'인 해라체임을 나타내고 있다.
물론 모든 문장 유형에 따라 상대 높임법에 해당하는 어미가 존재하는 것
은 아니다. 우선 상대 높임법과 문장 유형에 따른 어미를 표로 나타내 보
면 다음과 같다.[34]

(68)

	격식체				비격식체	
	하십시오	하오	하게	해라	해요	해
평서형	-(ㅂ니)다	-오	-네	-(는/ㄴ)다	-어요	-어
감탄형		-(는)구려	-(는)구먼	-(는)구나	-어요	-어
의문형	-(ㅂ니)까	-오	-(느)ㄴ가	-(느)냐	-어요	-어
명령형	-(ㅂ)시오	-오	-게	-어라/아라	-어요	-어
청유형	-(ㅂ)시다		-세	-자	-어요	-어

    (68)에서 보는 바와 같이 하십시오체의 감탄형이나 하오체의 청유형에
는 마땅한 종결 어미를 찾기가 어렵고 하오체나 하게체는 현대 한국어에
서는 그 쓰임이 제한되어 있다.

---

34) 괄호 안에 표시된 것은 해당 종결 어미와 주로 결합하는 선어말 어미를 제시한 것인데
    '-는-'을 제외하면 모두 교착적 선어말 어미에 해당한다.

이처럼 종결 어미는 상대 높임법을 함께 실현하지만 그 명칭은 보통 문장 유형에 따라 평서형 종결 어미, 감탄형 종결 어미, 의문형 종결 어미, 명령형 종결 어미, 청유형 종결 어미 등으로 부른다.

8.2.2.2. 비종결 어미

비종결 어미는 용언과 결합하여 다음 말에 이어 주는 연결 어미와 용언으로 하여금 다양한 문장 성분으로 기능하게 하는 전성 어미로 나뉜다.

8.2.2.2.1. 연결 어미

연결 어미는 다시 문장과 문장을 대등하게 이어 주는 대등적 연결 어미, 앞의 문장을 뒤의 문장에 종속적인 관계로 이어 주는 종속적 연결 어미, 보조 용언을 본용언에 이어 주는 보조적 연결 어미가 있다.[35]

> (69) 가. 비가 오고 바람이 분다.
> 　　가'. 바람이 불고 비가 온다.
> 　　나. 읽으며 쓰며 열심히 공부하자.
> 　　나'. 쓰며 읽으며 열심히 공부하자.
> 　　다. 동생은 키가 크나 형은 키가 작다.
> 　　다'. 형은 키가 작으나 동생은 키가 크다.

(69가, 나, 다)는 각각 대등적 연결 어미 '-고', '-(으)며', '-(으)나'의 예이다. 대등적 연결 어미는 문장과 문장을 단순히 연결하는 기능을 하기 때문에 (69가', 나', 다')에서 보는 바와 같이 두 문장의 순서를 바꾸어도 전체 문장의 문법성에 문제가 없을 뿐만 아니라 의미 차이도 거의 없다.

따라서 두 문장의 순서를 바꾸면 문장의 문법성에 문제가 생기거나 의

---

35) 여기서의 '문장'이란 보다 정확하게 말하자면 '절(節, clause)'을 가리킨다.

미 차이가 크게 발생하는 것은 대등적 연결 어미로 간주하기 어렵다.

> (70) 가. 할머니께서는 상한 음식을 드시고 탈이 나셨다.
>   가′. *할머니께서는 탈이 나시고 상한 음식을 드셨다.[(가)의 의미로]
>   나. 언니는 새 옷을 입고 출근했다.
>   나′. *언니는 출근하고 새 옷을 입었다.[(나)의 의미로]

　(70가)의 '-고'는 두 사실을 계기적(繼起的)으로 연결하고 있어서 (70가)에서 보는 바와 같이 앞 문장과 뒤 문장을 바꾸면 그 의미가 통하지 않아 비문법적 문장에 가깝게 된다. (70나)의 '-고'는 앞 문장의 동작이 그대로 지속되는 가운데 뒤 문장의 동작이 이루어진다는 의미를 가지고 있기 때문에 역시 (70나′)처럼 앞 문장과 뒤 문장을 바꾸면 그 의미가 통하지 않아 비문법적인 문장이 된다. 즉 (70가, 나)의 '-고'는 (69)와는 달리 앞 문장과 뒤 문장을 대등하게 연결하고 있다고 보기 어렵다. 따라서 모양이 같은 연결 어미라도 그 용법에 따라 문장을 연결하는 방식에 차이가 있는 것이다.

> (71) 가. 사람이 많으니 조심해서 걸어라.
>   가′. *조심해서 걸으니 사람이 많아라.
>   나. 운동을 자주 하면 몸이 건강해질 것이다.
>   나′. *몸이 건강하면 운동을 자주 할 것이다.[(나)의 의미로]
>   다. 공부를 많이 했는데 결과가 좋지 못했다.
>   다′. *결과가 좋지 못했는데 공부를 많이 했다.[(다)의 의미로]

　(71가, 나, 다)는 각각 종속적 연결 어미 '-(으)니', '-(으)면', '-는데'의 예이다. 종속적 연결 어미는 문장을 단순히 연결하는 것이 아니라 앞 문장이 뒤 문장을 일정한 자격으로 한정하기 때문에 앞 문장이 뒤 문장에

딸려 붙는다. 따라서 앞 문장과 뒤 문장의 순서를 바꾸면 (71가', 나', 다') 에서 보는 바와 같이 문장이 성립하지 않거나 성립하더라도 원래 문장과 는 전혀 다른 의미의 문장이 된다. 이런 점에서 보면 바로 위에서 본 (70) 의 '-고'도 종속적 연결 어미로 쓰인 것임을 알 수 있다.36)

> (72) 가. 집에 오니 아직도 라디오가 켜져 있다.
>   나. 녹차는 머리를 맑게 한다.
>   다. 시험이 내일인데도 아직 공부를 하지 않았다.
>   라. 오늘은 밥 대신에 빵이 먹고 싶다.

(72가, 나, 다, 라)는 각각 보조적 연결 어미 '-어', '-게', '-지', '-고'의 예이다. 보조적 연결 어미는 본용언과 보조 용언을 연결시켜 주는 어미이 다. 대등적 연결 어미와 종속적 연결 어미가 두 문장의 기능에 따른 분류 라면 보조적 연결 어미는 연결하는 용언의 종류에 따른 것이라는 점에서 차이가 있다.

또한 본용언과 보조 용언은 매우 긴밀하게 연결되어 마치 하나의 서술 어처럼 기능하는 일이 많기 때문에 대등적 연결 어미와 종속적 연결 어미

---

36) 대등적 연결 어미로 쓰인 '-고'와 종속적 연결 어미로 쓰인 '-고'는 다음과 같은 차이도 갖는다.
  가. 비가 오고 바람이 불었다.
  가'. 비가 왔고 바람이 불었다.
  나. 언니는 새 옷을 입고 출근을 했다.
  나'. *언니는 새 옷을 입었고 출근을 했다.
  나''. *언니는 새 옷을 입고 동생이 출근을 했다.
  대등적 연결 어미로 쓰인 '-고'에는 (가)에서 보는 바와 같이 과거를 나타내는 '-었-' 이 결합할 수도 있으나 종속적 연결 어미로 쓰인 '-고'에는 (나)에서 보는 바와 같이 과 거를 나타내는 '-었-'이 결합할 수 없다. 또한 대등적 연결 어미로 쓰인 '-고'는 주어가 '비', '바람'처럼 서로 다른 주어를 가질 수 있으나 종속적 연결 어미로 쓰인 '-고'에는 (나'')에서 보는 바와 같이 서로 다른 주어를 가질 수 없다. 종속적 연결 어미 '-어서'도 이러한 제약을 가지고 있다.

의 차이처럼 앞 문장과 뒤 문장의 순서를 바꾸는 것은 아예 가능하지 않다. 본용언과 보조 용언이 각각 문장을 이루는 것으로 보는 견해도 있는데 이에 따라 만약 보조적 연결 어미도 두 문장의 기능에만 초점을 둔다면 대등적 연결 어미보다는 종속적 연결 어미에 가깝다고 할 수 있다.

8.2.2.2.2. 전성 어미

전성 어미는 용언으로 하여금 다양한 품사의 기능을 하게 해 주는 어미로서 명사형 어미와 관형사형 어미가 대표적이다.

> (73) 가. 나는 그가 늘 노력하고 있었음을 잘 알고 있다.
> 나. 한글은 배우기가 쉽다.

(73가)의 '있었음'의 '-(으)ㅁ'과 (73나)의 '배우기'의 '-기'는 명사형 어미의 예인데 이들은 선행하는 용언으로 하여금 명사처럼 기능하게 하는 역할을 담당하고 있다. (73가)를 보면 '-(으)ㅁ'과 결합한 용언이 목적격 조사와 결합하고 있고 (73나)에서는 '-기'와 결합한 용언이 주격 조사와 결합하고 있음을 볼 수 있는데 이러한 분포는 명사와 동일하다고 할 수 있다.

'-(으)ㅁ'은 '드러나다, 밝혀지다, 알려지다, 알다, 모르다, 기억하다, 짐작하다, 발표하다, 보고하다, 이상하다, 현명하다, 적합하다' 등의 용언과 결합하여 주로 이미 일어난 일에 대한 인식, 평가 등의 의미를 나타내고 '-기'는 '바라다, 희망하다, 빌다, 갈망하다, 기다리다, 기대하다, 좋다, 나쁘다, 싫어하다, 알맞다, 적당하다' 등의 용언과 결합하여 주로 앞으로 일어날 일에 대한 주관적인 판단이나 심리 상태를 나타낸다.

그런데 다음과 같이 '-(으)ㅁ', '-기' 이외에도 목적격 조사와 주격 조사가 결합하는 일이 있다.

> (74) 가. 누가 이 일을 할 수 있느냐를 정해야 한다.
> 가'. 누가 이 일을 할 수 있느냐?
> 나. 그 사람이 우리말을 들을지가 문제이다.
> 나'. 그 사람이 우리말을 들을지?

(74가, 나)는 어미 '-냐', '-을지'가 각각 목적격 조사 '를'과 '가'에 결합하고 있으므로 그 양상은 (73)의 '-(으)ㅁ', '-기'와 동일한 것이 아닌가 물을 수 있다. 물론 '-냐', '-을지'가 그것이 결합한 말을 명사로 만든다는 점에서는 동일하다고 할 수 있지만 문장 속에서의 역할에는 차이가 있다. 즉 '-(으)ㅁ', '-기'는 비종결 어미로서 문장을 명사화하고 있지만 '-냐', '-을지'는 종결 어미로서 해당 문장을 명사화하고 있다는 점에서 차이가 있다. 따라서 (74가, 나)는 각각 (74가', 나')에서 제시된 문장을 간접적으로 인용한 것이라고 할 수 있다.[37]

> (75) 가. 일도 아직 끝내지 않고 집에 간 사람은 누구냐?
> 나. 몸이 너무 힘들어 일을 할 마음이 생기지 않는다.

(75가)의 '간'에서의 '-ㄴ', (75나)의 '할'에서의 '-ㄹ'은 관형사형 어미이다. 관형사형 어미는 그것이 결합한 용언으로 하여금 뒤에 오는 체언을 수식하는 관형사 역할을 하게 만드는 것이다. 용언이 자음으로 끝나는 경우에는 각각 '-은'과 '-을'로 실현된다.

관형사형 어미로 '-는'과 '-던'을 더 드는 경우도 있다. 학교 문법에서

---

[37] 물론 '-(으)ㅁ', '-기'도 "위 내용은 사실과 틀림없음.", "오늘 할 일은 꽃에 물주기."처럼 종결형으로 사용되는 경우가 있지만 이때의 '-음'이나 '-기'는 여전히 명사형으로서의 자격을 가지고 있는 것으로 보인다.

도 이러한 견해를 취하고 있다.

    (76) 가. 해가 뜨는 시각이 언제인지 잘 모르겠다.
        나. 내가 먹던 과자를 어디에 두었지?

  (76가)의 '-는'은 '시각'이라는 명사를 수식하고 있고 (76나)의 '-던'은 '과자'라는 명사를 수식하고 있으므로 용언으로 하여금 관형사의 역할을 하게 하는 것임에는 틀림이 없다. 다만 '-는'은 '뜬'과 통합 관계의 측면에서 '-느-'가 분석 가능하고 '먹던'의 '-던'에도 회상법의 선어말 어미 '-더-'가 있다는 점에서 '-더-'와 '-ㄴ'으로 분석이 가능하다. 이렇게 보면 관형사형 어미는 '-ㄴ'만으로도 충분하다고 할 수 있다.

  그럼에도 불구하고 '-는'과 '-던'을 하나의 어미로 처리하는 것은[38] '-는'의 '-느-'가 현대 한국어에서는 세력을 잃어가고 있으며[39] '-던'은 '-더-'와 '-ㄴ'에는 없는 '중단'이라는 독자적인 의미를 가지고 있을 뿐만 아니라 '-느-'와 '-더-'는 그리 분포가 넓지 않은 교착적 선어말 어미라는 점도 고려한 때문이다.[40]

  한편 전성 어미로 부사형 어미를 설정하기도 한다.

    (77) 가. 차가 빠르게 달린다.
        가'. 차가 빨리 달린다.
        나. 사용한 컵은 다음 사람이 사용하도록 제 자리에 놓으세요.
        나'. 다음 사람이 사용하도록 사용한 컵은 제 자리에 놓으세요.
        다. 이마에 땀이 비 오듯이 흐른다.

---

38) 당장 국립국어원의 『표준국어대사전』에서도 이 두 가지를 각각 하나의 어미로 처리하고 있다.
39) 이는 이미 언급한 바와 같이 '먹었느냐'처럼 과거를 나타내는 선어말 어미와 결합이 가능하고 '먹느냐'가 '먹냐'처럼 '-느-' 없이도 실현이 가능하다는 점 등에 기반한다.
40) 사전에서나 한국어 교육에서 교착적 선어말 어미가 결합한 '-느냐', '-습니까' 등을 아예 하나의 어미로 간주하는 것도 같은 맥락에서 이해할 수 있다.

다'. 땀이 비 오듯이 이마에 흐른다.

(77가)의 '-게'가 결합한 '빠르게'는 '달리다'를, (77나)의 '-도록'이 결합한 '사용하도록'은 '놓다'를,[41] (77다)의 '-듯이'가 결합한 '오듯이'는 '흐르다'를 수식하고 있는데 이것은 문장에서 부사가 하는 역할과 같다. 이는 (77가')에서 '빠르게'를 '빨리'라는 부사로 바꾸어도 아무런 문제가 없다는 것을 통해 알 수 있다.

그런데 이러한 부사형 어미는 종속적 연결 어미와 흡사한 구석이 있다. (77나', 다')은 '-도록'과 '-듯이'를 전형적인 종속적 연결 어미의 위치에 놓아 본 것인데 문장 형성에 아무런 문제가 없다. 이는 결국 '종속적 연결 어미'가 문장의 연결 측면에서는 한 문장의 다른 문장에 대한 주종(主從)의 연결 방식에 따른 연결 어미의 명칭이고 문장에서의 기능은 주가 되는 문장의 의미를 한정한다는 점에서 부사의 역할을 담당하기 때문에 나타나는 현상이다. 즉 문장에서의 기능만 염두에 둔다면 종속적 연결 어미가 이끄는 문장은 부사절 곧 부사의 역할을 담당하는 문장이 된다는 것이다. 학교 문법에서도 이러한 점을 중시하여 종속적 연결 어미를 부사형 전성 어미로 간주하는 견해도 인정하고 있다.[42]

이제 이상에서 언급한 한국어의 어미 체계를 정리하면 다음과 같다.

---

41) '-도록'은 "내일은 2시까지 학교에 오도록."과 같은 문장에서는 종결 어미로 기능하고 있다. "이제 실력이 제법 늘었는데."의 '-는데'도 같은 맥락에서 이해할 수 있다.
42) 다만 이렇게 보면 (77가)의 "차가 빠르게 달린다."의 '빠르게'도 문장이라고 보아야 한다는 전제를 만족시켜야 한다.

(78) 한국어의 어미 체계

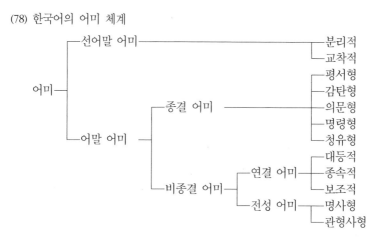

이 가운데 '종속적 연결 어미'는 '부사형 전성 어미'로 바꾸는 체계도
가능하다.

8.2.3. 어미와 조사의 결합

앞서 조사와 조사가 결합하거나 어미와 어미가 결합하는 양상에 대해
서 다양하게 살펴보았다. 조사와 조사가 결합한 경우 전체 구성은 조사로
귀결되고 어미와 어미가 결합하는 경우에는 어미로 귀결된다. 그런데 어
미가 조사와 결합하는 경우도 있다. 이 경우에는 대체로 어미로 귀결이
된다는 특징이 있다.

어미와 조사가 결합하는 양상은 다음과 같이 같은 계열의 어미로 정리
할 수 있다.

(79) 가. '-고는', '-고도', '-고서', '-고야'
    나. '-기에'
    다. '-다가는', '-다마는'

라. '-더니마는', '-더라도'
마. '-(으)ㄹ지라도' ; '-라도', '-라면서', '-라서', '-라야', '-라야만'
바. '-아다가/어다가', '-아도/어도', '-아서/어서', '-아야/어야', '-아
요/어요'
사. '-지마는', '-지요'

(79)에 격 조사가 없는 것은 아니지만 이것은 무엇보다 보조사가 어미
와 결합될 수 있다는 분포상의 특징을 가지고 있기 때문에 나타나는 현상
이라고 할 수 있다. 형태소의 분석 기준인 계열 관계와 통합 관계만을 고
려한다면 이들은 모두 분석의 대상이 될 수 있다. 그러나 이들은 그 결합
의 정도가 일률적이지 않고 어떤 측면에서는 하나의 요소로 간주되는 것
이 더 자연스러운 경우가 존재한다.
이를 판단하는 하나의 방법은 어미와 조사를 분리하여 문장의 성립을
검토하는 것이다. 만약 어미와 조사가 분리되어도 문장이 성립한다면 이는
우선 어미와 조사의 결합 정도가 미약한 것으로 파악할 수 있기 때문이다.
먼저 (79가)의 '-고' 계열을 살펴보기로 하자.

(80) 가. 불안감은 어김없이 현실로 {*나타나고, 나타나고는} 한다.
가'. 그를 {빼놓고, 빼놓고는} 모두가 다 왔다.
나. {슬프고, 슬프고도} 아름다운 이야기
나'. 그렇게 많이 {먹고, 먹고도} 배탈이 나지 않다니!
다. 너도 치마를 {입고, 입고서} 걸어봐.
라. 마지못해 책을 {보고, 보고야} 있지만 마음은 딴 데 있다.
라'. 나는 기필코 고향으로 {돌아가고, 돌아가고야} 말 것이다.

(80가)의 '-고는'은 '같은 일의 반복' 혹은 '습관'의 의미를 가지고 있는
것으로 파악된다. 이때의 '-고는'은 (80가)의 '-고는'과는 차이가 있다고 할
수 있다. 뒤의 '-고는'은 (80가)와는 달리 '전제나 조건'의 의미로 해석되는

데 이 경우에는 굳이 '는'을 필요로 하지 않는다. 따라서 '같은 일의 반복' 혹은 '습관'의 의미를 가지는 '-고는'은 '전제나 조건'의 의미를 가지는 '-고는'보다는 어미와 조사의 결합이 더 긴밀한 것이라고 판단할 수 있다.

(80나)는 '슬프고 또한 아름답다'의 의미와 '슬프면 아름답기 힘든데도 불구하고 아름답다' 즉 '슬프지만 아름답다'의 의미를 가진다. (80나')은 특히 뒤의 의미만으로 파악되는 '-고도'의 경우이다. 그러나 이러한 의미는 다소 어색하기는 하지만 '-고'만으로도 파악된다.

(80다)의 '-고서'도 '-고'만으로도 별 문제가 없어 보인다. (80라)의 '-고야'는 '-고는'으로 대체될 수 있지만 (80라')의 '-고야'는 그렇지 못하다는 점에서 (80나, 나')의 경우처럼 의미 차이가 느껴지지만 하나는 '-고야'로, 또 하나는 '-고'와 '야'로 나뉠 정도는 아닌 경우라 할 수 있다.

따라서 (80나, 다, 라)는 '-고'와 '도, 서, 야'로 분석하는 데 별다른 문제가 생기지 않는다고 할 수 있다. 여기서 한 가지 짚고 넘어가야 할 것은 '-고'의 의미와 '-고도, -고서, -고야'의 의미가 물론 같은 것은 아니라는 사실이다. 다만 그 다른 의미는 '도, 서, 야'의 보조사로서의 의미와 어미의 의미의 합을 벗어나지 못할 따름인 것이다.

이러한 논의를 (79나)의 '-기에'에도 적용시켜 보기로 하자.

(81) 가. 반가운 손님이 {*오기, *오셨기, *오겠기, 오기에, 오셨기에, 오겠기에} 버선발로 달려 나갔다.
　　 나. 그 사람은 {듣기, 듣기에, *들었기에, *듣겠기에} 거북한 소리를 아무 거리낌 없이 해 댄다.

우선 (81가)에서 보는 바와 같이 '-기'만으로는 문장을 성립시키기 힘들고 이것은 곧 '-기에'가 하나의 의미·기능을 가지는 것으로 판단하게 하므로 이때의 '-기에'는 하나의 어미로 간주하는 것이 자연스럽다고 할 수 있다.

그러나 (81나)의 '-기에'는 '-기'만으로도 문장을 성립시키므로 이때의 '-기에'는 '-기'와 '에'로 분석될 수 있다고 볼 수 있다. (81가)는 '원인이나 근거'의 의미를 가지는 '-기에'이고 (81나)는 '전제나 조건'의 의미로 해석되며 시제 요소가 결합될 수 없다는 점에서 서로 구분된다.

(79다)의 경우도 다음과 같이 살펴보기로 하자.

> (82) 가. 공부를 조금 {하다가, 하다가는} 잠이 들고 들고 하였다.
>   나. 물건은 {*좋다, 좋다마는} 가격이 너무 비싸다.

(82가)의 경우는 '-다가'와 '는'이 분석될 가능성이 있음을 보여 주고 있는 데 반해 (82나)는 '-다마는' 전체가 하나의 어미로 분석되는 것이 자연스러움을 알 수 있다.

다음에는 (79라)에 대해 살펴보기로 하자.

> (83) 가. 찬바람을 {쐬었더니, 쐬었더니마는} 감기에 걸렸다.
>   나. 무슨 일이 {*있더라, 있더라도} 그곳까지 가야 한다.

(82나)에서는 '-다마는'이 '-다'와 '마는'으로 분리될 수 없었지만 (83가)를 보면 '-마는'이 분석될 수 있다는 사실을 알 수 있다. (83나)의 경우에서는 '도'가 따로 분석되지 않고 '-더라도'가 하나의 단위로 기능함을 볼 수 있다.

이번에는 (79마)의 경우를 다음과 같이 살펴보기로 하자.

> (84) 가. 경기에 {*질지라, 질지라도} 정당하게 싸워야 한다.
>   나. 그것이 {*금덩이라, 금덩이라도} 나는 안 가진다.
>   다. 또 언제는 자기 잘못이 {*아니라면, 아니라면서}?

라. {뜬소문이라, 뜬소문이라서} 다행이야.

마. 그의 말이 거짓말이 {*아니라, 아니라야} 할 텐데.

바. 그것이 꼭 {*최상품이라, 최상품이라야, 최상품이라야만} 합니까?

(84)의 예들을 검토해볼 때 '-(으)ㄹ지라도', '-라도, -라면서, -라야'는 하나의 단위로 성립될 가능성을 가지고 있음을 발견할 수 있고 그에 반해 '-라서, -라야만'의 '서'와 '만'은 분석될 수 있음을 알 수 있다.[43]

다음으로 (79바)의 '-아/어' 계열에 대해 살펴보자.

(85) 가. 빚을 {얻어, 얻어다가} 사업을 시작했다.

나. 겉은 {*검어, 검어도} 속은 희다.

나'. 그 음식을 {먹어, 먹어도} 보았다.

다. 짐을 {덜어, 덜어서} 다른 차에 싣자.

다'. 강이 {깊어, 깊어서} 아이가 건너기는 어려울 것이다.

다". 그는 워낙 성실한 {*사람이어, 사람이어서} 무엇을 해도 성공할 것이다.

라. 사람은 {*먹어, 먹어야} 산다.

마. 그가 {*살아, 살아야, 살아야만} 나도 살 수 있다.

(85가)를 통해서는 보조사 '다가'를 따로 분석할 수 있다. (85나)와 (85나')은 같은 '-어도'의 구성이라도 보조 용언과 결합하는 경우에는 '도'가 분석될 수 있지만 '가정이나 양보'의 의미로 사용되는 '-어도'는 분석되기 어려움을 보여 주고 있다. 이 점은 두 구성 모두에서 '도'가 분석되는 앞서의 '-고도'와도 차이가 나는 부분이다.

---

43) '-라도, -라면서, -라야'는 모두 '이-'와 결합하는 어미들인데 이 가운데 '-라도'와의 결합형 '(이)라도'는 이미 §8.1.3에서 보조사로 언급한 바 있다. 따라서 '-라야'나 '-라면서'도 '(이)라야', '(이)라면서'의 형식으로 보조사로 간주할 수 있다. 한편 국립국어원의 『표준국어대사전』에서는 '(이)라면서'는 보조사로 간주하고 있지 않은 대신 '(이)라서'는 보조사로 처리하고 있다.

한편 (85다, 다', 다")은 '-어서'와 관련하여 흥미로운 일면을 보여 주고 있다. 즉 (85다)는 '시간적 선후 관계'를 나타내고 (85다', 다")은 '이유나 근거'의 의미를 지니고 있지만 특히 후자에서 '-어서'가 서로 같은 행동을 보이지 않는 것이다. 이러한 현상을 토대로 하면 '(이)어서'는 하나의 단위로 간주되고 이것은 '이-'의 특이성에 말미암은 것이라고 할 수밖에는 없을 것이다.

(85라)와 (85마)를 통해서는 '-어야'가 하나의 단위로 다루어질 수 있고 '만'은 따로 분석될 수 있음을 알 수 있다.

마지막으로 (79사)에 대해 살펴보기로 하자.

> (86) 가. 몸은 비록 {*늙었지, 늙었지마는} 마음은 젊다.
>   나. 어서 {가지, 가지요}.

(86가)를 통해서는 '-지마는'을 하나의 단위로 다루는 것이 자연스럽다는 것을 알 수 있다. (86나)는 '요'가 따로 보조사로 분석되어야 함을 말해 주고 있다.

이처럼 '분석'의 가능성을 여러 가지로 설정할 수 있는 것은 한국어가 교착어로서 어미와 조사가 별다른 형식의 변화를 보이지 않은 채 하나의 단위 즉 어미로 굳어가는 것들이 있기 때문이다. 정리하자면 같은 '-고'와 '는'이 결합한 것이라도 분석되는 '-고는'이 존재하고[(80가)] 그렇지 않은 '-고는'이 존재하는 것이며[(80가)] 같은 '-기'와 '에'가 결합한 것이라도 분석되는 '-기에'가 존재하고[(81나)] 그렇지 않은 '-기에'가 존재하는 것이다[(81가)]. 마찬가지로 같은 '-어'와 '도'가 결합한 것이라도 분석되는 '-어도'가 존재하고[(85나)] 그렇지 않은 '-어도'가 존재하며[(85나)] 같은 '-어'와 '서'가 결합한 것이라도 분석되는 '-어서'가 존재하고[(85다), (85다')]

그렇지 않은 '-어서'가 존재한다[(85다")]. 또한 같은 '-마는'의 경우에도 이것이 보조사로 분석되는 경우가 존재하고[(83가)] 그렇지 않은 경우가 존재하는 것이다[(82나), (86가)].

이를 표로 제시하면 다음과 같다.

(87)

어미+조사	조사 분석 가능	조사 분석 불가능
'-고는'	'전제나 조건'[(80가)]	'같은 일의 반복' 혹은 '습관'[(80가)]
'-기에'	'전제나 조건'[(81나)]	'원인이나 근거'[(81가)]
'-어도'	보조 용언과 결합[(85나')]	'가정이나 양보'[(85나)]
'-어서'	'시간적 선후 관계'[(85다)] '이유나 근거'[(85다')]	'이유나 근거'를 나타내고 '이어서'로 나타날 경우[(85다")]
'-더니마는'	'원인이나 근거'[(83가)]	
'-다마는'		'반대되는 내용'[(82나)]
'-지마는'		'반대되는 내용이나 조건'[(86가)]

어미와 조사의 결합이 줄임을 통해서 하나의 어미로 변하기도 한다.

(88) 가. 그는 지각을 {했다면서, 했다고 하면서} 바쁘게 나갔다.
    가'. 언제는 돈이 없어 물건을 살 수 {없다면서, *없다고 하면서}?
    나. 친하게 {지내자면서, 지내자고 하면서} 먼저 손을 내밀었다.
    나'. 언제는 식사나 한 번 {하자면서, *하자고 하면서}?

(88가, 나)의 '-다면서', '-자면서'는 '-다고 하면서', '-자고 하면서'가 줄어든 것이고 이는 다시 원래 모습으로 환원될 수 있다. 그러나 (88가', 나')의 '-다면서', '-자면서'는 '-다고 하면서', '-자고 하면서'로 환원할 수 없고 문장 끝에 사용되고 있다는 점에서 종결 어미화한 것임을 알 수 있다.

8.2.4. 어간과 어미 결합의 불완전성

어간과 어미의 결합도 체언과 조사의 결합처럼 일종의 패러다임을 이룬다.

(89)

어미 어간	-다	-고	-지	-(으)니	-(으)며	-어	-어서	…
먹-	먹다	먹고	먹지	먹으니	먹으며	먹어	먹어서	…
예쁘-	예쁘다	예쁘고	예쁘지	예쁘니	예쁘며	예뻐	예뻐서	…
⋮	⋮	⋮	⋮	⋮	⋮	⋮	⋮	

그리고 (89)에서 보이는 것처럼 특별한 경우가[44] 아니면 빈칸(gap)이 나타나지 않는다. 그런데 어간 가운데는 어미와의 결합이 극히 제한되어 빈칸이 훨씬 많은 경우가 나타난다. 이 역시 불완전(defective) 패러다임이라 할 수 있다. 어미 결합의 불완전 패러다임도 그 전체 결합체를 하나의 단어로 굳어지게 할 가능성이 높다는 점에서 한국어의 교착어적 성격을 드러내는 것으로 간주할 수 있다.

어미 결합의 불완전 패러다임은 크게 연결 어미와 전성 어미 그리고 연결 어미와 전성 어미가 모두 나타나는 경우의 셋으로 나눌 수 있다.

---

44) 가령 동사의 경우에는 '-는-' 계열 어미가 결합할 수 있지만 형용사의 경우에는 결합할 수 없는 경우가 이에 속한다. 앞서 형용사의 경우 '-나'나 '-디-'를 매개로 반복 구성이 가능하고 동사는 불가능하다고 한 것도 이러한 경우에 속한다. 또한 연결 어미 가운데 형용사와는 결합이 잘 되지 않고 동사와만 결합하는 다음의 경우들도 참고할 필요가 있다.
　가. 내일부터 살을 빼려고 한다.
　나. 선물을 미리 구경하러 가자.
　다. 일을 마치고서 쉬는 게 어떨까?
(가, 나, 다)의 '-(으)려고', '-(으)러', '-고서'는 동작을 전제로 하는 연결 어미들이기 때문에 형용사와는 결합하지 않는다.

8.2.4.1. 연결 어미 결합의 불완전성

먼저 일부의 연결 어미와만 결합하여 패러다임의 불완전성이 결과되는
경우를 들 수 있다. 이 가운데 가장 제한적인 어미 결합을 보이는 것들은
연결 어미 가운데 어느 하나와만 결합하는 다음 예들이라 할 수 있다. 어
간은 편의상 'X'로 표시하기로 한다.[45]

> (90) 가. [X아]형 : 귀담아, 머지않아, 번갈아, 붙박아, 엇갈아, 연달아, 잇
> 달아, 줄지어, 철찾아, 반하여, 비하여
> 　　　나. [X게]형 : 때맞게, 발밭게,[46] 중뿔나게, 참따랗게, 참땋게
> 　　　다. [X어도]형 : 암만해도
> 　　　라. [X듯]형 : 조비비듯
> 　　　마. [X고]형 : 까놓고, 덮어놓고,[47] 막론하고, 불구하고, 폐일언하고,
> 허위단심하고
> 　　　바. [X어야]형 : 끽해야
> 　　　사. [X지]형 : 서슴지
> 　　　아. [X아(서)]형 : 장난삼아(서), 줄잡아(서)

(90)에 제시된 예들은 하나의 어미와만 결합한다는 점에서 그만큼 한
단어로 굳어질 가능성이 높다고 할 수 있다.

다음은 용언이 두 가지 혹은 세 가지의 연결 어미와만 결합하는 경우들
이다.

> (91) 가. [X어/지]형 : 더불어/더불지
> 　　　나. [X아/고]형 : 넉넉잡아/넉넉잡고
> 　　　다. [X게/니]형 : 댕그랗게/댕그라니

---

45) 부사형 전성 어미로도 간주할 수 있는 것들은 (78)의 체계에 따라 우선 연결 어미로 간
주하여 기술하기로 한다. 아래도 마찬가지이다.
46) '발밭다'는 '기회를 놓치지 않고 재빠르게 붙잡아 이용하는 소질이 있다'의 의미.
47) '옳고 그름이나 형편 따위를 헤아리지 아니하다'의 의미.

라. [X아/고/러]형 : 데려/데리고/데리러 cf. 데릴사위

(91)에 제시된 예들은 용언 어간이 두 개 혹은 세 개의 어미와 결합하는 경우들인데 그 어미들도 모두 연결 어미라는 점에서 공통된다. (91라)에서 참고로 제시한 '데릴사위'의 '데릴'은 관형사형 어미 결합형인데 이는 단어 내부에서 후행하는 '사위'라는 명사를 수식하기 위해 나타난 요소로 보이고 실제 문장에서는 사용되지 않는다.

8.2.4.2. 전성 어미 결합의 불완전성

다음으로 일부의 전성 어미와만 결합하여 패러다임의 불완전성이 결과되는 경우를 들 수 있다.

(92) 가. [X(으)ㄴ]형 : 괜한, 막다른, 만삭된, 말라빠진,[48] 머나먼, 무게실린, 생때같은, 수많은, 아낌없는, 열띤, 입바른, 자랑찬, 주된(주되는), 진정한, 짚이는, 철면피한, 크나큰, 피비린, 해묵은, 허구한
　　가′. [X는/이]형 : 더없는/더없이, 수없는/수없이, 아낌없는/아낌없이, 무리없는/무리없이, 서슴없는/서슴없이, 성역없는/성역없이, 센스없는/센스없이, 소신없는/소신없이, 애정없는/애정없이, 중단없는/중단없이, 활력없는/활력없이, 쓸모없는/쓸모없이, 열화같은/열화같이
　　나. [X을]형 : 난장맞을
　　다. [X은/을]형 : 말라죽은/말라죽을[49]

(92)에서 볼 수 있는 바와 같이 전성 어미 가운데는 대부분 관형사형 전성 어미가 불완전 패러다임에 참여하고 있음을 볼 수 있다. (92가)는 관형사형 전성 어미 가운데 '-(으)ㄴ'이 결합한 예이다.

---

48) '몹시 하찮고 보잘것없다'의 의미.
49) '아무 쓸데없다'의 의미.

흥미로운 것은 (92가')이다. (92가')도 넓은 의미에서는 (92가)에 속하는 예라고 할 수 있지만 우선 '열화같은'의 경우만 제외하면 '없는'으로만 나타난다는 점에서 공통성이 있으며 이 예를 포함하여 (92가')의 모든 예들이 부사 파생 접미사 '-이'가 결합된 단어도 존재한다는 점에서 (92가)와는 차이가 있다. (92나)는 관형사형 전성 어미 '-을'과 결합하는 예이며 (92다)는 관형사형 전성 어미 '-은'과 '-을' 두 가지만 결합하는 예이다.

8.2.4.3. 연결 어미와 전성 어미 결합의 불완전성

다음은 일부의 연결 어미와 일부의 전성어미와만 결합하여 패러다임의 불완전성이 결과되는 경우들이다.

> (93) 가. [X게/(으)ㄴ]형 : 막되게/막된, 뼈있게/뼈있는, 쓸모있게/쓸모있는, 애정있게/애정있는, 참답게/참다운, 특색있게/특색있는, 피나게/ 피나는, 활력있게/활력있는
> 나. [X아/ㄴ]형 : 관하여/관한, 대하여/대한, 보다못해/보다못한, 의하 여/의한, 인하여/인한, 즈음하여/즈음한, 참다못해/참다못한
> 다. [X어서/ㄴ]형 : 여간해서/여간한
> 라. [X게/ㄹ]형 : 우라지게/우라질[50)

(93가, 나, 다)는 관형사형 전성 어미가 '-(으)ㄴ'인 경우이고 (93라)는 관형사형 전성 어미가 '-ㄹ'인 경우이다. (93가)의 경우에는 '있다'와 결합한 경우가 많은데 이는 앞서 '없다'와 결합한 경우와 비교할 만하다.

다음 예는 연결 어미와 전성 어미가 한정된 결합을 보이는 경우이기는 하지만 명사형 전성 어미 '-기'가 나타나고 있다는 점에서 특별하다고 할 수 있다.

> (94) [X기/아/을] : 종잡기/종잡아/종잡을

---

50) '우라질'은 모양이 같은 감탄사도 존재한다.

1. 다음 문장에서 조사와 어미를 모두 찾아 이를 분류해 보자.

> 선생님께서 보내신 선물에는 '모두 열심히 공부하기 바람.'과 같이 적힌 메모와 초콜릿이 담겨 있었다. 모두들 힘차게 '파이팅'을 외치고 시험공부에 몰두하였다. 선생님은 우리가 좋은 성적을 거둘 수 있도록 끝까지 지원을 아끼지 않으셨다.

2. 본문에 제시된 '에'와 '에서'의 차이에 기반하여 다음 예문의 문법성 차이를 설명해 보자.

> 가. 나는 봄부터 동생 집에 머무르고 있다.
> 가'. 나는 봄부터 동생 집에서 머무르고 있다.
> 나. *지금까지 동생 집에 행복하게 살았다.
> 나'. 지금까지 동생 집에서 행복하게 살았다.
> 다. 동생 집에 사람들이 많이 놀러 왔다.
> 다'. *동생 집에서 사람들이 많이 놀러 왔다.[(다)의 의미로]

3. 다음 보조사들을 부사격 조사들과 다양하게 결합시켜 보고 어떤 공통점과 차이점이 있는지 말해 보자.

> 만, 까지, 부터

4. 다음은 모두 문장의 종류는 평서문이며 상대 높임법은 해체이지만 어미에 따라 그 의미에 차이가 있다. 어떤 의미 차이가 있는지 생각해 보자.

> 가. 이제 날씨가 정말 따뜻하네.
> 나. 청소는 내가 할게.
> 다. 노래는 내가 좀 하지.

5. 본문에 제시한 '데리다'의 어미 결합 양상과 이의 높임말인 '모시다'의 어미 결합 양상을 서로 비교해 보자.

6. 본문에 제시된 내용을 바탕으로 다음 예문의 '-지만'을 대등적 연결 어미와 종속적 연결
   어미 가운데 어느 것으로 분류하는 것이 좋을지 생각해 보자.

> 가. 물론 네 생각도 좋지만 오늘은 다른 사람들의 견해를 따르도록 하자.
> 나. 나는 영화를 좋아했지만 너는 연극을 좋아했다.

탐구
문제

1. 다음 (가, 가'), (나, 나')의 예문에서 나타나는 조사 '이/가', '을/를'의 성격은 어떠한지 생각해 보고 이들 조사 결합형의 문장 성분은 무엇인지 따져 보자.

> 가. 나는 밥이 먹고 싶다.
> 가'. 나는 누나가 보고 싶다.
> 나. 오늘은 여행을 떠나는 날이다.
> 나'. 이제 곧 이사를 가야 한다니 매우 서운하다.

2. 부사격 조사는 의미격 조사로도 부르는 만큼 그 의미에 따라 명칭을 세분하는 일이 많다. 본문의 내용을 참고로 하여 이러한 것들에는 어떤 것들이 있는지 조사해 보자.

3. 다음 예문을 참고하여 아래에 제시한 연결 어미들은 어떤 양상을 보이는지 검토해 보자.

> 가. 나는 공부를 {하고, 했고} 친구는 밥을 먹었다.
> 가'. 나는 공부를 {*하며, 했으며} 친구는 밥을 먹었다.
> 나. 과자도 먹고 과일도 {먹자, 먹어라}.
> 나'. *과자도 먹으며 과일도 {먹자, 먹어라}.[(나)의 '-고'의 의미로]
> 다. 과자도 안 먹고 과일도 안 먹었다.
> 다'. 과자도 안 먹었으며 과일도 안 먹었다.

> '-(으)면서', '-(으)니까', '-(으)려면'

제9장 수식언 : 관형사, 부사

한국어의 품사 가운데는 뒤에 오는 말을 꾸며 주는 역할을 담당하는 것들이 있다.

> (1) 가. 도서관에 새 책이 많다.
> 가'. 도서관에 책이 많다.
> 나. 새로 지은 건물은 매우 높다.
> 나'. 새로 지은 건물은 높다.

(1가)의 '새'는 뒤에 오는 명사 '책'을 수식하여 '책'의 상태를 나타내고 있고 (1나)의 '매우'는 뒤에 오는 형용사 '높다'를 수식하여 '높다'의 정도를 나타내고 있다. 이 두 가지 말은 수식하는 품사가 달라 하나는 관형어의 역할을 하고 다른 하나는 부사어의 역할을 하지만 어떤 말을 꾸며 준다는 기능상의 공통성을 가지고 있다. 이러한 공통성에 따라 '새'와 '매우'와 같은 말들을 수식언이라 부른다.

수식언은 다른 말을 꾸며 준다고 하였는데 꾸며 주는 말은 대체로 문장에서 반드시 필요로 하는 말은 아니다. 수식언을 뺀 (1가'), (1나')의 문장이 성립에 아무런 문제가 없는 것은 이러한 특성에 따른 것이다.

그러나 수식을 받는 말과의 결합 정도는 관형사와 부사에 차이가 있다. 먼저 관형사는 그것이 꾸며 주는 체언과 밀접하게 연결되어 있다는 특징이 있다.

    (2) 가. 선생님께서는 새 책을 학생들에게 주셨다.
        가'. *선생님께서는 새 학생들에게 책을 주셨다.[(가)의 의미로]
        나. 선생님께서는 학생들에게 새 책을 주셨다.
        나'. *선생님께서는 학생들에게 책을 새 주셨다.
        다. 새 책을 선생님께서는 학생들에게 주셨다.

   (2)는 문장의 어순을 다양하게 바꾸어 본 것인데 '새 책'은 마치 하나의 어절(語節)처럼 붙어 다녀야 하고 (2가')처럼 다른 말이 그 사이에 끼어들어 갈 수도 없으며 (2나')처럼 꾸밈을 받는 말과 순서를 바꿀 수도 없다.
   따라서 다음의 경우처럼 단독으로는 묻는 말에 대한 대답으로도 쓰일 수 없다.

    (3) 가. 어떤 책을 사 왔니?
        나. *새

   이에 비하면 부사는 그것이 꾸미는 말과 어느 정도 분리하는 것이 가능하다.

    (4) 가. 자동차가 빨리 달린다.
        나. 빨리 자동차가 달린다.

   모든 부사가 그러한 것은 아니지만 '빨리'와 같은 부사는 (4나)에서 보는 바와 같이 그것이 수식하는 '달리다'와의 사이에 다른 말이 오는 것이 가능하다.
   따라서 관형사와는 달리 다음처럼 단독으로 질문에 대한 답으로 쓰이는 것이 가능하다.

    (5) 가. 차가 어떻게 달렸니?
       나. 빨리

  즉 관형사보다는 부사가 상대적으로 문장에서의 자립성이 높다고 할 수 있다.

9.1. 관형사

  관형사(冠形詞, adnoun)는 체언 앞에 분포하여 '어떤'의 의미를 가지고 그 체언을 수식하는 품사이다.[1] 체언을 수식하는 것은 물론 관형사만의 특성은 아니다.

    (6) 가. 새 책
       가'. *새의 책
       가''. *샌 책
       나. 우리 책
       나'. 우리의 책
       다. 새로운 책
       다'. 새롭게 읽었다.

  (6가, 나, 다)의 '새', '우리', '새로운'은 모두 다음에 오는 '책'을 수식한다는 점에서 관형어의 자격을 가지고 있다. 그러나 (6가')에서 볼 수 있는 바

---

1) 국립국어연구원(2002 : 21)에 따르면 종이로 편찬한 『표준국어대사전』(1999)의 전체 표제어 509,076개 가운데 관형사는 1,685개로 0.33%를 차지하고 있다. 부사가 17,895개로 3.52%임을 염두에 둘 때 상대적으로 비중이 높지 않다.

와 같이 관형사 '새'는 관형격 조사 '의'와 결합할 수 없을 뿐만 아니라 어떠한 조사와도 결합할 수 없다. 마찬가지로 (6가")에서 볼 수 있는 바와 같이 관형사형 어미 '-ㄴ'과 결합할 수 없을 뿐만 아니라 어떠한 어미와도 결합할 수 없다. 이러한 점에서 (6나)에서처럼 관형격 조사와 결합할 수 있는 체언 '우리'와 (6다)에서처럼 부사형 어미와도 결합할 수 있는 용언 '새롭다'와 차이가 있다.

관형사는 그 의미적 특성에 따라 성상 관형사, 지시 관형사, 수 관형사로 나눌 수 있다.

9.1.1. 성상 관형사

성상(性狀) 관형사란 꾸밈을 받는 체언의 성질(性質)이나 상태(狀態)를 나타내 주는 관형사를 일컫는데 이에는 고유어 성상 관형사와 한자어 성상 관형사가 있다.

> (7) 가. 맨('맨 꼭대기'), 새('새 친구'), 애먼('애먼 사람'), 제까짓(제깟)('제까짓 녀석'), 네까짓(네깟)('네까짓 놈')[2]
> 　　나. 고얀('고얀 녀석'), 오랜('오랜 세월'), 외딴('외딴 섬'), 허튼('허튼 마음'), 헌('헌 옷') ; 긴긴('긴긴 세월'), 먼먼('먼먼 길')
> 　　나'. 몹쓸('몹쓸 병')
> 　　다. 옛('옛 추억')

(7)은 고유어 성상 관형사의 예인데 원래부터 관형사인 예들은 그리 많지 않아 보인다.[3] (7나, 나')은 용언의 관형사형이 성상 관형사로 굳어진

2) '겨우 너만 한 정도의'의 의미를 가지는 '네까짓'의 줄임형 '네깟'은 구어에서는 '네깐'으로도 실현된다.
3) 사전에서 '관형사'를 검색하면 적지 않은 예들이 나오는데 대부분은 '경제적'처럼 '-的'

경우인데 (7나)에서 보는 바와 같이 '-ㄴ' 관형사형이 대부분이고 '-ㄹ' 관형사형은 '몹쓸' 하나 정도이다.[4] (7나)의 '긴긴'과 '먼먼'은, '긴'과 '먼' 은 관형사가 아닌데 이의 반복형이 관형사가 되었다는 점에서 특이한 예 에 속한다. '허튼'처럼 관형사형의 어간 가운데는 현대 한국어에서는 다른 쓰임을 찾기 어려운 것도 있다. 이러한 사실을 고려하면 (7가)의 '맨', '애 먼'도 '-ㄴ' 관형사형이 굳어진 것일 가능성이 있다. 한편 (7다)의 '옛'은 사이시옷 결합형이 관형사로 굳어진 것이다.

> (8) 가. 구(舊)('구 시민 회관'), 순(純)('순 살코기')
> 나. 일대(一大)('일대 혼란')
> 다. 별(別)('별 사이'), 별별(別別)('별별 음식')
> cf. 별의별(別의別)('별의별 생각')

(8)은 한자어 성상 관형사의 예이다. (8가)는 일음절 한자어 성상 관형사 이고 (8나)는 이음절 한자어 성상 관형사의 예이다. (8다)의 '별별'도 이음 절 한자어 성상 관형사의 예라고 할 수 있지만 이것은 일음절 한자어 성 상 관형사 '별'이 반복된 것으로서 앞의 고유어 성상 관형사 '긴긴, 먼먼' 과 흡사하다고 할 수 있다.

홍미로운 것은 (8다)에서 참고로 제시한 '별의별'인데 이때 '의'는 관형격 조사이다. 관형격 조사는 체언에만 결합하므로 그 앞의 '별'은 체언, 그 가 운데서도 명사의 자격을 가지고 있음을 알 수 있다. 이는 '별로'라는 말이 존재하는 것으로 보아 더욱 분명해진다.[5] 따라서 이러한 점을 중시한다면

이 결합한 말들이다. 이들은 대부분의 사전류에서는 명사와 관형사의 두 가지 품사로 쓰 이는 예들로 제시되어 있다. 여기에서는 대명사로도 쓰이는 '이, 그, 저', '모', 수사로도 쓰이는 '다섯, 여섯' 등을 제외하고는 대체로 관형사의 용법만 가지고 있는 것들을 다루 기로 한다.
4) '몹쓸'은 기원적으로 '몯+쁘-+-ㄹ'에서 형태의 변화가 생긴 것이다.

'별별'이나 '별'도 명사가 관형사로 바뀐 것이라는 해석을 할 수도 있다.

일음절 한자어 성상 관형사는 한자의 특성상 새로운 단어 형성에 참여하는 접두사와 혼동될 가능성이 없지 않다.

> (9) 가. 구대륙, 구시대, 구시가, 구제도 …
> 나. 순금, 순면, 순모, 순색 …

(9가)의 단어들에서의 '구(舊)-'와 (9나)의 단어들에서의 '순(純)-'은 (8가)의 '구', '순'과는 달리 새로운 단어 형성에 참여하고 있기 때문에 접두사로 간주된다.6) 그러나 다음과 같은 방법을 통해 관형사와 접두사를 구별할 수 있다.

> (10) 가. *구[시대와 제도]
> 가'. 구시대와 구제도
> 나. 구 [시민 회관과 광장]

(10가)는 접두사 '구-'가 단어 형성에 참여한 것이므로 '시대와 제도'와 같은 구(句)에는 결합할 수 없어 (10가')처럼 표현해야 하지만 관형사로 쓰인 '구'는 (10나)처럼 구(句)에 결합할 수 있다.

또한 '구가(舊家)', '구관(舊官)', '구물(舊物)' 등에도 '구-'가 나타나지만 나머지 요소인 '-가', '-관', '-물' 등이 자립성이 없는 어근에 해당하므로

---

5) 고유어 성상 관형사 '새'도 원래는 명사의 자격을 가지고 있었다. '새롭다'라는 단어에서 접미사 '-롭-'은 체언이 아니므로 관형사와는 결합할 수 없고 '명예롭다, 신비롭다'와 같은 말들을 참고하면 '-롭-'에 선행하는 말은 명사의 자격을 가지고 있음을 알 수 있다. 더군다나 중세 한국어에서는 '이 나래 새롤 맛보고(此日嘗新)<두시언해 초간본 15 : 23>'에서처럼 '새'가 '새 것'의 의미를 가지는 명사였음을 알게 해 주는 예들이 적지 않다.

6) 국립국어원의 『표준국어대사전』에서는 '구(舊)-'는 접두사로 등재되어 있고 '순(純)-'은 접두사로 등재되어 있지 않다.

이때는 '구-'도 어근으로 간주하는 것이 좋다.

9.1.2. 지시 관형사

지시 관형사란 특정한 대상을 지시하여 가리키는 관형사를 일컫는다. 이에는 고유어 '이', '그', '저'가 대표적이다.

> (11) 가. 이, 이까짓(이깟), 이딴, 이만
> 가'. 요, 요까짓(요깟), 요만
> 나. 요런, 요런조런, 이런, 이런저런
>
> (12) 가. 그, 그까짓(그깟), 그딴, 그만
> 가'. 고, 고까짓(고깟), 고만
> 나. 고런, 그런, 그런저런
>
> (13) 가. 저, 저까짓(저깟), 저딴, 저만
> 가'. 조, 조까짓(조깟), 조만
> 나. 저런, 조런

(11)은 '이' 계열 고유어 지시 관형사, (12)는 '그' 계열 고유어 지시 관형사, (13)은 '저' 계열 고유어 지시 관형사의 예이다. 대명사 때와 마찬가지로 '이' 계열은 화자나 화자 가까이에 있는 사물을 지시하고 '그' 계열은 청자나 청자 가까이에 있는 사물을 지시하며 '저' 계열은 화자와 청자 모두에서 먼 것을 지시한다.

지시 관형사에는 '이', '그', '저' 계열 이외에 다음과 같은 것들도 포함된다.

> (14) 가. 바른(=오른)('바른 무릎'), 오른('오른 주먹'), 왼('왼 다리') ; 다른

('다른 책'), 딴('딴 장소'), 여느('여느 가족')

　나. 무슨('무슨 말'), 어느('어느 쪽'), 어떤('어떤 경우'), 웬('웬 까닭',

　　　'웬 사내') ; 아무런('아무런 이유')

(14)는 고유어 지시 관형사의 예인데 고유어 성상 관형사와 마찬가지로 '-ㄴ' 관형사형이 그대로 굳은 것들이 많다. '바른, 오른, 왼, 다른, 딴, 어떤, 아무런' 등이 모두 이에 속한다고 할 수 있고 '웬'도 그럴 가능성이 높아 보인다.

(14가)의 '바른, 오른, 왼'은 '방향'을 지시하는 고유어 지시 관형사이고 '다른, 딴, 여느'는 언급 대상 '이외'의 것을 지시하는 고유어 지시 관형사이다. 이때 '다른'은 '딴'과 마찬가지로 '他'의 의미를 가지는 것으로서 '같지 않다(不同, 異)'의 의미를 가지는 '다르다'의 관형사형 '다른'과는 구별할 필요가 있다.

(15) 가. 다른 사람들은 어디 있지?

　　　나. 생각이 다른 사람들과는 얘기가 잘 통하지 않는다.

(15가)의 '다른'은 '他'의 의미를 가지는 관형사이고 (15나)는 '같지 않은'의 의미를 가지는 '다르다'의 관형사형 '다른'이다. 뒤의 것은 용언이기 때문에 (15나)에서 볼 수 있는 바와 같이 '생각이'와 같은 주어를 가질 수도 있고 경우에 따라서는 부사형 '다르게'로도 바뀔 수 있지만 (15가)의 '다른'은 관형사이기 때문에 주어를 가질 수도 없고 다른 모양으로 바뀔 수도 없다.

(14나)의 '무슨, 어느, 어떤, 웬'은 '부정(不定)'이나 '의문'을 나타내는 데 사용되는 고유어 지시 관형사이고 '아무런'은 '부정(不定)'을 나타내는 고유어 지시 관형사이다.

한자어에서도 지시 관형사를 찾을 수 있다.

> (16) 가. 귀(貴)('귀 신문사'), 당(當)('당 열차'), 동(同)('동 회사'), 본(本)('본 사건'), 전(全)('전 세계'), 현(現)('현 총장') 각(各)('각 가정')
> 나. 모(某)('모 소식통')

(16가)는 지시 대상이 분명한 한자어 지시 관형사의 예들이고 (16나)의 '모'는 지시 대상이 부정적(不定的)일 때 사용되는 한자어 지시 관형사이다. (16)의 예들은 대체로 구어보다는 문어에서 많이 쓰인다는 특징을 갖는다.

9.1.3. 수 관형사

수 관형사란 사물의 수량이나 순서를 나타내거나 수량을 표시하는 말과 함께 쓰이는 관형사를 일컫는다.

> (17) 가. 첫, 한, 두, 세(서, 석), 네(너, 넉), 다섯(닷), 여섯(엿), 일곱 … 스무 …
> 나. 한두, 두어, 두서너, 서너, 두어 … 여러
> 나'. 일이(一二), 이삼(二三), 삼사(三四) …

(17)은 사물의 수량이나 순서를 나타내는 수 관형사의 예이다. (17가)는 정수(定數)를, (17나, 나')은 부정수(不定數)를 나타내는데 (17나)는 고유어, (17나')은 한자어 수 관형사이다.

앞서 수사에서 살펴본 것처럼 '다섯'부터는 수사와 모양이 같은 것이 많지만 '한, 두, 세, 네' 등은 수사와 모양이 다를 뿐만 아니라 그 분포도 다르기 때문에 수 관형사를 설정하는 이유가 충분하다고 할 수 있다.

특히 (17)의 수 관형사들은 다음에서 보는 바와 같이 단위성 의존 명사와 결합할 수 있다는 특성을 가지고 있다.

> (18) 가. { 한, 두, 세 … } { 명, 개, 채 … }
> 나. { 한두, 두서, 일이, 이삼 … 여러} { 명, 개, 채 … }

그런데 다음의 수 관형사들은 그 자체로 수량을 나타내지는 않고 수량을 나타내는 체언과 사용된다는 점에서 (17)의 것들과 분포적 차이가 있다.

> (19) 근(近)('근 한 시간'), 약(約)('약 2만 개'), 단(單)('단 한 발'), 연(延)('연 10만 명'), 총(總)('총 10만 명')

그리고 이러한 분포를 보이는 것은 모두 한자어라는 것도 특징이다.

다음의 고유어 수 관형사는 지시하는 수량이 부정적(不定的)이라는 점에서 (17나)에 포함시켜 다룰 수도 있지만 서로 분포가 다르다는 점에서 구별할 필요가 있다.

> (20) 가. 뭇('뭇 짐승'), 온('온 힘'), 온갖('온갖 고생'), 모든('모든 일')
> 나. 제(諸)('제 비용')

우선 (20가)는 고유어 수 관형사의 예인데 '뭇'은 (7다)의 '옛'과 마찬가지로 사이시옷 결합형이 관형사화한 것이다. 현대 한국어 '무리'의 옛말 '물'에 사이시옷이 결합한 '뭀'에서 'ㄹ'이 탈락한 형태이다. '온'과7) '모든'은 '-ㄴ' 관형사형이 굳어진 것이고 (20나)는 한자어 수 관형사이다.

---

7) '온'은 현대 한국어에서는 쓰이지 않지만 '줄'의 의미를 가지는 '오올다'의 관형사형 '오온'이 변해서 된 것이다. '百'의 의미를 가지는 고유어도 '온'이어서 관형사 '온'이 여기에서 온 것으로 보는 견해도 있지만 관형사로 쓰인 '온'은 성조가 상성인 데 비해 '百'의 의미를 가지는 '온'은 성조가 거성으로서 서로 구분되었다.

(20)의 예들은 수량과 관련이 된다는 점에서 수 관형사의 테두리에 들어오지만 다음 (21)에서 보는 바와 같이 '한, 두, 세'처럼 단위성 의존 명사와 결합할 수도 없고 '근, 약, 단'처럼 수량을 나타내는 말과도 결합할 수 없다는 특징을 갖는다.

(21) 가. *{뭇, 온, 온갖, 모든, 제} {명, 개, 채 … }
　　　나. *{뭇, 온, 온갖, 모든, 제} {한 시간, 2만 개, 10만 명 …}

지금까지 살펴본 성상 관형사, 지시 관형사, 수 관형사는 여럿이 함께 나타날 수 있다. 그런데 이때에는 일정한 순서가 있다.

(22) 가. 저 새 책은 어디에서 샀니?
　　　가'. *새 그 책은 어디에서 샀니?
　　　나. 그 모든 책임은 나에게 있다.
　　　나'. *모든 그 책임은 나에게 있다.
　　　다. 오늘은 이 모든 헌 물건들을 정리하기로 하자.
　　　다'. *오늘은 헌 이 모든 물건들을 정리하기로 하자.
　　　다". *오늘은 모든 헌 이 물건들을 정리하기로 하자.

(22가, 가')을 보면 지시 관형사 '저'와 성상 관형사 '새'가 함께 나타날 경우 지시 관형사가 선행하고 성상 관형사가 후행한다는 것을 알 수 있다. (22나, 나')에서는 지시 관형사 '그'와 수 관형사 '모든'이 함께 나타날 경우 지시 관형사가 선행하고 수 관형사가 후행한다는 것을 보여 준다. (22다, 다', 다")을 통해서는 지시 관형사 '이'와 수 관형사 '모든', 성상 관형사 '헌'이 함께 나타날 경우 지시 관형사가 맨 앞이고 그 다음이 수 관형사 그리고 마지막이 성상 관형사의 순서로 결합한다는 것을 알 수 있다.

9.2. 부사

부사(副詞, adverb)는 용언 또는 다른 말 앞에 분포하여 '어떻게'의 의미를 가지고 그 말을 수식하는 품사이다.[8] 용언 또는 다른 말을 수식하는 것은 물론 부사만의 특성은 아니다.

> (23) 가. 빨리 달린다.
> 가'. 빨리는 달린다.
> 가". *빨린 자동차
> 나. 빠르게 달린다.
> 나'. 빠르게는 달린다.
> 나". 빠른 자동차

(23가, 나)의 '빨리'와 '빠르게'는 모두 '달리다'라는 용언을 수식하고 있다는 점에서 공통적이며 (23가', 나')에서 보는 바와 같이 보조사를 취할 수도 있다. 그러나 (23가")에서 보는 바와 같이 부사 '빨리'는 어미를 취해 명사 '자동차'를 수식할 수 없으나 (23나")에서 보는 바와 같이 '빠르다'는 어미를 바꾸어 '빠른'의 형태로 '자동차'를 수식할 수 있다는 점에서 차이가 있다.

부사는 우선 수식 범위에 따라 크게 성분 부사와 문장 부사로 나눌 수 있다.

---

8) 국립국어연구원(2002 : 21)에 따르면 종이로 편찬한 『표준국어대사전』(1999)의 전체 표제어 509,076개 가운데 부사는 17,895개로 3.52%를 차지하고 있는데 관형사가 1,685개로 0.33%를 차지하고 있음을 염두에 둘 때 상대적으로 비중이 꽤 높다고 할 수 있다. 이는 의성어나 의태어가 대부분 부사로 처리된 데 하나의 이유가 있다.

9.2.1. 성분 부사

성분 부사란 부사 가운데 특정한 성분을 수식하는 부사를 말하는데 특정한 성분의 성격에 따라 성상 부사, 지시 부사, 부정 부사로 더 나눌 수 있다.

9.2.1.1. 성상 부사

성상 부사란 주로 용언의 앞에서 그 용언의 성질이나 상태를 나타내 주는 부사이다.

> (24) 가. 잘('잘 논다'), 높이('높이 난다'), 멀리('멀리 본다'), 빨리('빨리 달린다'), 자주('자주 드나든다') …
> 나. 매우('매우 높다'), 가장('가장 크다'), 아주('아주 예쁘다'), 무척('무척 많다'), 몹시('몹시 춥다') …
> 다. 급히('급히 뛰어간다' , '급히 필요하다'), 너무('너무 걱정한다', '너무 어렵다'), 많이('많이 먹는다', '많이 덥다'), 아직('아직 잔다', '아직 아프다') …

(24)는 성상 부사를, 수식하는 용언의 품사에 따라 나누어 본 것이다. (24가)는 동사를 수식하는 부사들의 예이고 (24나)는 형용사를 수식하는 부사들의 예이며 (24다)는 동사와 형용사를 모두 수식할 수 있는 부사들의 예이다.

(24가, 나)의 부사들은 반의 관계를 보이는 말들과의 관계에서 흥미로운 일면이 드러난다. (24가)의 부사들은 수식을 받는 동사들을 고정시키고 수식하는 부사를 변화시켜 반의 관계를 나타내지만 (24나)의 부사들은 수식하는 부사를 고정시키고 수식을 받는 형용사를 변화시켜 반의 관계를 나타낸다.

(25) 가. {잘, 못} 논다 / {멀리, 가까이} 본다 / {빨리, 천천히} 달린다
　　 나. 매우 {높다, 낮다} / 가장 {크다, 작다} / 무척 {많다, 적다}

　(24나)의 부사들을 달리 '정도 부사'라고 부르는 것은 이러한 속성에 따른 것이다.[9] 특히 이러한 정도 부사들은 용언이 아니라 다른 부사나 관형사를 수식하기도 한다.

(26) 가. 매우 잘 논다
　　 나. 가장 높이 난다
　　 다. 아주 멀리 본다
　　 라. 무척 빨리 달린다
　　 마. 몹시 자주 드나든다

　(26)은 (24)에서 제시된 예들을 결합시켜 만든 예문인데 (24나)의 부사들이 다시 (24가)의 부사를 수식할 수 있음을 볼 수 있다. 따라서 그 구조를 계층적으로 나타낸다면 (26)의 예들은 다음과 같이 나타낼 수 있다.

(26') 가. [[[매우] 잘] 논다]
　　　 나. [[[가장] 높이] 난다]
　　　 다. [[[아주] 멀리] 본다]
　　　 라. [[[무척] 빨리] 달린다]
　　　 마. [[[몹시] 자주] 드나든다]

　이것은 가령 (26'가)를 보면 '매우'는 '잘 논다'를 수식하는 것이 아니라 먼저 '잘'을 수식하고 '매우 잘'이 '논다'를 수식하는 것으로 본다는 의미를 갖는다. 이해의 편의를 위해 이를 도식화하면 다음과 같다.

---

9) 정도 부사에는 (24다)의 '너무'도 포함된다.

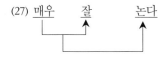

(27) 매우   잘   논다

정도 부사는 관형사도 수식할 수 있다.

(28) {매우, 가장, 아주, 무척, 몹시} {새, 헌} 책

(28)은 정도 부사가 관형사를 수식하는 경우를 든 것이다. 이 경우에도 가령 '매우 새 책'은 '[매우[새[책]]]'이 아니라 '[[[매우]새]책]'의 구조를 갖는다는 것이다.

역시 이를 도식화하면 다음과 같다.

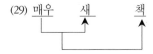

(29) 매우   새   책

이러한 구조는 '새 책'이 '이'와 같은 지시 관형사의 수식을 받을 때와 는 구조가 다르다는 점에 유의할 필요가 있다. 즉 '이 새 책'은 '[[[이]새] 책]'이 아니라 [이[새[책]]]'의 구조를 갖는다는 것이다. 대조를 위해 '이 새 책'의 구조를 도식화하면 다음과 같다.

(30) 이   새   책

정리하자면 '매우 새 책'은 '매우 새'가 관형사구를 이루어 명사 책을 꾸미는 것이고 '이 새 책'은 관형사 '이'가 '새 책'이라는 명사구를 꾸미는 구조를 갖는 것이다. 앞서 언급한 바와 같이 관형사는 체언만을 수식하기

때문이다.

한편 한국어에서는 모양을 흉내 낸 의태어와 소리를 흉내 낸 의성어도 성상 부사의 테두리에 들어온다.

(31) 가. 엉금엉금('엉금엉금 기어간다'), 깡충깡충('깡충깡충 뛴다'), 반짝
반짝('반짝반짝 빛난다'), 대굴대굴('대굴대굴 구른다'), 활짝('활
짝 핀다') …
나. 졸졸('졸졸 흐른다'), 개굴개굴('개굴개굴 운다'), 땡땡('땡땡 울린
다'), 우당탕('우당탕 떨어진다') …

(31가)는 의태 부사의 예이고 (31나)는 의성 부사의 예인데 이들은 대체로 모두 동사를 수식한다는 공통성을 갖는다.[10]

성상 부사에서 문제가 되는 것은 다음처럼 명사 앞에 위치하는 부사를 인정할 것인가 하는 점이다.

(32) 가. 책상 바로 앞에 돈이 떨어져 있다.
가'. 바로 앉아서 수업을 들어라.
나. 방학이 겨우 하루만 남았다.
나'. 시험에 겨우 합격했다.
다. 그 사람은 아주 부자는 아니지만 살림이 넉넉한 편이다.
다'. 이번 시험 문제는 아주 쉽다.

(32가, 나, 다)의 '바로', '겨우', '아주'는 각각 '앞', '하루', '부자'라는 명사 앞에 쓰이고 있다. 이들과 의미 차이가 전혀 없는 것은 아니지만 (32가', 나', 다')을 보면 '바로', '겨우', '아주'가 부사라는 점은 부인하기 어렵

---

10) '의태 부사'와 '의성 부사'를 합쳐 '상징 부사'라 일컫기도 한다. 언어에 따라서는 이를 별도의 품사로 인정하는 경우도 있다. 중국어의 학교 문법도 이에 해당하는데 이를 '擬聲詞' 혹은 '象聲詞'라 부른다.

다. (32가, 나, 다)의 '바로', '겨우', '아주'를 부사로 본다면 부사가 명사 즉 체언을 수식할 수도 있다고 보아야 하지만[11] 체언을 수식하는 것이 관형사라는 점을 중시하면 이들을 관형사로 통용(通用)하는 것으로 처리하는 것도 가능해 보인다.

9.2.1.2. 지시 부사

지시 부사란 처소나 시간을 가리켜 한정하거나 앞의 이야기에 나온 내용을 가리키는 부사를 말한다.

(33) 가. 이리, 요리
　　　나. 그리, 고리
　　　다. 저리, 조리

(33)의 지시 부사 '이리, 요리', '그리, 고리', '저리, 조리'는 지시 대명사, 지시 관형사와 마찬가지로 '이리, 요리'는 화자나 화자 근처, '그리, 고리'는 청자나 청자 근처, '저리, 조리'는 화자와 청자 모두에서 먼 장소를 가리킨다.

(34) {이리, 요리, 그리, 고리, 저리, 조리} 가면 학교가 나온다.

그런데 (33)의 부사들은 장소를 지시하는 것 이외에 행동의 방식을 가리키는 데도 쓰인다.

(35) 어쩌면 {이리, 요리, 그리, 고리, 저리, 조리} 말을 안 들을까?

---

11) 이른바 '체언 수식 부사'라는 용어는 이러한 맥락에서 나온 것이다.

가령 (35)의 '이리'는 장소가 아니라 '상태, 모양, 성질 따위가 이러한 모양'의 의미를 갖는다.[12]

지시 부사에는 다음과 같은 부사들도 포함된다.

(36) 가. 오늘('오늘 간다'), 어제('어제 결혼했다'), 내일('내일 온다'), 모레
('모레 떠난다')
나. 어찌('어찌 견디겠니?'), 아무리('아무리 악한 사람이라도'), 언제
('언제 도착하니?)

(36가)의 단어들은 시간을 가리키는 부사이고 (36나)의 단어들은 부정(不定)이나 의문을 나타내는 부사이다. 특히 (36가)의 부사들은 격 조사와 결합하면 명사로 쓰이고 (36나)의 부사 가운데 '언제'는 대명사로도 쓰인다.

(37) 가. 여기까지가 {오늘, 어제, 내일, 모레}의 과제이다.
나. 언제가 접수 마감이지?

(37가)의 '오늘, 어제, 내일, 모레'는 모두 관형격 조사 '의'와 결합할 수 있는데 따라서 이때는 명사로 쓰인 것이며 (37나)의 '언제'는 주격 조사 '가'와 결합하고 있는데 따라서 이때는 의문 대명사로 쓰인 것이다.

9.2.1.3. 부정 부사

부정(否定) 부사란 용언의 앞에서 그 용언의 의미를 부정(否定)하는 데 쓰이는 부사를 말한다.

(38) 안('안 먹는다'), 못('못 떠난다')

---

12) 이러한 차이를 중시하여 국립국어원의 『표준국어대사전』에서는 장소를 지시하는 '이리'
와 행동의 방식을 지시하는 '이리'를 동음이의어로 처리하고 있다.

한국어에는 부정 부사가 (38)에 제시한 '안'과 '못' 두 가지인데 '안'은 '의도' 부정, '못'은 '능력' 부정으로 구별된다.[13]

(39) 나는 이 음식을 {안, 못} 먹는다.

(39)에서 '안 먹는다'는 주어가 의도를 가지고 일부러 먹지 않는다는 의미를 가지게 하고 '못 먹는다'는 먹고 싶어도 먹을 수 있는 능력이 부족하다는 의미를 갖는다는 것이다.

그러나 이러한 차이는 '안'과 '못'이 동사와 어울릴 때 그리고 그것도 행위의 주체가 '의도'를 가질 수 있는 유정물일 때만 나타나는 의미 차이이다. 가령 '안'은 '의도'를 가질 수 없는 무정물과도 어울리고 '의도'를 나타낼 수 없는 형용사와도 함께 쓰인다.

(40) 가. 더 이상 물이 안 흐른다.
　　나. 이 건물은 안 높다.

(40가)의 '흐르다'는 동사이기는 하지만 주어인 '물이'가 스스로 움직임을 통제할 수 있는 유정물이 아니므로 이때 '안'은 '의도'로 해석되지 않는다. 또한 (40나)에서는 '안'이 형용사 '높다'와 결합하여 이를 부정하고 있는데 이때에도 물론 '의도'를 따질 수 없다. '건물'에 '의도'를 상정하기 어렵기 때문이다. 따라서 (40가)의 경우에는 문맥에 따라 '못'도 가능하다.

(41) 가. 더 이상 물이 못 흐르게 조치를 취하였다.
　　나. *이 건물은 못 높다.

---

13) '안'은 '아니'의 줄임말이므로 더 정확히는 '아니'와 '못'이라고 하는 것이 더 정확할 듯하나 '아니'는 구어체에서는 잘 쓰이지 않는 등 그 분포가 '안'보다는 좁기 때문에 '아니' 대신 '안'으로 이를 대표하기로 한다.

(41가)에서의 '못'은, (40가)의 '안'이 '의도'가 아닌 것처럼 '능력'의 의미를 갖지 않는다. 다만 어떤 경우에도 '못'은 동사와만 어울리고 (41나)가 비문법적인 문장인 것처럼 형용사와는 결합하지 못한다는 것은 '안'과 차이가 나는 부분이다.

지금까지 살펴본 성상 부사, 지시 부사, 부정 부사는 여럿이 함께 나타날 수 있다. 그런데 이때에는 관형사처럼 일정한 순서가 있다.

> (42) 가. 나는 빨리 못 달린다.
> 　　가'. *나는 못 빨리 달린다.
> 　　나. 글씨를 아무리 못 쓰는 사람도 너보다는 나을 것이다.
> 　　나'. *글씨를 못 아무리 쓰는 사람도 너보다는 나을 것이다.
> 　　다. 그리 잘 웃는 사람이 또 있을까?
> 　　다'. *잘 그리 웃는 사람이 또 있을까?
> 　　라. 그리 잘 안 먹는 사람이 있을까?
> 　　라'. *그리 안 잘 먹는 사람이 있을까?

(42가, 가')을 보면 성상 부사 '빨리'와 부정 부사 '못'이 함께 쓰일 경우에는 성상 부사 '빨리'가 부정 부사 '못' 앞에 놓인다는 것을 알 수 있다. (42나, 나')을 보면 지시 부사 '아무리'와 부정 부사 '못'이 함께 쓰일 경우에는 지시 부사 '아무리'가 부정 부사 '못' 앞에 위치한다는 것을 알 수 있다. (42다, 다')을 보면 지시 부사 '그리'와 성상 부사 '잘'이 결합할 경우에는 지시 부사 '그리'가 성상 부사 '잘' 앞에 놓인다는 것을 알 수 있다. 이러한 점들을 종합하면 (42라, 라')에서 볼 수 있는 바와 같이 지시 부사, 성상 부사, 부정 부사의 순으로 부사들이 결합한다는 것을 추론해 낼 수 있다.

다만 부사의 경우에는 관형사와는 달리 '매우 높이', '어찌 그리'와 같이 성상 부사나 지시 부사가 다시 중복될 수 있으므로 (42라)의 예문은 "어찌 그리 잘 안 먹는 사람이 있을까?"와 같이 더 확대될 수 있다.

9.2.2. 문장 부사

문장 부사란 성분 부사와는 달리 문장 전체를 꾸며 주는 부사를 일컫는다. 문장 부사는 다시 양태 부사와 접속 부사로 나눌 수 있다.

9.2.2.1. 양태 부사

양태 부사란 화자의 심리적 태도를 나타내는 부사를 말한다.

(43) 가. 과연, 실로, 모름지기
　　　나. 설마, 만일, 아마
　　　다. 제발, 아무쪼록, 부디

(43가)는 화자가 문장에서의 내용에 대해 믿음이 분명하거나 단정(斷定) 하는 경우에 사용되는 양태 부사이다. 이에 대해 (43나)는 화자가 문장에서의 내용에 대한 믿음이 분명하지 않거나 의심하는 경우에 사용되는 양태 부사이다. (43다)는 문장에서의 내용이 이루어지기를 바라거나 희망할 경우에 사용되는 양태 부사이다. 따라서 다음에 제시하는 바와 같이 (43가)의 양태 부사들은 평서문, (43나)의 양태 부사들은 의문문, (43다)의 양태 부사들은 명령문에 쓰이는 일이 많다.

(44) 가. 과연 소문대로 그 사람은 대단한 실력을 가지고 있다.
　　　나. 설마 너까지 나를 의심하는 것은 아니겠지?
　　　다. 제발 저도 학교에 데려가 주세요.

이들 양태 부사들을 문장 부사로 불러 성분 부사와 구별하는 이유는 양
태 부사가 문장 전체 내용에 대한 화자의 심리적 태도를 표시한다는 점에
서 수식하는 말 앞에 위치하는 것이 자연스러운 성분 부사와는 달리 놓이
는 위치가 상대적으로 자유롭기 때문이다.

> (45) 가. 소문대로 과연 그 사람은 대단한 실력을 가지고 있다.
> 가'. 소문대로 그 사람은 과연 대단한 실력을 가지고 있다.
> 나. 너까지 설마 나를 의심하는 것은 아니겠지?
> 나'. 너까지 나를 설마 의심하는 것은 아니겠지?
> 나". 너까지 나를 의심하는 것은 설마 아니겠지?
> 다. 저도 제발 학교에 데려가 주세요.
> 다'. 저도 학교에 제발 데려가 주세요.

(45)는 (44)의 '과연', '설마', '제발'을 문장 내의 다른 위치로 옮겨 본 것
이다. 놓이는 위치에 따라 다소간 의미 차이가 없는 것은 아니지만 위치
를 옮기면 문장이 성립되지 않는 경우가 많은 성분 부사와는 분명 구별되
는 특성이라 할 수 있다.

9.2.2.2. 접속 부사

접속 부사란 앞 문장과 뒤 문장을 이어 주는 부사이다.

> (46) 가. 그리고, 그러나, 그래서, 그러므로 …
> 나. 따라서, 하지만, 곧, 즉 …

(46가)는 '그'로 시작하는 접속 부사를 제시한 것이며 (46나)는 그 이외
의 것들을 제시한 것이다.[14] 접속 부사를 문장 부사에 넣은 것은 양태 부

---

14) (46가)와 (46나)의 '하지만'은 모두 어미 결합형이 부사로 굳어진 것이라 할 수 있다. 접
   속 부사는 아니지만 '정말로'처럼 조사 결합이 부사로 되는 경우도 물론 적지 않다. 이

사와 마찬가지로 이들이 문장의 제일 처음에 나타난다는 공통점 이외에도 접속 부사가 양태 부사만큼은 아니지만 앞 문장과 뒤 문장의 관계를 분명하게 해 주는 역할이 일종의 수식으로 간주할 만하다고 보았기 때문이다.

그런데 (46)에 제시한 부사들은 꾸미는 기능이 분명하지 않고 그보다는 두 문장을 연결하는 것이 주된 기능이므로 아예 접속 부사를 인정하지 않고 별도의 품사로 '접속사(接續詞)'를 인정하자는 견해도 없는 것은 아니다. 그러나 영어 등의 접속사가 (46)에 제시한 것들과 완전히 동일한 것은 아니며 한국어를 비롯한 알타이어에는 접속사가 없다는 공통점을 가진다는 점에서 한국어에서 접속사를 하나의 품사로 인정한다는 것은 부담이 아닐 수 없다.

한편 학교문법에서는 다음과 같은 것들도 접속 부사로 다루어 왔다.

(47) 및, 또는, 혹은

(47)의 단어들은 무언가를 연결한다는 점에서는 (46)과 같다.

(48) 가. 문학에는 시, 소설 및 희곡 등이 포함된다.
　　나. 월요일 또는 화요일에 은행에 가면 된다.
　　다. 그에게 직접적으로 혹은 간접적으로 사과를 했다.

그러나 (48)에서 보는 바와 같이 이들은 문장의 처음에 나타나지 않고 표면적으로는 단어와 단어를 연결하고 있다는 점에서 (46)의 단어들과는 차이가 있다. 따라서 뒤에 오는 말을 수식한다는 부사의 개념적 정의에서 보면 (46)의 단어들보다도 더 거리가 있는 것이 (47)의 단어들이라고 보아야 할 것이다.

에 대해서는 15장 통사적 결합어에서 더 자세히 다루기로 한다.

연습 문제

1. 본문의 내용을 참고할 때 다음 관형사들은 형태상 어떤 특성을 가지고 있는지 말해 보자.

> 가. 다다음, 지지난
> 나. 모모(某某), 전전(前前)

2. 다음 예문에서 (가, 가')은 '분명히'가 성분 부사로 쓰인 것이며 (나, 나')에서는 문장 부사로 쓰인 것이다. 어떤 차이가 있는지 '[   ]' 표시를 중심으로 생각해 보자.

> 가. 선생님께서 [분명히 말씀하셨다].
> 가'. 선생님께서 [분명히 말씀하지] 않으셨다. 그러나 무언가를 말씀하시기는 하셨다.
> 나. 분명히 [선생님께서 말씀하셨다].
> 나'. *분명히 [선생님께서 말씀하지 않으셨다]. 그러나 무언가를 말씀하시기는 하셨다.

1. 다음은 관형사 '한'에 대한 『표준국어대사전』의 예문을 제시한 것이다. 의미를 고려할 때 이들을 모두 수 관형사에 포함시켜 다룰 수 없는 이유에 대해 생각해 보자.

> 「1」 ((일부 단위를 나타내는 말 앞에 쓰여))그 수량이 하나임을 나타내는 말.
> ¶ 한 사람/책 한 권/말 한 마리/노래 한 곡/국 한 그릇/한 가닥 빛도 없는 지하실/한 가지만 더 물어보자./그는 한 달 월급을 모두 도박에 탕진했다.
> 「2」 '어떤'의 뜻을 나타내는 말.
> ¶ 옛날 강원도의 한 마을에 효자가 살고 있었다./이번 사건에 대해 검찰의 한 고위 관리는 다음과 같이 말했다.
> 「3」 '같은'의 뜻을 나타내는 말.
> ¶ 한 경기장/전교생이 한 교실에 모여 특강을 들었다./동생과 나는 한 이불을 덮고 잔다.
> 「4」 ((수량을 나타내는 말 앞에 쓰여))'대략'의 뜻을 나타내는 말.
> ¶ 한 20분쯤 걸었다./한 30명의 학생들이 앉아 있다./초봉은 한 100만 원 정도 된다.

2. 다음은 현대 한국어 '매우'에 대한 역사적 설명이다. 이를 참고할 때 현대 한국어에서 '너무'가 '너무 더럽다'와 같은 구성에서 벗어나 '너무 예쁘다'와 같은 구성에도 쓰이는 현상을 해석해 보자.

> "보통 정도보다 훨씬 더"라는 뜻의 '매우'는 18세기 문헌에 '미오'로 처음 나타난다. 이 단어는 형용사 '밉-[辛]'에 부사 파생 접미사 '-오'가 결합한 것으로 분석된다. 같은 시기에 나타나는 '매오'는 '미오'의 제1음절 모음이 'ㆍ>ㅏ' 변화에 따른 'ㆍㅣ>ㅐ'의 변화를 경험한 것이다. 19세기에 나타나서 현대어로 이어지는 '매우'는 '미오'의 제1음절 모음이 현대어와 같은 단순모음으로 바뀌고, 제2음절 모음 'ㅗ'가 'ㅜ'로 바뀐 결과이다. 19세기와 20세기 형태인 '미우'는 위에서 말한 'ㆍㅣ>ㅐ' 변화 때문에 나타날 수 있었던 표기이다.
> '매우'의 뜻을 가지고 있었던 다른 형태로는 15세기에 나타나는 '미븨', 15세기부터 19세기까지 나타나는 '미이', 16세기부터 19세기까지 나타나는 '무이' 등이 있는데, 이들은 '밉-'에 부사 파생 접미사 '-이'가 결합되었다는 점에서 '매우'가 소급하는 형태들과 다르다.
> ―2007 한민족 언어 정보화 통합 검색 프로그램의 '국어 어휘의 역사' 중에서

3. 다음의 부사들은 부사격 조사 '로'와 결합이 가능한 것들이다. 그럼에도 불구하고 이들을 대명사가 아니라 부사로 분류하는 이유에 대해 생각해 보자.

이리, 그리, 저리

제10장 독립언 : 감탄사

감탄사(感歎詞, interjection)란 화자가 자신의 느낌이나 의지, 혹은 입버릇이나 더듬거림을 특별한 단어에 의지함이 없이 직접적으로 표시하는 품사이다.[1]

> (1) 가. 아, 이제 곧 방학이구나!
> 가'. 이제 곧 방학이구나!
> 나. 응, 나는 아직 회사에 갈 준비가 안 돼 있어.
> 나'. 나는 아직 회사에 갈 준비가 안 돼 있어.
> 다. 내가 열쇠를, 음, 어디에 두었더라?
> 다'. 내가 열쇠를 어디에 두었더라?

(1가, 나, 다)의 '아', '응', '음' 등이 감탄사인데 (1가', 나', 다')에서 보는 바와 같이 이들이 없어도 문장 성립에 아무런 문제가 없다. 물론 자신의 느낌이나 의지를 나타내는 말은 감탄사에 한정되지 않는다. 가령 (1가)의 "아, 이제 곧 개학이구나!"를 "기쁘다, 이제 곧 개학이구나!"와 같이 '기쁘다'와 같은 형용사를 통해서도 얼마든지 나타낼 수 있다. 그러나 '기쁘다'는 화자뿐만이 아니라 다른 사람의 감정도 표현할 수 있지만 감탄사는 오

---

1) 국립국어연구원(2002 : 21)에 따르면 종이로 편찬한 『표준국어대사전』(1999)의 전체 표제어 509,076개 가운데 감탄사는 812개로 0.16%를 차지하고 있다.

직 화자의 감정만 표시할 수 있다는 점에서 본질적인 차이가 있다.

(1)에서 감탄사가 없어도 문장 성립이 가능하다는 것은 달리 말하자면 감탄사가 문장 속의 다른 성분과 아무런 문법적 관계를 맺지 않는다는 것을 의미한다. 따라서 경우에 따라서는 감탄사가 문장의 가운데나 끝에도 나타날 수 있다.

(2) 가. 글쎄, 내가 뭐라고 했어요.
나. 내가, 글쎄, 뭐라고 했어요.
다. 내가 뭐라고 했어요, 글쎄.

(2)에서 감탄사 '글쎄'는 자신의 뜻을 다시 강조하는 데 사용되고 있는데 (2나, 다)에서 볼 수 있는 바와 같이 문장의 중간이나 끝에도 올 수 있다. 이러한 점을 중시하여 감탄사를 독립언이라고 부른다. 따라서 감탄사는 조사나 어미와 결합하지 않는다. 조사나 어미는 문장 속의 다른 말과의 관계를 나타내는 단어들이기 때문이다.

또한 그 자체만으로도 화자의 감정과 의지를 표현할 수 있기 때문에 감탄사는 다른 말이 없어도 독립된 문장과 같은 기능을 발휘할 수 있다.

(3) 가. 그 사람은 일찍이 부모님을 여의고 고아로 자랐대.
가'. 저런!
나. 너도 내일 집에 있을래?
나'. 네.

(3가)은 딱한 일에 대한 공감(共感)을 표시하기 위해 감탄사를 사용한 경우이고 (3나)은 판정 의문에 대한 대답으로 감탄사가 쓰인 것인데 어느 경우나 감탄사만으로 화자의 감정과 의지를 표현하는 데 문제가 없어 감탄사가 하나의 문장과 같은 효력을 지닌다.

이러한 감탄사 가운데는 다른 품사에서 온 것들이 특히 많다.2)

   (4) 가. 만세 ; 정말, 참, 참말
      나. 거시기, 뭐, 어디, 저기
      다. 까짓 ; 그런, 이런, 저런, 빌어먹을, 염병할
      라. 아니, 가만, 아무리, 왜 ; 어쩜(어쩌면)

(4가)는 명사에서 온 감탄사의 예인데 '정말', '참', '참말'은 명사 이외
에 부사로도 기능한다. (4나)는 대명사에서 온 감탄사의 예이다. (4다)는
관형사에서 온 감탄사의 예인데 '그런, 이런, 저런'은 관형사형 '-ㄴ' 결
합형이 굳어져 관형사가 된 것들이 감탄사로도 쓰이는 것들이고 '빌어먹
을, 염병할'은 관형사형 '-ㄹ' 결합형이 굳어져 관형사가 된 것들이 감탄
사로 쓰이는 것들이다. (4라)는 부사에서 온 감탄사의 예인데 '어쩜(어쩌
면)'은 부사형 '-면' 결합형이 굳어져 부사가 된 것이 감탄사로 쓰이는 예
이다.

  감탄사 가운데는 어미 결합형이 감탄사로만 쓰이는 것들도 있고 또한
조사 결합형이 그대로 감탄사로 발전한 경우도 찾을 수 있다.

   (5) 가. 고렇지, 그러게, 그럼, 아무렴(아무려면), 조렇지
      나. 글쎄요, 아니요 ; 천만에, 세상에, 천지에, 천하에, 뭘

(5가)는 어미 결합형이 감탄사로 쓰이는 예들인데 '아무렴(아무려면)'은
(4라)의 '어쩜(어쩌면)'과 동일한 구성이지만 부사로는 쓰이지 않는다는 점
에서 차이가 있다. (5나)는 조사 결합형이 감탄사로 쓰이는 예들인데 '글

---

2) 따라서 감탄사는 품사 통용 대상이 되는 경우가 많다. 이에 대해서는 바로 다음 11장에서
  후술하기로 한다.

쎄요', '아니요'는 감탄사 '글쎄', '아니'에 보조사 '요'가 결합한 것이라는 특징이 있다. '천만에, 세상에, 천지에, 천하에'는 명사에 부사격 조사 '에'가 결합한 것이 감탄사로 쓰이는 예인 데 비해 '뭘'은 '무엇을'이 줄어든 것이라는 점에서 목적격 조사 '을'이 결합한 것으로 분석할 수 있다.

(5나)의 '글쎄요, 아니요'에서 볼 수 있는 바와 같이 높임과 낮춤에 따라 구별이 있다는 것도 감탄사의 한 특징이다. 상대방이 자신보다 낮을 때 사용하는 감탄사인 '응'에 대해 상대방이 자신보다 높을 때 사용하는 감탄사인 '네(예)'도 이러한 예에 해당한다. 감탄사가 높임의 정도에 따라 구별되는 모습을 가장 잘 보여 주는 것은 바로 다음과 같은 경우가 아닌가 한다.

(6)

격식체				비격식체			
해라	여봐라			해	여봐	이봐	
하게	여보게 여보시게	이보게	저보게				
하오	여보	이보 이보시오	저보시오	해요	여봐요 여보세요		저보세요
하십시오	여보십시오		저보십시오				

(6)은 감탄사가 상대 높임법의 체계에 따라 분화되어 있는 경우를 든 것인데 '이보게', '저보게'류는 경우에 따라 빈칸이 있지만 '여보게'류는 빈칸이 전혀 없어서 모든 상대 높임법에서 사용이 가능하다는 것을 알 수 있다.[3]

감탄사는 감정 감탄사, 의지 감탄사, 입버릇 및 더듬거림의 세 가지로 나눌 수 있다.

---

3) 이들에 나타나는 '여', '이', '저'는 모두 대명사로서 동사 '보-'에 대한 목적어 구실을 하는 것으로 분석할 수 있다. 즉 '여보세요'는 그 의미가 '여기를 보세요' 정도에서 출발한 것이라 할 수 있다.

10.1. 감정 감탄사

감정 감탄사란 화자가 자신의 느낌을 그대로 나타내는 감탄사를 일컫는다. 이를 몇 가지 제시하면 다음과 같다.

> (7) 가. 깨달음 : 아하, 아
> 나. 뉘우침 : 아뿔싸, 아차
> 다. 아픔 : 아으, 아이쿠
> 라. 슬픔 : 아, 어이
> 마. 힘듦 : 아이고, 아휴
> 바. 놀람 : 아, 이크, 앗, 어머, 으악
> 사. 기쁨 : 오, 와, 우아
> 아. 흥겨움 : 얼씨구
> 자. 즐거움 : 하하, 허허, 호호
>   ⋮

(7)에 제시된 감탄사들은 모두 화자의 감정을 전달하는 데 일차적인 목적이 있으므로 청자에게 어떤 영향을 미치지 않는 것들이다. 감정 감탄사의 한 가지 특징은 그 감정과 감탄사가 반드시 일대일로 대응하는 것은 아니라는 점이다. 이는 (7)에 '아'를 (7가, 라, 바)에 제시한 것을 통해 짐작할 수 있거니와 이 '아'에 대해 국립국어원의 『표준국어대사전』에서는 다음과 같이 뜻풀이와 예문을 제시하고 있음을 참고할 필요가 있다.

> (8) 「1」 놀라거나, 당황하거나, 초조하거나, 다급할 때 가볍게 내는 소리.
> ¶ 아! 차가워라./아! 버스가 빨리 와야 할 텐데./아! 잃어버린 그 돈을 어떻게 찾는다지?/아! 문이 안에서 잠겨 버렸네.
> 「2」 기쁘거나, 슬프거나, 뉘우치거나, 칭찬할 때 가볍게 내는 소리.
> ¶ 아, 드디어 비가 오다니./아, 슬프다./아, 오늘 하루도 이렇게 저무

는구나./아, 정말 잘했다.

「3」 말을 하기에 앞서 상대편의 주의를 끌기 위하여 가볍게 내는
소리.

¶ 아, 잠시 주목해 주십시오.

「4」 ((억양을 내렸다 올리면서))모르던 것을 깨달을 때 내는 소리.

¶ 아, 그래서 선생님이 저렇게 화가 나신 거구나.

(8)을 참고한다면 상당히 많은 감정을 '아'로 나타낼 수 있으며 심지어
(8「3」)의 뜻풀이는 단순히 자신의 감정을 나타내는 것이 아니라 상대방
에게 일정한 효력이 미치기를 원할 때 쓰이는 것이라는 점에서 의지 감탄
사의 용법이라고 할 수 있다.

또한 감정 감탄사는 그 형식은 다만 소리를 옮겨 적은 수준에 그치는
경우가 많다는 것도 한 특징이다. 즉 가령 (7바)의 '이크'는 언제나 이렇게
소리 나는 것이 아니라 '이쿠'가 될 수도 있고 '으크'가 될 수도 있으며
때로는 '읔'에 가까울 수도 있는 것이다. 이러한 점을 고려한다면 특히 감
정 감탄사를 어느 하나의 형태로 고정시켜 사전에 싣는 것은 다만 참고를
위한 것이라는 성격이 짙다.

(7)에 제시된 감정 감탄사가 대부분 모음으로 시작한다는 사실도 단순
히 공교로운 일은 아니다. 이것은 감정 감탄사가 그만큼 자신의 감정을
특별한 의도 없이 본능적으로 '소리내기'에 의존한 결과라고 해석할 필요
가 있다.

10.2. 의지 감탄사

의지 감탄사는 감정 감탄사와는 달리 단순히 화자의 감정을 드러내는

것이 아니라 이것을 통해 상대방을 의식하고 결과적으로 자기의 생각을
전달하려는 감탄사를 말한다. 다음에 이러한 경우를 몇 가지 제시해 보기
로 한다.

(9) 가. 승낙 : 아무려나
　　나. 화냄 : 떼끼, 떽, 예끼
　　다. 놀림이나 조롱 : 메롱, 아나
　　라. 금지 : 아서, 아서라
　　마. 동의함 : 옳소
　　바. 확인 : 왜
　　사. 재촉 : 자
　　아. 머뭇거림 : 저기
　　자. 실망함 : 에이
　　차. 업신여김 : 애개(에계)
　　카. 못마땅함 : 어허, 젠장, 쯧쯧, 치, 아이참, 예라, 원, 흥
　　타. 긍정 : 응, 네(예)
　　파. 부정 : 아니, 아니요
　　하. 주저함 : 글쎄, 글쎄요
　　　　⋮

(9)에 제시한 것들은 일차적으로는 자신의 감정을 드러내는 것이라 할
수 있지만 거기에 멈추지 않고 상대방에게 어떤 의도를 전달하는 데 최종
목적이 있다. 따라서 의지 감탄사는 감정 감탄사와 달리 상대방에 대해
높임과 낮춤을 드러낸다는 점에서 가장 큰 차이를 갖는다.

(9가)에서부터 (9카)까지는 이러한 점에서 상대방이 자신보다 높은 경우
에는 쓸 수 없는 감탄사들이며 만약 상대방을 높여야 하는 경우라면 높임
에 해당하는 말을 사용하거나 보조사 '요'를 붙여 사용해야 한다. (9타)의
'네(예)'가 앞의 경우라면 (9파, 하)의 '아니요, 글쎄요'가 뒤의 경우에 해당

한다. 이러한 점에서 보면 앞서 제시한 (6)의 감탄사들도 모두 의지 감탄
사라는 점을 알 수 있다.

10.3. 입버릇 및 더듬거림

감정 감탄사와 의지 감탄사 외에 단순한 입버릇이나 더듬거림도 감탄
사의 테두리에 들어온다.

> (10) 가. 머, 말이지, 그래 …
>   나. 어, 저, 음, 에헴(애햄) …

(10가)는 일종의 입버릇으로 쓰이는 감탄사의 예이고 (10나)는 하고자
하는 말이 나오지 않을 때 말을 더듬는 모양으로 사용되는 감탄사의 예이
다. 이들은 화자의 감정을 전달하는 데 목적이 있는 것은 아니라는 점에
서 우선 감정 감탄사와 구별된다. 그리고 상대방에게 어떤 영향을 미칠
의도를 가지는 것도 아니라는 점에서 의지 감탄사와도 구별된다.

1. 본문에 언급된 감탄사 외에 최근에 사람들이 새로 사용하는 감탄사에는 어떤 것들이 있는지 조사해 보고 이를 감정 감탄사, 의지 감탄사, 입버릇 및 더듬거림으로 나누어 보자.

2. 본문의 내용을 참고할 때 다음의 '음', '그래'는 감정 감탄사, 의지 감탄사, 입버릇 및 더듬거림의 어디에 속하는지 생각해 보고 그 근거를 제시해 보자.

> 가. 음, 그렇게 해서는 안 될 것 같은데요.
> 나. 그래? 그런 얘기는 처음 듣는다.

1. 다음의 말들은 『표준국어대사전』에서 감탄사로 싣고 있는 예들이다. 이들을 감탄사로 처리한 이유에 대해 생각해 보고 과연 이들에 감탄사의 자격을 부여한 것이 타당한지 생각해 보자.

> 가. 뒤로돌아, 쉬어, 우로봐, 차렷 …
> 나. 작은아버지, 큰아버지, 할머님, 형수님 …

2. 감탄사를 '간투사'나 '담화 표지'로 부르는 일이 있다. 그 이유가 무엇인지 생각해 보자.

지금까지 문법적 단어₁을 대상으로 명사, 대명사, 수사, 동사, 형용사, 조사, 어미, 관형사, 부사, 감탄사의 10개의 품사로 나누어 그 특징을 살펴보았다. 이들 품사는 각각 의미, 기능, 분포라는 품사 분류 기준에 따른 공통성에 기반한 결과라 할 수 있다. 그런데 단어 가운데는 둘 이상의 품사에 속하는 것 같은 현상이 있다.

당장 10장의 감탄사에 대한 언급에서는 '부사에서 온 감탄사'라든지 '명사에서 온 감탄사'와 같은 기술이 있었다. 가령 '정말'은 다음과 같이 세 개의 품사를 가지고 있는 것으로 기술된다.

(1) 가. 지금까지 한 말은 정말이 아니다.
    나. 이어도가 정말 존재할까?
    다. 큰일 났네, 정말!

(1가)는 '정말'이 명사로 쓰인 것이며 (1나)는 부사, (1다)는 감탄사로 쓰인 것이다. 이러한 현상에 대해서는 그동안 크게 두 가지의 해석 방식이 제시되어 왔다.

하나는 이들 '정말'이 모습은 같지만 서로 별개의 단어라고 보되 한 단어가 다른 단어로 '본형 그대로 몸바꿈'하는 것 즉 '품사 전성'으로 간주하는 경우이다. 이는 일종의 동음이의적 접근으로 품사의 차이를 단어의 차이로 해석하는 것이라 할 수 있다. 이러한 설명 방법은 품사의 바뀜이 어느 한쪽에서 다른 한쪽으로 변화한 것이 분명하다고 판단될 때 빛을 발한다. 이에 따르면 (1)은 명사로서의 '정말', 부사로서의 '정말', 감탄사로서의 '정말'의 '세' 단어로 기술하게 되고 가령 명사가 시작이라면 부사, 감탄사로 '전성(轉成)'된 것으로 설명한다.

그러나 이러한 해석은 우선 품사는 다르면서도 의미상으로는 서로 연관되는 부분이 있다는 것은 오히려 부담이 된다는 점에서 문제가 없는 것은 아니다. 이것은 곧 (1가, 나, 다)의 '정말'이 과연 서로 관련이 없는 단어인가 하는 문제를 제기하는 것과 같다. 또한 서로 별개의 단어라고 하여도 이것을 형식화하는 방법에서도 문제를 제기한다.

> (2) 가. 정말(명사) → 정말(부사)
> 나. 정말(명사) + Ø(영접미사) → 정말(부사)

문장을 형성하는 규칙(規則, rule)이 있는 것처럼 단어를 형성하는 규칙이 있다고 한다면 (2가)와 같은 형식화는 몇 가지 문제점을 가지게 된다. 규칙은 구체적인 단어에 적용되는 것이 아니라 단어의 무리에 적용되는 것이므로 (2가)는 곧 '명사'가 '부사'로 변할 수 있다는 것을 의미하게 된다. 그러나 명사 가운데 부사로 전성될 수 있는 것은 전체 명사에 비하면 소수에 불과하다. 이를 위해서는 어떤 명사는 부사로 전성될 수 있지만 어떤 명사는 그렇지 않다는 제약(制約, constraint)이 필요한데 역시 부사로 전성될 수 없는 것들이 더 많다는 점에서 규칙보다 제약이 더 큰 힘을 발휘하게 되는 문제가 생길 수 있다.

이러한 문제를 해결하기 위한 한 방법이 (2나)이다. (2나)는 3장에서 살펴본 영형태소의 일종인 영접미사를 도입하여 이러한 품사의 전성을 설명하려는 것이다. 이는 앞의 설명 방법에서 제약의 과도한 힘이 가지는 문제를 영접미사라는 존재로 해결할 수 있다는 장점을 갖는다. 즉 영접미사가 이것과 결합할 수 있거나 없는 단어들을 선택하는 것으로 보게 함으로써 규칙에 대한 제약을 영접미사의 선택 제약으로 완화시킬 수 있다는 이점이 있는 것이다.

그러나 이번에는 품사의 전성이 '명사'에서 '부사'로의 경우에만 한정된 것이 아니라 '수사'에서 '수 관형사', '부사'에서 '감탄사', '명사'에서 '동사' 등으로 다양하게 존재한다는 것이 문제이다. 즉 (2나)와 같은 방법을 취한다면 'Ø'도 'Ø₁', 'Ø₂', 'Ø₃' 등으로 품사 전성의 수만큼 설정해야 하는데 이는 형식은 없지만 기능만 있는 영접미사를 구별적으로 어휘부(語彙部)에 등재해야 한다는 점에서 심리적인 실재성에 의문을 제기하게 하는 것이다. 또한 이때의 영접미사는 패러다임을 전제하는 것도 아니라는 점에서 패러다임을 전제로 하는 영형태소와는 달리 체계의 정합성에도 기여하는 것으로 보기 어렵다.[1]

이러한 문제점 외에도 품사 전성에 의한 설명은 무엇보다 어떤 품사에서 어떤 품사로 전성된 것인지가 불분명한 경우에는 그 힘을 발휘하기 어렵다.

한편 (1)처럼 다양한 품사를 가지는 '정말'을 바라보는 다른 시각은 하나의 단어가 둘 이상의 품사를 가질 수 있다고 보는 것이다. 이를 '품사 통용'이라 한다. '품사 통용'은 '품사 전성'이 동음이의적인 데 비해 다의어적인 접근을 갖는 것이라는 점에서 본질적인 차이가 있다. 즉 '품사 전

---

[1] 3장에서 설정한 영형태소는 현재 시제를 나타내는 것이었고 이는 문법 범주로서 빈칸이 존재하지 않는 패러다임을 전제로 하기 때문에 영형태소를 설정하는 것이 오히려 체계의 정합성에 도움이 되는 부분이 적지 않지만 단어 형성을 위한 영접미사는 빈칸을 훨씬 더 많이 가지기 때문에 패러다임을 전제로 하기 어렵고 따라서 체계의 정합성에 기여하는 바가 크지 않다.

성'이 품사 사이의 '차이점'에 초점을 두고 있다면 '품사 통용'은 품사 사이의 '공통점'에 초점을 두고 있다고 할 수 있다.

또한 '품사 전성'은 어떤 품사에서 어떤 품사로의 전성을 결정짓기 어려운 경우가 문제라고 했지만 '품사 통용'은 이러한 방향성을 전제하지 않는다는 점에서 '품사 전성'이 가지는 문제를 제기하지 않는다. 이러한 '품사 통용'을 (2)처럼 형식화한다면 다음과 같은 표시가 가능하다.

　　(3) 정말(명사) ↔ 정말(부사)

(2가)와 (3)의 본질적인 차이는, '품사 통용'은 어떤 방향성을 가지지 않기 때문에 이를 굳이 규칙으로 포착할 필요성이 제기되지 않는다는 점에 있다. 따라서 (2나)에서 제기한 영접미사도 필요하지 않게 된다. 이는 곧 '품사 통용'은, '품사 전성'이 품사 전체를 문제 삼는 것에 비해 개별 단어를 관심사로 삼는다는 것으로 정리할 수 있다.

그런데 방향성을 따지지 않는 '품사 통용'이 방향성이 비교적 분명한 '품사 전성'의 경우까지도 무시한다는 점에서 다소 무책임한 설명이라는 비판을 받아온 것도 사실이다. 또한 '품사 통용'이 치밀하지 못한 품사 분류의 결과를 수용한 것이라는 비판도 제기된 바 있다.

우선 앞의 문제와 관련해서는 '품사 통용'을 '품사 전성'에서 단순히 방향성만을 뺀 것으로만 해석한다면 이러한 비판은 충분히 의미가 있다고 해야 할 것이다. 그러나 앞에서 언급해 온 바처럼 '품사 전성'과 '품사 통용'은 그 지향점이 다르다는 점을 분명히 한다면 단순히 이를 방향성의 유무로만 평가하는 것은 문제가 있다.

또한 '품사 통용'을 치밀하지 못한 품사 분류의 결과라고 보고 이를 기반으로 품사 분류를 더 확대하거나 혹은 축소하려는 것은 주객이 전도된 느낌이 없지 않아 보인다. 중요한 것은 하나의 단어가 두 가지 이상의 품사로 쓰인다는 것이 곧 어떤 품사의 설정 여부 문제로 확대되어서는 곤란하다는 것이다. 품사는 개별 단어보다는 단어 부류에 부여되는 것인 만큼 어떤 구체적인 단어로 인해 품사 자체의 존립이 의심받는다는 것은 문제가 있다고 판단되기 때문이다.

여기서는 다양한 품사를 가지는 '정말'에 대해 우선 '품사 통용'의 관점에서 논의를 전개하기로 한다. '품사 전성'은 서로 다른 단어를 전제하는 것이므로 이에 대해서는 4부 단어 형성의 방법에서 '영변화'라는 이름으로 다루기로 한다. '영변화'란 그야말로 아무런 변화가 없다는 의미이므로 방향성을 전제하거나 혹은 영접미사를 설정하는 데서 오는 문제점을 피하고 단어 형성의 관점에서도 (3)과 같은 처리가 가능하도록 하는 방법이라고 할 수 있기 때문이다.

한편 한국어 연구에서 품사 '통용'이라는 말은 흔히 홍기문(1927)에서부터 시작된 것이라고 언급된다.

> (4) 同一한 말이 이 品詞 저 品詞로 通用될 境遇가 잇다. 이런 쌔는 文章 構造上 그의 任務를 보살피어 분간할 수박게 업다.

그리고 영어의 "The man who works hard does good work."라는 문장에서 'who works'의 'work'는 동사이고 'good work'의 'work'는 명사가 되는 것을 품사 통용의 예로 제시하고 있다.

그러나 최근에 모습을 드러낸 안확(1917)에서도 이미 품사 통용에 대한 언급이 있는 것으로 보아 품사 통용은 적어도 안확(1917)로까지 거슬러 올라 갈 수 있다.[2] 안확(1917)에서 품사 통용을 언급한 것을 그 예와 함께 제

---

2) 이미 언급한 바와 같이 안확(1917)은 우리의 문법 연구에서 수사를 처음으로 설정한 것으

시하면 다음과 같다.

    (5) 가. 엇던,   한,   어느,   무슨,   뉘

           우(右)³⁾는 형용사(形容詞)와 통용(通用)

           누구, 아모,   몃,   무엇,   얼마

           우(右)는 독용(獨用) 우(又) 혹(或) 형용사(形容詞)와 통용(通用)하기도 함

    가′. 각,   여러,   모든,   매,   뭇,   온갖

           우(右)는 형용사(形容詞)와 통용(通用)

    나. 더,   배,   번,   갑절,   왼

           우(右)는 부사(副詞)와 통용(通用)

    나′. 반,   홋,   겹,   쌍,   얼

           우(右)는 형용사(形容詞)와 통용(通用)

    (5가, 가′)은 '대명사'가 '형용사'로도 쓰일 수 있다는 의미인데 (5가)는 '부정 대명사'가 '형용사'와 통용한다는 것을 밝힌 것이고 (5가′)은 '다류 대명사'가⁴⁾ '형용사'와 통용된다는 것을 밝힌 것이다. (5나, 나′)은 '수사'가 '부사'나 '형용사'와 통용할 수 있음을 보인 부분인데 (5나)는 '양수사' 가운데 '부사'와 통용할 수 있는 것들이고 (나′)은 역시 '양수사' 가운데 '형용사'와 통용할 수 있는 것들이다.

    안확(1917)에서의 '형용사'란 현대 한국어의 관점에서는 관형사에 가깝고 다른 품사들도 현대와는 차이가 있지만 이들을 '통용'의 관점에서 바라보고 있다는 점에서 홍기문(1927)과 다른 것이라고 보기는 어렵다. 그런데 품사의 통용을 홍기문(1927)에서 비롯된 것이라고 한 이유는 안확(1917)의 수정판인 안확(1923)에서는 '통용'이라는 말이 자취를 감추었고 안확

    로도 의미가 있다.

3) '우'는 가로쓰기에서는 '위'의 의미이다. 아래도 마찬가지이다.

4) '다류(多類)'란 여러 종류라는 의미이므로 '다류 대명사'란 여러 종류의 것에 쓰이는 대명사라는 의미이다.

(1917)은 최근에 얼굴을 내민 것이기 때문이다.

11.1. 품사와 문장 성분

구체적으로 품사 통용의 유형을 살펴보기에 앞서 품사와 문장 성분의 관계를 좀 더 분명하게 할 필요가 있다. 품사는 문법적 단어₁을 의미, 기능, 분포의 공통성에 따라 나눈 것이지만 문장 성분은 음운론적 단어를 기능의 공통성에 따라 나눈 것이다. 이에 따라 품사는 명사, 대명사, 수사, 동사, 형용사, 조사, 어미, 관형사, 부사, 감탄사의 열 개로 나누었지만 문장 성분은 주어, 서술어, 목적어, 보어, 관형어, 부사어, 독립어의 일곱 개로 나누었다. 특히 체언, 용언, 수식언, 관계언, 독립언이라고 하는 것은 바로 이 문장 성분과 직접적인 연관을 맺는 것이라 할 수 있다.

품사 즉 문법적 단어₁이 문장 성분 즉 음운론적 단어와 일치하지 않을 때에는 품사와 문장 성분 사이에 혼동이 일어나는 일이 없다.

(6) 가. 차가 빠르게 달린다.
　　　나. 민호의 책은 어디에 있을까?

(6가, 나)의 문장을 품사와 문장 성분으로 각각 나누어 정리하면 다음과 같다.

(7) 가.

문법적 단어₁	차	가	빠르-	-게	달리-	-ㄴ-	-다
품사	명사	조사	형용사	어미	동사	어미	어미
음운론적 단어	차가		빠르게		달린다		
문장 성분	주어		부사어		서술어		

나.

문법적 단어₁	민호	의	책	은	어디	에	있-	-을까
품사	명사	조사	명사	조사	대명사	조사	형용사	어미
음운론적 단어	민호의		책은		어디에		있을까	
문장 성분	관형어		주어		부사어		서술어	

(7)을 보면 (6)에서의 어떤 품사도 문장 성분과 일치하는 일이 없기 때문에 품사와 문장 성분이 혼동될 수 없다. 그런데 (6나)의 문장은 다음처럼 바꿀 수 있다.

(8) 민호 책 어디 있을까?

(8)은 (6)에서 조사를 실현시키지 않은 것인데 이를 (7)과 마찬가지로 품사와 문장 성분으로 나누면 다음과 같다.

(9)

문법적 단어₁	민호	책	어디	있-	-을까
품사	명사	명사	대명사	형용사	어미
음운론적 단어	민호	책	어디	있을까	
문장 성분	관형어	주어	부사어	서술어	

(9)는 문법적 단어₁과 음운론적 단어 즉 품사와 문장 성분이 일치하지 않는 (7)과는 달리 문법적 단어₁과 음운론적 단어 즉 품사와 문장 성분이 대부분 일치하는 경우이다. 품사 통용과 관련하여 문제가 되는 것은 '명사'인 '민호'가 그대로 '관형어'가 될 수 있다는 것이며 '대명사'인 '어디'가 그대로 '부사어'가 될 수 있다는 점에 있다. 즉 품사 통용이 한 단어가 둘 이상의 품사를 갖는 것이라면 명사인 '민호'를 (9)의 문장에서는 관형사로 통용된 것이라고 할 수는 없는 것인가? 마찬가지로 대명사인 '어디'를 (9)의 문장에서는 부사로 통용된 것이라고 할 수는 없는 것인가?

사실 이에 대한 대답은 쉽지 않다. 그 이유는 품사는 의미, 기능, 분포
에 의해, 문장 성분은 기능에 의해 나눈 것이라고 할 때 '기능'이 공통되
기 때문이다. 보다 정확하게 말하자면 품사를 분류할 때의 '기능'이라는
것은 바로 문장 성분으로서의 쓰임에 기반한 것이기 때문이다. 가령 명사
를 정의할 때 문장에서 주어, 목적어, 관형어 등으로 쓰일 수 있다고 한
것이 이러한 사정을 단적으로 말해 준다.

따라서 주어, 서술어, 목적어, 보어, 관형어, 부사어, 독립어의 일곱 개
문장 성분 가운데 품사와 혼동되는 관형어와 부사어는 관형어와 부사어
가 될 수 있는 명사, 대명사, 관형사, 부사와 구별해야 할 필요가 있는 것
이다.[5]

이를 위해 우선 문법적 단어₁ 즉 품사는 단어 고유의 고정적 성질을 가
지고 있고 음운론적 단어 즉 문장 성분은 가변적 성질을 가지고 있다는
점을 강조할 필요가 있다. 다시 문제가 되는 (9)의 '민호'를 품사와 문장
성분의 상관성 측면에서 다음 예를 통해 살펴보기로 하자.

(10) 민호 마음 / 민호 좀 봐 / 민호 왔대 / 민호 준 선물 / 민호! …

(10)은 순서대로 '민호'가 관형어, 목적어, 주어, 부사어(혹은 주어), 독립
어 등으로 사용될 수 있음을 보인 것이다. 그러나 이들에서의 '민호'의 품
사는 명사로 고정되어 있다. 관형어로 쓰이거나 부사어로 쓰인다는 것은
문장에서의 가변적인 기능의 차이일 뿐 품사가 관형사나 부사로 통용되

---

5) 학교 문법에서는 어미도 단어의 일부로 간주되므로 (6가)의 '빠르게'의 품사를 물어 보면
'형용사'라고 대답해야 한다. 그러나 실제적으로는 이를 '부사'로 대답하는 경우가 훨씬
많은데 이는 품사와 문장 성분을 혼동한 결과이다. 만약 '빠르게'가 부사라면 '빠른'은 관
형사가 되어야 하고 한국어에서는 용언이 불완전한 패러다임을 보이는 경우가 아니라면
부사형 어미 및 관형사형 어미와 모두 결합하는 것이 일반적이므로 관형사와 부사의 수
치는 용언을 모두 더한 수치보다도 훨씬 많다고 해야 할 것이다.

는 것이라 보기 어렵다.

다음으로 품사는 문장 성분과 기능을 공유하지만 품사는 이 외에도 의미나 분포를 그 기준으로 더 가지고 있다는 사실도 염두에 둘 필요가 있다. 이것은 다시 (8)의 '어디'를 통해 살펴볼 수 있다.

> (11) 가. 어디에 있을까?
> 가'. 어디 있을까?
> 나. 어디가 아프니?
> 나'. 어디 아프니?

(11가)의 '어디에'는 부사어이고 (11나)의 '어디가'는 주어이다. 이들은 (11가', 나')처럼 격 조사가 없이도 나타날 수 있다. 그렇다고 하여도 문장 성분에는 변화가 없다. 그런데 이를 중시하여 (11가)의 '어디'를 부사라고 할 수는 없다. 부사라면 어떤 경우에도 격 조사와 결합할 수 없다는 '분포'의 제약을 가지는 데 비해 (11가)의 '어디'는 큰 '의미' 차이 없이[6] (11가)에서처럼 부사격 조사 '에'와 결합할 수 있다. 따라서 (11가)의 '어디'는 부사로 통용된 것이 아니라 대명사가 문장 성분으로서 부사어로 사용되고 있다고 보아야 하는 것이다. 만약 통용된 것이라면 환경이 동일해서는 안 될 것이다.

---

6) 이때의 의미는 '어디'에 초점을 둔 것이다. 물론 격 조사 '가'가 사용되느냐 그렇지 않느냐에 따라서 의미 차이가 생길 수 있다. 따라서 격 조사는 단순히 생략의 대상이라고 보기 어렵다. 지금까지 격 조사의 '생략'이라는 말을 사용하지 않고 '비실현'이라고 표현해 온 것은 이러한 맥락을 고려한 것임에 주의할 필요가 있다.

11.2. 품사 통용의 유형

지금까지의 논의를 참고한다면 품사 통용은, '한 단어'를 전제하는 것이기 때문에 '의미'는 공통적이지만 '분포'와 '기능'이 달라 다른 품사로 기능하는 현상을 일컫는 것이라고 말할 수 있다. 여기서는 논의의 편의상 이를 '명사', '대명사', '동사', '관형사', '부사' 관련 통용 유형으로 나누어 살펴보기로 한다.

11.2.1. '명사' 관련 통용 유형

다음은 품사 통용 가운데 '명사' 관련 통용 유형을 몇 가지로 정리한 것이다.

> (12) 가. 내일이 되면 집에 갈 수 있을 것이다.
> 가'. 이 사과는 내일 먹자.
> 나. 일이 포기할 만큼 힘든 것은 아니다.
> 나'. 나도 너만큼 책을 좋아한다.
> 나". 이 식물은 다음에도 아까만큼 물을 주세요.
> 다. 지금까지 한 말은 참말이 아니다.
> 다'. 그는 참말 믿을 만한 사람이다.
> 다". 참말, 시골이긴 시골이군!

(12가, 가')은 '내일'이 명사와 부사로 통용되는 것이다. (12가)에서는 '내일'이 격 조사 '이'와 결합한 것을 통해 명사임을 알 수 있고 (12가')에서는 '내일'이 용언 '먹자'를 수식하고 있다는 점에서 부사임을 알 수 있다. 이때 '내일'은 '에'와 같은 격 조사와 결합이 불가능하다는 점에서 명사가 부사어로 쓰인 것은 아니라는 점을 알 수 있다. 한국어에서는 이처

럼 명사가 부사로 통용되는 일이 매우 흔하게 나타난다.

(12나, 나', 나")은 '만큼'이 명사와 조사로 통용되는 것이다. (12나)에서
는 '만큼'이 관형사형 어미 '-ㄹ'의 수식을 받고 있다는 점에서 의존 명사
임을 알 수 있다. (12나')에서는 '너'라는 대명사에 후행하고 있고 (12나")
에서는 부사 '아까'와 결합하고 있다는 점에서 '만큼'이 보조사로 쓰이고
있음을 확인할 수 있다. '대로', '만' 등도 명사와 조사로 통용되는 예라고
할 수 있다.

(12다, 다', 다")은 '참말'이 명사, 부사, 감탄사로 통용되는 것이다. (12
다)에서는 '참말'이 격 조사 '이'와 결합하여 명사임을 보이고 있고 (12다')
에서는 용언 '믿다' 앞에서 이를 수식하고 있다는 점에서 부사임을 알 수
있다. (12다")에서는 '참말'이 '어떤 일을 심각하게 느끼거나 동의할 때'
사용하는 감탄사로 쓰이고 있음을 볼 수 있다. 이 경우에는 조사와의 결
합이 가능하지 않다.[7]

11.2.2. '대명사' 관련 통용 유형

다음은 품사 통용 가운데 '대명사' 관련 통용 유형을 몇 가지로 정리한
것이다.

(13) 가. 어디가 당신이 다니는 회사입니까?
　　　가'. 어디, 두고 보자.

---

7) '의미'의 공통성 측면에서 보면 가장 이질적인 것이 감탄사라고 할 수 있다. 따라서 품사
통용 가운데서도 품사 전성에 가장 가까운 것이 감탄사라고 할 수 있다. 그러나 여기서
는 이러한 차이보다는 그것이 가지는 공통성에 초점을 두어 감탄사의 경우도 품사 통용
의 테두리에서 다루기로 한다. 앞에서 언급한 바와 같이 '의미'의 차이를 부각하는 것은
곧 서로 별개의 단어임을 주장하는 것이므로 이에 대해서는 4부 단어 형성에서 자세히
언급하기로 한다.

나. 그와 같은 사실을 아는 사람은 많지 않다.
나'. 그 사람은 정말 좋은 사람이다.
다. 언제가 접수 마감일이지?
다'. 동물원에는 언제 갈까?

(13가, 가')은 '어디'가 대명사, 감탄사로 통용되는 경우이다. (13가)의 '어디'는 격 조사와 결합하고 있고 특정한 장소를 대신하고 있다는 점에서 대명사임을 알 수 있다. (13가')의 '어디'는 '벼르거나 다짐'의 의미를 가지는 감탄사로서 조사와의 결합이 가능하지 않다. 한국어에서 이처럼 대명사와 감탄사가 통용되는 경우는 그리 많지 않다.

(13나, 나')은 '그'가 대명사, 관형사로 통용되는 경우이다. (13나)의 '그'는 부사격 조사 '와'와 결합하고 있고 앞에서 언급한 것을 지시하고 있다는 점에서 대명사임을 알 수 있다. (13나')은 명사 '사람'을 수식하고 있고 이러한 환경에서는 어떠한 조사도 올 수 없다는 점에서 관형사임을 알 수 있다. '이, 저'를 포함하여, '그따위, 이따위, 저따위'도 역시 대명사, 관형사 통용에 해당하는 단어들이다.

(13다, 다')은 '언제'가 대명사, 부사로 통용되는 경우이다. (13다)의 '언제'는 격 조사 '가'와 결합하고 있으면서 잘 모를 때를 대신 지시하고 있다는 점에서 대명사임을 알 수 있다. (13다')의 '언제'는 용언 '갈까'를 수식하고 있고 이러한 환경에서는 격 조사와 결합이 불가능하기 때문에 부사로 쓰이고 있다는 것을 알 수 있다.[8] 이처럼 대명사가 부사와 통용되는 경우는 매우 한정되어 있다.

---

8) 이러한 점에서 앞에서 언급한 "어디 갈까?"와 구별할 필요가 있다. "어디 갈까?"는 "어디에 갈까?"가 가능하지만 "언제 갈까?"는 "*언제에 갈까?"와 같은 구성이 가능하지 않다.

11.2.3. '동사' 관련 통용 유형

다음은 품사 통용 가운데 '동사' 관련 통용 유형을 제시한 것이다.

(14) 가. 그가 살고 있는 집은 매우 크다.
가'. 이 나무는 물만 주면 잘 큰다.
나. 집에 들어오면 신을 먼저 정리해라.
나'. 산책하기 위해 운동화를 신자.

(14가, 가')은 '크다'가 형용사와 동사로 통용되는 경우이다. (14가)의 '크다'는 '큰다'가 가능하지 않다는 점에서 형용사임을 알 수 있고 (14가')의 경우는 '큰다'에서 볼 수 있는 바와 같이 동사임을 알 수 있다. 한국어의 용언 가운데는 형용사와 동사로 통용되는 경우가 적지 않다.

그런데 '크다'의 반의어인 '작다'의 경우에는 '작는다'가 불가능하다는 점에서 동사의 쓰임을 보이지 않는다. '크다'와 '작다'처럼 반의어 가운데 어느 한쪽만 동사와 형용사의 두 용법을 가지는 일이 있다. 이를 몇 가지 제시하면 다음과 같다.

(15) 가. 밝는다, 늙는다, 늦는다 …
나. *어둡는다, *젊는다, *이른다 …

한편 (14나, 나')은 '신'이 명사, 동사로 통용되는 경우이다. (14나)에서는 '신'이 격 조사 '을'과 결합하고 있으므로 명사임을 알 수 있고 (14나')에서는 '신'이 청유형 어미 '-자'와 결합하고 있다는 점에서 동사임을 알 수 있다.

영어와 같은 언어에서는 명사가 동사와 통용되는 예가 매우 많지만 한국어에서는 '허리띠'에 나타나는 '띠(帶)', 부피를 나타내는 단위인 '되(升)',

손가락을 이용한 길이의 단위인 '뼘' 등이 일음절 명사, 동사 통용어의 예
에 해당하고 '누비', '뭉치', '보풀', '부풀', '가물' 등이 이음절 명사, 동사
통용어에 해당하는 정도여서 그 예들이 그렇게 많지는 않다.

11.2.4. '수사' 관련 통용 유형

품사 통용에서 '수사' 관련 통용 유형의 대표적인 경우는 수사와 관형
사의 통용이라 할 수 있다.

(16) 가. 둘에 셋을 더하면 다섯이다.
나. 두 명에 세 명을 더하면 다섯 명이다.

(16가)에서의 '둘'과 '셋'은 격 조사와 결합하고 '다섯'은 '이다'와 결합
하고 있으며 이들은 모두 수량을 나타내고 있다는 점에서 수사임을 알 수
있다. (16나)의 '두, 세, 다섯'은 단위성 의존 명사를 수식하고 있으며 이
환경에서는 조사와 결합이 불가능하다는 점에서 관형사임을 알 수 있다.
'둘'과 '두', '셋'과 '세'는 형식이 다르기 때문에 품사의 통용에서 다룰 수
없지만 '다섯'은 (16가, 나)에서 동일한 형식을 가지고 있고 품사가 구별
된다는 점에서 품사 통용의 예에 해당한다는 것을 알 수 있다. 이처럼 수
사 가운데 관형사와 동일한 형식을 가지고 있는 '여섯, 일곱, 여덟, 아홉,
열' 등의 말들은 모두 품사 통용의 예에 해당한다.

11.2.5. '부사' 관련 통용 유형

다음은 품사 통용 가운데 '부사' 관련 통용 유형을 제시한 것이다.[9)]

(17) 가. 움직이지 말고 가만 누워 있어라.
　　 가'. 가만, 저게 무슨 소리지?
　　 나. 잔에 우유를 마저 따라라.
　　 나'. 너마저 나를 믿지 못하는구나.
　　 다. 그 팀은 내리 열 경기를 이겼다.
　　 다'. 하늘에서는 함박눈이 내렸다.

　(17가, 가')은 부사, 감탄사 통용 유형이다. (17가)의 '가만'은 동사 '누워' 앞에서 이를 수식해 주는 부사임을 알 수 있다. (17가')의 '가만'은 상대방의 말이나 행동을 막는 감탄사로서의 용법을 보여 주고 있다. 역시 이 경우에는 '가만' 다음에 어떠한 조사도 결합할 수 없다.

　(17나, 나')은 부사, 조사 통용 유형이다. (17나)의 '마저'는 '남김없이 모두'의 의미를 가지고 동사 '따라라'를 수식하고 있으므로 부사임을 알 수 있다. (17나')의 '마저'는 대명사 '너' 다음에 결합하여 '하나 남은 마지막'의 의미를 보태는 조사이다. 이처럼 부사가 조사와 통용되는 경우는 그리 많지 않다.

　(17다, 다')은 부사, 동사의 통용 유형이다. 부사 '내리'는 동사 '내리다'에서 온 것인데 지금은 '위에서 아래로'라는 의미 외에 (17다)에서 보이는 것처럼 '잇따라 계속'의 의미도 가짐으로써 그 유연성을 상실해 가고 있다. 이처럼 부사가 동사와 통용하는 유형에 속하는 것으로 '낮추', '더디', '곧', '이루' 등을 더 들 수 있다.[10]

---

9) '명사'와 '부사' 통용, '대명사'와 '부사' 통용에 대해서는 각각 '명사' 관련 통용 유형, '대명사' 관련 통용 유형에서 이미 살펴본 바 있다.

10) 이처럼 용언의 어간이 그대로 부사로 변한 것들을 '어간형 부사'라 불러 왔다.

1. 다음 단어들은 어떤 품사 통용 유형을 보이는지 조사해 보자.

> 아무, 야물다, 가까이, 아무리

2. 『표준국어대사전』에는 (가)의 '처음'은 명사로만 처리되어 있고 (나)의 '진짜'는 명사와 부사로 처리되어 있다. 예문들을 참고로 이들을 각각 부사나 관형사로는 처리할 수 없는지 검토해 보자.

> 가. 오늘은 학교에 처음으로 가는 날이다.
> 가'. 그런 음식은 처음 본다.
> 가". {처음, 처음에, *나중, 나중에} 도착한 사람은 맨 끝에 가서 앉아라.
> 나. 이제 진짜가 온다.
> 나'. 이 영화는 진짜 지루하다.
> 나". 진짜 나를 찾기 위한 여행을 시작할 때가 되었다.

1. 다음 '-적(的)'이 붙은 단어들 가운데 (가), (나)의 '간접적', '감각적'과 같이 대부분의
   '-적(的)'이 붙은 단어들은 명사, 관형사 통용으로 처리해 왔고 (다), (라)의 '가급적', '비
   교적' 두 단어는 명사, 부사 통용으로 처리해 왔다. 지금까지 살펴본 품사의 특징을 바
   탕으로 하고 다음의 예문들을 참고할 때 이들을 품사 통용의 관점에서 어떻게 해석할
   수 있는지 검토해 보자.

   > 가. 간접적 표현
   > 가'. 간접적인 표현
   > 가". 간접적으로 돕다.
   > 나. *감각적 사람
   > 나'. 감각적인 사람
   > 나". 감각적으로 표현하다.
   > 다. 가급적 많은 도움이 필요하다.
   > 다'. 가급적이면 배부르게 먹어라.
   > 라. 비교적 쉽다
   > 라'. 비교적 관점
   > 라". 비교적인 관점

2. 품사 통용을 품사 사이의 속성 공유 현상으로 설명한다면 한국어에서 '명사-부사', '동
   사-형용사'의 통용 유형이 특히 많은 것을 어떻게 설명할 수 있는지 생각해 보자.

제4부

단어의 형성

제12장 한국어 단어 형성의 방법과 어휘적 단어의 종류

12.1. 단어 형성을 위한 '단어'의 개념 : 어휘적 단어

형성을 위한 단어의 개념과 품사 분류를 위한 단어 개념은 차이가 있다. 우선 품사는 문장 형성에 참여하는 데 필요한 단어들을 일정한 기준에 따라 나눈 것이라는 점에서 '분류' 지향적 개념이다. 그러나 새로운 단어는 반대로 일정한 방법에 따라 여러 재료들을 이용해 만들어 내는 '형성' 지향적 개념이다. 이러한 지향적 개념의 차이를 구체적인 예를 들어 살펴보기로 한다.

(1) 가. 책상에 책이 놓여 있다.
　　나. 그 책은 이야기책이다.

(1)을 품사로 나누면 다음과 같다.

(2)

(1가)	책상	에	책	이	놓이-	-어	있-	-다
품사	명사	조사	명사	조사	동사	어미	동사	어미
(1나)	그	책	은	이야기책	이-	-다		
품사	관형사	명사	조사	명사	형용사	어미		

품사의 관점에서는 문장에서의 역할에 관점을 기울이기 때문에 '책상'과 '책'이 명사로서 동일하고 '놓이-'와 '있-'이 같은 가치를 가지며 마찬가지로 문장에서는 '이야기책'도 '책'과 동일한 기능을 갖는다. 즉 하나의 형태소로 이루어진 품사이든 두 개 이상의 형태소로 이루어진 품사이든 같은 품사라면 같은 기능을 가지는 것이다. 따라서 문장의 요소가 한 품사 내부의 요소를 참조(參照)하기 어렵다.[1]

> (3) 가. 그 책상은 무겁다.
> 　　나. 그 이야기책은 두껍다.

(3가)의 문장을 보면 '무겁다'는 '책상' 전체의 의미에만 관여하고 '책'만을 한정할 수는 없음을 알 수 있다. (3나)도 마찬가지이다. '두꺼운' 것은 '이야기책'이지 '이야기'일 수 없다. 따라서 문장의 구조로도 다음과 같은 분석은 불가능하다.

> (4) 가. *[[[그 책]상]은] 무겁다
> 　　나. *[[[그 이야기]책]은] 두껍다

그러나 단어 형성의 개념에서는 '책'과 '책상', '이야기'와 '이야기책'의 가치가 다르다. '책'과 '이야기'는 하나의 어휘 형태소로 이루어져 있지만 '책상'과 '이야기책'은 두 개의 어휘 형태소로 이루어져 있기 때문이다. 즉 '책상'과 '이야기책'을 위해서는 '책', '상', '이야기'의 세 어휘 형태소가 적절히 '결합'해야 하는 것이다.

따라서 단어의 형성이란 '책', '상', '이야기'라는 재료를 가지고 보다 복잡한 구성을 가지는 또 다른 단어를 만드는 과정이라 할 수 있다. 이러

1) 이는 5장에서 살펴본 바 있는 어휘 고도 제약에 따른 것이다.

한 측면에서 보면 같은 형태소라도 그 가치가 다르다는 것을 알 수 있다.

> (5) 가. 그 책상에서는 공부하기가 좋았겠다.
>   나. 그 이야기책만을 들고 오기까지는 상당한 용기가 필요했다고 하
>   더군.

(5가)의 '에서는'이나 '-기가', '-았겠다', (5나)의 '만을', '까지는', '-였다고', '-더군'은 모두 두 개 이상의 형태소가 결합되어 있다. 그러나 이들은 '책상', '이야기책'의 '책', '상', '이야기'와는 지위가 같지 않다. 그 이유는 '에서는', '-기가', '-았겠다', '만을', '까지는', '-였다고', '-더군'에서 분석되는 '에서', '는', '-기', '가', '-았-', '-겠-', '-다', '만', '을', '까지', '는', '-였-', '-다고', '-더-', '-군'은 모두 단어 형성이 아니라 문장 형성에 참여하고 있기 때문이다. 따라서 가령 (5)의 '그 책상에서는'이나 '그 이야기책만을'만을 놓고 보더라도 문장 구조는 다음과 같이 분석된다.

> (6) 가. [[[그 책상]에서]는]
>   나. [[[그 이야기책]만]을]

즉 (6가)의 '에서'와 '는'은 차례로 '그 책상', '그 책상에서'와, (6나)의 '만'과 '을'은 차례로 '그 이야기책', '그 이야기책만'과 결합하고 있는데 이들은 모두 구(句)의 자격을 가지고 있으므로 '에서', '는', '만', '을'은 문장 형성에 참여하고 있다고 할 수 있다. '-기', '가', '-았-', '-겠-', '-다', '까지', '는', '-였-', '-다고', '-더-', '-군'도 모두 마찬가지의 자격을 갖는다. 따라서 이들은 다시 단어 형성에 참여하는 '책', '상', '이야기'와는 그 지위가 다른 것이다.

316 제4부 단어의 형성

4장에서 문장 형성에 참여하는 조사와 어미는 문법적 단어$_2$에 속하고 이들을 포함하여 품사 분류의 대상이 되는 단어는 문법적 단어$_1$에 해당한 다는 사실을 언급한 바 있다. 이를 참고한다면 단어 형성과 관련되는 '책', '상', '이야기', '책상', '이야기책'은 단어의 여러 가지 개념 가운데 어휘 적 단어에 해당하여 서로 구별해야 하는 이유를 이해할 수 있다. 어휘적 단어는 그 구성이 아무리 복잡하더라도 역시 품사 분류의 대상이 되는 문 법적 단어$_1$을 넘어설 수 없다는 제약을 가지고 있기 때문이다.

12.2. 단어 형성의 방법

새로운 단어는 새로운 개념을 나타낼 수 있는 단어가 따로 존재하지 않 을 때 형성된다. 이때 새로운 단어를 형성하는 방법은 매우 여러 가지가 있을 수 있다. 어떤 것과 어떤 것을 결합시킬 수도 있고 또 기존에 존재하 는 단어들의 일부를 다른 것과 대치할 수도 있다. 그리고 기존의 단어를 축약시키거나 일부를 탈락시켜서도 단어를 만들 수 있고 극단적으로는 형식에는 아무런 변화가 없는데 새로운 단어를 형성할 수도 있다.

12.2.1. 결합

새로운 단어를 형성하는 방법 가운데 가장 일반적인 것은 단어 형성의 재료를 서로 결합시키는 방법이다. 결합에 의한 단어 형성 방법은 다시 결합한 결과가 원래 재료들의 합과 같은 경우도 있고 원래 재료들의 합보 다 작은 경우도 있다. 형식의 증감으로만 따지면 앞의 것은 형식이 증가 하는 것이고 뒤의 것은 형식이 오히려 감소하는 것이라 할 수 있다.

먼저 형식이 증가하는 결합을 살펴보기로 하자.

> (7) 가. 책상, 이야기책
>   나. 놓이다

(7)은 (1)에서 어휘적 단어들을 모아 다시 정리한 것인데 이들이 두 개 이상의 형태소로 이루어져 있다면 그들 형태소가 서로 결합하고 있는 것이라 할 수 있다. (7가)는 '책'과 '상', '이야기'와 '책'이라는 형태소가 결합하여 다시 어휘적 단어 '책상'과 '이야기책'을 형성한 것이며 (7나)는 '놓-'에 '-이-'라는 형태소가 결합하여 다시 어휘적 단어 '놓이다'를 형성한 것이다.

새로운 단어의 형성은 (7)의 경우처럼 형식이 증가하는 경우가 대부분이다. 그리고 이처럼 형식이 증가하는 경우는 주로 규칙(規則, rule)에 의해 그 형성 방법을 설명해 왔다.

그러나 경우에 따라서는 결합이 형식의 감소를 통해 구현되는 경우도 있다.

> (8) 가. 아침 + 점심 → 아점[2]
>   나. 웃기다 + 슬프다 → 웃프다[3]

(8가)는 '아침'과 '점심'의 결합이기는 하지만 그 결과가 '아침점심'이 되지 않는다는 점에서 '책'과 '상'의 결합이 '책상'이 된 것과 차이가 있다. 마찬가지로 (8나)는 '웃기다'와 '슬프다'의 결합이 '웃프다'가 되었다는 점에서 '놓-'과 '-이-'가 결합되어 '놓이다'가 된 것과 차이가 있다.[4]

---

2) '아침 겸 먹는 점심'의 의미.
3) '웃기면서 슬프다'의 의미.

이런 점에서 보면 '들기름, 참기름', '질그릇, 질화로'도 형식의 감소에 의한 단어 형성의 예로 추가할 수 있다.

(9) 가. 들깨 + 기름 → 들기름
　　가'. 참깨 + 기름 → 참기름
　　나. 질흙 + 그릇 → 질그릇
　　나'. 질흙 + 화로 → 질화로

(9가, 가')의 '들기름'이나 '참기름'은 그 의미를 보면 '들깨로 만든 기름', '참깨로 만든 기름'이고 '들'이나 '참'만으로는 '들깨'와 '참깨'라는 의미를 나타낼 수 없다. 따라서 '들기름'이나 '참기름'은 '들깨'와 '참깨'에서 '깨'가 떨어진 것이라 할 수 있다. (9나, 나')의 '질그릇'과 '질화로'도 마찬가지 관점에서 설명이 가능하다. '질그릇'이나 '질화로'는 '질흙으로 만든 그릇', '질흙으로 만든 화로'의 의미를 가지는데 '질'만으로는 '질흙'의 의미를 나타낼 수 없다. 따라서 단어 형성 과정에서 '질흙'의 '흙'이 떨어진 것으로 해석할 수 있다.

이처럼 단어 형성의 결과가 원래 형식의 합보다 줄어드는 것은 한자어에서는 매우 흔한 일이다.

(10) 가. 임시(臨時) + 정부(政府) → 임정(臨政)
　　　가'. 경세(經世) + 제민(濟民) → 경제(經濟)
　　　나. 직접(直接) + 간접(間接) → 직간접(直間接)
　　　나'. 손톱 + 발톱 → 손발톱

---

4) 줄어들기는 하되 '아점'처럼 앞 단어의 뒷부분과 뒤 단어의 뒷부분이 줄어들어 합쳐진 것을 특히 두자어(頭字語, acronym), 혹은 두음절어(頭音節語)라 부르고 '웃프다'처럼 앞 단어의 뒷부분과 뒤 단어의 앞부분이 줄어들어 합쳐진 것을 특히 혼성어(混成語, blended words)라 불러 구별하기도 한다.

(10가, 가)은 각각 이음절 한자어의 처음 한자만을 연결하여 새로운 단어를 만든 경우이며 (10나)는 동일한 한자를 삭제하고 결합시켜 새로운 단어를 만든 경우이다. '출입국, 음양각, 대소변, 선후배, 남북한, 국공립, 유불리, 내외국'이 모두 이러한 과정을 거쳐 형성된 단어들이다. 고유어의 경우에도 이러한 방법을 이용하는 경우가 없는 것은 아닌데 (10나)의 '손발톱'이 이러한 예에 해당한다.

다만 경우에 따라서는 이렇게 줄어드는 과정에서 그 의미가 그대로 보존되기도 하고 새로운 의미가 형성되는 일도 있다. (8)의 '아점'이나 '웃프다', (10가)의 '경제'는 단순히 그 요소의 합이 아니라 새로운 의미를 부여받은 것이라 할 수 있다. 이에 비하면 상대적으로 (9)의 '들기름, 참기름', '질그릇, 질화로'와 (10가, 나, 나)의 '임정', '직간접', '손발톱'의 의미는 단순히 그 요소를 합한 느낌이 강하다.

12.2.2. 대치

새로운 단어를 형성하는 방법을 결합이 아니라 '대치'로 보는 것이 좋은 것들도 있다. 대치에 의한 단어 형성은 형식의 증감에서만 보면 아무런 변화가 없는 경우에 해당한다.

> (11) 가. 한우(韓牛) → 한돈(韓豚)
>   나. 도우미 → 지키미
>   다. 발품 → 손품

(11가)의 '한돈'과 (11나)의 '지키미', (11다)의 '손품'은 각각 '한우'와 '도우미', '발품'을 근거로 하여 만든 단어라고 할 수 있다. '한우'와 '도우미', '발품'은 각각 '한(韓)-'과 '-우(牛)', '도우-'와 '-ㅁ', '이', '발'과 '품'의 결

합에 의해 형성된 단어라고 할 수 있다는 점에서 (7)과 같은 단어 형성 방법을 보여 주는 것이라 할 수 있다. 그러나 의미적 관련성을 염두에 둘 때 '한돈'과 '지키미', '손품'은 '한우'와 '도우미', '발품'을 직접적으로 참조해서 형성되었다고 보는 것이 이들도 각각 '한(韓)-'과 '-돈(豚)', '지키-'와 '-ㅁ', '이', '발'과 '품'의 결합으로 보는 것보다 합리적이다. 그 이유는 다음과 같이 내부 구조가 동일하지 않거나 분석이 어려운 단어 형성의 경우가 존재하기 때문이다.

(12) 가. 가계부(家計簿) → 차계부(車計簿)5)
　　　나. 조깅족(jogging族) → 야깅족(夜gging族)6)

(12가)의 '차계부'나 (12나)의 '야깅족'은 각각 '가계부', '조깅족'을 참고로 만들어진 단어이다. 그 구조는 참고가 된 '가계부', '조깅족'과는 달라서 '가계부'는 형태소로는 '가', '계', '부'로, '차계부'는 '차', '계', '부'로 비슷한 듯하지만 계층 구조는 '가계부'가 '[[가계]부]'인 데 비해 '차계부'는 '[[[차]계]부]'로밖에는 나타낼 수 없고 마찬가지로 '조깅족'은 '[[조깅]족]'이지만 '야깅족'은 '[[[야]깅]족]'일 뿐만 아니라 '깅'에는 형태소의 자격을 부여하기도 힘들다. 따라서 '차계부'와 '야깅족'은 '가' 대신 '차'가, '조' 대신 '야'가 대치된 것으로 보는 것이 합리적일 수 있는 것이다.7)

한국어 어휘의 특징 중의 하나는 모음 교체, 자음 교체의 관계에 있는

---

5) '차'를 위한 '가계부'의 의미로 차를 운영할 때의 비용을 마치 집안에서 가계부를 작성하는 것과 동일하게 작성하는 것을 일컫는다.
6) '밤에 조깅하는 사람들'의 의미.
7) 물론 '차계부'를 '차'에 '가계부'가 결합하되 '가계부'의 '가'가 떨어진 것으로 보고 '야깅족'도 마찬가지로 '야'에 '조깅족'이 결합하되 '조깅족'의 '조'가 떨어진 것으로 보아 (8)이나 (9), (10)과 같은 방법에 의해 형성된 것으로 볼 수도 있다. 그러나 이렇게 보면 '가계부', '조깅족'과의 관련성이 떨어지게 된다. 즉 '대치'에 의한 단어 형성은 의미상, 형식상의 '연관성'을 중시하는 단어 형성 방법이라고 할 수 있다.

단어들이 많다는 것이다. 이들 교체되는 모음, 자음에 초점을 맞춘다면 이러한 단어들도 대치에 의한 단어 형성으로 볼 가능성이 있다. 다만 이러한 대치가 (11), (12)의 대치와 차이가 나는 부분은 (11), (12)는 대치되는 단위가 주로 형태소인 데 비해 이들은 형태소보다 작은 단위라는 점이다. 이러한 점에서 모음 교체나 자음 교체에 의한 단어 형성은 내적 변화에 의한 단어 형성이라고 하여 앞의 형태소 대치와 구별할 수 있다.

(13) 가. 날씬하다 ↔ 늘씬하다
　　 나. 감감하다 ↔ 깜깜하다 ↔ 캄캄하다

(13가)는 'ㅏ'와 'ㅡ'의 모음 교체 즉 대치가 일어난 것이며 (13나)는 'ㄱ', 'ㄲ', 'ㅋ'의 자음 교체 즉 대치가 일어난 것이다.8)

이러한 자음과 모음의 대치는 특히 한국어의 의성어와 의태어에서 폭넓게 발견된다.

(14) 가. 자르랑 – 짜르랑 – 차르랑, …
　　 나. 찰카닥 – 철커덕, …
　　 다. 싱글벙글 – 생글방글, …

(14가)는 자음의 대치, (14나)는 모음의 대치, (14다)는 자음과 모음 모두에서 대치가 나타나는 경우이다.9) 사실 지금까지 이들을 '음성 상징'으로

---

8) 다만 '한우'에 대한 '한돈', '도우미'에 대한 '지키미'와는 달리 단어들 사이의 관계를 '→'이 아니라 '↔'로 표시한 것은 그 영향 관계가 일방향적이라고 보기 어렵기 때문이다. 아래 의성어, 의태어도 마찬가지이지만 편의상 '–'로 표시하기로 한다.

9) '싱'과 '생', '벙'과 '방'에 초점을 두면 이는 (14나)와 마찬가지로 모음 교체가 일어난 경우라 할 수 있으나 단어 내부의 '싱글'과 '벙글'에 초점을 두면 'ㅅ'과 'ㅂ', 'ㅣ'와 'ㅓ'의 교체를 확인할 수 있고 마찬가지로 '생글'과 '방글'에 초점을 두면 'ㅅ'과 'ㅂ', 'ㅐ'와 'ㅏ'의 교체를 확인할 수 있다. 곧 '싱글벙글'은 일차적으로 부사 '싱글'과 부사 '벙글'이 결합하여 형성된 부사이고 '생글방글'도 마찬가지로 일차적으로 부사 '생글'과 부사 '방

간주해 온 것은 이들에서의 대치는 형태소보다 작아서 의미 차이가 크지
않아 단순한 '어감' 차이를 가져올 뿐이라고 보았기 때문이다. 그러나 우
선 이들 가운데는 단순한 어감상의 차이를 넘어 의미 차이가 나는 것들이
적지 않게 존재한다.

(15) 가. 살짝
「1」남의 눈을 피하여 재빠르게.
¶ 그는 모임에서 살짝 빠져나갔다.
「2」힘들이지 아니하고 가볍게.
¶ 이것 좀 살짝 들어 봐라./그녀는 고개를 살짝 들고 상대편을
처다보았다.
「3」심하지 아니하게 아주 약간.
¶ 시금치를 살짝 데치다/소녀는 부끄러운지 얼굴을 살짝 붉혔
다./누가 살짝 건드려 주기만 하여도 달아나고 싶은 심정이었던
것이다.≪박경리, 토지≫
「4」표 나지 않게 넌지시.
¶ 그는 그 일을 내게만 살짝 알려 주었다.
가'. 슬쩍
「1」남의 눈을 피하여 재빠르게.
¶ 남의 물건을 슬쩍 훔쳐 도망가다/그들은 내 주머니에다 슬쩍
시계를 집어넣고는 일단 파출소에다 도둑놈이라고 신고를 했다.
≪황석영, 어둠의 자식들≫
「2」힘들이지 않고 거볍게.
¶ 슬쩍 건드렸는데도 아프다고 야단이다./달주는 몸을 슬쩍 피하며
날아오는 목침을 손으로 덥석 잡아 버렸다.≪송기숙, 녹두 장군≫
「3」심하지 않게 약간.
¶ 슬쩍 익히다/봄나물을 슬쩍 데쳐 갖은 양념을 넣어 무쳐 먹었다.

글'이 결합하여 형성된 부사이므로 단어 내부와 단어 사이에서 다중적인 교체 양상을 살
펴볼 수 있는 단어들이 된다. 자음과 모음을 분리하지 않고 아예 '싱'과 '벙', '생'과 '방'
전체를 교체로 보면 음절 교체가 나타난 것으로도 볼 수 있다.

「4」표 나지 않게 넌지시.

¶ 의중을 슬쩍 떠보다/슬쩍 화제를 돌리다.

「5」특별히 마음을 쓰거나 정성을 들이지 않고 빠르게.

¶ 그는 책을 한 번 슬쩍 훑어보더니 재미없다는 듯 곧 팽개쳐
버렸다.

나. 꼴깍

「1」적은 양의 액체나 음식물 따위가 목구멍이나 좁은 구멍으로
한꺼번에 넘어가는 소리. 또는 그 모양.

¶ 침을 목구멍으로 꼴깍 넘기다/술잔을 꼴깍 비우다/정 주사는
도미찜 소리에 침이 꼴깍 넘어가고 시장기가 새로 드는 것 같았
다.≪채만식, 탁류≫

「2」분한 마음 따위를 간신히 참는 모양.

¶ 그는 분한 마음을 꼴깍 참았다.

「3」잠깐 사이에 없어지거나 죽는 모양.

¶ 숨이 꼴깍 넘어가다.

나'. 꿀꺽

「1」액체나 음식물 따위가 목구멍이나 좁은 구멍으로 한꺼번에
많이 넘어가는 소리. 또는 그 모양.

¶ 침을 꿀꺽 삼키다/하나 남은 빵 조각을 꿀꺽 먹어 버렸다./그는
여태껏 고스란히 눈앞에 놔 두었던 잔을 들어 한숨에 꿀꺽 마셔
버렸다.≪유진오, 가을≫/나는 오랜만에 식욕을 느끼며 나도 모르
게 소리가 나도록 침을 꿀꺽 삼켰다.≪김용성, 도둑 일기≫

「2」분한 마음이나 할 말, 터져 나오려는 울음 따위를 억지로 참
는 모양.

¶ 분노를 꿀꺽 삼키다/초봉이는 울음을 꿀꺽 삼키면서 반사적으
로 일어서기는 했으나….≪채만식, 탁류≫/큰놈은 말을 하다가
엄마의 눈치를 보고 꿀꺽 말을 삼켰던 것이다.≪이정환, 샛강≫

「3」옳지 못한 방법으로 남의 재물 따위를 제 것으로 만드는 모양.

¶ 남의 돈 몇십만 냥을 한꺼번에 꿀꺽 삼켜도 아무 탈이 없는데 제
돈 겨우 엽전 한 푼 먹은 게 무슨 탈이 나……≪박종화, 전야≫

(15)는 국립국어원 『표준국어대사전』의 뜻풀이와 용례를 가져온 것이다. 밑줄 친 부분에서 알 수 있듯이 (15가, 가′)은 '슬쩍'의 경우에서 '살짝'에는 없는 의미가 더 추가되어 서로 의미 차이가 나는 것을 볼 수 있고 (15나, 나′)은 '꼴깍'과 '꿀걱'이 의미 명세의 수에서는 같지만 역시 단순한 어감의 차이로는 설명할 수 없는 의미 차이를 가진다는 것을 보여 준다.

(15)와 같이 의미 차이가 나는 것들을 포함하여 사전에서 자음 대치나 모음 대치 관계에 놓인 의성어, 의태어들을 모두 서로 별개의 표제어로 등재하고 있다는 사실은 화자들이 이들 단어들을 서로 구별하고 있다는 사실을 반영하는 것으로 해석할 수 있다.

또한 자음 대치나 모음 대치 관계에 있는 쌍들이 단어 형성의 측면에서 비대칭성을 보이는 예들이 많다는 사실에도 주목할 필요가 있다.[10]

> (16) 가. 간질 – 간질간질(– 간질간질하다) – 간질거리다(– 간질대다 – 간질이다) – 간지럽다 – 간지럽히다
>
> 　 가′. 근질 – 근질근질(– 근질근질하다) – 근질거리다(– 근질대다 – 근질이다) – 근지럽다 – *근지럽히다
>
> 　 나. 구불(– *구불하다) – 구불거리다(– 구불대다) – *구불이 – 구불구불(– 구불구불하다) – 구부러지다
>
> 　 나′. 꾸불(– *꾸불하다) – 꾸불거리다(– 꾸불대다) – *꾸불이 – 꾸불꾸불(– 꾸불꾸불하다) – 꾸부러지다
>
> 　 나″. *구붓(– 구붓하다) – *구붓거리다(– *구붓대다) – 구붓이 – 구붓구붓(– 구붓구붓하다) – *구부서지다

---

10) 단어 형성에서의 비대칭성이란 그 형성에 있어 빈칸(gap)이 존재하는 경우를 말한다. 빈칸에는 '우연한 빈칸'과 '체계적 빈칸'이 있는데 '우연한 빈칸'이란 빈칸이 특별한 이유 없이 발생하는 것이며 '체계적 빈칸'은 빈칸이 생길 수밖에 없는 이유가 필연적으로 존재하는 빈칸을 의미한다. '우연한 빈칸'과 '체계적 빈칸'에 대해서는 구체적인 예들과 함께 §13.5에서 자세히 살펴보기로 한다.

(16가, 가')의 '간질'과 '근질'은 모음 대치를 보이는 예인데 '간지럽히다'라는 단어는 있지만 '*근지럽히다'라는 단어는 없으므로 단어 형성의 측면에서 비대칭적인 면을 볼 수 있다. (16나, 나', 나")은 자음 대치를 보이는 예인데 '구불'과 '꾸불'은 단어 형성의 측면에서 대칭적이지만 '구불'과 '구붓'의 자음 대치형은 단어 형성의 측면에서 서로 대칭적인 부분이 훨씬 더 적다는 사실을 알 수 있다.

이상과 같은 대치에 의한 단어 형성은 최근 유추(類推, analogy)로 그 형성 방법을 설명할 수 있다고 보고 있다.

12.2.3. 축약 혹은 탈락

다음의 단어들은 결합도 아니고 대치도 아니면서 새로운 단어 형성으로 결과된 것으로 볼 수 있는 예이다.

> (17) 가. 조금 → 좀
> 나. 새삼스레 → 새삼

(17가)의 '좀'은 '조금'이 축약을 겪은 것이지만 단순한 축약형이라고 보기는 어렵다.

> (18) 가. 이 물건은 {조금, 좀} 비싸다.
> 나. 무엇 {*조금, 좀} 물어봅시다.
> 다. 날씨가 {*조금, 좀} 더워야 나가서 일을 하지.
> 라. 그 집 음식이 {*조금, 좀} 맵니?

(18가)의 경우는 '조금'과 '좀'이 넘나들 수 있으므로 단순한 축약형이라고 할 수 있지만 (18나, 다, 라)의 경우는 '조금'으로는 그 의미가 통하지

않는다. 즉 '좀'은 축약형이기는 하지만 '조금'에서는 찾을 수 없는 '부탁하거나 동의를 구할 때 부드럽게 하는 말'[(18나)], '어지간히'[(18다)], '얼마나'[(18라)]의 의미를 가지는 별도의 단어라고 볼 수 있다.[11]

이처럼 축약에 의해 새로운 단어가 형성된 것으로 볼 수 있는 예에는 '그리하여서'에서 축약된 '그래서', '당초에'에서 축약된 '당최', '금시에'에서 축약된 '금세', '그러면'에서 축약된 '그럼', '어쩌면'에서 축약된 '어쩜' 등을 들 수 있다. '좀', '그래서', '당최', '금세'는 부사이지만 '그럼', '어쩜'은 감탄사의 지위를 가지게 되었다는 점에서 차이가 있다.

(17나)는 탈락을 통한 새로운 단어 형성이라 할 만한 것이다. '새삼'은 다음에서 보는 것처럼 '새삼스레'와 마찬가지로 부사이다.

(19) 가. 그와 만났던 날들이 {새삼, 새삼스레} 그립다.
    나. 그 문제를 지금 {새삼, 새삼스레} 꺼내는 이유가 뭐니?

(19가)는 '새삼' 혹은 '새삼스레'가 '새롭게'의 의미를 가지는 경우이고 (19나)는 '새삼' 혹은 '새삼스레'가 '갑작스럽게'의 의미를 가지는 경우이다. 그런데 여기서 주목할 것은 '새삼스레'라는 단어이다. 이 단어는 '새삼스럽다'가 '-이'와 결합하여 부사가 된 것인데 '-스럽-'은 기본적으로 '복스럽다, 걱정스럽다'처럼 명사인 '복'이나 '걱정'과 결합하거나 혹은 '거북스럽다, 조잡스럽다'처럼 명사의 성격을 띤 '거북-, 조잡-'과 결합하여 형용사를 만든다.

'새삼스럽다'의 '새삼'은 그 자체로 명사로 기능하는 일은 없으므로 '거북스럽다', '조잡스럽다'의 '거북-', '조잡-'과 마찬가지로 명사의 성격을 띤 말임을 알 수 있다. 명사가 아니므로 '새삼'이 명사에서 부사로 통용된

---

11) 특히 (18나)의 '좀'은 보조사로 간주하는 경우도 있다.

것이라고 할 수도 없다는 점에서 '새삼'이 부사가 된 것은 '새삼스레'에서 '스레'가 탈락한 것이라고밖에 말할 수 없다.

이처럼 부사를 형성시키는 말이 떨어져 다시 그대로 부사의 용법을 가지는 것에는 '급거', '돌연', '흡사' 등이 더 있다. 다만 '급거', '돌연', '흡사'는 각각 '급거히', '돌연히', '흡사히'에서 '-히'가 떨어진 것이라는 차이가 있을 뿐이고[12] 이들도 역시 '급거', '돌연', '흡사' 자체로는 부사 아닌 품사로 쓰이는 일이 없다는 공통점을 갖는다.

12.2.4. 영변화

영변화에 의한 단어 형성이란 품사의 통용을 단어 형성의 측면에서 바라볼 때 성립된다.

(20) 가. 오늘(명사) ↔ 오늘(부사)
　　 나. 아니(부사) ↔ 아니(감탄사)
　　 다. 보다(부사) ↔ 보다(조사)

품사의 통용을 단어 형성의 측면에서 바라본다는 것은 가령 (20가)의 '오늘'이 명사로서 쓰일 때와 부사로서 쓰일 때 각각 서로 다른 단어로 간주한다는 것을 의미한다. 품사 통용이 의미의 공통성을 중시하는 개념인데 비해 의미의 차이성을 중시하는 것이 품사 전성의 관점이라고 언급한 것을 상기할 필요가 있다. 이러한 측면에서 보면 의미의 공통성이 담보되

---

12) '은근'도 이러한 예에 대한 후보가 되지만 그 자체로 명사의 용법도 가지고 있다는 차이가 있다. 즉 명사는 부사로도 쓰이는 경우가 적지 않다는 점을 고려한다면 '은근히'에서 '-히'가 탈락하여 '은근'만으로도 부사로 쓰인다고 할 수도 있지만 부사로 통용된 것이라고 볼 가능성도 있는 것이다. 최근에 구어체를 중심으로 '완전 예쁘다'와 같이 '완전'이 부사로 사용되는 것도 역시 마찬가지 측면을 가지고 있다.

는 경우는 (20가)에 한정되고 (20나, 다)의 경우는 품사가 매우 이질적이어서 의미상의 공통성을 찾기가 쉽지 않다는 사실에 주목하게 된다.

이러한 점 때문에 국립국어원의 『표준국어대사전』에서는 (20가)의 단어는 다의어로 처리하여 표제어 '오늘' 아래에 명사와 부사의 용법을 함께 다루고 있지만 (20나, 다)의 경우에는 아예 동음이의어로 처리하여 별도의 표제항으로 다루고 있다. 따라서 이러한 점을 중시하여 (20)의 경우를 서로 단어 형성의 관계에 놓여 있다고 판단한다면 이들은 형식의 측면에서 아무런 변화가 없으므로 앞서 제시한 결합, 대치, 축약이나 탈락과는 구별되는 단어 형성 방법이라는 특징이 있다. 특히 '띠'와 '띠다'의 명사, 동사 통용이나 '늦추'와 '늦추다'의 부사, 동사 통용은 이러한 단어 형성의 측면에서 바라볼 가능성이 더 높다고 할 수 있다.

다만 (20)에서 '→'와 같은 일방향성 대신 '↔'로 쌍방향성으로 이를 표시하고 있다는 점에 주의할 필요가 있다. 이미 11장에서 언급한 바와 같이 품사의 전성은 방향성을 전제하는 것이고 이 방향성을 설명하기 위해 제약을 설정하거나 영접미사를 도입하는 것은 적잖은 문제를 가지기 때문이다. 이를 '전성'이나 '영파생'이라고 하는 대신 '영변화'라는 과정을 설정한 것도 같은 맥락에서 이해할 필요가 있다.

12.3. 한국어 단어 형성 방법과 어휘적 단어의 종류

앞에서 살펴본 다양한 단어 형성의 방법을 어휘적 단어의 종류와 연관 지을 필요가 있다. 다음의 어휘적 단어들을 통해 이에 대해 살펴보기로 하자.

(21)

때로   먹이
책   논밭   개나리
들볶다   이야기   책상
되도록   놓이다

　우선 어휘적 단어는 내부 구조를 가지지 않는 것과 내부 구조를 가지는 것으로 나눌 수 있다. 내부 구조를 가지지 않는다는 것은 단어가 어휘 형태소 하나로만 이루어진 것을 의미한다. (21)에서 '책', '이야기'가 이에 속하는데 이를 단일어(單一語, simple words)라 한다.

　한편 내부 구조를 가진다는 것은 단어가 두 개 이상의 형태소로 이루어져 있다는 것을 의미한다. (21)에서 '책', '이야기'를 제외한 '때로', '먹이', '논밭', '들볶다', '책상', '개나리', '되도록', '놓이다'가 이에 속하는데 이를 복합어(複合語, complex words)라 한다.

　그런데 복합어는 구성 형태소의 종류에 따라 두 가지로 크게 나눌 수 있다. 하나는 어휘 형태소의 결합으로 이루어진 것으로 (21)에서 '논밭', '책상'이 이에 속하는데 이들을 합성어(合成語, compound words)라고 한다. 다른 하나는 어휘 형태소와 문법 형태소로 이루어진 것인데 이는 문법 형태소의 성격에 따라 다시 두 가지로 나눌 수 있다.

　먼저 문법 형태소가 접두사나 접미사인 경우인데 (21)에서 '개나리', '들볶다', '먹이, 놓이다'가 이에 해당한다.13) 이러한 단어들을 파생어(派生

---

13) '놓이다', '들볶다'에서 '-다'도 형태소이지만 이는 단지 '놓이다', '들볶다'가 용언임을 나타내 주는 기능만 하기 때문에 단어 형성에서는 따로 문제 삼지 않는다. 따라서 보다 정확하게는 '놓이-', '들볶-'으로 표시하는 것이 합당하지만 관례에 따라 '놓이다', '들볶다'처럼 어미 결합형으로도 표시하기로 한다. 아래도 마찬가지이다.

語, derivative words)라 한다. 다음으로 문법 형태소가 조사나 어미인 경우가 있는데 (21)에서 '때로', '되도록'이 이에 해당한다. 이러한 단어들을 통사적 결합어(統辭的 結合語, syntactically combined words)라 한다.

조사나 어미는 기본적으로는 문장의 형성에 참여하는 요소들이므로 어휘적 단어와 어울리지 않지만 이들의 결합이 '때로'나 '되도록'처럼 하나의 단어로 굳어지는 일이 있다. 이는 곧 한국어의 '교착어(膠着語, agglutinating language)'로서의 특징을 나타내 주는 것으로 볼 수 있다. 학교 문법에서는 파생어와 합성어만 인정하고 통사적 결합어에 대해서는 따로 자리를 마련하고 있지 않다.

그동안 조사나 어미가 참여한 단어에 관심을 전혀 기울이지 않았던 것은 아니지만 경우에 따라서는 이를 접미사로 간주하여 파생어의 범위에 넣거나 아예 예외적인 현상으로 처리하는 경우가 대부분이었다. 그러나 '때로'나 '되도록'처럼 조사나 어미가 결합하여 단어화한 경우가 적지 않고 조사끼리 혹은 어미끼리 결합하여 다시 조사나 어미를 만들거나 어미와 조사가 결합하여 다시 어미를 만드는 일이 있는 것처럼 체언과 조사의 결합, 용언과 어미의 결합이 그대로 굳어져 단어를 만드는 것도 인정할 필요가 있다.

이상의 내용을 정리하면 우선 다음과 같다.

(22)

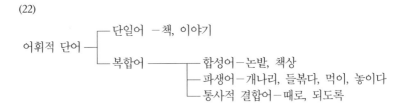

이제 (22)를 앞의 단어 형성 방법과 연관 지어 보기로 하자. 단어 형성

방법으로서의 '결합'은 모두 복합어를 만드는 과정이라고 할 수 있다. 무엇과 무엇이 결합한다고 할 때 '무엇'은 최소한 형태소 이상이므로 '결합'은 곧 그 결과가 두 개 이상의 형태소로 이루어진다는 것을 의미하기 때문이다. '책상', '놓이다' 등이 모두 이러한 예에 해당한다.

한편 단어 형성 방법으로서의 '대치'는 그 결과가 단일어일 수도 있고 복합어일 수도 있다. '살짝'에서 모음의 대치 관계에 있는 '슬쩍'은 모두 형태소 하나로 이루어져 있으므로 단일어에 해당한다. 그러나 '한우'와 대치 관계에 있는 '한돈'은 한자로 이루어져 있어 모두 형태소 두 개로 이루어져 있으므로 복합어에 해당한다.

'축약이나 탈락'도 그 결과가 단일어일 수도 있고 복합어일 수도 있다. '조금'에서 축약을 통해 형성된 '좀'은 형태소 하나로 이루어진 단일어이고 '새삼스레'에서 '스레'가 탈락하여 형성된 '새삼'도 형태소 하나로 이루어진 단일어에 해당한다. 그러나 '그래서'나 '급거'와 같은 단어들은 각각 축약과 탈락에 의해 형성된 것으로 볼 수 있지만 두 개 이상의 형태소로 구성되어 있다는 점에서 모두 복합어에 속한다.

'영변화'도 마찬가지로 그 결과가 단일어일 수도 있고 복합어일 수도 있다. '오늘'의 경우에는 형태소 하나로 이루어진 단일어에 해당하지만 '내일'은 한자로 이루어져 있고 한자가 모두 형태소의 자격을 가지므로 복합어에 해당한다.

이러한 단어 형성 방법과 어휘적 단어의 종류 사이의 관계를 정리하면 다음과 같다.

(23)

단어 형성 방법	어휘적 단어	예
결합	복합어	책 + 상 → 책상 놓- + -이- → 놓이다
대치	단일어	살짝 ↔ 슬쩍
	복합어	한우 → 한돈
축약이나 탈락	단일어	새삼스레 → 새삼
	복합어	급거히 → 급거
영변화	단일어	오늘 ↔ 오늘
	복합어	내일 ↔ 내일

이 가운데 단어를 형성하는 많은 경우는 결합에 의한 복합어 형성에 해당한다. 따라서 이들 각각에 대해서는 보다 자세히 살펴볼 필요가 있다.

1. 다음 단어들은 국립국어원 『2014년 신어』 보고서에서 가져온 것들이다. 본문의 내용을 고려할 때 이들은 어떤 방법으로 형성된 것인지 그 의미를 참고하여 분류해 보자.

> • 꽃오빠 : 외모가 꽃처럼 아름다운 오빠
> • 남사친 : 남자 사람 친구
> • 여사친 : 여자 사람 친구
> • 맛저 : 맛있는 저녁
> • 욱본능 : 선천적으로 욱하는 성질
> • 하루족 : 명절 때 고향집에서 하루만 머무는 사람
> • 더부심 : 자신이 살고 있는 지역의 더위에 대한 자부심
> • 먹부심 : 먹는 일에 대하여 느끼는 자부심
> • 부먹파 : 탕수육을 먹을 때 튀긴 소고기나 돼지고기 위에 소스를 부어 먹는
>   사람의 집단
> • 찍먹파 : 탕수육을 먹을 때 튀긴 소고기나 돼지고기 위에 소스를 찍어 먹는
>   사람의 집단
> • 상오빠 : 나이가 많거나 아주 오빠다운 오빠
> • 심쿵 : 심장이 쿵할 정도로 놀라움
> • 얼집 : 어린이집

2. 위의 단어들을 어휘적 단어의 어디에 소속시키는 것이 좋을지 생각해 보자.

1. '품사의 통용'과 '영변화어'가 가지는 시각의 차이점이 무엇인지 정리해 보고 각각의 장점과 단점에는 무엇이 있는지 검토해 보자.

2. '내적 변화'는 그동안 '내적 파생'이라는 이름으로도 불려 왔다. '내적 변화'를 '내적 파생'으로 볼 때 생기는 문제점에는 어떤 것들이 있는지 생각해 보자.

제13장 파생과 파생어

13.1. 단어 형성의 재료 : 어근과 접사

앞서 파생어는 어휘 형태소와 문법 형태소 가운데 접두사 혹은 접미사가 결합한 단어라고 한 바 있다. 파생(派生, derivation)은 이러한 파생어를 만드는 과정이다. 그런데 '문법 형태소'라는 명칭을 두고 '접두사' 혹은 '접미사'라는 명칭을 새로 도입한 데는 이유가 있다. 이는 무엇보다도 문법 형태소가 어휘적 단어 형성에만 관여하는 것은 아니기 때문이다.

(1) 가. 지우개가 많다.

나.

지우-	-개	가	많-	-다
어휘 형태소	문법 형태소	문법 형태소	어휘 형태소	문법 형태소

(1나)는 (1가)의 문장을 형태소로 나누고 이를 어휘 형태소와 문법 형태소로 나눈 것이다. 그런데 문법 형태소 가운데 '-개'만 어휘적 단어 형성에 관여하고 있고 나머지 '가'와 '-다'는 문장 형성에 관여하고 있다. 따라서 문법 형태소 가운데 어휘적 단어 형성에만 관여하는 것을 한정하여

'접사(接辭, affix)'라는 명칭을 붙이고 그 위치에 따라 접두사(接頭辭, prefix)와 접미사(接尾辭, suffix)로 나눈 것이다.[1]

마찬가지로 문법 형태소의 대(對)가 되는 어휘 형태소도 단어 형성에만 참여하는 것은 아니다. (1나)에서 어휘 형태소는 '지우-'와 '많-'이 있는데 이 가운데 어휘적 단어 형성에 참여하고 있는 것은 '지우-'이다. 이처럼 어휘 형태소 가운데 어휘적 단어 형성에 참여하는 것을 '어근(語根, root)'이 라고 부른다.[2]

따라서 단일어는 어휘 형태소인 어근 하나로 이루어진 단어이며 파생 어는 어근과 접사의 결합으로 이루어진 단어라고 재정의할 수 있고 파생 은 어근과 접사가 결합하는 과정이라고 말할 수 있다.

13.1.1. 어근의 종류

파생어가 어근과 접사의 결합이라고 할 때 어근은 파생어에서 접사를 제외한 나머지 부분이라고 할 수 있다. 그런데 이 어근은 기준에 따라 몇 가지로 나눌 수 있다.

13.1.1.1. 단일 어근과 복합 어근

어근은 그것을 이루고 있는 형태소의 수에 따라 단일 어근과 복합 어근 으로 나눌 수 있다.

(2) 가. 개나리

---

1) 그러나 모든 접사가 형태소 하나로 이루어져 있는 것은 아니다. '-맞이', '-잡이'처럼 두 개 이상의 형태소로 이루어진 접사도 존재하기 때문이다.
2) 단어 형성에 참여하는 어휘 형태소가 어근인 것은 맞지만 어근이 언제나 어휘 형태소여 야 하는 것은 아니다. 즉 두 개 이상의 형태소가 결합하는 경우도 어근이 될 수 있는데 이에 대해서는 바로 후술하기로 한다.

　나. 개죽음

　다. 개잡놈

　라. 개도둑놈의갈고리3)

　(2)는 접두사 '개-'와 결합하고 있는 파생어이므로 이를 제외한 나머지 부분이 어근이라고 보아야 한다. 그런데 그 성격이 모두 다르다.

　우선 (2가)의 '개나리'는 '개-'를 제외한 나머지 '나리'가 어휘 형태소로서 어근의 자격을 갖는다는 점에서 이견(異見)이 없다.

　그런데 (2나, 다, 라)의 어근을 이해하기 위해서는 먼저 '직접 성분 (immediate constituent, IC)'의 개념에 대해 알아 둘 필요가 있다. 직접 성분이란 어떤 구성이 세 개 이상의 요소로 이루어져 있고 이를 이분지적(二分支的, binary)으로 나타낼 때 제일 처음 갈라지는 두 요소를 일컫는다. 그리고 이러한 직접 성분을 찾는 과정을 '직접 성분 분석'이라고 한다. 이에 대해서는 품사에서 이미 언급한 '매우 새 책'이라는 구성과 '이 새 책'이라는 구성을 다시 떠올리는 것이 도움이 된다.

　(3) 가. 매우 새 책

　　　나.

　(4) 가. 이 새 책

　　　나.

---

3) 식물 명칭으로서 콩과의 여러해살이풀이다.

(3나)는 (3가)의 구성을 도식화한 것으로 '매우 새 책'에서 '매우 새'가 먼저 묶이고 이것이 다시 '책'을 수식한다는 것을 나타낸 것이다. (4나)는 (4가)의 구성을 도식화한 것으로 '이 새 책'에서 '새 책'이 먼저 묶이고 이 것이 다시 '이'에 의해 수식 받는다는 것을 나타낸 것이다. 이들 각각에서 직접 성분이란 (3가)에서는 처음 갈라지는 '매우 새'와 '책'이고 (3나)에서는 '이'와 '새 책'이다. 이러한 계층적 구조 분석은 부사 '매우'가 '새'라는 관형사를 꾸민다는 사실, 지시 관형사 '이'가 '새 책'이라는 명사구를 꾸민다는 사실을 분명하게 알게 해 준다.

이러한 논의를 (2나, 다, 라)에 적용시켜 보기로 하자.

(5) 가. 개죽음
    나.

(6) 가. 개잡놈
    나.

(7) 가. 개도둑놈의갈고리
    나.

(5나)는 (5가)의 '개죽음'을 직접 성분 분석한 것이다. '개죽음'에는 형태

소가 '개-', '죽-', '-음'으로 세 개 들어 있지만 '개죽-'에 '-음'이 결합했다고 보기는 어렵다. '죽음'은 존재하지만 '개죽-'은 존재하지 않기 때문이다. 따라서 직접 성분은 '개-'와 '죽음'이다.

(6나)는 (6가)의 '개잡놈'을 직접 성분 분석한 것이다. '개잡놈'에도 형태소가 '개-', '잡(雜)-', '놈'의 세 개가 들어 있는데 '개잡-'에 '놈'이 결합했다고 보기 어렵다. '개-'도 접두사이고 '잡-'도 접두사인데 접두사끼리 결합하여 단어를 만들 수는 없고 '잡놈'은 존재하기 때문이다. 따라서 '개잡놈'의 직접 성분은 '개-'와 '잡놈'이다.

마지막으로 (7나)는 (7가)의 '개도둑놈의갈고리'를 직접 성분 분석한 것인데 '개도둑놈의갈고리'는 '개-', '도둑', '놈', '의', '갈고리' 정도로 형태소 분석을 할 수 있다.[4] 그러나 이것도 역시 '개-', '도둑놈의', '갈고리'의 세 부분으로 나눌 수 있다는 점에서 '개죽음'이나 '개잡놈'과 동일하게 취급할 수 있다. 따라서 분석 가능성은 '개도둑놈의'와 '갈고리' 혹은 '개-'와 '도둑놈의갈고리' 가운데 하나이다. '개도둑놈의'라는 단어는 존재하지 않으므로 결국 '개도둑놈의갈고리'는 '개-'와 '도둑놈의갈고리'가 직접 성분이 된다. 역시 식물의 명칭으로 '도둑놈의갈고리'가 존재하므로 구조로만 보면 '나리'에 대한 '개나리'와 다를 바가 없다.

(5), (6), (7)의 직접 성분 분석은 우선 이들이 아무리 내부 구조가 복잡하더라도 파생어임을 알려 준다는 점에서 매우 중요한 의미를 갖는다.[5] 즉 파생어는 직접 성분 가운데 하나가 접사인 단어라고 보다 정확하게 정의할 수 있는 것이다.

그렇다면 접두사 '개-'를 제외한 나머지 부분에 해당하는 (5)의 '죽음',

---

4) '갈고리'는 '갈-'과 '고리'로 더 분석할 가능성도 있다.
5) 마찬가지로 내부 구조를 가지는 단어가 합성어임을 판별할 때도 직접 성분 분석은 매우 유용하다. 이에 대해서는 14장에서 살펴보기로 한다.

(6)의 '잡놈', (7)의 '도둑놈의갈고리'는 모두 어근의 자격을 갖는다는 사실
을 알 수 있다. 그런데 (2가)의 '개나리'에서는 어근 '나리'가 어휘 형태소
하나로 이루어져 있지만 (5), (6), (7)의 어근은 형태소가 둘 이상으로 이루
어져 있다는 점에서 차이가 있다. '나리'처럼 어휘 형태소 하나로 이루어
진 어근을 단일 어근이라 하고 '죽음', '잡놈', '도둑놈의갈고리'처럼 둘 이
상의 형태소로 이루어진 어근을 복합 어근이라 한다.6)

13.1.1.2. 형태소 어근과 단어 어근

단일 어근과 복합 어근은 어근의 형태소 수가 하나인지 그보다 많은지
즉 형태소의 수에 따라 구분한 것이지만 형태소의 수와는 상관없이 어근
이 가지는 문법적 지위가 형태소와 같은지 아니면 단어와 같은지에 따라
나눌 수도 있다. 먼저 다음 예를 보기로 하자.

> (8) 가. 갑작스럽다
> 가'. *갑작{이, 을, 의, 에 …}
> 나. 사랑스럽다
> 나'. 사랑{이, 을, 의, 에 …}

(8가)와 (8나)의 '갑작-'과 '사랑'은 모두 접미사 '-스럽-'과 결합하고
있는 어근에 해당하고 또 하나의 어휘 형태소로 이루어져 있다는 점에서

---

6) 단일 어근만 어근이라고 하고 복합 어근은 어기(語基, base)라 하는 일도 있고 단일 어근
과 복합 어근을 포괄하여 어기라고 하는 경우도 있다. 앞의 견해는 어근을 형태소에만 국
한시켜 결과적으로 어근이 모든 것을 제외한 근원 부분이라는 원래 의미를 보존할 수 있
다는 장점이 있다. 뒤의 견해는 복합 어근을 결국 어근이라고 부르는 것이 합당하지 않다
는 시각을 반영한 것이라는 점에서 앞의 견해와 일맥상통하는 부분이 있다. 어떤 견해를
취하든 어기라는 새로운 단위를 도입해야 한다는 점은 부담으로 작용할 수 있고 더욱이
이 어기가 서양의 언어에서는 굴절 접사와 결합하는 것도 포괄하는 데 비해 한국어는 그
렇게 보기 어렵다는 점에서 어기를 도입하는 대신 어근의 범위를 확대하는 방법을 취하
기로 한다. 이는 결과적으로 우리의 학교 문법이 취하고 있는 방향이기도 하다.

단일 어근에 해당한다. 그런데 '갑작-'은 (8가)에서 보는 바와 같이 어떤 격 조사와도 결합이 불가능한 데 비해 '사랑'은 (8나)에서 보는 바와 같이 격 조사와의 결합에 제약이 없다. 즉 '갑작-'은 어휘 형태소의 자격만 가지지만 '사랑'은 어휘 형태소이면서 문장 형성에 참여할 수 있는 단어의 자격도 갖는 것이다.[7] '갑작-'처럼 어근이 단지 형태소의 자격만을 가지는 것을 형태소 어근이라 하고 '사랑'처럼 단어의 자격도 가지는 어근을 단어 어근이라 한다.[8]

이러한 구별이 중요한 이유는 '갑작-'은 '갑작스럽다'나 '갑자기'와 같은 단어를 통해서만 그 모습을 드러낼 수 있는 간접적인 존재인 데 비해 '사랑'은 그 자체로 단어의 자격을 가지므로 굳이 다른 단어의 구성 요소로서 기능하지 않아도 그 모습을 직접적으로 드러낼 수 존재라는 사실을 포착할 수 있기 때문이다.

형태소 어근과 단어 어근에 대한 이해를 좀 더 분명히 하기 위해 접미사 '-하-'가 결합하여 파생어를 이루는 경우를 형태소 어근과 단어 어근이 결합한 경우로 나누어 제시해 보면 다음과 같다.

> (9) 가. 형태소 어근과 결합한 '-하-' 파생어 : 착하다, 따뜻하다 …
> 　　나. 단어 어근과 결합한 '-하-' 파생어 : 밥하다, 노래하다 …

(9가)에서 접미사 '-하-'를 제외한 '착-'이나 '따뜻-'은 역시 격 조사와 결합하지 않으므로 단어의 자격을 가지지 않는 형태소 어근의 예가 된다. 이에 대해 (9나)에서 접미사 '-하-'를 제외한 '밥'이나 '노래'는 격 조사와

---

7) 곧 '사랑'은 '갑작-'과는 달리 문법적 단어의 자격을 가지는 것이다.
8) 이곳의 '형태소 어근', '단어 어근'을 '불규칙적 어근', '규칙적 어근'이라고 부르는 일도 있다. 그러나 '불규칙적'이나 '규칙적'이라는 말은 지시하는 의미가 분명하지 않고 어간과 어미의 결합에서 나타나는 '불규칙', '규칙'과 혼동될 여지가 있다는 점에서 여기서는 이를 '형태소 어근', '단어 어근'이라는 말로 표현하기로 한다.

의 결합에 큰 제약이 없으므로 단어의 자격을 가지는 단어 어근의 예가
된다.

그런데 형태소 어근과 단어 어근이라는 개념은 어근이 형태소 하나로
이루어진 경우에만 국한되는 것은 물론 아니다.

> (10) 가. 공손(恭遜)스럽다, 과감(果敢)스럽다, 군색(窘塞)스럽다, 늠름(凜凜)
> 스럽다 …
> 나. 감격(感激)스럽다, 감탄(感歎)스럽다, 경사(慶事)스럽다, 고생(苦生)
> 스럽다 …

(10가)에서 '-스럽-'과 결합하고 있는 어근 '공손-', '과감-', '군색-',
'늠름-'은 모두 한자로 이루어져 있다는 점에서 두 개 이상의 어휘 형태
소로 이루어져 있다. 따라서 그 구조는 다음과 같다. '공손스럽다'만 예를
들기로 한다.

> (11) 가. 공손스럽다
> 나.

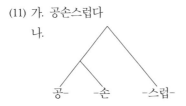

그러나 '공손-'은 다음과 같이 격 조사와 결합하는 일이 없다.

> (12) *공손{이, 을, 의, 에 …}

따라서 '공손-'은 두 개의 어휘 형태소로 이루어져 있지만 그 지위는 (8
가)의 '갑작-'과 동일해서 일차적으로 단어 형성에 참여해야 한다는 점에
서 그 모습을 간접적으로 드러낸다. 즉 '갑작-'은 단일 어근이면서 형태소

어근이지만 '공손-'은 복합 어근이면서 형태소 어근에 속하는 것이다.

　한편 (10나)에서 '-스럽-'과 결합하고 있는 어근 '감격', '감탄', '경사', '고생'도 모두 어휘 형태소의 자격을 가지는 한자로 이루어져 있으며 다음과 같은 구조를 갖는다는 점에서는 '공손스럽다'와 동일하다. '감격스럽다'만 예를 들기로 한다.

　(13) 가. 감격스럽다
　　　　나.

　　　　감-　　-격　　　-스럽-

그런데 '감격'은 다음과 같이 격 조사와 결합하는 데 제약이 없다.

　(14) 감격{이, 을, 의, 에 …}

　따라서 '감격'은 두 개의 어휘 형태소로 이루어져 있으면서 그 지위는 (8나)의 '사랑'과 동일해서 단어 형성에 참여하지 않아도 그 모습을 직접적으로 드러낼 수 있다. 즉 '사랑'은 단일 어근이면서 단어 어근에 해당하지만 '감격'은 복합 어근이면서 단어 어근에 해당하는 것이다.

　이러한 점에서 보면 단어 어근은 어근이 단어의 지위를 갖는다는 것을 의미하며 형태소 어근은 어근이 형태소 하나로 이루어져 있다는 의미가 아니라 형태소의 지위를 갖는다는 것을 의미한다는 점에 주의할 필요가 있다.

　이제 앞에서 살펴본 몇 가지 어근의 예들을 '단일 어근, 복합 어근', '형태소 어근, 단어 어근'으로 표시하여 어떠한 상관관계가 있는지 생각해 보기로 한다.

(15)

어근	나리	죽음	갑작	사랑	공손	감격
단일 어근	나리		갑작	사랑		
복합 어근		죽음			공손	감격
형태소 어근			갑작		공손	
단어 어근	나리	죽음		사랑		감격

(15)를 보면 단일 어근은 경우에 따라 형태소 어근('갑작-')이 될 수도 있으며 단어 어근('나리', '사랑')도 될 수 있음을 알 수 있다. 또한 복합 어근도 경우에 따라 형태소 어근('공손-')이 될 수도 있으며 단어 어근('죽음', '감격')도 될 수 있음을 알 수 있다. 따라서 '단일 어근, 복합 어근', '형태소 어근, 단어 어근'은 서로 포함관계에 놓여 있지 않다.

13.1.2. 접사의 종류

어근을 여러 가지로 나눈 것처럼 접사도 일정한 기준에 따라 몇 가지로 나누는 것이 가능하다.

13.1.2.1. 접두사와 접미사

접사를 나누는 가장 보편적인 방법은 이미 앞서 언급한 것처럼 그것이 나타나는 위치에 따라 나누는 것이다. 접두사란 어근을 기준으로 할 때 그 앞에 나타나는 접사를 가리키고 접미사란 어근을 기준으로 할 때 그 뒤에 나타나는 접사를 가리킨다. 지금까지 살펴본 단어들을 대상으로 이를 정리해 제시하면 다음과 같다.

(16) 가. '개-'('개나리'), '들-'('들볶다')
　　 나. '-개'('지우개'), '-스럽-'('사랑스럽다'), '-이'('먹이'), '-이-'('놓이다'), '-하-'('노래하다')

(16가)는 접두사의 예이고 (16나)는 접미사의 예이다. 한국어에는 접두
사보다 접미사가 훨씬 많은데9) 이는 한국어가 서술어가 끝에 오는 언어
에 속한다는 점과 관련이 있다. 서술어가 제일 먼저 나오는 언어의 경우
에는 접두사가 접미사보다 상대적으로 많은 것이다.10)

언어에 따라서는 접두사, 접미사 외에 접요사(接腰辭, infix)나 불연속 접사
(circumfix)가 존재하기도 한다. 접요사란 어근의 중간에 나타나는 접사를 의
미한다. 가령 아랍어 'iš-t-aġala'('차지되다')의 '-t-', 타갈로그어의 's-um-
ulat'('쓰다(書)')의 '-um-'이 접요사에 해당하는데 이때 'išaġala'나 'sulat'는
하나의 어근이다. 한국어에서는 이처럼 하나의 어근 안에 나타나는 접요
사는 존재하지 않는다. '바닷가'나 '좁쌀'의 'ㅅ', 'ㅂ'을 접요사로 간주하
는 견해도 없지는 않지만 '바다'와 '가', '조'와 '쌀'은 모두 그 자체로 어
근의 자격을 가지는 것이다. 따라서 'ㅅ', 'ㅂ'은 어근과 어근의 결합에서
나타나는 것이지 어근 내부에 나타나는 것은 아니라는 점에서 접요사가
될 수 없다.

한편 불연속 접사란 독일어의 동사를 과거분사로 만들 때 어근의 양쪽
에 동시에 붙는 'ge- … -en'('ge-geb-en', 'geb'은 '주다(與)'의 의미)과 같은 것
이다. 물론 한국어에는 이러한 접사가 존재하지 않는다.

---

9) 국립국어원(2002 : 21)에 따르면 종이로 편찬한 『표준국어대사전』(1999)에서 접사로 분류
   된 것은 656개인데 이 가운데 접두사가 200개이고 접미사는 456개이다.
10) Bybee et. al.(1990)에서는 접미사와 접두사의 비율이 어순과 상호 연관성을 보이고 있다
   는 점에 주목하고 있다. 즉 임의로 선택된 71개의 언어들을 대상으로 조사한 결과 거의
   3 대 1의 비율로 접미사가 접두사보다 더 보편적이라는 사실을 지적하였는데 보다 흥미
   로운 것은 접미사의 우세성이 기본 성분 순서와 연관된다고 보고 있다는 점이다. 가령
   동사가 문말에 오는 언어들에서는 접미사와 접두사의 비율이 거의 5 대 1, 동사가 중간
   에 나타나는 SVO, OVS 언어는 2 대 1인 것으로 나타났다. 이에 비해 동사가 문두에 오
   는 언어들에서는 비율이 1 대 1로 거의 같았다고 한다. 한국어의 경우는 200 대 456으로
   이러한 조사와 배치되는 것으로 보이지만 Bybee et. al.(1990)는 한국어의 조사와 어미에
   해당하는 것들도 모두 접미사로 간주한 연구라는 점에 주의할 필요가 있다. 따라서 이를
   감안하면 한국어의 경우에도 접미사와 접두사의 비율은 5 대 1을 넘을 것으로 보인다.

13.1.2.2. 한정적 접사와 지배적 접사

접두사와 접미사가 위치에 따른 접사의 분류라면 한정적 접사와 지배적 접사는 접사의 기능에 따른 분류이다.

한정적 접사는 어근의 의미를 한정해 주기만 할 뿐 품사를 변화시키지는 못하는 접사를 말한다. 이에 대해 지배적 접사란 어근의 의미를 한정해 주는 것은 물론 품사도 변화시키는 접사를 말한다.[11] (16)에 제시한 접두사와 접미사를 한정적 접사와 지배적 접사로 나누면 다음과 같다.

> (17) 가. '개-'('개나리'), '들-'('들볶다'), '-이-'('놓이다')
>   나. '-개'('지우개'), '-스럽-'('사랑스럽다'), '-이'('먹이'), '-하-'('노래하다')

(17가)는 한정적 접사의 예이고 (17나)는 지배적 접사의 예이다. 먼저 (17가)의 '개-', '들-'은 접두사인데 각각 어근 '나리', '볶다'와 결합하여 '개나리', '들볶다'라는 단어를 형성하고 있으나 이들의 품사는 어근의 품사인 명사, 동사와 일치한다. 마찬가지로 '-이-'는 접미사인데 어근 '놓-'과 결합하여 '놓이다'라는 단어를 형성하고 있으나 '놓이다'는 어근의 품사인 동사와 일치한다. 따라서 이들 접두사와 접미사는 한정적 접사의 예이다. 이를 정리하면 다음과 같다.

> (18) 가. [개-]$_P$ + [나리]$_N$ → [개나리]$_N$
>   나. [놓-]$_V$ + [-이-]$_S$ → [놓이-]$_V$
>   (P : 접두사, N : 명사, V : 동사, S : 접미사)

---

[11] 따라서 단어 어근인 경우에만 접미사가 지배적 접미사인지를 따질 수 있고 형태소 어근인 경우에는 접미사가 지배적 접미사인지를 따질 수 없다.

이에 비해 (17나)의 '-개', '-스럽-', '-이', '-하-'는 모두 접미사인데 각각 어근 '지우-', '사랑', '먹-', '노래'와 결합하여 '지우개', '사랑스럽다', '먹이', '노래하다'라는 단어를 형성하고 있다. 이들의 품사는 어근의 품사인 동사, 명사, 동사, 명사와는 달리 각각 명사, 형용사, 명사, 동사이다. 이는 접미사 '-개', '-스럽-', '-이', '-하-'에 의해 품사가 달라진 것이므로 이들 접미사는 지배적 접사임을 알 수 있다. 이를 정리하면 다음과 같다.

> (19) 가. [지우-]$_V$+ [-개]$_S$ → [지우개]$_N$
> 나. [사랑]$_N$ + [-스럽-]$_S$ → [사랑스럽-]$_{Adj}$
> 다. [먹-]$_V$ + [-이]$_S$ → [먹이]$_N$
> 라. [노래]$_N$ + [-하-]$_S$ → [노래하-]$_V$
>
> (V : 동사, S : 접미사, N : 명사, Adj : 형용사)

영어와 같은 언어에서는 가령 접두사 'en-'이 형용사 'rich'에 결합하면 동사 'enrich'를 형성하므로 지배적 접두사가 존재하지만 한국어에서는 이처럼 접두사가 지배적 접사가 되는 일은 없고 접미사 가운데만 지배적 접사가 존재한다는 특징을 갖는다. '기력'에 대해 '*기력하다'는 존재하지 않지만 '무기력하다'가 존재하는 것을 두고 접두사 '무-'가 어근의 품사를 바꾸는 것으로 보는 견해도 있으나 접두사 '무-'가 결합한 것은 명사 '기력'이고 '무기력하다'는 역시 명사 '무기력'에 '-하다'가 결합한 것이므로 '무-'가 품사를 바꾸는 지배적 접사로 보는 것은 무리가 있다.

만약 이렇게 본다면 '군소리'와 같은 단어도 '*소리하다'는 없지만 '군소리하다'는 존재하므로 '군-'도 역시 어근의 품사를 바꾸는 지배적 접두사의 예가 된다고 해야 할 것이다. 그러나 이 단어도 '군소리'에 '-하다'가 결합한 것이므로 '군-'이 명사에 결합하고 그 결과도 다시 명사임을 염두에 둔다면 접두사 '군-'을 한정적 접사로 보는 데 문제가 없다고 할 수 있다.

이제 앞에서 살펴본 몇 가지 접사의 예들을 '접두사, 접미사', '한정적 접사, 지배적 접사'로 표시하여 서로 어떠한 상관관계가 있는지 생각해 보기로 한다.

(20)

접사	개-	들-	-개	-스럽-	-이	-이-	-하-
접두사	개-	들-					
접미사			-개	-스럽-	-이	-이-	-하-
한정적 접사	개-	들-				-이-	
지배적 접사			-개	-스럽-	-이		-하-

(20)을 보면 접두사는 모두 한정적 접사('개-', '들-')이고 접미사는 경우에 따라 한정적 접사('-이-')도 있을 수 있고 지배적 접사('-개', '-스럽-', '-이', '-하-')도 있을 수 있음을 알 수 있다. 달리 말하자면 지배적 접사는 모두 접미사에 해당하는 것이다. 따라서 이들 접사 사이의 포함관계를 그림으로 나타내면 다음과 같다.

(21) 가.   나.

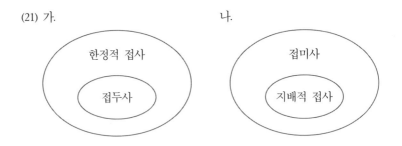

그렇다면 접두사는 모두 한정적이고 접미사에만 지배적인 접미사가 있는 이유는 무엇일까? 이것은 한국어의 특성과 연관되어 있다. 7장에서 어떤 구성의 분포를 결정짓는 것을 핵이라고 한 바 있는데 한국어는 핵이 오른쪽에 있는 언어에 속한다. 관형사가 명사를 수식할 때 명사가 왼쪽이 아니라 오른쪽에 있는 것, 부사가 동사를 수식할 때 동사가 왼쪽이 아니라 오른쪽에 있는 것도 이러한 특성에 따른 것이다.

따라서 관형사가 명사를 수식할 때 관형사구가 아니라 명사구가 되는 것이며 부사가 동사를 수식할 때도 부사구가 아니라 동사구가 되는 것이다. 이에 따르면 '접두사+어근'의 구성에서 이 단어의 분포를 결정짓는 것은 오른쪽에 있는 '어근'이 되는 것이며 '어근+접미사'의 구성에서도 마찬가지로 이 단어의 분포를 결정짓는 것은 오른쪽에 있는 '접미사'가 된다.12) 따라서 왼쪽 요소인 '접두사'는 지배적 접사가 되기 어려운 것이다.13)

13.1.3. 어근과 어간, 접사와 어미

이상에서 살펴본 어근과 접사는 각각 어간, 어미와 구별할 필요가 있다. 어근과 접사는 단어 형성의 요소이며 어간과 어미는 문장 형성의 요소라는 점에서 본질적인 차이가 있고 어근은 접사를 제외한 요소이고 어간은 어미를 제외한 요소라는 점에서도 차이가 있다.

이때 어근과 어간이 어휘적인 측면에서 각각 단어 형성에서의 중심 부

---

12) 이것이 지배적 접미사만 핵이 된다는 것으로 오해해서는 안 된다. 접미사는 그것이 지배적 접사이든 한정적 접사이든 파생어의 분포를 결정짓는다는 사실에는 변화가 없다. 따라서 접미사는 언제나 핵이 된다고 할 수 있다.

13) 영어는 핵이 오른쪽에 있는 경우도 있고 왼쪽에 있는 경우도 있다. 'a good man'과 같은 예에서는 수식을 받는 말이 오른쪽에 있으므로 핵이 오른쪽에 있는 'man'이지만 'something to drink'와 같은 예에서는 수식을 받는 말이 왼쪽에 있으므로 핵이 왼쪽에 있는 'something'이 된다. 따라서 'enrich'와 같이 접두사가 분포를 결정짓는 핵, 즉 지배적 접사가 되는 일이 있는 것이다.

분과 문장 형성에서의 중심 부분이라는 점을 강조한다면 어휘적인 측면에서 접사는 단어 형성에서의 주변 부분이고 어미는 문장 형성에서의 주변 부분이라고도 할 수 있다.

어간과 어미는 동사와 형용사 즉 용언에만 쓸 수 있는 개념이므로 어근과 접사와의 구별은 용언에만 한정된다.

> (22) 가. 보다
> 나. 엿보다
> 다. 보이다
> 라. 엿보이다

(22가)의 '보다'는 어휘적 단어의 분류에서는 형태소 하나로 이루어진 단일어에 속한다. 이때 형태소는 어휘 형태소로서 어근에 해당하기 때문에 '보다'에서의 어근은 '보-'가 된다. 한편 어간은 어미를 제외한 요소이기 때문에 '보다'에서의 어간은 '보-'가 된다. 즉 '보다'는 어근과 어간이 일치하는 예가 되는 것이다.

(22나)에서 '엿-'은 '몰래'의 의미를 가지는 접두사이다. 따라서 '엿보다'는 접두사 '엿-'에 어근 '보-'가 결합한 파생어이다. 이때 어간은 어미 '-다'를 제외한 부분이므로 '엿보-'까지가 된다.

(22다)에서의 '-이-'는, 어떤 동작을 당한다는 의미를 부여하는 피동(被動)의 접미사이다. 따라서 '보이다'는 어근 '보-'에 접미사 '-이-'가 결합한 파생어이다. 이때 어간은 역시 어미 '-다'를 제외한 부분이므로 '보이-'까지가 된다.

한편 (22라)의 '엿보이다'는 얘기가 좀 복잡하다. 이 단어의 안에는 '엿보다'도 들어 있고 '보이다'도 들어 있기 때문이다. 따라서 직접 성분 분석도 이론적으로는 두 가지가 모두 가능하다.

(23) 가.   나.

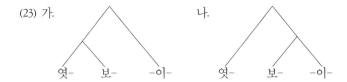

엿-   보-   -이-   엿-   보-   -이-

(23가)는 '엿보이다'의 직접 성분을 '엿보-'와 '-이-'로 분석한 것이며 (23나)는 직접 성분을 '엿-'과 '보이-'로 분석한 것이다. 어느 쪽으로 분석을 하더라도 직접 성분의 한쪽은 접사이므로 '엿보이다'는 파생어의 자격을 갖는다는 사실에는 변함이 없다.

그러나 어근에는 차이가 있는데 먼저 (23가)에서는 접미사 '-이-'를 제외한 '엿보-'가 어근이 되고 (23나)에서는 접두사 '엿-'을 제외한 '보이-'가 어근이 된다. 이들 어근이 (22나)의 '엿보다'나 (22다)의 '보이다'와 다른 것은 (22라)에서의 어근 '엿보-'나 '보이-'는 복합 어근인 데 비해 (22나), (22다)의 어근 '보-'는 단일 어근이라는 점이다. 다음으로 어간은 어미를 제외한 요소이므로 (23가)의 분석이나 (23나)의 분석이나 '엿보이-'까지가 어간이 된다는 사실에는 변함이 없다.

이상에서 살펴본 어근과 어간, 접사와 어미의 차이를 (22)의 예를 대상으로 정리하면 다음과 같다.

(24)

	어근	접사	어간	어미	어휘적 단어의 종류
(22가) 보다	'보-'		'보-'	'-다'	단일어
(22나) 엿보다	'보-'	'엿-'	'엿보-'	'-다'	파생어
(22다) 보이다	'보-'	'-이-'	'보이-'	'-다'	파생어
(22라) 엿보이다	'엿보-'	'-이-'	'엿보이-'	'-다'	파생어
	'보이-'	'엿-'	'엿보이-'	'-다'	

13.2. 접사화

접사 가운데는 원래부터 접사가 아니라 다른 품사나 통사적 구성에서 온 것들이 적지 않다. 이는 접사가 오로지 단어 형성에만 관여하기 때문에 새로운 단어 형성을 위한 요소로 발전하는 일이 많기 때문이다. 따라서 여기서는 이러한 예들에 대해 먼저 관심을 기울여 보기로 한다.

13.2.1. 접두사화

먼저 다른 품사에서 접두사로 변화한 것을 몇 가지 제시해 보기로 한다.

> (25) 가. '늦-' — 늦되다, 늦들다, 늦심다 ; 늦공부, 늦가을, 늦더위, 늦바람, 늦장가
> 나. '막-' — 막가다, 막거르다, 막벌다, 막보다, 막살다 ; 막고무신, 막과자, 막국수, 막담배, 막소주
> 나'. '맞-' — 맞들다, 맞바꾸다 ; 맞고함, 맞담배
> 나". '맨-' — 맨땅, 맨발, 맨주먹
> 다. '날-' — 날김치, 날고기 ; 날바늘, 날소일 ; 날상가, 날송장 ; 날강도, 날도둑놈
> 다'. '줄-' — 줄글, 줄담배, 줄도망, 줄초상
> 다". '겉-' — 겉짐작, 겉잡다 ; 겉멋, 겉늙다 ; 겉돌다 ; 겉밤, 겉수수

(25가)의 접두사 '늦-'은 용언 '늦다'에서 온 것이다. 종전에는 이를 여전히 용언으로 간주하여 '늦되다', '늦공부' 등을 합성어로 처리하여 왔으나 이제는 접두사화한 것으로 판정하는 일이 많다. 이는 '늦감자', '늦고구마', '늦곡식', '늦과일', '늦모', '늦배' 등 농작물과 관련된 단어들이 모두 '올감자', '올고구마', '올곡식', '올과일', '올모', '올배' 등을 반의어로 가지고 있

고 '올-'은 접두사로만 쓰인다는 점이 고려된 결과이기도 하다. 그러나 '늦
공부' 등은 '*올공부'와 같은 단어가 없으므로 '늦-'을 '늦₁-'과 '늦₂-'로 구
분하여 앞의 것은 '늦공부' 등에 나타나는 용언의 어간으로 처리하고 뒤의
것은 '늦감자' 등에 나타나는 접두사로 구분하는 것도 방법이 될 수 있다.

  (25나, 나')의 접두사 '막-'과 '맞-'은 각각 부사 '마구'와 '마주'에서 모
음 'ㅜ'가 탈락되어 형성된 것이다. 부사라면 다음에 용언과 결합하는 것
이 자연스럽지만 체언이 오는 것은 자연스럽지 않다는 점에서 이를 접두
사화한 것으로 처리하는 데 문제가 없다. (25나")의 접두사 '맨-'은 '다른
것이 없는'의 의미를 가지고 있고 이는 '다른 것은 섞이지 않고 온통'의
의미를 가지는 부사 '맨'에서 온 것이라는 점에서 '막-', '맞-'과 동일하
다. 그러나 '맨-'은 명사와만 결합이 가능하다는 점에서 '막-', '맞-'과 차
이가 있다. 부사는 체언과 결합하는 것이 어려우므로 역시 체언과 결합하
는 '맨-'을 접두사로 보는 데 문제가 없다.

  (25다, 다', 다")의 접두사 '날-'과 '줄-', '겉-'은 각각 명사 '날'과 '줄',
'겉'에서 온 것이다. 다만 이 가운데 (25다)의 '날-'은 '날로'에서 원래 명
사로서의 흔적을 남기고 있지만 이제 명사로서의 명맥은 사라진 것으로
보인다. 따라서 현대 한국어에서는 한자 접두사 '생(生)-'과 '날고기', '생
고기' 등에서 경쟁하게 되었고 그 의미도 '익히거나 말리거나 가공하지
않은', '다른 것이 없는', '장례를 다 치르지 않은', '지독한' 등의 의미로 다
양해졌음을 알 수 있다.[14] (25다)의 '줄-'은 '선(線)'의 의미에서 은유(隱喩,

---

14) 한자는 그 자체로 어휘적 의미를 가지고 있기 때문에 어휘 형태소로 간주하는 일이 많
   다. 따라서 '생(生)-'도 어휘 형태소라고 보아야 할 것이고 접사는 문법 형태소로 보기
   때문에 한자는 아예 문법 형태소가 존재하지 않는다고 보아야 할지 모른다. 그러나 한
   단어를 놓고 보았을 때 직접 성분이 하나는 단어이고 나머지는 그것에 딸려 있는 것이
   명백할 경우에는 한자라도 접사로 간주하고자 한다. 즉 한자는 동일한 한자라도 경우에
   따라 어휘 형태소와 문법 형태소의 자격 두 가지를 줄 수 있다는 것이다. '생고기'의 '생
   (生)-'이나 '생선'의 '생(生)-'이나 그 의미는 통하는 바가 적지 않지만 앞의 단어는 '고기'

metaphor) 과정을 통해 '계속하여'의 의미로 쓰이는 접두사이다. 아직 사전에 등재되지는 않았지만 '줄도산', '줄부상', '줄사표' 등의 단어를 생산적으로 만들어 내고 있다. (25다")의 '겉-'은 각각 '겉으로만 대강', '실속과는 달리 겉으로만 그러함', '어울리지 않고 따로', '껍질을 벗기지 않고 그냥' 등의 다양한 의미를 가지고 접두사화한 것이라 할 수 있다.[15]

　다음의 접두사들은 통사적 구성에서 온 것이라는 점에서 교착어로서의 한국어의 특징을 잘 보여 준다.

　　　(26) 가. '쇠-'
　　　　　나. '민-', '한-' ; '선-', '잔-'
　　　　　다. '처-'

(26가)의 '쇠-'는 중세 한국어 '쇼(牛)'에 관형격 조사 'ㅣ'가[16] 결합한 통사적 구성이 발달한 것이다. 이것을 하나의 단위로서의 접두사로 간주할 수 있는 것은 '쇠귀신, 쇠꼴, 쇠등에, 쇠무릎, 쇠무릎지기, 쇠발구, 쇠백정, 쇠진드기, 쇠짚신, 쇠칼, 쇠파리'와 같이 문장 형식인 '소의 X'로 환원될 수 없는 예들이 존재하기 때문이다.

　(26나)는 관형사형 어미 결합형이 접두사화한 경우를 든 것이다. 먼저 '민-'은 중세 한국어 '믜다'의 관형사형 '뮌'에서 단모음화를 겪은 것으로

가 자립 형태소이고 뒤의 단어는 '-선'이 의존 형태소라는 점에서 '생고기'의 '생-'은 접두사로, '생선'의 '생-'은 어근으로 간주하고자 한다. 따라서 '생고기'는 파생어가 되는 것이고 '생선'은 합성어가 되는 것으로 분석하게 된다. 한자에 대한 이러한 처리에 대해서는 이미 9장 한자어 관형사 '구(舊)'와 '순(純)'을 접두사와 구분하는 자리에서 언급한 바 있다.

15) 특히 한자 접두사 가운데는 명사에서 온 것들이 적지 않다. 이에 대해서는 '접두 파생 명사'에서 후술하기로 한다.

16) 중세 한국어에서는 현대 한국어와 달리 관형격 조사로 'ㅣ'가 더 있었는데 '長者ㅣ 지븨 <월석 8 : 81>', '쇠 머리<월석 1 : 27>'에서 관형격 조사 'ㅣ'를 확인할 수 있다.

현대 한국어에서 '민얼굴, 민저고리' 등에서는 '꾸미거나 딸린 것이 없는'
의 의미로 쓰이고 '민무늬, 민소매' 등에서는 '그것이 없는'의 의미로 쓰
인다. '한-'은 중세 한국어 '하다(大)'의 관형사형으로 '한걱정, 한길, 한시
름' 등에서 접두사로서의 쓰임을 보여 준다.

'민-'이나 '한-'은 기원형인 '미다(<믜다)', '하다'가 현대 한국어에서 더
이상 쓰이지 않게 되어 용언과의 유연성(有緣性)을 완전히 상실한 데 비해
(26나)의 '선무당', '선잠'에서 발견되는 '선-'이나 '잔심부름', '잔털'에서
발견되는 '잔-'은 용언 '설다'나 '잘다'와의 유연성이 아직 남아 있다는
특징이 있다.

(26다)의 접두사 '처-'는 동사 '치(打)-'에 어미 '-어'가 결합한 것이라
할 수 있다. 그리고 단어 형성에 참여한 예로 '처넣다, 처담다, 처때다, 처
쟁이다, 처쌓다, 처먹다, 처마시다, 처바르다, 처박다' 등을 들 수 있다. 이
들에서의 '처-'의 의미는 '마구', '많이'로 동사로 쓰일 때와는 유연성(有緣
性)에서 차이가 있다.

통사적 구성과 관련된 접두사화에 대해서는 다음의 예들에 대해서도
언급할 필요가 있다.

　　(27) 가. '웃-'
　　　　 가'. '헛-'
　　　　 나. '숫-', '풋-', '햇-'

(27)은 모두 기원적으로 통사적 요소였던 사이시옷과 연관이 있다는 점
에서 공통점을 가지고 있다. (27가)의 '웃-'은 현대 한국어 '위(上)'의 중세
한국어 '우'에 사이시옷이 결합한 것이다. 따라서 명사와만 결합이 가능해
야 하지만 현대 한국어에서는 '웃돌다, 웃보다, 웃자라다, 웃치다' 등에서
보는 바와 같이 동사와 결합하는 양상을 보이고 있다는 점에서 더 이상

사이시옷 구성에 참여한 것이 아니라 접두사의 자격으로 단어 형성에 참여하고 있음을 알 수 있다. (27가)의 '헛-'도 사이시옷 구성이 접두사화한 것이고 역시 명사뿐만이 아니라 '헛살다, 헛디디다, 헛보다, 헛먹다' 등에서 보는 바와 같이 동사와도 결합하고 있다는 점에서 '웃-'과 동일하지만 기원적으로 '허(虛)'는 한자라는 점에서 차이가 있다.

(27나)의 '숫-', '풋-', '햇-'도 사이시옷 구성이 접두사화한 예이되 '숫-', '풋-'은 '숫되다', '풋되다'가 있기는 하지만 주로 명사와 결합하고 '햇-'은 아예 동사와 결합하는 모습을 보여 주고 있지 않다. 먼저 '숫-'은 '수컷'의 의미를 가지는 명사 '수'에 사이시옷이 결합하여 접두사화한 것인데 명사와의 결합에서는 현행 <표준어 규정>에서 '숫양, 숫염소, 숫쥐'의 경우에서만 그 모습을 인정하고 있고 나머지 경우에서는 '수-'로 나타난다.

다음으로 '풋-'은 '풀(草)'에 사이시옷이 결합하여 접두사화한 것이다. 그 의미는 많이 특수화하여 '풋고추, 풋과실, 풋김치, 풋나물, 풋콩' 등의 예에서는 '처음 나온' 혹은 '덜 익은'의 의미를 가지지만 '풋사랑, 풋솜씨, 풋잠, 풋정' 등의 예에서는 '미숙한, 깊지 않은'의 의미를 보이고 있다.

마지막 '햇-'은 '해(年)'에 사이시옷이 결합하여 접두사화한 것이다. 역시 이것도 의미의 특수화가 많이 진전되어 '햇과일, 햇감자' 등에서는 '그 해에 난'의 의미를 가지고 있고 '햇병아리'에서는 '얼마 되지 않은'의 의미를 가지고 있다. '해쑥, 해콩, 해팥'의 경우처럼 된소리나 거센소리 앞에서는 '해-'로 교체된다는 점에서 앞의 '숫-, 수-'와 흡사한 모습을 보인다. 그러나 '수-'의 경우에는 된소리나 거센소리뿐만이 아니라 '양', '염소', '쥐'를 제외하고는 모두 '수-'로 통일하고 있다는 점에서 차이가 있다.[17]

---

17) 이러한 사실을 고려하면 '메(山)'에 사이시옷이 결합하여 '멧돼지, 멧나물, 멧누에, 멧비둘기, 멧짐승' 등의 단어 형성에 참여하고 있는 '멧-'도 접두사화의 예로 간주될 가능성이 크다. 『표준국어대사전』에서는 아직 이를 접두사로 처리하고 있지 않다.

13.2.2. 접미사화

접미사의 경우도 마찬가지로 우선 다른 품사에서 온 접미사의 경우를 몇 가지 제시하면 다음과 같다.

> (28) 가. '-내'-봄내, 여름내, 저녁내 ; 마침내, 끝내
> 　　　나. '-대가리'-멋대가리, 재미대가리
> 　　　나'. '-머리'-인정머리, 버르장머리
> 　　　나". '-딱지'-고물딱지, 화딱지
> 　　　다. '-되다'-사용되다, 형성되다 ; 거짓되다, 참되다
> 　　　다'. '-하다'-생각하다, 사랑하다 ; 착하다, 행복하다

(28가)의 '-내'는 "그 가게는 일 년 내 쉬는 날이 없다."에서 '계속해서'의 의미를 가지는 부사 '내'에서 온 것이다. '봄내, 여름내, 저녁내'에서는 이러한 의미가 보존되어 있지만 '마침내, 끝내'에서는 '그때까지'의 의미로 특수화가 일어난다.

(28나)의 '-대가리'는 명사 '대가리(頭)'에서 왔지만 이러한 의미는 없고 단순하게 '비하'의 의미를 가지는 접미사로 발전하였다. (28나')의 '인정머리, 버르장머리'에서의 '-머리', (28나")의 '고물딱지, 화딱지'에서의 '-딱지'도 마찬가지로 '비하'의 의미를 가지는 접미사라는 공통점이 있는데 이들도 각각 명사 '머리'와 '딱지'에서 온 것이다. 이 외에 '주책바가지', '고생바가지'의 '-바가지'도 명사 '바가지'에서 온 것이기는 하지만 그 의미는 '매우 심함'의 의미만 갖는다는 점에서 여기에서 함께 다룰 수 있다.[18]

(28다)의 '-되-', '-하-'는 동사에서 온 접미사의 예이다. 먼저 '-되다'

---

[18] 한자 접미사 가운데는 특히 명사에서 온 것들이 적지 않다. 이에 대해서는 §13.4의 '접미 파생 명사'에서 후술하기로 한다.

는 이러한 점에서 두 가지로 구분할 필요가 있다. 하나는 '사용되다', '형성되다'에 쓰이는 '-되-'인데 이것이 동사에서 온 접미사이다. 다른 하나는 '거짓되다', '참되다'에서 볼 수 있는 '-되-'인데 이것은 기원적으로는 '-답-', '-롭-'과 이형태 관계에 놓여 있던 것이다. 따라서 '사용되다', '형성되다'는 '사용이 되다', '형성이 되다'와 같이 접미사가 아니라 동사의 용법을 확인할 수 있지만 '거짓되다', '참되다'는 다음과 같이 그러한 관계에 놓일 수 없다.

> (29) 가. {거짓된, *거짓이 된} 정보에 속으면 안 된다.
>   나. 앞으로는 {참되게, *참이 되게} 살자.

'-하-'는 본용언으로 쓰일 때에는 동사로서의 쓰임 외에는 없지만 접미사로 쓰일 때에는 '착하다', '행복하다'에서 볼 수 있는 바와 같이 생산적으로 형용사도 만든다.

다음의 접미사들은 통사적 구성이 접미사화한 예들이다.

> (30) 가. '-내기'
>   나. '-다랗-'
>   다. '-토록'

(30가)의 '-내기'는 동사 '나(出)-'에 명사형 전성 어미 '-기'가 붙은 '나기'가 'ㅣ' 모음 역행 동화를 일으켜 접미사가 된 것이다. 명사형 전성 어미 '-기'는 일차적으로는 어떤 동작을 나타내지만 그 동작을 한 결과가 사람의 의미도 가지는 일이 적지 않다. '소매치기', '양치기' 등도 이러한 예에 해당한다. 이러한 '-내기'는 일차적으로는 '그 지역에서 태어나고 자라서 그 지역 특성을 지니고 있는 사람'의 의미를 가져 '서울내기', '시골

내기'와 같은 단어에서 확인이 가능하다. '신출내기', '여간내기'에서는 '-내기'가 '지역'과의 유연성(有緣性)이 멀어지고 '그런 특성을 지닌 사람'의 의미를 가지게 되어 접미사로의 입지를 굳히고 있음을 알 수 있다.

(30나)의 '-다랗-'은 통사적 구성 '-다라 하-'가 축약되어 접미사화한 것이다. 이를 접미사로 간주하는 이유는 그것이 결합하는 형용사가 우선 제한적이고 다음에서 보는 바와 같이 그 형성이 대칭적이지 않기 때문이다.

> (31) 가. 가느다랗다, 기다랗다, 깊다랗다, 높다랗다, 널따랗다, 커다랗다,
>   곱다랗다, 머다랗다
>   나. 굵다랗다, 짤따랗다, *얄다랗다, *낮다랗다, 좁다랗다, 작다랗다,
>   *밉다랗다, *가깝다랗다

(31가, 나)는 서로 반의 관계에 있는 형용사에 '-다랗-'을 결합시켜 본 것인데 '*얄다랗다, *낮다랗다, *밉다랗다, *가깝다랗다'와 같은 예들이 존재하지 않는 이유가 설명되지 않는다. 만약 통사적 구성이라면 이러한 빈 칸(gap)이 생길 이유가 없다.[19)]

(30다)의 '-토록'은 '하도록'이 축약되어 접미사화한 경우이다. 이것이 결합한 말이 단어로 인정되는 것은 다음 정도이다.

> (32) 그토록, 이토록, 저토록, 종신토록, 종일토록, 진일토록, 평생토록

(32)의 '-토록'을 '하-'와 '-도록'으로 분리하지 않고 접미사화한 것으로 다루는 것은 '영원하도록'으로 환원되는 '영원토록'과는 달리 다음 (33

---

19) '파랗다', '누렇다'에 나타나는 '-앟-'과 '-엏-'도 '-다랗-'과 마찬가지로 통사적 구성인 '-아/어 하-'가 줄어든 것이다. 따라서 이들도 접미사로 간주될 가능성이 충분하지만 '-다랗-'과는 달리 모음으로 시작하고 있기 때문에 선행어와 그만큼 구별이 잘 되지 않는다. '-다랗-'의 경우에도 '널따랗다'에 이러한 표기 방식이 보이는데 이러한 표기가 확대된다면 '-다랗-'도 접미사로 분석될 가능성이 점점 줄어들 것이다.

가)에서 보는 바와 같이 (32)의 단어들에서는 이것이 불가능하기 때문이다. 또한 '-토록'을 보조사로 처리하지 않는 것은 다음 (33나)에서 보는 바와 같이 '-토록'은 부사나 어미와 결합되는 일이 없을 뿐만 아니라 명사구와의 결합을 상정하기도 어렵기 때문이다.[20]

(33) 가. *그하도록, *종신하도록, *평생하도록
나. *빨리토록, *먹게토록, *[그의 평생]토록

다음은 사이시옷 구성이 접미사화한 경우에 해당한다.

(34) '-꾼'

(34)의 '-꾼'은 원래 '군사(軍士)' 혹은 '군졸(軍卒)'의 의미를 가지던 '군(軍)'이 사이시옷과 결합하여 경음화를 겪은 것이다. 이는 '군'이 '군사'나 '군졸'의 의미에서 벗어나서 '어떤 일을 전문으로 하는 사람'의 의미로 확대되어 접미사로 변했다는 것을 의미한다. 가령 '가마꾼'은 이를 한자어로는 '교군(轎軍)'이라고도 하였는데 이때 '군(軍)'은 더 이상 '군사'나 '군졸'의 의미를 가지지 않는다. '교군'을 달리는 '교군꾼'이라고도 하였는데 '교군꾼'은 마치 '처갓집'의 '가'와 '집'의 관계처럼 같은 의미를 가지는 말이 중복된 것이라 할 수 있다.

이러한 모습은 '공사판 따위에서 삯을 받고 일하는 사람'의 의미를 가지는 '모군(募軍)'이 다시 '모군꾼'으로도 쓰이는 데에서 더 찾아볼 수 있다. 이 단계를 지나면 '군(軍)'이 '-꾼'과 대응하는 일이 나타나는데 '과군(科軍)'을 '과거꾼'으로, '초군(樵軍)'을 '나무꾼'이라고 하는 데서 이를 찾아

20) 국립국어원의 『표준국어대사전』에서는 '-토록'을 조사로 처리하고 있다.

볼 수 있다. 현대 한국어에서는 '-꾼'이 '군사'의 의미를 가지는 일은 없고 '어떤 일을 전문적으로 하거나 잘하는 사람', '어떤 일을 습관적으로 하거나 즐겨 하는 사람', '어떤 일 때문에 모인 사람' 등의 의미를 갖게 되었다.[21]

13.3. 어근과 접사 결합에서의 형태 변화

어근과 접사가 결합할 때 어근이나 접사에 형태 변화가 일어나는 일이 있다.[22] 접사를 접두사와 접미사로 나누어 이러한 경우에 대해 살펴보기로 한다.

13.3.1. 접두사와 어근 결합에서의 형태 변화

다음은 접두사가 어근과 결합할 때 형태 변화를 보이는 경우를 든 것이다.

> (35) 가. 맹물, 맹탕
> 　　 가'. 살눈, 살얼음 ; 설깨다, 설익다
> 　　 나. 오조, 오사리[23] ; 차조, 차좁쌀
> 　　 나'. 부적응, 부자유

---

21) 구체적인 파생어 예들은 §13.4의 '접미 파생 명사'에서 살펴보기로 한다.
22) '교체', '축약', '탈락', '첨가' 등은 음운론의 용어로 쓰일 때에는 '소리'의 변동이나 변화를 중시하는 개념이지만 여기서는 표기로 반영되는 '형태'에 초점을 두어 이들 용어를 사용하고 있다는 점에 주의할 필요가 있다. 따라서 후술하는 '설익다'의 경우도 그 발음이 '[설릭따]'로 '소리'로는 'ㄴ' 첨가로 다룰 수 있지만 형태 변화를 수반하지 않는다는 점에서 형태 변화의 예로 다루지는 않는다. 즉 '소리'가 변화하는 경우 가운데 '표기' 즉 '형태'에 반영되는 것만을 '형태 변화'에서 다루기로 한다. 합성어의 경우에도 마찬가지이다.
23) '같은 작물을 제철보다 일찍 수확하는 일이나 그런 작물', '이른 철의 사리 때에 잡은 해산물'의 의미.

다. 새까맣다, 시꺼멓다 ; 샛노랗다, 싯누렇다
다'. 햇과일, 햇감자, 햇고구마 ; 숫양, 숫염소, 숫쥐

(35가)에서 접두사 '맹-'은 '아무 것도 섞지 않은'의 의미를 가지고 있다는 점에서 '맨-'과 동일하다. 따라서 이는 '맨-'의 'ㄴ'이 '맹-'의 'ㅇ'으로 교체된 결과라고 할 수 있다. (35가)의 접두사 '살-'과 '설-'은 모음 'ㅏ'와 'ㅓ'가 교체되어 '충분하거나 완전하지 못한'의 의미를 가지고 있다. 흥미로운 것은 '살-'은 명사와 결합하고 '설-'은 동사와 결합하여 지금은 그 영역을 나누고 있다는 점이다.

(35나)에서 접두사 '오-'는 '빨리 여무는'의 의미를 가지는 접두사 '올-'이 'ㅅ'이나 'ㅈ' 앞에서 'ㄹ'이 탈락한 것이다. 그러나 '올사과', '올작물'과 같이 'ㅅ'이나 'ㅈ' 앞에서 'ㄹ'이 떨어지지 않는 단어가 존재할 뿐만 아니라 '오조'와 동일한 의미를 가지는 '올조'도 존재하는데 이는 'ㅅ'이나 'ㅈ' 앞에서 'ㄹ'이 더 이상 탈락하지 않기 때문에 나타나는 현상이다.24) 따라서 '올-'과 '오-'는 현대 한국어의 관점에서 음운론적 이형태의 자격을 가지지 않는다. 접두사 '차-'는 '끈기가 있는'의 의미를 가지는 '찰-'이 'ㅈ' 앞에서 'ㄹ'이 탈락한 것이다. 이 경우에는 'ㅈ' 앞에서는 언제나 'ㄹ'이 탈락하기 때문에 '올-', '오-'와는 달리 '찰-'과 '차-'는 음운론적 이형태라고 할 수 있다.

한편 (35나)에서 '아님', '아니함', '어긋남'의 뜻을 가지는 한자 접두사 '부-'는 '불(不)-'에서 'ㄹ'이 탈락한 것이다. 그리고 이때 탈락은 'ㅈ'으로 시작하는 어근에 한정되고 또 'ㅈ'으로 시작하는 어근에는 예외가 없기 때문에 '부-'와 '불-'도 음운론적 이형태라고 할 수 있다.

(35다)의 '새-', '시-', '샛-', '싯-'은 색채를 나타내는 형용사와 결합하

---

24) 후술하는 합성어에서 '싸전'에 대해 '쌀집'이 존재하는 것과 동일한 이유이다.

여 '매우 짙고 선명하게'의 의미를 가지면서 이들 사이는 분포가 서로 겹치지 않는다는 점에서 이형태의 관계를 갖는다.

(36) 가. 새까맣다, 새빨갛다, 새뽀얗다, 새카맣다, 새파랗다, 새하얗다
　　가′. 시꺼멓다, 시뻘겋다, 시뿌옇다, 시커멓다, 시퍼렇다, 시허옇다
　　나. 샛노랗다, 샛말갛다
　　나′. 싯누렇다, 싯멀겋다

(36가)의 '새-'는 어근의 첫소리가 경음이나 격음 혹은 'ㅎ'이고 어근의 첫음절 모음이 'ㅏ, ㅗ'인 말에 결합한다. (36가′)의 '시-'는 어근의 첫소리가 경음이나 격음 혹은 'ㅎ'이라는 점은 '새-'와 같지만 어근의 첫음절 모음이 'ㅓ, ㅜ'인 말에 결합한다는 차이가 있다. (36나)의 '샛-'은 어근의 첫소리가 유성음이고 어근의 첫음절의 모음이 'ㅏ, ㅗ'인 말에 결합한다. (36나′)의 '싯-'은 어근의 첫소리가 유성음이라는 점은 '샛-'과 같지만 어근의 첫음절 모음이 'ㅓ, ㅜ'인 말에 결합한다는 차이가 있다. '새-'와 '시-', '샛-'과 '싯-' 사이는 모음 교체의 관계에 놓여 있고 '새-'와 '샛-', '시-'와 '싯-' 사이는 'ㅅ' 첨가의 관계에 놓여 있다고 할 수 있다.[25]

(35다′)의 '햇-'과 '숫-'은 이미 살펴본 바와 같이 사이시옷 구성과 관련이 있다. 따라서 '햇-'은 '해-'와 이형태 관계에 있는데 '햇-'은 어근의 첫소리가 평음일 때 결합하고 '해-'는 경음이나 격음일 경우에 결합한다. 따라서 이형태 사이의 관계는 음운론적으로 조건된 것이라고 할 수 있다. 이러한 점은 '새-'와 '샛-', '시-'와 '싯-'의 경우와 같다고 할 수 있다. 그러나 '숫-'과 '수-'의 관계는 그렇게 보기 어렵다. 전술한 바와 같이 '숫-'은 음운론적 환경이 아니라 '양, 염소, 쥐'와만 결합하는 것이므로 이

---

25) 전술한 바와 같이 표기를 중심으로 형태 변화를 언급하고 있다는 점에서 소리로는 'ㄴ'이지만 'ㅅ' 첨가로 기술하기로 한다.

형태 사이의 관계는 형태론적으로 조건된 것으로 보아야 한다. 이때 'ㅅ' 은 사이시옷으로 거슬러 올라가는 것도 있고 그렇지 않은 것도 있지만 형태 변화의 측면에서만 보면 모두 'ㅅ' 첨가로 묶일 수 있다는 점에서는 공통적이다.

이들 외에 '찹쌀, 멥쌀, 햅쌀', '휩쓸다, 휩싸다'에서 나타나는 'ㅂ'도 접두사에 속한 것으로 보아 '찹-', '멥-', '햅-', '휩-' 등을 접두사의 이형태로 보는 경우도 있다. 그러나 이들에서의 'ㅂ'은 '쌀'의 중세 한국어형 '뿔', '쓸다'의 중세 한국어형 '쁠다', '싸다'의 중세 한국어형 '빠다'에서의 어두음 'ㅂ'이 잔존한 것이므로 이를 포함하여 접두사의 이형태로 보는 것은 무리가 있어 보인다.[26]

이상의 내용을 정리하면 다음과 같다.

(37)

예문	접두사의 형태 변화	변화 유형	예문	접두사의 형태 변화	변화 유형
(35가)	'맨-' → '맹-'	자음 교체	(35다)	'새-' ↔ '시-' '샛-' ↔ '싯-'	모음 교체
(35가')	'살-' ↔ '설-'	모음 교체		'새-' → '샛-' '시-' → '싯-'	'ㅅ' 첨가
(35나)	'올-' → '오-' '찰-' → '차-'	'ㄹ' 탈락	(35다')	'해-' → '햇-' '수-' → '숫-'	'ㅅ' 첨가
(35나')	'불-' → '부-'				

---

26) 만약 'ㅂ'을 포함하여 '멥-', '햅-', '찹-', '휩-' 등을 이형태로 인정한다면 '입때', '접때'의 경우도 마찬가지로 '이'나 '저'의 이형태로 '입'과 '접'을 인정해야 할 것이다. '입때'와 '접때'에 나타나는 'ㅂ'은 3장에서 살펴본 것처럼 '때'가 역시 '빼'에서 발전한 흔적이다. 이들에서의 'ㅂ'은 접요사로 볼 수도 없음에 대해서는 이미 언급한 바 있다. '암탉', '수탉'의 'ㅎ'도 동일한 문제를 제기한다. 이때의 'ㅎ'은 '암'과 '수'가 명사로서 'ㅎ'을 종성으로 가지고 있었던 때의 흔적이다. 이에 기반하여 현대 한국어에서는 접두사로 처리되는 '암'과 '수'의 이형태로 '암ㅎ'과 '수ㅎ'을 인정하는 것은 문제가 있다. 만약 '다람쥐'에 암수를 구별한다면 '암타람쥐'나 '수타람쥐'가 될 수 없고 '암다람쥐', '수다람쥐'라고 해야 하는 것이 이러한 사정을 반영한다. 이 'ㅎ'과 관련해서는 합성어의 형태 변화에서 다시 언급하기로 한다.

13.3.2. 어근과 접미사 결합에서의 형태 변화

다음은 어근과 접미사가 결합할 때 형태 변화를 보이는 경우를 든 것이다.

> (38) 가. '길찍하다', '멀찍하다'
>   가'. '멋쟁이', '겁쟁이' ; '공짜배기', '진짜배기'
>   나. '바람직하다' ; '바람직스럽다'
>   다. '날개', '덮개', '지우개' ; '지게', '집게', '푸게'
>   다'. '오줌싸개', '코흘리개'
>   라. '교환율', '인과율'

(38가)는 '높직하다, 굵직하다, 되직하다, 늙직하다'에서 보는 바와 같이 '좀 또는 꽤 그러함'의 의미를 가지는 접미사 '-직하-'가 'ㄹ' 말음을 가지는 형용사 어근 다음에서 '-찍하-'로 바뀌는 경우이다. 여기에서는 'ㅈ'이 'ㅉ'으로 경음으로 바뀌고 있으므로 교체의 예임을 알 수 있다.[27]

(38가')의 '-쟁이', '-배기'는 각각 '-장이', '-박이'가 'ㅣ' 모음 역행 동화에 의해 모음 'ㅏ'가 'ㅐ'로 교체하고 있으나 이들 각각의 의미를 구별하고 있다는 점에서 단순한 교체형으로 보기 어려울 수 있다. 즉 '-장이'는 이것이 '장인(匠人)'의 의미를 가지는 '-장(匠)'에서 온 것임을 분명히 하기 위해 '간판장이, 땜장이, 옹기장이, 칠장이'와 같은 단어에 사용하고 '-쟁이'는 '그것이 나타내는 속성을 많이 가진 사람'의 의미를 나타내어 '겁쟁이, 고집쟁이, 멋쟁이, 무식쟁이'와 같은 단어에 사용한다는 것이다. '-박이'도 '무엇이 박혀 있다'는 의미를 가질 때 사용하여 '점박이, 금니박이, 차돌박이'와 같은 단어들에 사용하고 '-배기'는 '그것이 들어 있거

---

[27] 『표준국어대사전』에는 '널찍하다', '얄찍하다'도 '-찍하-'와 결합하는 것으로 처리되어 있다. 이들의 어근은 '넓다', '얇다'로서 음운론적으로는 '굵직하다', '늙직하다'와 동일하지만 표기상에서는 이처럼 구별되어 있다. '-다랗-'의 경우에도 '널따랗다, 얄따랗다'와 '굵다랗다, 늙다랗다'로 표기하는 것과 마찬가지이다.

나 차 있음’의 의미를 가지는 ‘나이배기’, ‘그런 물건’의 의미를 가지는 ‘공짜배기, 진짜배기’ 등에 사용하여 구별한다. 그러나 의미에 따라 별도의 접미사를 설정하는 것은 이를 구별하지 않는 ‘-내기’와 일관성 측면에서 문제가 있다. 따라서 여기서는 이들을 구별하지 않고 형태 변화의 유형에 포함시키기로 한다.

(38나)는 ‘먹음직하다, 믿음직하다’, ‘먹음직스럽다, 믿음직스럽다’에서 보는 바와 같이 ‘그렇게 할 만한 가치가 있음’의 의미를 가지는 접미사 ‘-음직하-’, ‘-음직스럽-’이 모음으로 끝나는 동사 어간 ‘바라-’ 다음에서 ‘으’가 탈락되어 ‘-ㅁ직하-’, ‘-ㅁ직스럽-’이 된 것으로 서로 음운론적 이형태 관계에 놓여 있다.[28]

이 ‘-음직하-’와 ‘-음직스럽-’에 의해 형성된 단어는 매우 제한되어 있지만 접미사의 지위를 가지는 것으로 인정하는 이유는 다음과 같은 차이 때문이다.

> (39) 가. 동생이 오늘은 학교에 {감직하다, *감직스럽다}.
> 가′. 동생이 어제는 학교에 {갔음직하다, *갔음직스럽다}.
> 가″. 동생이 어제는 학교에 {갔었음직하다, *갔었음직스럽다}.
> 나. 이 사과는 참 {*먹었음직하다, 먹음직하다}.
> 나′. 그는 참 {*믿었음직하다, 믿음직하다}.

우선 (39가, 가′, 가″)에서의 ‘-(으)ㅁ직하-’는 그 의미가 ‘앞말이 뜻하는 내용이 발생할 가능성이 많음’의 의미를 가지고 있어 ‘그렇게 할 만한 가치가 있음’의 의미를 가지는 (38나)의 ‘바람직하다’의 ‘-ㅁ직하-’와는 차이가 있다. 다음으로 ‘앞말이 뜻하는 내용이 발생할 가능성이 많음’의 의

---

28) 이때 ‘으’를 자음과 자음의 연결이 가지는 부자연스러움을 방지하기 위한 매개 모음으로 간주한다면 탈락이 아니라 첨가의 예가 될 것이다.

미를 가지고 있는 '-ㅁ직하-'는 (39가', 가")처럼 시제를 나타내는 요소와 결합이 가능하지만 '좀 또는 꽤 그러함'의 의미를 가지는 '-음직하-'는 (39나, 나')에서 보는 바와 같이 그러한 결합이 가능하지 않다.[29]

(38다)의 '날개'에서 보이는 접미사 '-개'는 동사와 결합하여 '도구'의 의미를 부여한다. 이 '-개'는 '지게'에서 보이는 '-게'와 원래 모음 조화 관계에 있었던 것으로 보인다. 그러나 현대 한국어를 기준으로 할 때 지금은 '-게'보다는 '-개' 쪽으로 굳어지고 있는 듯하다.[30] '덮개'가 원래 '둪게'였다는 점과 (38다)에서처럼 '사람'의 의미를 나타내는 것은 '-개'만 가능하다는 사실이 이러한 추정을 뒷받침한다.[31]

(38라)는 '결합률', '도덕률'에서 보는 바와 같이 두음법칙과 관련된 한자 접미사의 교체인데 어근이 'ㄴ'이나 모음으로 끝나는 경우 'ㄹ'이 탈락하여 '-률(律)'이 '-율(律)'로 바뀌는 경우를 든 것이다. 한자의 본음은 모두 'ㄹ'이라는 점에서 그 방향성에는 의심의 여지가 없다.

이상의 내용을 정리하면 다음과 같다.

(40)	예문	접미사의 형태 변화	변화 유형
	(38가)	'-직하-' → '-찍하-'	자음 교체
	(38가')	'-장이' → '-쟁이' '-박이' → '-배기'	모음 교체
	(38나)	'-음직하-' → '-ㅁ직하-' '-음직스럽-' → '-ㅁ직스럽-'	모음 탈락
	(38다)	'-개' ↔ '-게'	모음 교체
	(38라)	'-률' → '-율'	'ㄹ' 탈락

---

29) 『표준국어대사전』에서는 이러한 점을 중시하여 시제 요소와 결합이 가능한 '-(으)ㅁ직 하다'의 '직하다'만 따로 떼어 이를 보조 형용사로 간주하고 있다.

30) 『표준국어대사전』에서는 접미사 '-게'는 인정하고 있지 않다.

31) 예전에는 모음 조화의 관계에 놓여 있었던 접미사가 현대 한국어보다 훨씬 많았다고 할 수 있다. 현대 한국어의 명사 '높이', '깊이'도 중세 한국어에서는 '노픠', '기픠'로 접미 사가 선행 모음의 특성에 따라 '-의', '-의'로 구별되었던 것이다.

접미사의 경우에는 어근과 결합할 때 어근의 모양에 변화를 가져오는 일도 적지 않다.

> (41) 가. 바느질, 겨우내, 가느다랗다
> 　　　가′. 구이
> 　　　나. 잗다랗다

(41가)는 접미사 '-질', '-내', '-다랗-'이 결합할 때 어근 '바늘', '겨울', '가늘-'에서 'ㄹ'이 탈락한 경우이고 (41가′)의 '구이'는 접미사 '-이'가 결합할 때 불규칙 용언 '굽-'의 'ㅂ'이 탈락한 것이라고 할 수 있다.

(41나)의 '잗다랗다'는 접미사 '-다랗-'과 결합한 동사 어근 '잘-'의 'ㄹ'이 'ㄷ'으로 교체한 예이다.

13.4. 한국어 파생어의 종류와 특성

이제 이상에서 살펴본 바를 바탕으로 파생어의 종류와 그 특성에 대해 살펴보기로 한다. 파생어는 먼저 '접두 파생어'와 '접미 파생어'로 크게 나누고 세부적으로는 품사에 따라 그 특성에 대해 언급하기로 한다.

13.4.1. 접두 파생어

모든 품사에 접두사가 결합하여 새로운 단어를 형성하는 것은 아니다. 우선 접두사는 어휘적 단어 형성에 관여하므로 어휘적 단어가 아닌 조사와 어미는 일차적으로 제외되며 어휘적 단어라고 하더라도 대명사, 관형사, 감탄사는 접두사가 결합하여 새로운 단어를 만드는 경우를 찾기 힘들다. 수사의 경우는 다음 (42)에서 보는 바와 같이 '그 숫자에 해당되는 차례'의 의미를 뜻하는 한자어 서수사를 형성하는 데 접두사가 관여한다.

(42) '제(第)-' : 제일, 제이, 제삼 …

부사의 경우는 접두사가 결합하는 경우가 몹시 제한적이어서 다음의 두 단어 정도가 접두사가 결합한 부사의 예에 해당한다.

(43) 가. 연거푸
　　　나. 외따로

(43가)의 '연거푸'는 부사 '거푸'에 접두사 '연(連)-'이 결합한 단어이고 (43나)의 '외따로'는 부사 '따로'에 접두사 '외(外)-'가 결합한 단어이다. 그런데 이들 단어는 우선 접두사가 어근과 매우 흡사한 의미를 가지고 있다는 공통점이 있다. '거푸'는 '잇따라 거듭'의 의미를 가지고 있는데 '연(連)-'도 '반복하여 계속'의 의미를 가지고 있으며 '따로'는 '혼자 떨어져서'의 의미를 가지고 있는데 '외(外)-'도 '홀로'의 의미를 가지고 있다. 또한 접두사 '연(連)-'과 '외(外)-'는 이처럼 부사와만 결합하는 것이 아니라 다음의 (44)에서 보는 바와 같이 명사, 동사와도 결합한다는 점에서도 공통적이다.

(44) 가. 연분수, 연이틀 ; 연달다, 연닿다, 연잇다
　　　나. 외갈래, 외고집 ; 외떨어지다

이상의 품사들을 제외하면 어휘적 단어 가운데 남는 품사는 명사, 동사, 형용사의 셋뿐이다. 이미 이들 품사에 해당하는 단어들을 많이 제시하였

지만 여기서는 이미 언급한 것을 제외하고 이들 품사를 중심으로 한국어 접두 파생어의 특징에 대해 몇 가지 살펴보기로 한다.

13.4.1.1. 접두 파생 명사

파생 명사 형성에 참여하는 접두사들을 몇 가지로 나누어 그 특성을 살펴보기로 한다.

> (45) 가. '비(非)-', '미(未)-', '불(不)-', '무(無)-'
> 나. '강(强)-', '생(生)-', '시(媤)-', '잡(雜)-' …
> 다. '막-', '맞-' ; '겉-' ; '웃-', '헛-'
> 다'. '덧-', '몰-', '빗-', '엇-', '짓-' …
> 라. '남(男)-', '난(難)-'

(45가)는 이른바 부정(否定)의 의미를 가지는 명사를 형성하는 한자 접두사들의 예이다.

> (46) 가. 비공개, 비공식, 비무장, 비업무용 …
> 나. 미개척, 미성년, 미완성, 미해결 …
> 다. 불가능, 불경기, 불공정, 불명예 …
> 라. 무가치, 무감동, 무감정, 무자비 …

(46가)는 '비(非)-'가 결합한 단어들이고 (46나)는 '미(未)-', (46다)는 '불(不)-', (46라)는 '무(無)-'가 결합한 단어들이다. '비(非)-'는 전형적으로 '아님'의 의미를 가지지만 '미(未)-'는 '미성년'에서 볼 수 있는 것처럼 아니긴 아니되 '아직 아니'라는 의미가 있고 '불(不)-'에는 '불공정', '불명예'에서 볼 수 있는 것처럼 '어긋남'의 의미가 있다. 한편 이들에 비하면 '무(無)-'는 '그것이 없음'의 의미를 갖는다는 점에서 '비(非)-', '미(未)-', '불

(不)-’과 차이가 있다. 또한 ‘비(非)-’는 동작성이 없는 어근과 결합하고 ‘미(未)-’는 상태성을 가지는 어근과 결합하며 ‘무(無)-’는 상태성이 없는 어근과 결합한다는 것도 차이이다.

이들 한자 접두사들은 모두 한자어와만 결합한다는 제약을 가지고 있다는 공통점이 있지만 이들 가운데 ‘-적(的)’ 파생어에 결합할 수 있는 것은 ‘비(非)-’에만 한정된다는 특징이 있다.

    (47) 비민주적, 비인간적, 비생산적, 비합리적 …

‘무(無)-’의 경우에도 다음처럼 단어의 마지막에 ‘-적(的)’을 가질 수 있다는 점은 얼핏 (47)과 흡사해 보이지만 그 구조가 다르다는 점에 주의할 필요가 있다.

    (48) 무개성적, 무계획적, 무규율적, 무비판적, 무사상적, 무의식적, 무정
        부적, 무차별적

이를 (47)의 ‘비민주적’과 (48)의 ‘무계획적’을 예로 들어 직접 성분 분석을 통해 비교해 보기로 한다.

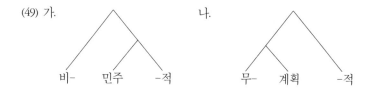

(49가, 나)에서 볼 수 있는 바와 같이 ‘비민주적’은 직접 성분이 ‘비-’와 ‘민주적’이고 ‘무계획적’은 ‘무계획’과 ‘-적’이다. 이는 ‘민주’에 대해 ‘*비민주’는 존재하지 않지만 ‘계획’에 대해 ‘무계획’은 존재한다는 것을 통해

검증된다. 따라서 그 의미도 '비민주적'은 '비민주에 대한'의 의미가 아니라 '민주적이지 않은'의 의미이고 '무계획적'은 '계획적이 없는'의 의미가 아니라 '무계획에 대한'의 의미임을 알 수 있다. 곧 '비민주적'은 어근이 '민주적'인 접두 파생어이고 '무계획적'은 어근이 '무계획'인 접미 파생어에 해당한다.

(45가)의 접두사들처럼 한자 접두사들은 대체로 한자어 어근과 결합하는 것이 일반적이지만 한자 접두사 가운데는 고유어 어근과 결합하는 경우도 적지 않은데 (45나)의 접두사들이 이에 속한다.

> (50) 가. 강타자(强打者), 강행군(强行軍) ; 강추위, 강더위
> 나. 생고생(生苦生), 생이별(生離別) ; 생죽음, 생트집
> 다. 시부모(媤父母), 시삼촌(媤三寸) ; 시아버지, 시어머니
> 라. 잡귀신(雜鬼神), 잡상인(雜商人) ; 잡소리, 잡탕

(50가)는 '매우 강한' 혹은 '호된'의 의미를 가지는 한자 접두사 '강(强)-'이 한자어 어근뿐만이 아니라 고유어 어근과도 결합하고 있는 모습을 보이고 있고 (50나)는 '억지스러운' 혹은 '공연한'의 의미를 가지고 있는 접두사 '생(生)-'이 역시 한자어 어근뿐만이 아니라 고유어 어근과도 결합하고 있는 모습을 보여 주고 있다. 마찬가지로 (50다)는 '남편의'의 의미를 가지는 한자 접두사 '시(媤)-'가, (50라)는 '여러 가지가 뒤섞인' 혹은 '자질구레한'의 의미를 가지고 있는 '잡(雜)-'이 한자어 어근뿐만이 아니라 고유어 어근과도 결합하고 있는 모습을 보여 주고 있다.

한편 (45다)는 명사뿐만이 아니라 동사나 형용사에도 결합하는 접두사들의 예들인데 이 가운데 '막-'과 '맞-'은 각각 부사에서 온 것이고 '겉-'은 명사, '웃-', '헛-'은 사이시옷 구성에서 온 것임을 이미 살펴본 바 있다. 따라서 여기서는 다른 품사와의 관련성을 찾기 힘든 (45다)의 경우에

관심을 가지기로 한다.

> (51) 가. 덧니, 덧버선, 덧신, 덧저고리 ; 덧대다, 덧붙이다
> 나. 몰매, 몰표 ; 몰몰다, 몰밀다, 몰박다
> 다. 빗금, 빗면, 빗천장 ; 빗대다, 빗뚫다, 빗물다 ; 빗나가다, 빗맞다
> 라. 엇각, 엇결, 엇길 ; 엇걸리다, 엇나가다, 엇베다 ; 엇구수하다, 엇
> 비슷하다
> 마. 짓고생, 짓망신 ; 짓누르다, 짓밟다, 짓이기다

(51가)의 '덧-'은 명사와 결합하면 '거듭된' 혹은 '겹쳐 신거나 입는'의 의미를 더하고 동사와 결합하면 '거듭' 또는 '겹쳐'의 뜻을 더한다. (51나)의 '몰-'은 명사와 결합하면 '모두 한곳으로 몰린'의 뜻을 더하고 동사와 결합하면 '모두 한곳으로' 혹은 '모두 한곳에'의 의미를 더한다.[32] (51다)의 '빗-'은 명사와 결합하면 '기울어진'의 의미를 더하고 동사와 결합하면 '기울어지게'의 의미를 더하지만 '빗나가다', '빗맞다'에서는 '잘못'의 뜻을 더한다. (51라)의 '엇-'은 명사와 결합하면 '어긋난' 또는 '어긋나게 하는'의 의미를 더하고 동사와 결합하면 '어긋나게', '삐뚜로'의 뜻을 더한다. 그런데 '엇-'이 형용사와 결합할 때에는 '어지간한 정도로 대충'의 의미를 더한다. (51마)의 '짓-'은 명사와 결합하면 '심한'의 의미를 더하고 동사와 결합하면 '마구, 함부로, 몹시'의 의미를 더한다. 이들 접두사들은 모두 두 개 이상의 품사와 결합한다는 점에서 한국어 접두사의 특성을 잘 보여 준다.

---

[32] 접두사 '몰-'은 '무리'의 의미를 가지는 명사 '물'의 모음 교체형이 접두사로 발달했을 가능성이 높은 것으로 보인다. '몰매'와 동일한 의미를 가지는 '물매'의 존재를 통해 '몰-'과 '물'의 관계를 알 수 있고 '물'은 현대 한국어에서는 '무리'로 존재하지만 9장에서 살펴본 것처럼 사이시옷 결합형이 수 관형사 '뭇'으로 발달하였으므로 '물'의 명사로서의 자격을 짐작할 수 있다. 관형사 '뭇'은 다시 '매'와 결합하여 '뭇매'라는 단어를 형성하였는데 결과적으로 '몰매', '물매', '뭇매'의 동의어가 존재하는 셈이 된 것이다.

(45라)는 명사에서 온 파생 접두사라는 점은 앞에서 언급한 '날-', '줄-', '겉-'의 경우와 같지만 동일한 형태가 그 의미의 변화 없이 접미사로도 사용될 수 있다는 특징을 갖는다. 고유어의 경우에는 이러한 경우가 없을 뿐만 아니라 한자 접두사의 경우에도 이러한 특징을 갖는 것은 이 두 예에 한정되는 것으로 보인다.[33]

> (52) 가. 남학생, 남동생 ; 약혼남, 유부남, 이혼남
>   나. 난공사, 난문제, 난문장 ; 취업난, 인력난, 주택난

(52가)에서 보는 바와 같이 '남(男)-'은 '남자'의 의미를 가진 채 접두사 뿐만이 아니라 접미사로도 쓰일 수 있고 (52나)의 '난(難)-'도 접두사로는 '어려운'의 의미를 가지고 있고 접미사로는 '어려움'의 의미를 가지고 쓰일 수 있다. 특히 이 가운데 '남(男)'은 '남과 여'와 같은 경우에서는 명사로도 쓰이므로 그렇지 않은 '난(難)-'과 구별된다.

13.4.1.2. 접두 파생 동사

다음의 접두사들은 동사와만 결합하여 동사를 형성하는 것들이다. 이러한 접두사로 이미 살펴본 것에는 '불충분하게'의 의미를 가지는 '설-'과 '몰래'의 의미를 가지는 '엿-', '마구' 혹은 '많이'의 의미를 가지는 '처-'가 있었다.

> (53) 가. '데-' ─ 데되다, 데삶다, 데생기다, 데알다, 데익다
>   나. '되-' ─ 되돌아가다, 되찾다, 되팔다 ; 되잡다, 되잡히다 ; 되살리
>   다, 되새기다, 되씹다, 되풀다
>   다. '뒤-' ─ 뒤덮다, 뒤섞다, 뒤엉키다, 뒤흔들다 ; 뒤바꾸다, 뒤받다,

---

33) '여(女)'도 '남(男)'과 경우가 같지만 접미사로 쓰일 경우에는 '-녀(女)'로서 형태에서 차이가 있다.

　　　　뒤엎다
　　라. '들-'-들끓다, 들볶다, 들쑤시다
　　마. '들이-'-들이갈기다, 들이꽂다, 들이닥치다, 들이덮치다, 들이퍼
　　　　붓다
　　바. '치-'-치뜨다, 치닫다, 치받다, 치솟다

　(53가)의 '데-'는 동사와 결합하여 그 동사에 '불완전하게' 혹은 '불충분하게'의 의미를 더하고 (53나)의 '되-'는 동사와 결합하여 각각 '도로', '도리어', '다시'의 뜻을 더한다. (53다)의 '뒤-'는 동사와 결합하여 각각 '몹시, 마구, 온통', '반대로'의 의미를 더하고 (53라)의 '들-'은 동사와 결합하여 '마구', '몹시'의 뜻을 더한다. (53마)의 '들이-'는 동사와 결합하여 '몹시', '마구', '갑자기'의 의미를 더하고 (53바)의 '치-'는 동사와 결합하여 '위로 향하게' 또는 '위로 올려'의 뜻을 더한다. 이들은 모두 고유어 접두사에 해당한다는 공통점을 갖는다.
　명사를 형성하는 접두사 가운데는 다른 품사와도 결합이 가능한 것이 있었던 것처럼 동사와만 결합하는 것이 아니라 형용사와도 결합하는 접두사가 있다.

　(54) 가. 휘갈기다, 휘감다, 휘날리다, 휘늘어지다, 휘말다, 휘몰아치다, 휘
　　　　젓다
　　　나. 휘넓다, 휘둥그렇다, 휘둥글다

　(54)는 접두사 '휘-'의 예인데 (54가)에서는 동사와 결합하여 '마구' 또는 '매우 심하게'의 의미를 더해 주고 있고 (54나)에서는 형용사와 결합하여 '매우'의 뜻을 더해 주고 있음을 알 수 있다.

13.4.1.3. 접두 파생 형용사

파생 형용사를 형성하는 접두사 가운데 대표적인 것은 이미 살펴본 '새-', '시-', '샛-', '싯-'이다. 이들은 특히 색채를 나타내는 형용사에 결합하여 그 형용사에 '매우 짙고 선명하게'의 의미를 더해 주는 것이었다. 이 외에 다음 정도가 형용사와만 결합하는 접두사에 해당한다.

(55) 데거칠다, 데바쁘다

(55)는 접두사 '데-'가 형용사와 결합하여 그 형용사에 '몹시', '매우'의 뜻을 더해 주고 있음을 알 수 있다. 이 '데-'는 (53가)의 동사 파생 접두사와 동일한 형식을 지니고 있지만 동사 파생 접두사로서의 '데-'는 '불충분하게' 혹은 '불완전하게'의 의미를 더해 주고 있으며 '설-'과 비슷한 의미를 가지고 있다는 점에서 '몹시'의 의미를 더해 주는 (55)의 형용사 파생 접두사와 한데 묶이기 어렵다.

13.4.2. 접미 파생어

접두사의 경우처럼 모든 품사에 접미사가 결합하여 새로운 단어를 형성하는 것은 아니다. 우선 접미사도 어휘적 단어 형성에 관여하므로 어휘적 단어가 아닌 조사와 어미는 일차적으로 제외되며 어휘적 단어라고 하더라도 관형사, 감탄사는 접미사가 결합하여 새로운 단어를 만드는 경우를 찾기 어렵다. 대명사와 수사의 경우는 다음 (56)에서 보는 바와 같이 일부의 경우에서 접미 파생어가 발견된다.

(56) 가. '-희' : 저희, 너희
　　 나. '-째' : 둘째, 셋째, 넷째 …

(56가)는 접미사 '-희'가 '저'와 '너'에 결합하여 복수 대명사를 형성하는 경우이고 (56나)는 '그 숫자에 해당되는 차례'의 의미를 뜻하는 고유어 서수사를 형성하는 데 접미사가 관여한 경우이다.

이제 남는 품사는 명사, 동사, 형용사, 부사인데 접두사의 경우와 차이가 나는 것은 접미사의 경우는 접미 파생 부사의 경우도 적지 않게 존재한다는 사실이다. 또한 한정적 접사만 존재하는 접두사와는 달리 접미사에는 지배적 접사도 존재하고 한국어의 특성상 접미 파생어가 훨씬 더 많다는 점도 접두 파생어와 차이가 나는 점이라 할 수 있다. 이제 이들 각각에 대해 좀 더 자세히 살펴보기로 한다.

13.4.2.1. 접미 파생 명사

파생 명사 형성에 참여하는 접미사들을 몇 가지로 나누어 그 특성을 살펴보기로 한다.

> (57) 가. '-기(氣)', '-기(記)', '-기(器)', '-기(機)'
> 　　가'. '-장(長)', '-장(帳)', '-장(張)', '-장(莊)', '-장(場)', '-장(葬)'
> 　　나. '-꾼', '-가(家)'
> 　　다. '-개', '-게'
> 　　다'. '-보', '-이'

앞서 한국어에는 접두사보다 접미사가 훨씬 많다고 한 바 있는데 이러한 이유 가운데 하나는 한자 접미사가 많기 때문이다. 그리고 이는 동음의 접미사가 많을 것을 예상하게 하는바 (57가, 가')은 이러한 모습을 단적으로 보여 준다. (57가)에서 차례로 '-기(氣)'는 '기운', '느낌'의 의미, '-기(記)'는 '기록'의 의미, '-기(器)'는 '기구'나 '(신체) 기관'의 의미, '-기(機)'는 '기계'의 의미를 가지면서 다음 (58)과 같이 많은 수의 명사들을 만들어 낸다.

(58) 가. 시장기, 소금기, 기름기, 화장기, 바람기 …
　　나. 여행기, 옥중기, 유람기, 방랑기, 탐방기 …
　　다. 녹음기, 주사기 ; 생식기, 소화기, 호흡기 …
　　라. 비행기, 이앙기, 전투기, 탈곡기 …

　그리고 물론 주로 한자어 어근과 결합하지만 (58가)의 '시장, 소금, 기
름, 바람'에서 볼 수 있는 바와 같이 고유어 어근과도 결합한다.

　(57가)의 '-장'은 가장 많은 동음 접미사를 보유하는 경우가 아닐까 한
다. 다음 (59)에서 보는 바와 같이 '-장(長)'은 '책임자', '우두머리'의 의미
를, '-장(帳)'은 '장부'나 '공책', '-장(張)'은 '얇고 넓적한 조각', '-장(莊)'은
'고급 여관' 또는 '저택', '-장(場)'은 '장소', '-장(葬)'은 '장례(葬禮)'의 의미
를 더하고 있다.

(59) 가. 공장장, 위원장, 이사장 …
　　나. 매입장, 매출장, 출납장, 판매장 ; 단어장, 연습장, 일기장, 잡기
　　　　장, 학습장 …
　　다. 구름장, 얼음장 …
　　라. 목화장, 아람장, 청수장, 경교장, 이화장 …
　　마. 공사장, 경기장, 경마장, 사격장, 시험장, 운동장 …
　　바. 고려장, 삼일장, 사회장 …

　또한 하나의 접미사라고 하더라도 접두사보다 매우 다양한 의미를 가
진다는 것도 특성이다. (57나)의 '-꾼'과 '-가(家)'가 이러한 양상을 단적으
로 보여 준다고 할 수 있다.

(60) 가. 살림꾼, 소리꾼, 심부름꾼, 씨름꾼 …

나. 노름꾼, 말썽꾼, 잔소리꾼, 주정꾼 …
다. 구경꾼, 일꾼, 장꾼 …
라. 건달꾼, 도망꾼, 뜨내기꾼, 머슴꾼 …
마. 꾀꾼, 덜렁꾼, 재주꾼 …

먼저 (60)은 접미사 '-꾼'이 명사 어근과 결합하여 형성해 내는 단어들을 몇 가지로 나눈 것인데 (60가)는 '어떤 일을 전문적으로 하는 사람' 또는 '어떤 일을 잘하는 사람'의 의미를 더하고 (60나)는 '어떤 일을 습관적으로 하는 사람' 또는 '어떤 일을 즐겨 하는 사람'의 의미를 더한다. (60다)는 특히 '어떤 일 때문에 모인 사람'의 의미를 갖게 해 주고 (60라)는 '어떤 일을 하는 사람'이라는 의미는 같지만 이를 '낮잡는' 의미가 부여된 것이며 (60마)는 '어떤 특성을 많이 가진 사람'의 의미를 더한다.

(61) 가. 건축가, 교육가, 문학가, 작곡가, 평론가 …
　　 나. 이론가, 전략가, 전술가 …
　　 다. 자본가, 장서가 …
　　 라. 대식가, 명망가, 애연가 …

다음으로 (61)은 '-가(家)'가 명사 어근과 결합하여 가지는 의미를 몇 가지로 나눈 것이다. (61가)는 '그것을 전문적으로 하는 사람' 또는 '그것을 직업으로 하는 사람'의 의미를 더하고 (61나)는 '그것에 능한 사람'의 의미를 더한다. (61다)는 '그것을 많이 가진 사람'의 의미를 더하고 (61라)는 '그 특성을 지닌 사람'의 의미를 더한다.

한편 (57가, 가', 나)는 수많은 명사를 만들어 내고 어근이 고유어일 수도 있고 한자어일 수도 있지만 한결같이 어근이 명사이고 그 결과도 명사라는 점에서 모두 한정적 접미사에 해당한다.

이에 대해 (57다, 다')의 예들은 어근이 명사가 아닌데도 명사를 만들어

내는 경우가 있다는 점에서 지배적 접미사의 모습을 보여 준다. 먼저 (57
다)의 '-개'는 '지우개', '덮개'처럼 동사와 결합하여 명사를 만들고 '집게'
의 '-게'와는 모음 교체의 관계에 있음을 언급한 바 있는데 이들은 오로
지 동사와 결합하여 명사를 형성하고 있다는 점에서 지배적 접미사에 해
당한다.

(57다')의 '-보', '-이'는 명사를 어근으로 삼을 수도 있고 동사나 형용
사도 어근으로 삼는 모습을 보여 주는 예이다.

> (62) 가. 꾀보, 싸움보, 잠보, 털보
> 나. 먹보, 울보, 째보

(62가)의 '-보'는 '그것을 특성으로 지닌 사람'의 의미를 더하는데 이때
는 명사와 결합한다. 이에 비해 (62나)는 '그러한 행위를 특성으로 지닌
사람'의 의미를 더하는데 이때는 동사와 결합하고 있다. 따라서 이때의
'-보'는 지배적 접미사에 해당한다.

다음은 접미사 '-이'와 관련된 파생 명사를 몇 가지로 나눈 것이다.

> (63) 가. 절름발이, 애꾸눈이
> 나. 먹이, 벌이
> 나'. 길이, 높이
> 다. 때밀이, 젖먹이 ; 재떨이, 옷걸이, 목걸이(귀걸이) ; 가슴앓이, 해
> 돋이(달돋이), 해넘이(달넘이)

(63가)는 '-이'가 명사와 결합하여 '그것을 특징으로 하는 사람'의 의미
를 더하고 (63나, 나')은 각각 동사와 형용사에 결합하여 명사를 만들고 있
음을 볼 수 있다.[34] (63다)는 명사와 동사 어간의 결합형 뒤에 다시 '-이'
가 결합하여 각각 '사람', '사물', '일'이나 '현상'의 의미를 더한다. 따라서

'-이'는 (63가)에서는 한정적 접미사로서의 역할을 하고 (63나, 나', 다)에
서는 지배적 접미사로서의 역할을 하고 있음을 알 수 있다.

특히 (63다)의 단어들은 '-이'와 결합하고 있는 어근이 복합 어근이기
는 하되 하나의 단어로 존재하지 않는다는 점에 주목할 필요가 있다. 즉
어근이 단어 어근보다 크다는 점에서 그동안 단어 형성의 논의에서 많은
관심을 받아 왔다. 이들을 다시 다음과 같이 나누어 보기로 한다.

(64) 가. 때밀이, 젖먹이, 재떨이, 옷걸이, 가슴앓이
나. 목걸이, 귀걸이
다. 해돋이, 달돋이 ; 해넘이, 달넘이

(63다)가 그 의미를 기준으로 나눈 것이라면 (64)는 접미사 '-이'를 제
외한 나머지 형식을 문장으로 치면 각각 '목적어+타동사'인 것[(64가)],
'부사어+타동사'인 것[(64나)], '주어+자동사'인 것[(64다)]으로 다시 나누어
정리한 것이다.[35] '-이'를 제외한 나머지 형식이 독립된 단어가 아니라는
사실을 중시한다면 '-이'가 단어가 아니라 구(句)에 결합하는 것으로 보아
야 한다는 문제가 생기므로 '-이'가 결합하기 전에 일종의 임시어(臨時語,
nonce words)나 잠재어(潛在語, potential words) 단계를 거친다고 보는 견해도 있

---

34) (63나)의 '-이'는 앞서 언급한 바와 같이 중세 한국어에서는 모음 조화를 보이던 '기릐',
'노픠'의 '-의', '-읜'가 '길이'와 '높이'의 '-이'로 변한 것이라는 점에서 처음부터 '-이'
였던 것과 차이가 있지만 지금은 형식적 차이가 사라지고 명사를 만든다는 기능적 공통
점에 따라 한데 묶일 가능성이 생긴 경우이다. 이러한 점에서 앞서 살펴본 '사용되다'와
'거짓되다'의 '-되다'와 흡사하다.

35) 이러한 단어 형성에도 제약이 없는 것은 아닌데 가령 문장으로 치면 타동사일 경우 그
것과 결합하여 단어를 형성하는 것은 목적어나 부사어일 수는 있어도 동작주인 주어일
수는 없다는 것이 그 하나이다. 따라서 '젖먹이', '귀걸이'는 가능해도 '*엄마먹이', '*여자
걸이'와 같이 '먹이-'거나 '거-'는 행위의 동작주가 단어 형성에 참여하는 일은 없다. 이
러한 점에서 예외적인 단어 형성을 보이는 것이 '술래잡기'이다. '술래'는 '숨은이'를 찾
는 행위의 동작주이고 '잡기'의 '잡-'이 타동사인데도 불구하고 '*숨은이잡기'와 같은 단
어를 형성하지 않은 예에 해당하기 때문이다.

고 아예 직접 성분 분석을 '[[때밀-]-이]'가 아니라 '[[때]밀이]'로 분석해
야 한다고 보는 견해도 제시된 바 있다. 앞의 견해는 '때밀이'의 단어 형성
을 철저하게 '결합'으로 보려는 시각의 소산이고 뒤의 견해는 '때밀이'의
단어 형성을 '대치'로도 볼 수 있다는 시각의 소산이다.[36)]

뒤의 견해는 다음과 같은 사고 과정을 전제로 한다.

> (65) 아이 : 아빠, 이거는 뭐야?
> 아빠 : 어, 옷걸이
> 아이 : 그럼, 저거는 뭐야?
> 아빠 : 어, 수건걸이
> 아이 : 그럼, 그거는?
> 아빠 : 휴지걸이
> 아이 : 와, 우리 집에는 왜 이렇게 '걸이'가 많아. 내 장난감걸이도
> 있어?

(65)의 과정을 정리하면 다음과 같다.

> (66) 가. 옷 : 옷걸이 = 수건 : 수건걸이
> 나. 옷 : 옷걸이 = 수건 : 수건걸이 = 휴지 : 휴지걸이
> 다. 옷 : 옷걸이 = 수건 : 수건걸이 = 휴지 : 휴지걸이 = 장난감 : X
> ∴ X = 장난감걸이

이는 곧 '[[옷걸-]-이]'가 '[옷[걸이]]'로 재분석(再分析, reanalysis)된다는 것
을 의미하는 것이기도 하다.[37)] 이러한 견해를 뒷받침하는 예로는 다음과

---

36) 12장의 '단어 형성 방법'에서 언급한 바와 같이 '결합'은 이를 '규칙'으로 설명하려는 입
장과 관련되어 있고 '대치'는 이를 '유추'로 설명하려는 입장과 관련이 있다.

37) 재분석까지는 아니지만 분석의 가능성이 형태 구조와 의미 구조 사이에 충돌을 일으키
는 경우도 있을 수 있다. 가령 '택시 운전사'는 형태 구조로는 '택시'라는 단어와 '운전사'
라는 단어의 결합이지만 의미 구조로는 '택시 운전'에 '사람'이라는 의미를 가지는 '-사

같은 것을 들 수 있다.

(67) 가. '-맞이', '-잡이'
나. 벌이

(67가)는 재분석을 통해 접미사화한 예이다. 먼저 접미사 '-맞이'는 '어떠한 날이나 일, 사람, 사물 따위를 맞는 것'이라는 의미를 더하는데 '달맞이, 손님맞이'에서 '달'과 '손님'은 문장으로 치면 동사 '맞-'의 목적어에 해당하는 것이다. 다음으로 접미사 '-잡이'는 '무엇을 잡는 일'의 의미를 더하는데 '고기잡이, 꿩잡이'에서 '고기'와 '꿩'도 문장으로 치면 동사 '잡-'의 목적어에 해당한다. 따라서 '달맞이'와 '고기잡이'는 다음과 같은 직접 성분 분석을 가지는 것으로 도식화할 수 있다.

(68) 가.
나.

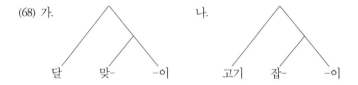

한편 (67나)의 '벌이'는 '돈벌이'에서 온 것인데 (67가)와는 달리 자립성을 가지는 것으로 간주되어 명사의 자격을 획득한 것이다.

(士)'가 결합하는 것으로 볼 수 있다. 이러한 형태 구조와 의미 구조 사이의 불일치를 괄호 매김 역설(bracketing paradox)이라고 부른다. 부사 '없이'의 경우도 가령 '사고 없이'는 형태 구조상으로는 '[사고[없이]]'로 분석되지만 의미 구조상으로는 '[[사고 없-]-이]'로 분석된다. 따라서 의미 구조를 중시한다면 '-사'나 '-이'는 통사적 구성에 결합하는 것으로 간주될 가능성이 존재하는 것이다. 최근 인지 문법에 기반한 접근에서는 형태 구조 분석과 의미 구조 분석이 모두 가능하다고 보거나 형태 구조 분석과 의미 구조 분석을 구별할 필요가 없다고 보아 아예 괄호 매김 역설이 생기지 않는다고 보는 견해도 존재한다.

(69) 가. 요새는 {돈벌이, 벌이}가 괜찮다.
　　나.

　　　　　　돈　　　벌-　　-이

　(69나)는 (69가)의 '돈벌이'의 구조를 도식화한 것인데 이것이 (68)과 가지는 차이는, (68)은 직접 성분이 '달'과 '-맞이', '고기'와 '-잡이'이지만 '-맞이', '-잡이'가 접미사로 간주되므로 '달맞이', '고기잡이'는 모두 파생어가 되는 데 비해 (69가)의 '돈벌이'는 '돈'과 '벌이'에서 '벌이'가 명사의 자격을 가지고 있으므로 합성어가 된다는 점이다.38)
　특히 '-잡이'의 경우에는 다음과 같은 단어 형성도 보여 주고 있다는 점에서 접미사로서의 입지를 부정하기 어렵다.

　　(70) 가. 총잡이, 칼잡이
　　　　나. 골잡이

　(70가)에서 '-잡이'와 결합한 '총'이나 '칼'은 '잡는' 대상이기는 하되 단순히 그러한 의미만 있는 것이 아니라 그 대상을 '잘 다루는 사람'의 의미를 가지고 있다. 이러한 의미에 기반하여 (70나)에서와 같이 '골'이 '잡는' 대상이 아닌 경우에도 단어를 형성하고 있다. 이는 접미사가 겪는 자연스러운 의미 확장 양상이라고 할 수 있다.

---

38) '돈벌이'는 그 발음이 '[돈 : 버리]'가 아니라 '[돈 : 뻐리]'라는 점도 중요하다. 이는 이른바 사잇소리 현상이 나타난다는 것을 의미하는데 사잇소리 현상은 명사와 명사가 결합할 때 나타나는 현상이기 때문이다. 한편 '손잡이'의 의미를 가지는 '잡이'도 명사로 존재하는데 이것도 그 형성 과정은 '벌이'와 같다.

13.4.2.2. 접미 파생 동사

파생 동사 형성에 참여하는 접미사들을 몇 가지로 나누어 그 특성을 살펴보기로 한다.

(71) 가. '-치-'
나. '-이-', '-히-', '-리-', '-기-', '-우-', '-구-', '-추-' ; '-애-',
  '-으키-', '-이키-' ; '-이우-' ; '-시키-'
나'. '-이-', '-히-', '-리-', '-기-' ; '-되-', '-당하-'
다. '-거리-', '-대-' ; '-이-'
라. '-하-'

(71가)의 '-치-'는 다음에서 보는 바와 같이 동사와 결합하여 '강조'의 의미를 더한다.

(72) 넘치다, 밀치다, 부딪치다, 솟구치다 …

따라서 '-치-'는 품사는 바꾸지 못하므로 한정적 접미사에 해당한다.
(71나, 나')은 각각 사동사와 피동사를 형성하는 접미사를 제시한 것이다. 먼저 사동사를 형성하는 경우를 제시해 보기로 한다.

(73) 가. 죽이다, 녹이다, 속이다, 보이다 ; 높이다, 깊이다 …
나. 눕히다, 앉히다, 익히다, 읽히다 ; 넓히다, 좁히다, 밝히다 …
다. 날리다, 살리다, 얼리다, 알리다, 물리다 …
라. 남기다, 웃기다, 숨기다, 감기다, 벗기다 …
마. 깨우다, 비우다, 지우다 …
바. 달구다, 솟구다, 돋구다 …
사. 볼맞추다 ; 곧추다, 낮추다 …
아. 없애다
자. 일으키다

　　차. 돌이키다
　　카. 띄우다, 세우다, 씌우다, 재우다, 채우다, 태우다
　　타. 교육시키다, 등록시키다, 오염시키다, 이해시키다, 입원시키다 …

　(73)에서 '-이-', '-히-', '-리-', '-기-'는 기원적으로 '-이-'를 기본형
으로 하고 '-우-', '-구-', '-추-'는 '-우-'를 기본형으로 하여 서로 일정
한 도출 관계에 놓여 있었던 것으로 보이나 현대 한국어에서는 이러한 관
계를 따지기가 어렵다. 이들을 어미가 아니라 접미사로 간주하는 이유는
어미와는 다르게 다음과 같은 단어들에는 이들 접미사가 결합할 수 없기
때문이다.

　　(74) 가. 주다, 받다, 드리다, 바치다 …
　　　　나. 얻다, 받다, 돕다 …
　　　　다. 만나다, 닮다, 싸우다 …
　　　　라. 배우다, 느끼다, 바라다 …
　　　　마. 이기다, 던지다, 지키다, 때리다 …
　　　　바. 노래하다, 도착하다, 출발하다 …

　(74가)는 수여(授與) 동사, (74나)는 수혜(受惠) 동사, (74다)는 '와/과'를 필
요로 하는 대칭(對稱) 동사, (74라)는 경험(經驗) 동사, (74마)는 어간이 모음
'ㅣ'로 끝나는 동사, (74바)는 접미사 '-하-'가 붙은 동사들인데 이들에는
사동 접미사가 결합하지 못한다. 이들이 사동을 나타내기 위해서는 '-게
하-'의 도움을 받아야 하는데 이러한 점에 근거하여 사동 접미사가 결합
한 사동을 어휘적 사동이라 하고 '-게 하-'가 결합한 사동을 문법적 사동
이라 하여 구별한다.[39)]

───────────

39) 물론 어휘적 사동이 가능한 단어들은 문법적 사동도 가능해서 가령 '먹다'는 '먹이다'도
　　가능하고 '먹게 하다'도 가능하다. 어휘적 사동과 문법적 사동의 차이는 앞의 것이 대체

(73가)의 '높이다, 깊이다', (73나)의 '넓히다, 좁히다, 밝히다', (73사)의 '곧추다, 낮추다'는 어근이 형용사이므로 이들에서 나타나는 접미사 '-이-', '-히-', '-추-'는 지배적 접미사의 예임을 알 수 있다. 또한 (73타)의 '-시키-'도 명사와 결합하여 동사를 형성해 내므로 역시 지배적 접미사에 해당한다.

(73아, 자, 차)는 해당하는 예가 하나밖에 없지만 이들에서 '-애-', '-으키-', '-이키-'가 분석되고 또한 이들은 사동의 의미를 부여하고 있기 때문에 역시 사동 접미사로 다루는 데 문제가 없다. (73카)의 '-이우-'는 이른바 '-이-'와 '-우-'의 이중 사동 접미사로 불리는 것인데 *뜨다, *세다, *씌다, *재다, *채다, *태다' 등이 존재하지 않으므로 더 이상의 형태소 분석은 어렵다.

(73가)부터 (73카)까지는 본유적인 접미사이지만 (73타)는 '시키-'라는 동사가 접미사화한 것으로 다룰 수 있는 예이다. 따라서 이들은 모두 '교육을 시키다'와 같은 구성이 가능하다.

한편 (71나)은 피동사를 형성하는 접미사를 든 것이다.

(75) 가. 놓이다, 보이다, 쌓이다 …
　　　나. 닫히다, 먹히다, 묻히다 …
　　　다. 물리다, 밀리다, 풀리다 …
　　　라. 감기다, 안기다, 끊기다 …
　　　마. 가결되다, 사용되다, 형성되다 …

로 직접 사동인 데 비해 후자는 간접 사동의 의미를 갖는다는 데 있다.
　가. 엄마가 아이에게 밥을 먹였다.
　나. 엄마가 아이에게 밥을 먹게 하였다.
어휘적 사동인 (가)에서는 엄마가 직접 아이에게 밥을 떠 먹여 준다는 의미가 강하고 문법적 사동인 (나)에서는 아이로 하여금 밥을 먹도록 한다는 의미가 강하다. 따라서 이러한 의미가 부각될 수 있도록 (나)를 "엄마가 아이가 밥을 먹게 하였다."로 바꾸는 것이 가능하지만 (가)는 "*엄마가 아이가 밥을 먹였다."가 불가능하다.

바. 거절당하다, 무시당하다, 이용당하다, 체포당하다, 혹사당하다 …

피동사를 만드는 접미사는 사동사보다는 적지만 그 형태 가운데 '-이-', '-히-', '-리-', '-기-'는 서로 중복되는 것들이다. 따라서 '먹다'에 대해 '먹이다', '먹히다'로 사동사와 피동사가 모습이 다른 경우도 있지만 '보다'에 대해 '보이다', '보이다'로 사동사와 피동사의 모습이 같은 경우도 있다. 이들의 차이는, 사동사는 타동사이기 때문에 반드시 목적어가 있어야 하지만 피동사는 자동사이기 때문에 목적어가 없다는 것이다.

(76) 가. 그는 나에게 사진첩을 보였다.
　　　나. 이 길로 쭉 가면 산이 보일 것이다.

(76가)에는 '사진첩을'이라는 목적어가 있기 때문에 이때 '보였다'는 사동사로 쓰인 '보이다'의 예임을 알 수 있고 (76나)에는 목적어가 없기 때문에 이때 '보일'은 피동사로 쓰인 '보이다'의 예임을 알 수 있다.

사동 접미사의 경우와 마찬가지로 피동 접미사도 (74)에 제시한 동사들에는 결합하지 못하므로 어미가 아니라 접미사로 보는 것이다. 피동의 경우에도 어휘적 피동과 문법적 피동으로 나눌 수 있는데 문법적 피동은 '-어지-'에 의해 실현된다. 그러나 '건설하다'처럼 '-하-'가 결합하는 단어 가운데는 *'건설해지다'처럼 '-어지-'의 결합이 어색하거나 불가능한 것들이 있는데 이 경우에는 (75마)의 '-되-'를 결합시켜 피동사를 만든다.

'-이-', '-히-', '-리-', '-기-'에 의한 피동사는 타동사에서 자동사로 바뀐 것이기 때문에 이들은 모두 한정적 접미사로만 기능한다. 이들에 비하면 용언에서 기원한 '-되-'와 '-당하-'는 어근으로 명사를 갖는다는 점에서 지배적 접미사에 해당한다. 특히 '-당하-'는 이것이 '당하-'로 동사로 쓰일 때에는 '시키-'와 마찬가지로 '모욕을 당하다'처럼 타동사로 쓰인

다는 특징이 있다.40)

(71다)의 접미사들 가운데 '-거리-'와 '-대-'는 '그런 상태가 잇따라 계속됨'의 의미를 더하여 동사를 형성시키는 것들인데 서로 그 의미 차이를 찾기 힘든 접미사이다.41)

(77) 가. 까불거리다, 반짝거리다, 출렁거리다, 달그락거리다 …
      나. 까불대다,   반짝대다,   출렁대다,   달그락대다 …

(77)에서의 '까불-', '반짝-', '출렁-'은 '달그락'과는 달리 그 자체로는 단어의 자격을 가지지 못한다는 점에서 형태소 어근에 해당한다. 이는 '-거리-'와 '-대-'의 어근이 중첩(重疊, reduplication)되면 부사가 형성된다는 것을 의미한다.

(78) 까불까불, 반짝반짝, 방실방실, 출렁출렁, 달그락달그락 …

달리 말하자면 '-거리-' 혹은 '-대-'가 결합하기 위해서는 (78)의 부사들이 가지는 중첩성이 상실된다는 것인데 이때 일음절이 중첩되는 것은 이러한 원칙에 예외가 된다.

(79) 가. 끙끙, 떵떵, 씩씩 …
      나. *끙거리다, *떵거리다, *씩거리다 …

---

40) '당하-'는 "그들에게는 결코 당치 않은 일이다."에서는 형용사로도 쓰이는데 이러한 용법은 상당히 제한되어 있다.

41) 이들은 결과적으로 동의어를 형성시킨다는 점에 있어서 매우 흥미로운데 이에 대해서는 §13.5에서 다시 후술하기로 한다. 물론 '-거리-'와 '-대-'가 늘 모두 가능한 것은 아니다. 가령 '거듬거리다/*거듬대다', '*으스거리다/으스대다', '*어기거리다/어기대다'에서 보는 바와 같이 '-거리-'만 가능한 것도 있고 '-대-'만 가능한 것도 있다. 그러나 중요한 것은 '-거리-'가 되면 '-대-'도 되고 '-대-'가 되면 '-거리-'도 되는 것이 절대 다수라는 사실이다.

나'. *끙대다, *떵대다, *씩대다 …
다. 끙끙거리다, 떵떵거리다, 씩씩거리다 …
다'. 끙끙대다, 떵떵대다, 씩씩대다 …

따라서 '-거리-' 혹은 '-대-'는 결과적으로 일음절 어근과는 결합하지 못한다는 제약을 가지게 되는 것이다. (79다, 다')의 경우에는 '끙끙', '떵떵', '씩씩'이 부사의 자격을 가지기 때문에 부사를 동사로 만든다는 점에서 '달그락'의 경우와 마찬가지로 '-거리-', '-대-'가 지배적 접미사의 용법을 가지고 있음을 알 수 있다.

(71다)의 '-이-'는 그 의미는 '-거리-', '-대-'와 흡사하지만 그 정도는 약하다는 의미를 더한다.

(80) 끄덕이다, 망설이다, 반짝이다, 속삭이다, 움직이다, 출렁이다 …

따라서 이들도 대체로 '-거리-' 혹은 '-대-' 결합이 가능하지만 항상 그러한 것은 아니어서 당장 (79)에서 보인 '끙끙', '떵떵', '씩씩'이나 '깔깔'과 같이 일음절 중첩 어근 다음에는 '-이-'가 결합하지 않는다.

(81) *끙끙이다, *떵떵이다, *씩씩이다, *깔깔이다 …

(71라)의 '-하-'는 동사를 파생시키는 대표적인 접미사라고 할 수 있다.

(82) 가. 공부하다, 생각하다, 사랑하다, 빨래하다 …
나. 덜컹덜컹하다, 반짝반짝하다, 소곤소곤하다 …
나'. 달리하다, 빨리하다 …

'-하-'는 동사가 아닌 것을 동사로 만드는 역할이 주된 기능이므로 (82

가)에서 보는 바와 같이 명사와, (82나, 나')에서 보는 바와 같이 첩어성 부사, 성분 부사와 결합하여 동사를 파생시키는 지배적 접미사의 모습을 보여 준다.

또한 '-하-'는 (28)에서 살펴본 바와 같이 형용사를 만드는 데도 참여한다는 점에서 (71)의 다른 접미사들과 차이가 있다.

> (83) 가. 건강하다, 순수하다, 정직하다, 진실하다, 행복하다 …
>   나. 착하다, 따뜻하다, 떳떳하다, 두둑하다 …

(83가)는 '-하-'가 단어 어근에, (83나)는 형태소 어근에 결합하여 형용사를 만들고 있다.

13.4.2.3. 접미 파생 형용사

파생 형용사 형성에 참여하는 접미사들을 몇 가지로 나누어 그 특성을 살펴보기로 한다.

> (84) 가. '-(으)ㅁ직하-', '-(으)ㅁ직스럽-'
>   가'. '-직하-', '-찍하-'
>   나. '-답-', '-롭-' ; '-스럽-'
>   다. '-(으)스름하-', '-(으)스레하-'
>   라. '-맞-', '-지-', '-쩍-'

(84가, 가')의 접미사들은 각각 모음 탈락, 자음 교체를 보이는 접미사의 예로 앞에서 보았던 것들이다.

> (85) 가. 바람직하다, 믿음직하다 ; 바람직스럽다, 믿음직스럽다
>   나. 높직하다, 굵직하다, 되직하다, 늙직하다 ; 길찍하다, 널찍하다, 멀찍하다, 얄찍하다

(85가)는 '-(으)ㅁ직하-', '-(으)ㅁ직스럽-'이 모두 동사와 결합하여 형용사를 만들고 있다는 점에서 지배적 접미사의 모습을 보여 주고 있다. 이에 대해 (85나)의 '-직하-'와 '-찍하-'는 형용사와 결합하여 다시 형용사를 만들고 있다는 점에서 한정적 접미사의 모습을 보여 준다.

(84나)의 접미사들은 대체로 '그런 성질이나 특성이 있음'의 의미를 공통적으로 가지고 있다. 그러나 구체적으로는 차이가 적지 않다. 먼저 이들 가운데 '-답-'과 '-롭-'은 형용사를 만드는 '-되-'와 함께 기원적으로 이형태 관계를 가지고 있었다고 한 바 있다.

> (86) 가. 실답다, 아름답다, 꽃답다, 정답다, 참답다
> 나. 명예롭다, 신비롭다, 자유롭다, 풍요롭다, 향기롭다, 감미롭다, 위태롭다 …

(86)에서 보는 바와 같이 '-답-'은 자음으로 끝나는 어근 다음에, '-롭-'은 모음으로 끝나는 어근 다음에 결합하여 형용사를 만든다. 어근은 '실답다, 아름답다'처럼 형태소 어근인 경우도 있지만 대부분 명사인 단어 어근이므로 이들 접미사는 지배적 접미사의 자격을 갖는다. 그런데 '-답-' 가운데는 다음처럼 모음으로 끝나는 말에도 결합하는 경우가 있다.

> (87) 남자답다, 엄마답다

그러나 (87)에서의 '남자, 엄마'는 7장에서 살펴본 바와 같이 엄밀한 의미에서 어근이라고 보기 어렵다.

> (88) 가. 훌륭한 남자답다
> 나. 우리 엄마답다

(88가)에서 '훌륭한'은 관형어이므로 체언을 수식한다. 만약 '남자답다'가 어휘적으로 한 단어라면 그 품사는 형용사이므로 '훌륭한'이라는 관형어가 앞에 올 수 없다. 그런데도 불구하고 (88가)의 문장이 문법성에 아무런 문제가 없는 것은 '훌륭한'이 '남자답다'가 아니라 '남자'만 수식하기 때문이다. 즉 (88가)는 '[[훌륭한 남자]답다]'의 구조를 가지는 것이다.

이것은 (88나)의 경우에도 마찬가지이다. (88나)의 '우리'도 품사는 대명사이지만 성분으로서는 관형어이기 때문에 '엄마답다'를 수식할 수 없고 '엄마'만 수식해야 하므로 이 문장은 '[[우리 엄마]답다]'의 구조를 갖는다. 이러한 점을 중시한다면 '-답-'은 '-답$_1$-', '-답$_2$-'로 나뉘어야 하고 이 가운데 파생 접미사의 자격을 가지는 것은 '-답$_1$-'에만 해당한다고 보아야 한다.

한편 (84나)의 '-스럽-'은 지배적 접미사라는 점에서는 '-답-', '-롭-'과 동일하지만 선행 어근의 음운 환경에 제약을 받지 않는다는 차이가 있다.

> (89) 가. 복스럽다, 걱정스럽다, 자랑스럽다, 거북스럽다, 조잡스럽다 …
> 나. 간사스럽다, 경사스럽다, 괴기스럽다, 구차스럽다, 낭패스럽다 …

(89가)는 자음으로 끝나는 어근 다음에, (89나)는 모음으로 끝나는 어근 다음에 '-스럽-'이 결합하여 형용사를 만드는 모습을 제시한 것이다.

또한 그 의미가 비슷하기는 하지만 다음과 같은 차이도 갖는다.

> (90) 가. 그 어른은 어른답다.
> 가′. *그 아이는 어른답다.
> 나. *그 어른은 어른스럽다.
> 나′. 그 아이는 어른스럽다.

(90가, 가)을 보면 '-답-'은 어떤 대상의 성질이나 특성이 있되 그 대상이어야 하지만 (90나, 나)을 보면 '-스럽-'은 어떤 대상의 성질이나 특성이 있되 그 대상이어서는 안 된다는 차이가 있음을 알 수 있다.[42]

그리고 '-롭-' 파생 형용사 가운데는 '-스럽-' 파생 형용사도 존재하는 경우가 적지 않다.

> (91) 경사롭다/경사스럽다, 낭패롭다/낭패스럽다, 다사롭다/다사스럽다, 여유롭다/여유스럽다, 명예롭다/명예스럽다, 번화롭다/번화스럽다, 보배롭다/보배스럽다, 상서롭다/상서스럽다, 수고롭다/수고스럽다, 신기롭다/신기스럽다, 신비롭다/신비스럽다, 영예롭다/영예스럽다, 영화롭다/영화스럽다, 예사롭다/예사스럽다, 요괴롭다/요괴스럽다, 인자롭다/인자스럽다, 자비롭다/자비스럽다, 자유롭다/자유스럽다, 재미롭다/재미스럽다, 저주롭다/저주스럽다, 초조롭다/초조스럽다, 평화롭다/평화스럽다, 폐롭다/폐스럽다, 풍아롭다/풍아스럽다, 한가롭다/한가스럽다, 혐의롭다/혐의스럽다, 호기롭다/호기스럽다, 호사롭다/호사스럽다, 호화롭다/호화스럽다

(91)은 『표준국어대사전』을 대상으로 '-롭-'과 '-스럽-'이 함께 존재하는 것들을 조사해 본 것이다. 이는 그대로 동의어의 존재로 이어진다는 점에서 언어 경제성에 배치되는 것처럼 보이지만 이러한 현상은 '-스럽-'의 높은 생산성으로 설명이 가능하다. 즉 '-답-'과 '-롭-'은 현대 한국어에서 더 이상 새로운 단어를 형성해 내지 못하지만 '-스럽-'은 매우 활발하게 새로운 단어를 형성하는데 그 과정에서 이미 존재하는 단어와 경쟁하는 모습을 보이는 것이 (91)처럼 동일한 의미를 가지는 단어들의 공존으로 결과되었다고 보는 것이다.

---

42) 이러한 측면에서 보면 어떤 여성이 자신이나 다른 여성에게 "나도 알고 보면 여성스럽거든."이라고 말하는 것이나 "그 언니 정말 여성스러운데."처럼 표현하는 것은 옳지 않다는 것을 알 수 있다.

(84다)의 '-(으)스름하-'와 '-(으)스레하-'는 '빛깔이 옅거나 형상이 비슷하다'는 의미를 더한다.

> (92) 가. 거무스름하다, 넓적스름하다, 발그스름하다, 둥그스름하다
> 나. 거무스레하다, 넓적스레하다, 발그스레하다, 둥그스레하다

그리고 (92)에서 보는 바와 같이 그 의미는 서로 차이가 없으며 어근은 한결같이 형용사나 형용사성 어근에 해당하므로 한정적 접사의 모습을 보여 주고 있다.

(84라)의 '-맞-', '-지-', '-쩍-'은 각각 '그것을 지니고 있음', '그런 성질이 있음', '그런 것을 느끼게 하는 데가 있음'의 의미를 더하고 형용사를 만드는 접미사이다.

> (93) 가. 궁상맞다, 능글맞다, 방정맞다, 쌀쌀맞다, 익살맞다, 청승맞다, 앙증맞다
> 나. 값지다, 기름지다, 세모지다, 멋지다
> 다. 수상쩍다, 의심쩍다, 미심쩍다, 겸연쩍다

(93가)는 '-맞-'이 결합한 파생 형용사인데 이들은 특히 사람의 성격과 관련되어 있다는 공통점이 있다. (93나)는 '-지-'가 결합한 파생 형용사이고43) (93다)는 '-쩍-'이 결합한 파생 형용사이다. 이들 세 접미사는 형태소 어근에 결합하는 일도 있지만 단어 어근과 결합하는 경우에는 그 단어 어근이 각각 '익살, 청승', '값, 기름, 세모, 멋', '미심' 등 모두 명사라는

---

43) 이 '-지-'를 '밑지다', '숨지다'의 '-지-'와 동일하게 처리하는 경우가 있다. 그러나 우선 앞의 '-지-'는 중세 한국어에서도 '-지-'로 존재하고 있었지만 뒤의 '-지-'는 '-디-'였던 것이다. 또한 단어 형성의 결과도 형용사와 동사로 구분될 뿐만 아니라 뒤의 '-지-'는 용언 '지다(落)'에 해당하므로 '밑지다', '숨지다'는 합성어로 보아야 할 성질의 것임을 알 수 있다.

점에서 지배적 접미사로서의 모습을 보여 준다.

13.4.2.4. 접미 파생 부사

파생 부사를 만드는 접미사는 그렇게 많지는 않다. 이를 몇 가지로 나누어 살펴보기로 한다.

> (94) 가. '-이', '-히'
> 나. '-껏'
> 다. '-코', '-토록'

(94가)의 '-이'와 '-히'는 파생 부사를 만드는 대표적인 접미사이다.

> (95) 가. 많이, 같이, 높이, 헛되이 …
> 나. 깨끗이, 따뜻이, 산뜻이, 느긋이 ; 끔찍이, 나직이, 그윽이 …
> 다. 집집이, 나날이, 다달이, 일일이, 낱낱이, 겹겹이, 곳곳이
> 라. 자유로이, 명예로이, 향기로이 …
> 라'. 걱정스레, 자연스레, 갑작스레 …
>
> (96) 가. 극히, 속히, 특히
> 나. 급히, 족히, 조용히, 무사히, 나란히, 영원히 …

(95)는 '-이'가 결합하여 부사를 형성하는 것들을 제시한 것이다. (95가)는 어근이 형용사인 것들이고 (95나)는 어근이 '-하-'와 결합하여 형용사를 만들 수 있는 것들인데 그 자체로는 형태소 어근의 자격을 가지는 것들이다. (95다)는 명사가 반복된 어근에 다시 '-이'가 붙어 부사를 형성한 것이다.

(95라, 라')은 '-롭-'과 '-스럽-'에 의해 형용사로 파생된 단어들에 다시 '-이'가 결합하여 부사를 형성하는 경우이다. '-롭-'과 '-스럽-'을 가

지는 형용사는 예외 없이 이러한 부사 형성이 가능하므로 만약 단어를 만들어 내는 능력인 생산성을, 가능한 어근 중에 실제로 존재하는 단어의 수로 결정한다면 '-롭-'과 '-스럽-' 형용사에 '-이'가 붙어 부사를 형성시키는 경우는 생산성이 100%라고 할 수 있다.

(95가, 다, 라, 라)은 어근의 품사가 각각 형용사, 명사, 형용사, 형용사라는 점에서 '-이'가 지배적 접미사임을 알 수 있다.

(96)은 '-히'가 결합하여 부사를 형성하는 경우를 보인 것이다. (96가)는 어근이 '-하-'와 결합할 수 없는 것들을 모은 것이고 (96나)는 '-하-'와 결합할 수 있는 것들을 따로 제시한 것이다.

지금까지 부사의 경우에는 부사가 다시 부사를 만드는 경우 즉 한정적 접미사에 대해서는 주목한 적이 별로 없지만 부사를 형성하는 한정적 접미사가 없는 것은 아니다.

> (97) 가. 곰곰이, 더욱이, 벙긋이, 불룩이, 생긋이, 오뚝이, 일찍이, 해죽이
> 　　 나. 돌연히, 무진히

(97가)는 '-이'를 제외한 어근 '곰곰, 더욱, 벙긋, 불룩, 생긋, 오뚝, 일찍, 해죽'이 모두 부사로서 기능하고 있는데도 다시 '-이'를 결합시켜 부사가 형성된 경우이다. (97나)도 '-히'가 없는 '돌연, 무진'이 부사로 쓰인다는 점에서는 (97가)와 동일하다. 그러나 (97가)는 '-이'의 결합에 의한 단어 형성임에 비해 (97나)는 앞서 단어 형성의 방법에서 본 바와 같이 '-히'의 탈락으로 간주될 수 있다는 점에서 차이가 있다. 물론 어느 쪽이든 '-이', '-히'가 한정적 접사라는 점에는 변화가 없다.

이러한 점에서 (94나)의 '-껏'에도 주목할 필요가 있다.

(98) 가. 마음껏, 정성껏, 힘껏
　　 나. 지금껏, 아직껏, 여태껏, 이제껏

　(98가)는 '-껏'이 명사와 결합하여 '그것이 닿는 데까지'의 뜻을 더하고 있다. 이 경우의 '-껏'은 지배적 접미사이지만 (98나)의 경우는 부사와 결합하여 '그때까지 내내'의 뜻을 더하고 있다는 점에서 한정적 접미사의 용법을 보여 준다.
　(94다)의 '-코'는 '하고'의 줄임말이 접미사화한 것으로 간주할 수 있다.

(99) 가. 한사코, 맹세코
　　 나. 단정코, 무심코, 분명코, 결단코
　　 다. 기어코

　(99)는 '-코'가 결합하여 부사를 형성한 경우인데 우선 (99가, 나)는 그 어근이 '-하-'와 결합이 가능한 것이고 (99다)는 그렇지 않은 것이다. (99가)의 '한사코', '맹세코'는 각각 '한사하고', '맹세하고'와 의미 차이가 크지 않지만 (99나)는 '-하-'와 결합하더라도 '-코'와 결합한 경우와 의미가 같다고 보기 힘들다. 따라서 처음에는 (99가)와 같은 환경에서 '-하고'가 '-코'로 줄어드는 과정을 겪었을 것으로 보이지만 (99나)의 과정을 거쳐 (99다)에 이르러 '-코'가 접미사로 굳어진 것이라 할 수 있다. 이 점 앞에서 언급한 바 있는 것처럼 '하도록'에서 접미사화한 '-토록'과 동일하다.[44]

---

44) 이는 곧 '-코'도 통사적 구성이 접미사화한 예에 속한다는 것을 의미하는 것이기도 하다.

13.5. 한국어의 동의파생어

13.5.1. 파생어 형성의 비대칭성 : 우연한 빈칸과 체계적 빈칸

단어 형성 과정으로서의 파생이 조사나 어미 결합에 따른 문장 형성과 다른 가장 큰 차이점은 빈칸이 존재한다는 것이다. 따라서 파생어 형성은 패러다임의 측면에서 바라보기가 쉽지 않다. 이러한 현상을 §12.2에서 '파생어의 비대칭성'이라 언급한 바 있다. 또한 이러한 빈칸은 다시 '우연한 빈칸'과 '체계적 빈칸'의 두 가지로 나눌 수 있다고 하였다. '우연한 빈칸'이란 그 단어가 존재하지 않는 데 특별한 이유가 없는 것이다.

(100) 가. 옴쟁이, 폐병쟁이, *감기쟁이, *배탈쟁이, *두통쟁이
     나. 울보, 먹보, *웃보
     다. 바뻬, 슬피, 어여삐, *아피, *고피

(100가)는 접미사 '-쟁이'가 '병(病)'과 관련하여 파생어를 형성하는 경우인데 *감기쟁이, *배탈쟁이, *두통쟁이'와 같은 단어가 존재하지 못할 이유가 없다. (100나)는 접미사 '-보'가 동사와 결합하는 경우인데 역시 *웃보'라는 단어가 존재하지 못할 이유를 찾기 어렵다. (100다)는 접미사 '-이'가 형용사와 결합하여 부사를 만드는 경우인데 앞의 예들과 마찬가지로 *아피'나 *고피'와 같은 단어가 형성되지 못할 이유가 없다.

(100)의 경우가 단독적으로 '우연한 빈칸'을 보이는 데 비해 상관적으로 '우연한 빈칸'을 설정할 수 있는 경우도 있다. 다음의 예들은 의미적인 상관성의 측면에서 '우연한 빈칸'을 보이는 경우라고 할 수 있다.

(101) 가. 기다랗다/짤따랗다, 굵다랗다/가느다랗다, 깊다랗다/얕다랗다, 높

다랗다/*낮다랗다

　나. 멀리/가까이, *무거이/가벼이

　(101)은 반의 관계에 따라 단어들을 배열해 본 것인데 이러한 관계에 따르면 (101가)에서 '*얕다랗다', '*낮다랗다'가 존재하지 않는 이유를 설명하기 어렵다. (101나)의 경우도 마찬가지이다. 부사 '*무거이'가 존재하지 않는 이유도 설명되지 않는다.

　그런데 빈칸 가운데는 빈칸이 존재하는 이유가 합리적으로 설명되는 체계적 빈칸이 있다.

　(102) 가. 높이, 깊이, 넓이, *크이 ; 구두닦이, 젖먹이, 신문팔이, *양치이

　　　나. 경사롭다, 위태롭다, 신비롭다, *고집롭다, *의심롭다

　　　다. 끙끙거리다/끙끙대다/*끙거리다/*끙대다, 씩씩거리다/씩씩대다/*씩거리다/*씩대다, 떵떵거리다/떵떵대다/*떵거리다/*떵대다

　(102가)는 어떤 것을 평가하거나 측정할 때의 기준이 되는 척도(尺度) 명사 파생과 행위자(行爲者) 명사 파생에 있어서 음절의 끝이 자음인 경우에만 접미사 '-이'가 결합할 수 있고 모음일 경우에는 '-기'가 선택되어야 한다는 것으로 빈칸이 나타나는 이유를 설명할 수 있다.

　(102나, 다)는 이미 살펴본 바와 같이 어근이 모음으로 끝날 경우에만 '-롭-'이 결합한다는 제약 때문에 자음으로 끝나는 경우에는 '-롭-'이 결합하여 단어를 형성시킬 수 없다는 점을 통해 빈칸의 존재가 설명 가능하고 '-거리-/-대-' 파생의 경우는, 어근은 일음절이 될 수 없기 때문에 만약 일음절이 될 경우 이들은 반드시 반복형을 이루어야만 접미사 '-거리-/-대-'와 결합할 수 있다는 제약으로 이러한 빈칸의 존재가 설명 가능한 것이다.

체계적 빈칸이 나타나는 이유를 의미론적인 측면에서 찾을 수 있는 경우도 있다.

> (103) 가. 높이, 깊이, 넓이, *좋이
> 나. 기다랗다, 굵다랗다, 널따랗다, *붉다랗다, *검다랗다

(103가)에서 보는 바와 같이 '좋-'에 대해 척도 명사 파생이 불가능한 이유는 '높-, 깊-, 넓-'과는 달리 그 정도를 구체적인 수치로 나타낼 수 없기 때문이다. 구체적인 수치로 나타낼 수 있느냐 여부는 어휘적 속성을 나타내므로 이는 의미론적 제약 때문에 빈칸이 발생하는 경우라 할 수 있다. (103나)의 '-다랗-'이 *붉다랗다, *검다랗다'와 같은 파생어들을 형성하지 못하는 것은 접미사 '-다랗-'이 '빛깔'을 나타내는 형용사를 어근으로 삼지 못한다는 의미론적인 제약이 있기 때문이다.

13.5.2. 저지 현상

파생어의 체계적인 빈칸 가운데는 이미 존재하는 단어가 그와 비슷한 의미를 가지는 단어 형성을 막아서 생기는 경우가 있다. 이를 저지(沮止, blocking) 현상이라고 부른다.

> (104) 가. 건강하다 - *건강스럽다 - *건강적
> 나. *고통하다 - 고통스럽다 - *고통적
> 다. *가정하다 - *가정스럽다 - 가정적
> ⋮

(104)의 '-하-'와 '-스럽-'은 형용사를 만드는 접미사이고 '-적(的)'은

그 자체로는 형용사를 만드는 것은 아니지만 '-이다'와 결합하여 '그 성격을 띠는', '그에 관계된', '그 상태로 된'의 의미를 더해 '-하-' 형용사나 '-스럽-' 형용사와 마찬가지로 다음에서 볼 수 있는 것처럼 '매우'나 '아주'와 같은 정도 부사의 수식을 받을 수 있다.

(105) 가. 그 사람은 {매우, 아주} 건강하다.
　　　 나. 그 주사는 {매우, 아주} 고통스럽다.
　　　 다. 그 사람은 {매우, 아주} 가정적이다.

(104가)는 이러한 형용사 가운데 '-하-'만 가능하고 '-스럽-'이나 '-적(的)'은 불가능한 경우이고 (104나)는 '-스럽-'만 가능하고 '-하-'나 '-적(的)'은 불가능한 경우이며 (104다)는 '-적(的)'만 가능하고 '-하-'나 '-스럽-'은 불가능한 경우이다. 따라서 이들은 어떤 의미를 나타내는 칸을 하나의 단어가 차지하고 있으면 그에 따라 다른 단어의 형성을 저지하는 것으로 해석하게 한다. 하나의 의미를 위해 두 개 혹은 그 이상의 단어가 존재한다는 것은 비경제적이기 때문이다.

그러나 언어가 이처럼 언제나 경제적인 것은 아니다. 만약 언어가 경제적이기만 하다면 동의어나 유의어가 존재해도 안 되고 동음이의어가 존재하는 것도 문제가 된다. 그러나 실제로 동의어나 유의어는 매우 많이 존재하고 동음이의어도 적지 않다. 또한 언어가 경제적인 측면을 갖는다는 것은 달리 보면 체계적인 모습을 보인다는 것을 의미하는데 앞서 보아 온 것처럼 파생어 형성에서 빈칸을 보이는 것들 가운데 적어도 상관적인 빈칸은 이해하기 어려운 현상이 된다.

13.5.3. 한국어 동의파생어의 유형

한국어에는 어근은 공유하지만 접사에서만 차이가 나는 동의파생어가 상당히 많이 존재한다. 이들 가운데 다음의 예들은 이미 살펴본 것들이다.

(106) 가. 꿈지럭거리다/꿈지럭대다, 꿈틀거리다/꿈틀대다, 끄덕거리다/끄덕
　　　　대다 …
　　　 나. 경사롭다/경사스럽다, 낭패롭다/낭패스럽다, 다사롭다/다사스
　　　　럽다 …
　　　 다. 거무스름하다/거무스레하다, 넓적스름하다/넓적스레하다, 밝그스
　　　　름하다/밝그스레하다 …

이러한 동의파생어는 의미의 중심인 어근을 공유하고 있다는 점에서 동의성의 정도가 매우 높다.

(107) 가. 통 {안, 속}에는 무엇이 들어 있을까요?
　　　 가'. 나는 어제 오후 내내 걱정 {*안, 속}에서 동생을 기다렸다.
　　　 나. 벌레들이 {꿈틀거리는, 꿈틀대는} 꿈을 꿨다.
　　　 나'. 이제 그만두고 싶다는 생각이 마음속에서부터 {꿈틀거렸다, 꿈
　　　　틀댔다}.

(107가)의 '안'과 '속'은 구체적인 의미에서는 서로 바꾸어 쓸 수 있다는 점에서 동의성이 인정되지만 (107가')에서 보는 바와 같이 추상적인 의미로 사용될 때에는 '안'과 '속'이 의미 차이를 가지기 때문에 서로 바꾸어 쓸 수 없다. 그러나 (107나, 나')에서는 동의파생어 관계에 있는 '꿈틀거리다'와 '꿈틀대다'가 구체적인 의미로 쓰이든 추상적인 의미로 쓰이든 서로 바꾸어 쓸 수 있다는 점에서 매우 높은 동의성을 가지고 있음을 볼 수 있다.

이러한 동의파생어는 무엇보다 앞에서 언급한 저지 현상의 예외가 된

다는 점에서 중요하다. 당장 저지 현상의 예로 설명한 (104)의 경우에도 예외를 발견하는 것이 어렵지 않다.

    (108) 가. *남성하다 - 남성스럽다 - 남성적
          나. *여성하다 - 여성스럽다 - 여성적
          다. *자연하다 - 자연스럽다 - 자연적
          라. 경박하다 - 경박스럽다 - *경박적
          마. 가상하다 - 가상스럽다 - *가상적
          바. 간사하다 - 간사스럽다 - *간사적
          사. 신비하다 - 신비스럽다 - 신비적
                       ⋮

    (108가, 나, 다)는 동일한 어근에 '-스럽-'과 '-적(的)' 파생어가 공존하고 (108라, 마, 바)는 '-하-'와 '-스럽-' 파생어가 공존하고 있다. (108사)의 경우에는 '-하-', '-스럽-', '-적(的)' 파생어가 모두 존재한다는 점에서 흥미롭기까지 하다.

    이제 이처럼 저지 현상에 예외가 되는 한국어의 동의파생어 유형을 몇 가지로 나누어 살펴보기로 한다.

13.5.3.1. 접두 동의파생어

    접두 동의파생어란 어근은 동일하지만 접두사에서만 차이가 나서 동의 파생어가 된 경우이다. 이때 서로 대응하는 접두사의 어종(語種)에 따라 다시 세 가지 경우로 세분할 수 있다. 첫째는 대응 접두사가 모두 한자 접두사일 경우이고 둘째는 한자 접두사와 고유어 접두사가 대응하는 경우이며 셋째는 대응 접두사가 모두 고유어 접두사일 경우이다.

    먼저 대응 접두사가 모두 한자인 경우이다.

(109) 가. 불가역/비가역, 불합리/비합리, 불활성/비활성, 비건성유/불건성
　　　　유, 비정의/부정의
　　　나. 몰비판/무비판, 몰염치/무염치
　　　다. 생아버지/친아버지, 생어머니/친어머니
　　　라. 다소득/고소득
　　　마. 연수필/경수필

대응 접두사가 모두 한자인 경우는 그리 많지 않아 (109)에 제시된 것이 거의 전부이다. (109가)는 '불(不)-'과 '비(非)-', (109나)는 '몰(沒)-'과 '무(無)-', (109다)는 '생(生)-'과 '친(親)-', (109라)는 '다(多)-'와 '고(高)-', (109마)는 '연(軟)-'과 '경(輕)-'이 동의파생어를 이루는 경우이다. (109가)의 경우가 가장 많고 (109라, 마)의 경우가 가장 적다.[45)]

다음으로 한자 접두사와 고유어 접두사가 대응하는 동의파생어는 다음과 같다.

(110) 가. 생도둑/날도둑, 생쌀/날쌀, 생감자/날감자, 생고구마/날고구마, 생
　　　　고기/날고기 …
　　　나. 건구역/헛구역, 건구역질/헛구역질
　　　다. 건주낙/민주낙
　　　라. 공걸음/헛걸음
　　　마. 대사리/한사리
　　　바. 생술/풋술
　　　사. 잡식구/군식구

(110)은 한자 접두사와 고유어 접두사가 대응 관계를 보이는 것인데

---

45) 해당 유형 가운데 가장 수가 많은 것을 (가)에 배치하고 (나), (다)로 갈수록 그 수가 적다. 아래도 마찬가지이다. 한편 같은 의미를 가지는 동의파생어들이 빈도에서도 꼭 대등한 것은 아니다. 따라서 보다 더 자주 사용되는 것이 있을 수 있음에 주의할 필요가 있다.

(110가)에서 볼 수 있는 바와 같이 '생(生)-'과 '날-'이 대응하는 경우가 가장 많다. (110나)는 '건(乾)-'과 '헛-'이 대응하고 있다. '헛-'은 앞에서 살펴본 바와 같이 한자 '허(虛)'의 사이시옷 구성이 접두사화한 것인데 사이시옷이 결합함으로써 고유어화를 촉진한 것으로 보아 좋을 것이다.[46] (110다)는 '건(乾)-'과 '민-', (110라)는 '공(空)-'과 '헛-', (110마)는 '대(大)-'와 '한-', (110바)는 '생(生)-'과 '풋-', (110사)는 '잡(雜)-'과 '군-'이 대응하여 동의파생어를 만들고 있다.

　마지막으로 고유어 접두사와 고유어 접두사가 대응하는 경우를 들 수 있다.

　　(111) 가. 군기침/헛기침
　　　　　나. 날바닥/맨바닥
　　　　　다. 불강도/날강도

　고유어 접두사와 고유어 접두사가 대응되어 동의파생어를 이루는 경우는 세 가지 경우 가운데 가장 적어 (111)에 제시된 것이 거의 전부이다. (111가)는 '군-'과 '헛-', (111나)는 '날-'과 '맨-', (111다)는 '불-'과 '날-'이 대응하여 동의파생어를 만들고 있다. (111다)의 '불-'은 '몹시 심한'의 의미를 더하는데 '불호령'의 '불-'과 같은 것이다. 따라서 '불강도'는 '몹시 악독한 강도'의 의미를 갖는다.

---

46) 한자가 고유어화하는 경우는 형태의 변화에 기인하는 경우가 많다. '군(軍)'에서 온 '-꾼'은 경음화를 통해 한자와의 유연성(有緣性)을 상실해 고유어로 접미사화한 경우라고 할 수 있다. 이러한 경우로 '-짜'를 더 들 수 있다. '-짜'는 '진짜, 가짜', '괴짜, 은근짜'에서 볼 수 있는데 이는 한자 '자(者)'가 경음화한 것으로 볼 수 있다. 이러한 논의에 따라 후술하는 한자 '-장(匠)', '-동(童)'과 관련된 '-장이/쟁이', '-둥이'도 고유어 접미사로 다루기로 한다.

13.5.3.2. 접미 동의파생어

접미 동의파생어도 그 경우의 수는 접두 동의파생어와 같다. 그러나 한국어에 접미사가 많은 만큼 접미 동의파생어의 수도 접두 동의파생어에 비하면 상당히 많다. 먼저 대응 접미사가 모두 한자인 경우를 몇 가지 제시하면 다음과 같다.

(112) 가. 고발인/고발자, 고용인/고용자, 국외인/국외자, 귀화인/귀화자, 낙선인/낙선자, 당선인/당선자, 대변인/대변자, 대표인/대표자 …
　　　 나. 권력가/권력자, 기술가/기술자, 기업가/기업자, 연설가/연설자 …
　　　 다. 공작품/공작물, 장식품/장식물, 증거품/증거물 …
　　　 라. 독단설/독단론, 실체설/실체론, 일원설/일원론 …
　　　 마. 사업장/사업소, 정류장/정류소, 투표장/투표소 …
　　　 바. 정치인/정치가, 문학인/문학가 …
　　　　　　　⋮

(112가)는 '-인(人)'과 '-자(者)'가 대응하는 동의파생어 유형으로 그 수가 가장 많다. (112나)는 '-가(家)'와 '-자(者)', (112다)는 '-품(品)'과 '-물(物)', (112라)는 '-설(說)'과 '-론(論)', (112마)는 '-장(場)'과 '-소(所)', (112바)는 '-인(人)'과 '-가(家)'가 대응되는 경우인데 특히 '사람'을 나타내는 '-인(人)', '-가(家)', '-자(者)' 등이 많다는 특징을 보이고 있다.

다음은 한자 접미사와 고유어 접미사가 대응하는 경우를 들 수 있다.

(113) 가. 대장공/대장장이, 도배공/도배장이, 마조공/마조장이, 토기공/토기장이, 함석공/함석장이
　　　 나. 수단객/수단꾼, 정탐객/정탐꾼, 폐객/폐꾼
　　　 다. 매장인/매장꾼, 한산인/한산꾼
　　　 라. 밀렵자/밀렵꾼, 조력자/조력꾼
　　　 마. 벌목부/벌목꾼, 잡역부/잡역꾼

바. 수단가/수단꾼, 엽색가/엽색꾼

⋮

(113)은 한자 접미사와 고유어 접미사가 대응하는 동의파생어 가운데 두 개 이상 예가 존재하는 것들만 제시한 것이다. (113가)는 그 중에서도 가장 많은 경우에 해당하는데 '-공(工)'과 '-장이'의 대응을 보여 준다. (113나)는 '-객(客)'과 '-꾼', (113다)는 '-인(人)'과 '-꾼', (113라)는 '-자(者)' 와 '-꾼', (113마)는 '-부(夫)'와 '-꾼', (113바)는 '-가(家)'와 '-꾼'이 대응하여 동의파생어를 형성하고 있다. (113)은 모두 '사람'을 지시하고 있다는 공통점이 있고 (113가)를 제외하면 모두 '-꾼'이 대응소가 된다는 점에서도 특징이 있다.

마지막으로 고유어 접미사와 고유어 접미사가 대응하여 동의파생어를 이루는 경우를 들 수 있다. 앞의 (106)도 이에 속하는데 이들 가운데 단연 압도적인 것은 '-거리-'와 '-대-' 대응형이다. 『표준국어대사전』을 대상으로 할 때 이 유형에 속하는 동의파생어 쌍은 3,600개가 훨씬 넘는데 이 수치는 나머지 동의파생어를 모두 합친 수의 몇 배가 되며 대명사, 수사, 관형사, 조사, 감탄사, 보조 동사, 보조 형용사의 수를 모두 합친 것과 맞먹는다. 여기서는 이를 제외한 경우에 대해서만 예를 제시하기로 한다.

(114) 가. 난봉쟁이/난봉꾼, 무식쟁이/무식꾼, 미두쟁이/미두꾼, 아첨쟁이/아
첨꾼, 연애쟁이/연애꾼, 예수쟁이/예수꾼, 중매쟁이/중매꾼, 투정
쟁이/투정꾼

나. 늦잠쟁이/늦잠꾸러기, 말썽쟁이/말썽꾸러기, 심술쟁이/심술꾸러
기, 암상쟁이/암상꾸러기, 욕심쟁이/욕심꾸러기, 용심쟁이/용심꾸
러기

다. 도리깨꾼/도리깨잡이, 등롱꾼/등롱잡이, 장부꾼/장부잡이, 줄꾼/줄
잡이

라. 날파람쟁이/날파람둥이, 바람쟁이/바람둥이, 싱검쟁이/싱검둥이
마. 의심쩍다/의심스럽다, 의아쩍다/의아스럽다, 혐의쩍다/혐의스럽다
바. 땅딸이/땅딸보, 뚱뚱보/뚱뚱이
⋮

(114가)는 '-쟁이'와 '-꾼', (114나)는 '-쟁이'와 '-꾸러기', (114다)는 '-꾼'와 '-잡이', (114라)는 '-쟁이'와 '-둥이', (114마)는 '-쩍-'과 '-스럽-', (114바)는 '-이'와 '-보'가 대응하여 동의파생어를 형성하고 있음을 볼 수 있다. 또한 이들은 (114마)를 제외하면 모두 '사람'을 지시한다는 점에서도 공통된다.

지금까지 살펴본 한국어 동의파생어에서 알 수 있는 특징 가운데 하나는 '고유어 접사 대 고유어 접사', '한자 접사 대 한자 접사'의 대응 유형이 '고유어 접사 대 한자 접사'의 경우보다 유형이나 항목 빈도에서 대체로 더 높은 비중을 차지하고 있다는 점이다. 이 점은 그동안 동의어가 존재하는 가장 원천적인 이유가 한 언어에 계열을 달리하는 어휘군이 존재하기 때문이라고 본 것과는 다른 해석을 가능하게 하는 부분이다.

1. 다음 단어들을 어근과 접사로 나누어 보고 각각 어근의 종류와 접사의 종류를 말해 보자.

> 돌미역, 번거롭다, 멍청이, 드날리다, 가위질, 뒤틀리다, 설거지

2. 다음 단어들의 접사에서 나타나는 형태 변화는 무엇인지 찾아 이를 분류해 보자.

> • 깨뜨리다, 떨어뜨리다 ― 깨트리다, 떨어트리다
> • 밭사돈, 밭주인, 밭다리 …
> • 불개미, 불곰, 불호박 …
> • 병치레, 인사치레 …
> • 장사치

3. 본문의 내용을 바탕으로 다음 (가)의 단어들과 (나)의 단어들이 부사 파생 접미사 '-이'의 결합에서 표기가 달라진 이유를 생각해 보자.

> 가. 일찍이, 더욱이, 생긋이
> 나. 갑자기, 반드시, 슬며시

4. 다음 단어들을 성분 분석해 직접 성분이 무엇인지 말해 보자.

> 가. 처가살이하다, 가슴앓이하다, 달맞이하다
> 나. 덧붙이다, 짓밟히다, 엇걸리다

1. 다음은 구(句)와 결합할 수 있지만 『표준국어대사전』에서는 접미사로 처리되어 있는 예들이다. 이처럼 구(句)에 결합할 수 있는 것들을 접미사로 처리하는 것에 어떤 문제가 있을 수 있는지 생각해 보자.

가.

> -꼴05
>
> 「접사」
>
> ((수량을 나타내는 명사구 뒤에 붙어))
>
> '그 수량만큼 해당함'의 뜻을 더하는 접미사.
>
> ¶ 100원꼴/한 명꼴/열 개꼴.

나.

> -끼리
>
> 「접사」
>
> ((복수성을 가지는 대다수 명사 또는 명사구 뒤에 붙어))
>
> '그 부류만이 서로 함께'의 뜻을 더하는 접미사.
>
> ¶ 우리끼리/자기들끼리/집안끼리/같은 학교 사람들끼리.

다.

> -당16 (當)
>
> 「접사」
>
> ((수 또는 단위를 나타내는 대다수 명사 또는 명사구 뒤에 붙어))
>
> '마다'의 뜻을 더하는 접미사.
>
> ¶ 마리당 삼천 원/시간당 얼마/열 마리당/40명당.

2. 다음은 현행 〈표준어 규정〉의 제7항이다. 이에 따르면 '암수'와 같은 단어를 어떻게 분석할 수 있는지 생각해 보고 '늦둥이, 풋내기', '풋풋하다'와 같은 단어의 분석에도 적용해 보자.

제 7 항 수컷을 이르는 접두사는 '수-'로 통일한다.(ㄱ을 표준어로 삼고, ㄴ을 버림.)

ㄱ	ㄴ	비 고
수-꿩	수-퀑/숫-꿩	'장끼'도 표준어임.
수-나사	숫-나사	
수-놈	숫-놈	
수-사돈	숫-사돈	
수-소	숫-소	'황소'도 표준어임.
수-은행나무	숫-은행나무	

다만 1. 다음 단어에서는 접두사 다음에서 나는 거센소리를 인정한다. 접두사 '암-'이 결합되는 경우에도 이에 준한다.(ㄱ을 표준어로 삼고, ㄴ을 버림.)

ㄱ	ㄴ	비 고
수-캉아지	숫-강아지	
수-캐	숫-개	
수-컷	숫-것	
수-키와	숫-기와	
수-탉	숫-닭	
수-탕나귀	숫-당나귀	
수-톨쩌귀	숫-돌쩌귀	
수-퇘지	숫-돼지	
수-평아리	숫-병아리	

다만 2. 다음 단어의 접두사는 '숫-'으로 한다.(ㄱ을 표준어로 삼고, ㄴ을 버림.)

ㄱ	ㄴ	비 고
숫-양	수-양	
숫-염소	수-염소	
숫-쥐	수-쥐	

3. 다음 (가)는 접미사 '-뱅이'가, (나)는 접미사 '-꾼', (다)는 접미사 '-성'이 결합한 파생어를 제시한 것이다. 그런데 (가'), (나'), (다')에서 보는 바와 같이 이들이 관형사(형)과 결합하여 단어를 형성하는 경우가 있다. 이들에서의 '-뱅이', '-꾼', '-성'을 어떻게 해석하는 것이 좋을지 생각해 보자.

> 가. 가난뱅이, 게으름뱅이, 주정뱅이 …
> 가'. 앉은뱅이, 허튼뱅이
> 나. 나무꾼, 사기꾼, 짐꾼 …
> 나'. 불땔꾼
> 다. 순수성, 신축성, 양면성, 인간성 …
> 다'. 견딜성, 참을성

4. 다음 단어에 나타나는 '물'과 '발'을 접두사로 간주할 수 있는지 생각해 보고 그 근거가 있다면 무엇인지 제시해 보자.

> 가. 물수능, 물시험, 물면허 …
> 나. 발연기, 발영어, 발요리 …

5. 다음 (가) 단어들과 (나) 단어들에 나타나는 '-살이'와 '-사리'의 차이가 무엇인지 생각해 보자.

> 가. 감옥살이, 셋방살이, 타향살이
> 나. 어렵사리, 쉽사리

6. 다음 단어들에서 '별(別)'은 무엇으로 보는 것이 좋을지 생각해 보자.

> 가. 별과(別科), 별대(別隊), 별미(別味), 별시(別時), 별실(別室)
> 나. 별것, 별놈
> 다. 별구경, 별궁리, 별사건, 별수단 ; 별걱정, 별꼴, 별말씀, 별사람, 별소리
> 라. 별하다, 별나다, 별다르다, 별스럽다
> 마. 능력별, 성별, 월별, 직업별, 학년별

제14장 합성과 합성어

14.1. 합성어의 개념과 범위

합성어는 어근과 어근의 결합으로 이루어진 단어이고 이러한 단어를 만드는 과정이 합성(合成, compounding)이다. 앞서 어근은 단일 어근과 복합 어근, 형태소 어근과 단어 어근으로 나눌 수 있음을 살펴보았다. 따라서 어근과 어근의 결합으로 이루어진 합성어도 다음과 같은 다양한 단어를 그 범위로 한다.

(1) 가. 독서, 인간
   나. 창구, 관문
   다. 밥상, 눈뜨다
   라. 헌책방, 배붙이다
   마. 가감승제

(1가)의 '독서(讀書)'와 '인간(人間)'은 각각 단일 어근들이 결합한 합성어 이다. 그런데 어근 '독(讀)-'과 '-서(書)', '인(人)-'과 '-간(間)'은 단어의 자격 을 가지지 못하는 형태소 어근들이다. 따라서 (1가)의 합성어들은 단일 어

근이자 형태소 어근으로 이루어진 합성어의 예가 된다.

(1나)의 '창구(窓口)'와 '관문(關門)'도 각각 단일 어근들이 결합하고 있다는 점에서는 (1가)의 '독서', '인간'과 같다. 그러나 '창구'의 '창(窓)', '관문'의 '문(門)'은 자립할 수 있는 단어의 자격을 가지므로 '창구'는 단어 어근과 형태소 어근이 결합한 합성어이고 '관문'은 형태소 어근과 단어 어근이 결합한 합성어임을 알 수 있다.

(1다)의 '밥상', '눈뜨다'도 역시 각각 단일 어근들이 결합하고 있다는 점에서는 (1가, 나)의 단어들과 같다. 그러나 이번에는 '밥'과 '상(床)', '눈'과 '뜨다'가 모두 단어의 자격을 가지고 있다는 점에서 '밥상'과 '눈뜨다'는 모두 단어 어근과 단어 어근이 결합한 합성어가 된다.

(1라)의 '헌책방'과 '배붙이다'는 세 개의 형태소가 들어 있다는 점에서 직접 성분 분석을 필요로 한다. 이들의 직접 성분은 각각 다음과 같이 분석된다.

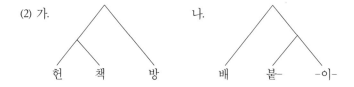

(2) 가.   나.

헌   책   방   배   붙-   -이-

먼저 '헌책방'은 '헌책'도 존재하고 '책방(冊房)'이라는 단어도 존재하기 때문에 두 가지의 직접 성분 분석이 가능하지만 이 가운데 (2가)의 구조로 분석되는 것은 이 단어가 '책방이 낡았다'는 의미가 아니라 '헌책을 사고파는 가게'라는 의미를 가지기 때문이다. '배붙이다'는 '*배붙다'라는 단어가 존재하지 않을 뿐만 아니라 그 의미도 '배를 나루턱이나 선창에 대다'의 의미를 가지기 때문에 (2나)의 분석 이외의 가능성은 존재하지 않는다.

　따라서 '헌책방'이라는 단어는 '헌책'과 '방'이라는 직접 성분으로 이루어진 합성어에 해당한다. '헌책'은 복합 어근에 해당하고 '방'은 단일 어근이므로 '헌책방'은 복합 어근과 단일 어근이 결합한 합성어에 해당한다. 또한 '헌책'과 '방'이 모두 단어의 자격을 가지므로 단어 어근과 단어 어근이 결합한 합성어임을 알 수 있다.

　'배붙이다'는 직접 성분이 '배'와 '붙이다'로 이루어진 합성어인데 '배'는 단일 어근에 해당하고 '붙이다'는 복합 어근에 해당한다. 따라서 '배붙이다'는 단일 어근과 복합 어근이 결합한 합성어임을 알 수 있다. 또한 '배'와 '붙이다'가 모두 단어의 자격을 가지므로 '헌책방'과 마찬가지로 단어 어근과 단어 어근이 결합한 합성어임을 알 수 있다.

　이러한 분석 결과에 따르면 '헌책방'과 '배붙이다'는 큰 차이가 없어 보이지만 '헌책방'의 직접 성분 가운데 '헌책'은 합성어이고 '배붙이다'의 직접 성분 가운데 '붙이다'는 파생어이므로 '헌책방'은 합성어가 참여한 합성으로, '배붙이다'는 파생어가 참여한 합성으로 차이를 갖는다.

　한편 (1마)의 '가감승제(加減乘除)'는 '가(加)-', '-감(減)', '승(乘)-', '-제(除)'의 네 형태소로 이루어져 있다. '가감(加減)'과 '승제(乘除)'라는 단어는 존재하지만 '*가감승', '*감승제', '*감승'과 같은 단어는 존재하지 않으므로 직접 성분 분석은 다음의 경우 하나밖에는 없다고 할 수 있다.

(3)

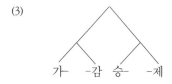

　따라서 직접 성분은 '가감'과 '승제'이고 이들은 각각 복합 어근의 자격을 가지므로 '가감승제'는 복합 어근과 복합 어근으로 이루어진 합성어임

을 알 수 있다. 그리고 '가감'과 '승제'는 모두 단어이므로 '가감승제'는 단
어 어근과 단어 어근으로 이루어진 합성어임을 알 수 있다. 즉 '가감승제'
는 합성어들이 다시 합성을 통해 이루어진 단어인 것이다.

이상의 내용을 표로 정리하면 다음과 같다.

(4)

합성어 예		직접 성분	어근의 종류	비고
(1가)	독서	독-	단일 어근, 형태소 어근	
		-서	단일 어근, 형태소 어근	
	인간	인-	단일 어근, 형태소 어근	
		-간	단일 어근, 형태소 어근	
(1나)	창구	창	단일 어근, 단어 어근	단일어
		-구	단일 어근, 형태소 어근	
	관문	관-	단일 어근, 형태소 어근	
		문	단일 어근, 단어 어근	단일어
(1다)	밥상	밥	단일 어근, 단어 어근	단일어
		상	단일 어근, 단어 어근	단일어
	눈뜨다	눈	단일 어근, 단어 어근	단일어
		뜨다	단일 어근, 단어 어근	단일어
(1라)	헌책방	헌책	복합 어근, 단어 어근	합성어
		방	단일 어근, 단어 어근	단일어
	배붙이다	배	단일 어근, 단어 어근	단일어
		붙이다	복합 어근, 단어 어근	파생어
(1마)	가감승제	가감	복합 어근, 단어 어근	합성어
		승제	복합 어근, 단어 어근	합성어

그러나 직접 성분 분석이 언제나 이처럼 아무런 문제를 가지지 않는 것
은 아니다. 이미 살펴본 것처럼 직접 성분 분석에 따라 어떤 단어가 파생
어가 될 수도 있고 합성어가 될 수도 있기 때문이다. 다음은 분석 가능성
이 두 가지 모두로 가능한 예에 해당한다.

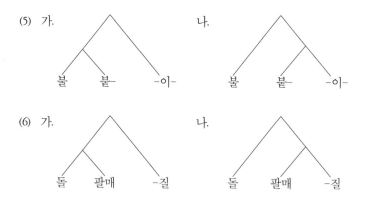

(5)   가.   나.

불   붙   -이-   불   붙-   -이-

(6)   가.   나.

돌   팔매   -질   돌   팔매   -질

(5)는 '불붙이다'라는 동사를 직접 성분 분석한 것인데 '불붙다'라는 단어도 존재하고 '붙이다'라는 단어도 존재하며 그 의미도 어느 쪽으로 분석해도 문제가 없기 때문에 (5가, 나)의 분석이 모두 타당성을 얻는다. 그런데 (5가)는 '불붙-'에 '-이-'가 결합한 것으로 보기 때문에 '불붙이다'를 복합 어근이자 단어 어근에 접미사가 결합한 파생어로 분석한다는 의미를 가지고 (5나)는 '불'에 '붙이다'가 결합한 것으로 보기 때문에 '불붙이다'를 단일 어근이자 단어 어근에 복합 어근이자 단어 어근이 결합한 합성어로 분석한다는 의미를 가져 그 결과가 판이하게 된다.

(6)의 '돌팔매질'의 직접 성분 분석도 그 사정이 비슷하다. '돌팔매'라는 단어도 존재하고 '팔매질'이라는 단어도 존재하며 그 의미도 역시 어느 쪽으로 분석해도 문제가 없다. 따라서 (6가, 나)의 분석이 모두 타당성을 가지며 (6가)의 분석을 따른다면 '돌팔매질'은 복합 어근이자 단어 어근인 '돌팔매'에 접미사 '-질'이 결합한 파생어가 되는 것이며 (6나)의 분석을 따른다면 '돌팔매질'은 단일 어근이자 단어 어근인 '돌'과 복합 어근이자 단어 어근인 '팔매질'이 결합한 합성어가 된다.

또한 이분지적(二分支的)인 직접 성분 분석이 불가능한 경우도 없는 것은 아니다.

(7) 상중하(上中下), 도레미(do re mi), 궁상각치우(宮商角徵羽) …

(7)에 제시된 단어들은 구성 요소들이 모두 어근의 자격을 가지고 있으므로 합성어임이 분명하지만 가령 '상중하'는 '상', '중', '하'가 모두 단어 어근이기는 하지만 '*상중'이나 '*중하'가 단어로 존재하지 않기 때문에 이를 먼저 묶을 수 없다.[1]

14.2. 합성어와 구

합성어는 '밥상', '헌책방', '눈뜨다', '배붙이다'와 같이 단어 어근과 단어 어근이 결합하는 일이 많기 때문에 구(句)와 구별하는 것이 쉽지 않다. 합성어와 구의 가장 큰 차이점은 합성어가 특정한 의미를 나타낼 수 있는데 비해 구(句)는 대체로 구성 요소의 의미의 합에서 넘어서지 못한다는 것이다.[2] 이는 단어를 만드는 이유와도 직접적인 연관성을 지닌다. 만약 동일한 구성이 단어로도 문장으로도 의미가 같다면 굳이 단어로 만들어 기억하고 있을 필요는 없기 때문이다.

따라서 '밥상'은 '밥'과 '상'이 가지는 의미의 단순한 결합이 아니라 '음식을 차리는 데 쓰는 상' 또는 '음식을 갖추어 차린 상'의 특정한 의미를 가지고 있고 '헌책방'도 단순히 '헌책'과 '방'이 결합한 것이 아니라 '헌책

---

1) '궁상각치우'의 경우에는 '궁상'이나 '궁치', '궁우'가 존재하지만 가령 '궁상'을 제외한 '*각치우'나 '*궁상각', '*궁상각치' 등이 존재하지 않으므로 역시 이분지적으로 분석하기는 어렵다고 판단된다.
2) 물론 구(句)인 것이 분명하지만 구성 요소의 합으로 구의 의미가 도출되지 않는 경우도 적지 않다. '미역국을 먹다'나 '고배(苦杯)를 들다'와 같은 관용 표현이 이러한 예의 대표적인 경우이다. 그러나 의미의 특수성을 중시하여 '미역국을 먹다'나 '고배를 들다'와 같은 표현들을 '관용어'로 불러 단어로 간주하는 경우도 없는 것은 아니다.

을 사고파는 가게'라는 특정한 의미를 가지고 있다. '눈뜨다'의 경우에도 단순히 물리적 현상으로서 '눈을 감다'의 반대 의미뿐만 아니라 '잘 알지 못했던 사물의 이치나 원리 따위를 깨달아 알게 되다'의 특정한 의미를 가져 한 단어가 된다는 것을 알 수 있다.

이러한 특정한 의미는 구성 요소의 결합을 공고히 하기 때문에 그 가운데 어느 요소가 문장의 다른 요소와 호응하기 어렵게 만든다.

(8) 가. *[갓 지은 밥]상을 들고 방에 들어갔다.
　　가'. [무거운 밥상]을 들고 방에 들어갔다.
　　나. *[매우 헌]책방을 차렸다.
　　나'. [큰 헌책방]을 차렸다.
　　다. *학문에 [큰 눈]떴다.
　　다'. 학문에 [새로 눈뜨-]었다.

(8가, 가')은 '밥상'이 하나의 단어이기 때문에 그 가운데 '갓 지은'이 '밥'만을 수식할 수는 없고 '무거운'이 '밥상' 전체를 수식한다는 것을 보이기 위한 것이며 (8나, 나')은 정도 부사 '매우'가 '헌책방'의 '헌'만을 수식할 수 없으며 '큰'이 '헌책방' 전체를 수식한다는 것을 보이기 위한 것이다. 마찬가지로 (8다, 다')은 '큰'이 '눈뜨-'의 '눈'만을 수식할 수 없으며 부사 '새로'가 '눈뜨-' 전체를 수식한다는 것을 보여 주고 있다.

따라서 한 단어의 구성 요소 사이에는 구와는 달리 다른 요소가 들어가기 어렵다.

(9) 가. *밥 그 상을 들고 방에 들어갔다.
　　나. *헌책의 방을 차렸다.
　　다. *새로 눈 크게 떴다.

만약 다른 요소가 들어가는 것이 가능하다면 그것은 해당 구성이 합성어가 아니거나 그 의미가 합성어일 때와는 동일한 의미를 가지지 않는 경우라고 할 수 있다. 따라서 가령 (9다)와 같은 문장이 성립 가능하다면 이때는 '눈뜨다'가 단어가 아니라 '눈 뜨다'로 띄어 적어야 하는 구(句)라고 할 수 있고 '학문에 눈뜨다'와 같이 '잘 알지 못했던 사물의 이치나 원리 따위를 깨달아 알게 되다'의 의미도 나타낼 수 없다.

한편 합성어도 접사가 고정되는 파생어 정도는 아니지만 역시 단어 형성의 비대칭성을 보여 준다.

> (10) 가. 밥상, 술상, 안주상, *국상, *떡상 …
> 나. 헌책방, *새책방
> 다. 눈뜨다, 눈감다, *귀뜨다

(10가)의 '밥상'의 '밥'을 '술'이나 '안주'로 바꾸는 것은 가능하지만 '국', '떡' 등은 불가능하고 (10나)의 '헌책방'의 '헌책'을 '새책'으로 바꾼 단어는 존재하지 않는다. (10다)에서 '눈뜨다'는 '눈감다'와 같은 단어는 가능하지만 *'귀뜨다'와 같은 단어는 불가능하다.[3] 이러한 비대칭성은 구(句)에서는 잘 나타나지 않는다는 점에서 합성어와 구의 차이를 나타내는 것으로 간주할 수 있다.

14.3. 어근과 어근 결합에서의 형태 변화

어근과 접사가 결합할 때 형태 변화가 나타나는 것처럼 어근과 어근이

---

3) '뜨다'는 '눈을 뜨다'와 같은 용법뿐만이 아니라 '귀를 번쩍 떴다'와 같이 문장에서는 '귀' 와도 호응할 수 있다.

결합할 때도 형태 변화가 나타나는 일이 있다.

(11) 가. 굼닐다, 궐련
나. 암탉, 수탉, 안팎, 머리카락
다. 가다듬다, 도서다, 어녹다 ; 싸전, 화살, 소나무 ; 무논, 무더위,
무서리 …
다'. 다니다, 모자라다
다". 섣달, 이튿날, 숟가락
라. 바닷가, 나뭇가지 ; 잇몸, 나뭇잎
라'. 붕어, 잉어, 숭어, 농어

(11가)는 자음 동화에 의한 자음 교체의 예이다. '굼닐다'는 '굽-'에
'닐-'이 결합한 것인데 '굽-'의 'ㅂ'이 '닐-'의 'ㄴ'에 동화되어 'ㅁ'으로
바뀐 것이다. '궐련'은 '권련(卷煙)'에서 온 것인데 '권-'의 'ㄴ'이 '-련'의
'ㄹ'에 동화되어 'ㄹ'로 바뀐 것이다.

(11나)는 축약의 예이다. '암, 수', '안', '머리'는 모두 중세 한국어에서
'ㅎ'을 가지던 체언이었고 'ㅎ'이 뒤에 오는 'ㄷ', 'ㅂ', 'ㄱ'과 만나 각각
'ㅌ', 'ㅍ', 'ㅋ'으로 축약된 것이다. 현대 한국어를 기준으로 한다면 이를
'ㅎ' 첨가와 같이 서술할 수도 있으나 이렇게 되면 지금은 이미 'ㅎ'이 사
라진 후이기 때문에 '암'이 '다람쥐'를 만나도 'ㅎ'이 첨가되지 않으며 '머
리그물'과 같은 예에서도 'ㅎ'이 들어가지 않는다는 사실을 설명하기 어렵
게 된다.[4] 따라서 이것은 축약의 예로만 다루기로 한다.

(11다, 다', 다")은 탈락의 예인데 먼저 (11다)는 'ㄹ'이 탈락한 경우이다.
'가다듬다'와 '도서다', '어녹다'는 각각 '갈-'과 '다듬다', '돌-'과 '서다',
'얼-'과 '녹다'의 결합인데 이때 'ㄹ'이 탈락한 것을 알 수 있다. '싸전, 화

4) 이에 대해서는 이미 13장에서 언급한 바 있다.

살, 소나무'도 마찬가지로 '쌀'과 '-전', '활'와 '살', '솔'과 '나무'가 결합
하면서 'ㄹ'이 탈락한 것이다. 그러나 이러한 'ㄹ' 탈락은 과거에 있었던
현상으로 현대 한국어에서는 가령 '쌀집', '활시위', '솔나방' 등에서 보는
바와 같이 동일한 음운 환경에서 'ㄹ'이 탈락하지 않는다. '무논, 무더위,
무서리' 등은 모두 '물'과 '논, 더위, 서리'가 결합한 것인데 이 '물'에서 'ㄹ'
이 탈락한 것이다.[5]

　(11다)은 'ㄷ'이 탈락한 경우이다. '다니다'는 '닫-'과 '니-'가 결합하면
서 '닫-'의 'ㄷ'이 탈락한 것이며 '모자라다'는 '몯-'과 '자라-'가 결합하
면서 '몯-'의 'ㄷ'이 탈락한 것이다.

　한편 (11다″)은 각각 '설'과 '달', '이틀'과 '날', '술'과 '가락'이 결합한
것이기 때문에 'ㄹ'이 'ㄷ'으로 교체된 것으로 보는 견해가 지배적이나 이
들은 모두 명사이기 때문에 중세 한국어에서는 모두 '섨달', '이틄날', '숤
가락'으로 실현되던 것이었다는 점에 주목할 필요가 있다. 이때 'ㄹ'이 탈
락하는 것이 일반적이므로 '섯달', '이틋날', '숫가락'으로 표기되던 것을 현
대 한국어에서 '섣달', '이튿날', '숟가락'으로 표기하게 된 것이다. 따라서
이러한 과정을 염두에 둔다면 단순히 'ㄹ'의 'ㄷ'으로의 교체보다는 'ㅅ'
첨가와 'ㄹ' 탈락으로 간주하는 것이 더 바람직하다고 할 수 있다.[6]

　(11라)는 'ㅅ'이 첨가된 것이다. '바닷가'는 '바다'에 '가'가 결합할 때
'ㅅ'이 첨가된 것이며 '나뭇가지'는 '나무'에 '가지'가 결합할 때 'ㅅ'이
첨가된 것이다. 이들에서의 'ㅅ'은 후행하는 자음의 경음화를 위한 것이
다. 이에 대해 '잇몸', '나뭇잎'은 '이'와 '몸', '나무'와 '잎'이 결합할 때

---

5) 따라서 '무더위'는 단순히 온도만 높은 것이 아니라 '물기' 즉 '습도'가 매우 높은 더위를
　의미한다.
6) 이러한 사실을 중시한다면 표기도 '섯달', '이틋날', '숫가락'으로 표기하는 것이 옳을 것이
　다. 이들의 'ㅅ'은 사이시옷이기 때문이다. 9장에서 '무리'의 의미를 나타내는 '물'에 사이
　시옷이 결합하여 관형사화한 '뭇'의 경우를 참고할 필요가 있다.

'ㅅ'이 첨가되는 것은 같지만 소리로는 'ㄴ'이나 'ㄴㄴ'으로 결과된다는 차이가 있다.

(11라)의 '붕어', '잉어', '숭어', '농어'는 각각 '부어(鮒魚)', '이어(鯉魚)', '수어(秀魚)', '노어(鱸魚)'에서 온 것인데 모두 'ㅇ'이 첨가된 예라고 할 수 있다. 'ㅇ'이 첨가되면서 한자와의 연관성을 상당 부분 상실하고 있다고 할 수 있다.

이상의 예들에서 나타난 형태 변화를 정리하면 다음과 같다.

(12)

예문	어근의 형태 변화	변화 유형
(11가)	'굽-' → '굼-' '궏-' → '궐-'	자음 교체
(11나)	'ㅎ닭' → '탉' 'ㅎ밖' → '팎' 'ㅎ가락' → '카락'	자음 축약
(11다)	'갈-' → '가-' '돌-' → '도-' '얼-' → '어-' '쌀' → '싸' '활' → '화' '솔' → '소' '물' → '무'	'ㄹ' 탈락
(11다')	'닫-' → '다-' '몯-' → '모-'	'ㄷ' 탈락
(11다")	'설' → '섨' → '섣(섯)' '이틀' → '이틄' → '이튿(이틋)' '술' → '숤' → '숟(숫)'	'ㅅ' 첨가 'ㄹ' 탈락
(11라)	'바다' → '바닷' '나무' → '나뭇' '이' → '잇' '나무' → '나뭇'	'ㅅ' 첨가
(11라')	'부-' → '붕-' '이-' → '잉-' '수-' → '숭-' '노-' → '농-'	'ㅇ' 첨가

14.4. 한국어 합성어의 종류와 특성

합성어는 어근과 어근이 가지는 관계, 문장과의 관계, 품사에 따라 몇 가지로 나눌 수 있다. 여기서는 이에 따라 한국어 합성어의 종류와 특성에 대해 살펴보기로 한다.

14.4.1. 어근과 어근의 관계

어근과 어근의 관계는 다시 어근과 어근의 비중 관계와 어근과 어근의 의미 관계에 따라 세분할 수 있다.

14.4.1.1. 어근과 어근의 비중 관계 : 대등 합성어와 종속 합성어

합성어는 어근과 어근의 비중에 따라 대등 합성어와 종속 합성어로 나눌 수 있다. 대등 합성어는 구성 요소가 가지는 비중이 어느 한쪽으로 쏠리지 않은 합성어를 말한다. 이에 대해 종속 합성어는 구성 요소가 가지는 비중이 어느 한쪽으로 쏠린 합성어를 일컫는다.

> (13) 가. 논밭, 마소 …
> 　　가′. 높푸르다, 오가다 …
> 　　가″. 산수(山水), 춘추(春秋), 물불 …
> 　　나. 헌책, 돌다리 …
> 　　나′. 검붉다, 검기울다 …
> 　　나″. 까치둥지, 범꼬리 …

(13가, 가′)은 대등 합성어의 예이다. '논밭'의 '논'이나 '밭', '마소'의 '마'와 '소'는 그 비중이 어느 한쪽으로 쏠리지 않고 그야말로 대등한 자격으로 연결되어 있다. 종래에는 대등 합성어를 주로 명사에만 한정하여

논의해 왔지만 (13가)처럼 용언의 경우에도 대등 합성어를 설정할 수 있다. '높푸르다'와 '오가다'는 그 의미가 '높고 푸르다', '오고 가다'이지 '높아서 푸르다'나 '와서 가다'가 아니므로 어느 쪽으로 쏠림 현상이 일어나지 않는다. 따라서 대등 합성어로 보아 문제가 없음을 알 수 있다.

(13가″)도 겉으로 보기에는 '산(山)'과 '-수(水)'가 결합하고 '춘(春)-'과 '-추(秋)', '물'과 '불'이 결합하고 있으므로 (13가)와 같은 대등적 합성어의 예라고 말할 수 있다. 그러나 그 의미는 '산과 물'이나 '봄과 가을', '물과 불'에서 나아가 각각 '자연', '나이', '어려움'이나 '위험'을 의미하기도 한다. 이처럼 그 의미가 구성 요소와 전혀 다른 합성어를 융합 합성어 또는 외심 합성어(exocentric compounds)라 한다. 외심 합성어란 그 의미나 분포의 중심이 단어 내부에 존재하지 않는다고 하여 붙여진 이름이다.

(13나, 나')은 종속 합성어의 예이다. (13나)의 '헌책'은 '헌'과 '책'이 대등한 자격을 가지는 것이 아니라 '헌'이 '책'의 의미를 한정해 주고 있다. '돌다리'의 경우도 마찬가지라고 할 수 있는데 이는 '돌과 다리'의 의미가 아니라 '돌로 만든 다리'의 의미이므로 '돌'은 '다리'를 만드는 재료로서 그 의미를 한정해 주고 있다.

종속 합성어를 판정하는 방법으로 흔히 '헌책도 책이다', '돌다리도 다리이다'와 같은 검증 틀을 사용하는데 이것은 어근과 어근이 대등한 자격으로 결합된 것이 아니라 앞의 어근이 뒤의 어근에 딸려 있음을 포착하기 위한 것이다. 그런데 한국어의 종속 합성어는 거의 언제나 앞의 어근이 뒤의 어근에 딸려 있는 구조를 가지고 있다. 이것은 한국어가 오른쪽 핵 언어에 속한다는 원리 때문인데 이는 파생어에도 해당하는 것임을 살펴본 바 있다.

(13나')은 용언에서 찾을 수 있는 종속 합성어의 예이다. '검붉다'는 '검고 붉다'의 의미가 아니라 '검은빛을 띠면서 붉다'는 의미이므로 이 역시

'돌다리'와 마찬가지로 '검붉은 색도 붉은색이다'와 같은 종속 합성어의
검증 틀을 만족한다. '검기울다'도 종속 합성어에 해당하는데 이 단어는
의미보다 '검-'과 '기울-'의 품사에서 쏠림 현상을 발견할 수 있다. '검-'
은 형용사이고 '기울-'은 동사인데 '검기울다'는 품사가 동사이다. 즉 '검-'
이 '기울-'의 의미를 한정하는 역할을 하고 있음을 알 수 있으므로 '검기
울다'는 종속 합성어임을 알 수 있다. 대등 합성어와 종속 합성어는 그 의
미나 분포의 중심을 합성어 내부에서 찾을 수 있다는 점에서 내심 합성어
(endocentric compounds)라고도 하여 그렇지 않은 외심 합성어와 구별한다.

(13나")의 '까치둥지'는 어근의 쏠림으로만 보면 종속 합성어에 해당한
다고 할 수 있다. '까치둥지는 둥지이다'의 검증 틀을 만족하기 때문이다.
그러나 이 합성어는 융합 합성어이다. 그 의미가 '부스스하게 흐트러진
머리'를 의미하기 때문이다. 이는 '부스스하게 흐트러진 머리'를 '까치둥
지'에 비유(比喩)한 것인데 대등 합성어적 구성이 아니라도 융합 합성어가
생길 수 있음을 말해 주는 단어라고 할 수 있다. '범꼬리'도 역시 종속 합
성어적 구성으로 융합 합성어가 된 경우이다. 이 역시 '범꼬리는 꼬리이
다'의 검증 틀을 만족하므로 종속 합성어적 구성이지만 그 의미는 '마디
풀과의 여러해살이풀'로서 '까치둥지'처럼 비유 관계에 놓여 있는 융합
합성어의 예가 된다.

14.4.1.2. 어근과 어근의 의미 관계 :
유의 관계 합성어, 반의 관계 합성어, 상하 관계 합성어

합성어를 어근과 어근의 의미 관계에 따라 나눌 수도 있다. 의미 관계
란 전형적으로 어휘와 어휘 사이에서 나타나는 것이 전형적이지만 어근
도 의미를 가지고 있으므로 합성어 전체의 의미와는 별도로 단어 내부에
서도 이러한 의미 관계를 따지는 것이 가능하다.

(14) 가. 몸체(體), 애간장(肝臟) ; 형(型)틀, 연(淵)못 …

　　　가'. 가치(價値), 안목(眼目), 신체(身體), 비애(悲哀), 환희(歡喜) …

　　　가". 곧바로, 죄다 …

　　　나. 남녀(男女), 노소(老少), 시비(是非), 부모(父母), 출입(出入), 상하(上

　　　　　下), 좌우(左右) …

　　　나'. 손발, 암수, 밤낮,7) 가로세로 …

　　　나". 호불호(好不好), 가불가(可不可), 복불복(福不福), 용불용(用不用),

　　　　　위불위(爲不爲), 이불리(利不利) …

　　　다. 봄철, 여름철, 가을철, 겨울철 ; 버드나무 ; 사흗날, 그믐날 ; 장맛비

　　　다'. 흑색, 황색, 청색, 백색 …

　　　다". 옹기그릇, 계수나무 …

(14가, 가', 가")은 어근과 어근이 유의 관계에 놓여 있는 합성어의 예이다. 먼저 (14가)는 한자 어근과 고유어 어근이 유의 관계에 놓여 있는 예들인데 '몸체'와 '애간장'은 고유어가 먼저 제시되어 있고 한자나 한자어가 뒤에 제시되어 있는 경우이다. 이에 대해 '형틀'과 '연못'은 반대로 한자가 먼저 제시되어 있고 고유어가 뒤에 제시되어 있는 경우이다. 한편 (14가')은 한자 어근과 한자 어근이 서로 유의 관계에 놓여 있는 것들을 제시한 것이다. 어근과 어근이 유의 관계에 놓여 있는 합성어 가운데 가장 많은 경우가 여기에 해당한다고 할 수 있다. (14가")은 고유어 어근과 고유어 어근이 유의 관계에 놓여 있는 합성어에 해당한다.

　(14나, 나', 나")은 어근과 어근이 반의 관계에 놓여 있는 합성어의 예이다. 먼저 (14나)는 한자 어근과 한자 어근이 반의 관계에 놓여 있는 합성어의 예인데 유의 관계와 마찬가지로 이 경우가 가장 많은 합성어를 보유하고 있다. (14나')은 고유어 어근과 고유어 어근이 반의 관계에 놓여 있는 합성어의 예

---

7) 여기서의 '밤낮'은 그야말로 '밤과 낮'의 의미로 명사이다. 이것이 융합 합성어로 쓰이면 '늘'의 의미가 되는데 이에 대해서는 후술하는 '합성 부사'에서 살펴보기로 한다.

이다. 유의 관계와 달리 반의 관계에서는 한자 어근과 고유어 어근이 결합한 경우를 찾기 어렵다. 이는 반의 관계가 대체로 동일한 특성, 즉 동일한 품사나 어종(語種)을 전제하는 특성에서 기인한다. (14나")은 단어 형성의 방법에서 특히 흥미로운 경우에 해당하는데 어근과, 이 어근에 한자 '불(不)-'이 결합한 말이 반의 관계를 보이면서 다시 결합하여 합성어를 형성하고 있다. 이러한 단어 형성은 유의 관계에서는 논리적으로 찾을 수 없는 반의 관계 합성어의 특성이라고 할 수 있다. 그런데 어근의 종류는 경우마다 차이가 있다. (14나")에 제시된 예들만 대상으로 이를 정리하면 다음과 같다.

(15)

합성어	직접 성분	어근의 종류
호불호	호-	단일 어근, 형태소 어근
	불호	복합 어근, 단어 어근
가불가	가	단일 어근, 형태소 어근
	불가	복합 어근, 단어 어근
복불복	복	단일 어근, 단어 어근
	-불복	복합 어근, 형태소 어근
용불용	용-	단일 어근, 형태소 어근
	불용	복합 어근, 단어 어근
위불위	위-	단일 어근, 형태소 어근
	-불위	복합 어근, 형태소 어근
이불리	이-	단일 어근, 형태소 어근
	불리	복합 어근, 단어 어근

(14다, 다', 다")은 어근과 어근이 상하 관계에 놓여 있는 합성어의 예이다. (14다)의 '봄철, 여름철, 가을철, 겨울철'은 모두 '철'에 포함되며 '버드나무'는 '나무', '사흗날, 그믐날'은 '날', '장맛비'는 '비'에 포함된다. 이들은 모두 고유어 어근과 고유어 어근 사이에서 상하 관계를 보이는 것인데 비해 (14다')의 '흑색, 황색, 청색, 백색'은 '색'에 포함되어 한자 어근과

한자 어근 사이에서 상하 관계를 보이는 예에 해당한다. 한편 (14다")의 '옹기그릇'과 '계수나무'는 각각 '그릇'과 '나무'에 포함되므로 상하 관계를 보이는 것은 동일하되 이번에는 '옹기'와 '계수'가 모두 한자이기 때문에 한자 어근과 고유어 어근 사이에서 상하 관계를 보이는 예임을 알 수 있다.

(14)의 합성어들을 어근 사이의 비중 관계로 따진다면 (14가, 가', 가", 나, 나', 나")까지는 모두 대등 합성어에 해당하고 (14다, 다')은 종속 합성어에 해당한다.

14.4.2. 합성어와 문장의 관계 : 통사적 합성어와 비통사적 합성어

합성어 가운데는 어근이 단어일 때 그 단어의 연결이 문장에서의 단어 배열 방식과 일치하는 것이 있다. 이를 통사적 합성어라 하고 그렇지 않은 것을 비통사적 합성어라 한다.

(16) 가. 논밭, 샘물 ; 헌책, 새해 …
가'. 힘들다, 빛나다 ; 본받다, 힘쓰다 ; 그만두다, 잘되다 …
나. 붉돔, 건너편, 덮밥 ; 따로국밥 …
나'. 낮잡다, 굶주리다, 맵짜다, 붙박다 …

(16가, 가')은 통사적 합성어의 예이다. (16가)는 통사적 합성어 가운데 명사에 해당하는데 '연필, 책', '철수 책'처럼 문장에서도 명사와 명사가 나란히 오는 경우가 있으므로 '논밭'이나 '샘물'도 문장에서의 단어 배열과 일치한다. '헌책'이나 '새해'의 경우 '헌'과 '새'는 관형사이므로 그 다음에 체언이 오는 것은 문장에서도 매우 자연스러운 일이다.

이러한 통사적 합성어는 용언에서도 발견된다. (16가')의 예들이 이에 해당하는데 문장에서도 '나 간다', '밥 먹자', '빨리 가라'처럼 주어와 서술어, 목적어와 서술어, 부사어와 서술어가 결합하는 것이 자연스럽기 때문에 문장으로 치면 주어와 서술어의 결합인 '힘들다, 빛나다', 목적어와 서술어의 결합인 '본받다, 힘쓰다', 부사어와 서술어의 결합인 '그만두다, 잘되다'와 같은 합성어도 존재한다.

(16나, 나')의 예들은 비통사적 합성어의 예들이다. (16나)는 비통사적 합성어 가운데 명사에 해당하는데 '붉돔', '건너편', '덮밥'은 모두 용언의 어간 '붉-', '건너-', '덮-'이 곧바로 명사에 결합되어 있다. 문장에서라면 반드시 관형사형 전성 어미가 필요하여 '붉은', '건넌', '덮은' 정도가 되어야 할 것이다. '따로국밥'은 부사 '따로'가 '국밥'과 결합하여 합성어를 만들고 있는데 문장에서라면 '따로'가 명사 앞에 오는 일이 없으므로 이 역시 비통사적 합성어라고 할 수 있다.

(16나')은 비통사적 합성어 가운데 용언을 제시한 것이다. '낮잡다', '굶주리다', '맵짜다', '붙박다'는 용언의 어간 '낮-', '굶-', '맵-', '붙-'이 다시 각각 용언 어간인 '잡-', '주리-', '짜-', '박-'과 결합하고 있는데 문장에서라면 연결 어미가 필요해 그 의미에 따라 '낮게', '굶고', '맵고', '붙게' 정도가 되어야 할 것이다.

여기서 한 가지 주의해야 할 것은 '통사적 합성어'라는 말이 곧 통사적 원리를 이용한 단어 형성을 의미하는 것으로 보는 것은 무리가 있다는 점이다. 사실 '통사적 합성어'라는 말은 이러한 의도를 짙게 깔고 있고 실제로 문장을 형성하는 원리가 단어를 형성하는 데에도 적용된다고 보는 견해가 적지 않다. 이러한 시각에서는 '비통사적 합성어'는 무언가 불규칙하고 예외적인 합성어라는 인식을 주게 된다.

이에 대해 살펴보기 위해 우선 영어에 잠시 눈을 돌려 보기로 한다. 영어의 경우는 특히 동사가 포함된 경우 문장에서의 단어 배열 방식 즉 어순과 단어 형성에서의 단어 배열 방식이 일치하지 않는 경우가 적지 않다. 'babysit'라는 동사를 보면 'sit'가 뒤에 있지만 'baby'는 문장으로 치면 목적어에 해당하므로 이러한 단어의 형성은 문장의 어순과 일치하지 않는 비통사적 합성어라고 해야 하고 실제로 이러한 유형의 동사는 명사 'babysitter'에서 '-er'을 떼어내고 형성된 것으로 볼 정도로 예외적인 동사에 속한다.[8] 그렇다고 하여 '동사+명사'와 같은 단어가 많은 것도 아니다. 이것도 'drawbridge'에서나 볼 정도로 매우 예외적이다. 이러한 현상이 나타나는 것은 무엇 때문일까?

이것은 분포를 결정짓는 '핵'의 개념에서 생각해 보면 의외로 쉽게 해답의 실마리를 찾을 수 있다. 영어 문장에서 동사와 명사가 결합할 경우 이들의 분포를 결정짓는 것은 한국어처럼 명사가 아니라 동사이다. 그런데 'drawbridge'는 '도개교(跳開橋)'라는 의미를 가지는 명사이므로 이 단어에서의 핵은 동사 'draw'가 아니라 '다리'의 의미를 가지는 'bridge'이다. 따라서 '동사+명사'의 구성을 가지는 문장과 단어에서 핵이 일치하는 않는 결과를 가져온다. 이러한 불일치는 영어에서 '동사+명사'의 구성을 가지는 합성어의 존재를 매우 진귀한 것으로 만들었다. 이러한 현상이 중요한 것은 문장 형성의 원리로 단어 형성에 그대로 적용할 수 있는 경우는 한정된다는 것을 인식하게 해 주기 때문이다.

그런데 한국어의 경우에는 '새해', '힘들다' 등 (16가, 가)의 예들이 모두 문장에서와 동일한 구조를 가지고 있으므로 '핵'의 개념에서도 아무런 문제가 되지 않는다. '새해'는 말할 것도 없고 '힘들다'도 '동사'이므로 문장에서와 마찬가지로 핵은 후행 요소인 '동사'이기 때문이다. 따라서 한국어의 합성어는 문장을 형성하는 원리를 그대로 적용할 수 있는 것 아니냐

---

8) 동사가 존재하고 여기에 일정한 요소를 첨가하여 명사를 만드는 것이 자연스럽다는 점에서 명사 'babysitter'에서 '-er'을 떼 내어 동사를 형성하는 이러한 방식의 단어 형성을 '역형성(back formation)'이라고 한다. 명사 'airconditioner'에서 온 동사 'aircondition'도 같은 방법으로 형성된 단어이다.

는 논리가 영어보다 설득력을 얻을 수 있다.

그러나 이러한 견해에 가장 큰 문제를 제기하는 것은 앞서 언급한 바와 같이 동일한 구성 요소로 이루어지더라도 문장과 단어의 의미가 다르다는 점일 것이다. 단어는 문장에서와는 달리 '특정한' 의미를 갖는다고 강조한 것은 이 때문이다.

이에 대해 합성어 '힘들다'나 '본받다'는 문장 '힘이 들다'와 '본을 받다'와 거의 의미 차이가 없으므로 적어도 이들은 문장 형성의 원리에 따른 단어 형성이라고 말할 수 있을지 모른다. 그러나 여기에도 다음과 같은 단어들은 부담으로 남을 수밖에 없다.

> (17) 가. 어림없다, 턱없다 …
> 　　나. 겉돌다, 겉핥다 …

(17가)는 문장으로 치면 '어림, 턱'이 '없다'의 주어 역할을 하는 것이라고 할 수 있다. 그런데 그 의미는 단순히 '어림이 없다', '턱이 없다'가 아니라 '어림도 없다', '턱도 없다'의 의미를 갖는다. 주격 조사나 목적격 조사는 실현되지 않는 경우가 있을 수 있지만 보조사는 그것이 실현되지 않으면 그 의미를 전달할 수 없기 때문에 반드시 실현되어야 한다. 따라서 '어림없다', '턱없다'와 같은 단어를 문장에서 보조사가 생략되어 형성된 것으로 말하기 어렵다.

(17나)는 문장으로 치면 '겉'이 '돌다', '핥다'의 목적어 역할을 하는 것이라고 할 수 있다. 그런데 이번에는 그 의미가 단순히 '겉을 돌다', '겉을 핥다'가 아니라 '겉만 돌다', '겉만 핥다'의 의미에 가깝다. 보조사 '도'가 생략될 수 없는 것처럼 보조사 '만'도 생략될 수 없으므로 이들 단어를 문장에서 온 것이라고 보는 것은 문제가 있다.

이러한 점에서 한국어에 존재하는 다음의 단어들에도 주목할 필요가 있다.

(18) 가. 앞서다, 귀담다, 가위눌리다 …
　　　나. 거울삼다, 겹쌓다, 공먹다 …
　　　다. 꿈같다, 남다르다, 주옥같다 …

(18)의 단어들은 문장으로 치면 부사격 조사들이 실현되어야 하는 것들이다. (18가)는 문장으로 치면 '에' 조사가 필요하여 '앞에 서다', '귀에 담다', '가위에 눌리다'가 되어야 하고 (18나)는 문장으로 치면 '(으)로'가 필요하여 '거울로 삼다', '겹으로 쌓다', '공으로 먹다'가 되어야 하며 (18다)는 문장으로 치면 '과'가 필요하여 '꿈과 같다', '남과 다르다', '주옥과 같다'가 되어야 한다. 보조사도 물론 생략할 수 없지만 (18)에서의 부사격 조사도 역시 생략할 수 없다. 주격 조사나 목적격 조사를 문법격 조사라 하고 부사격 조사를 의미격 조사라 한 것은 이러한 사정 때문이었음을 상기할 필요가 있다.

마지막으로 다음과 같은 단어들의 존재도 문장의 형성이 단어의 형성으로 이어지는 대목에서 의문을 제기하기에 충분하다.

(19) 가. 맛나다, 모나다 …
　　　나. 잘나다, 덜나다 …

(19가)는 '나다'가 명사와 결합한 것이고 (19나)는 부사와 결합한 것이다. 여기서 흥미로운 것은 이들 합성어의 품사가 모두 형용사라는 점이다. '나다'는 언제나 동사로만 쓰이고 합성어의 오른쪽 요소이므로 분포를 결정짓는 핵인데 전체 구성이 (19)처럼 동사가 아니라 형용사로 결과되는 것은 문장 형성에는 있을 수 없는 일이다.

그렇다면 이른바 통사적 합성어의 형성에서 문장과 흡사한 구석은 어떻게 설명해야 할까? 이는 단어 형성과 문장 형성 모두에 적용이 가능한

'의미론적 빈칸' 개념으로 설명하는 것이 가장 바람직해 보인다.

단어 가운데는 의미론적으로 빈칸을 가지는 것들이 있다. 이를 '함수자(函數者, functor)'라 한다. 그리고 그 의미론적 빈칸을 채우는 것을 '논항(論項, argument)'이라고 한다. 가령 '책'이라는 명사는 의미론적으로 다른 말을 필요로 하지 않으므로 함수자가 아니다.[9] 그러나 '새'라는 관형사는 의미론적으로 명사를 필요로 하는 함수자이다. 따라서 '새'만으로는 문장이나 단어를 완성할 수 없고 '책'과 같은 논항과 결합해야만 의미론적 빈칸을 채울 수 있다. 마찬가지로 동사나 형용사는 의미론적인 빈칸을 가지는 함수자이다. 따라서 자동사는 주어가 있어야 하고 타동사는 이 외에도 목적어를 가져야 한다. 그리고 이때 주어나 목적어는 동사의 논항이 된다. 함수자인 형용사가 논항인 주어를 필요로 하는 것도 마찬가지이다. 이러한 함수자와 논항의 관계를 이용하면 문법적 단어$_1$을 이용하여 함수자가 논항을 충족하는 결과가 문장이고 어근이나 접사를 통해 함수자가 논항을 충족하는 결과가 어휘적 단어라고 말할 수 있다.[10]

---

9) 8장에서 언급한 '공부'와 같은 서술성 명사는 서술어와 마찬가지로 함수자로서 빈칸을 가진다고 할 수 있다. 따라서 명사 가운데도 함수자로서 논항을 가지는 것들이 없는 것은 아니다.

10) 함수자는 의미론적 빈칸을 가지는 것이고 핵은 전체 분포를 결정한다는 점에서 서로 구별할 필요가 있다. 명사와 동사의 결합에서는 동사가 함수자이고 핵이라는 점에서 서로 일치하지만 관형사와 명사의 결합에서는 관형사가 함수자이고 핵은 명사이다. 어근과 접사의 결합에서는 다시 경우가 나뉘는데 접두사와 어근의 결합에서는 접두사가 함수자이고 핵은 어근이 된다. 어근과 접미사의 경우에서는 접미사가 함수자이면서 핵이 된다. 부사와 동사가 결합할 경우에는 부사가 함수자가 되고 동사가 핵이 된다. 즉 핵이 있는 경우 그 핵은 언제나 후행 요소이고 함수자는 선행 요소가 될 수도 있고 후행 요소가 될 수도 있다. 이상의 내용을 정리하면 다음과 같다.

구성	함수자	핵
명사+용언	용언	용언
관형사+명사	관형사	명사
부사+용언	부사	용언
접두사+어근	접두사	어근
어근+접미사	접미사	접미사

이러한 관점에 따르면 굳이 문장 형성과 단어 형성을 억지로 연결시키는 데에서 오는 모순을 해결할 필요가 없다. 즉 '새'가 가지는 의미론적 빈칸을 채우기 위해 '해'와 결합하여 단어를 만드는 것은 '덮-'이 가지는 의미론적 빈칸을 채우기 위해 '밥'과 결합하여 단어를 만드는 것과 동일한 것이므로 앞의 것은 통사적 원리에 의한 것이고 뒤의 것은 통사적 원리에 의한 것이 아니라고 애써 구별할 필요가 없는 것이다. 마찬가지로 '힘들다'도 그 구성은 문장에서의 모습과 같지만 통사적 원리에 의해 형성된 것이 아니라 함수자 '들다'가 가지는 의미론적인 빈칸을 '힘'이 채우되 이것이 문장이 아니라 단어로 결과된 것이라고 보면 되는 것이다.

이렇게 보면 (16나, 나')의 예들을 '비통사적 합성어'라 보아 예외적이고 비정상적인 느낌을 주기보다는 '형태론적 합성어' 정도로 표현해도 무방할 것이다.

14.4.3. 품사에 따른 합성어

합성어는 품사에 따라서도 이를 분류할 수 있다. 모든 품사가 합성에 의해 형성되는 것은 물론 아니다. 우선 파생어처럼 조사와 어미가 제외되는 것은 동일하며 대명사, 수사, 관형사, 감탄사에서도 합성어가 발견되기는 하지만 그 수가 많지는 않다.

    (20) 가. 당신, 귀하, 여러분
        가'. 이분, 그분, 저분 ; 이이, 그이, 저이 ; 이것, 그것, 저것
        나. 한둘, 두셋, 몇몇 …
        나'. 기십(幾十), 수십(數十), 기백(幾百), 수백(數百) …
        다. 일대(一大), 별별(別別)
        다'. 이까짓, 그까짓, 저까짓 ; 네까짓, 제까짓 ; 이런저런, 그런저런

다″. 한두, 서너, 너댓 ; 일이(一二), 이삼(二三), 삼사(三四) …
라. 만세(萬歲)

(20가, 가′)은 합성 대명사의 예들이다. (20가)는 2인칭 대명사의 예들 가운데 합성어를 제시한 것인데 '당신, 귀하'는 한자 어근끼리의 결합이고 '여러분'은 관형사와 의존 명사의 결합이다. (20가′)은 지시 관형사 '이, 그, 저'에 의존 명사 '분', '이', '것'이 결합한 합성어이다.

(20나, 나′)은 합성 수사의 예들이다. (20나)는 고유어 부정(不定) 수사로 쓰이는 합성어인데 '한둘'과 '두셋'을 보면 관형사와 수사가 결합하여 다시 수사를 만들고 있음을 알 수 있다. (20나′)은 한자어 부정(不定) 수사로 쓰이는 합성어의 예들인데 어근과 어근의 결합이되 '기(幾)-'는 형태소 어근이고 '수(數)', '십(十)', '백(百)'은 단어 어근임을 알 수 있다.

(20다, 다′, 다″)의 합성 관형사의 예들이다. (20다)는 성상 관형사로 쓰이는 합성어의 예들인데 '일대(一大)'는 그 의미로 보아 단어 어근과 형태소 어근이 결합한 것이라 볼 수 있고 '별별'은 관형사와 관형사가 결합하여 다시 관형사가 된 것이므로 단어 어근과 단어 어근이 결합한 것이다.

(20다′)은 지시 관형사로 쓰이는 합성어의 예인데 '까짓'은 명사가 아니라 관형사이고 '이런저런', '그런저런'의 '이런', '그런', '저런'도 마찬가지로 관형사이므로 이때 '이, 그, 저'도 관형사라고 보는 것이 좋을 것이다.[11] 이는 '제까짓', '네까짓'의 '제'와 '네'도 관형격 조사 결합형으로 보는 것이 좋다는 것을 의미한다.

(20다″)은 부정(不定)의 수 관형사로 쓰이는 합성어의 예이다. '한두', '서너', '너댓'은 고유어 부정(不定) 수 관형사인데 이들에서의 '한', '두', '서',

---

11) 국립국어원의 『표준국어대사전』에서는 '이까짓', '그까짓', '저까짓'의 '이, 그, 저'를 대명사로 간주하고 '-까짓'은 관형사 파생 접미사로 간주하고 있다.

'너', '댓'은 모두 관형사이므로 역시 관형사끼리 결합한 합성어임을 알 수 있다. 따라서 '일이(一二)', '이삼(二三)', '삼사(三四)' 등 한자어 부정(不定) 수 관형사도 수 관형사끼리 결합한 것으로 분석하고자 한다.

(20라)의 '만세(萬歲)'는 명사에서 발전한 합성 감탄사의 예로 제시한 것인데 한자 형태소 어근끼리 결합한 합성어이다.

(20)에서 제시한 단어들을 제외하면 이제 남는 품사는 명사, 동사, 형용사, 부사인데 이들 각각에 대해서는 좀 더 자세히 살펴보기로 한다.

14.4.3.1. 합성 명사

합성 명사 가운데는 구성 요소가 형태소 어근인 것이 있다.

> (21) 가. 천지(天地), 지하(地下), 독서(讀書), 하선(下船) …
> 나. 족(足)발, 담장(牆), 글자(字) …
> 나'. 부슬비, 간질밥 …

(21가)는 명사를 구성하는 한자가 모두 형태소 어근인 경우이다. 특히 이음절 한자어 명사가 이러한 예들의 전형이다. 그런데 한자어는 기본적으로 중국에서 기원한 것이기 때문에 중국어의 어순을 반영한 것들이 많다. (21가)의 '독서'와 '하선'에서 이를 살펴볼 수 있다. '독서'는 '책을 읽음'의 의미를 가지고 있고 '하선'은 '배에서 내림'의 의미를 가지고 있지만 한국어 문장으로 치면 서술어에 해당하는 '독(讀)-'과 '하(下)-'가 먼저 나오고 한국어 문장으로 치면 목적어나 부사어에 해당하는 '-서(書)'와 '-선(船)'이 뒤에 나온다. 이는 주지하는 바와 같이 한국어는 SOV의 어순을 가지지만 중국어는 영어와 마찬가지로 SVO의 어순을 가지기 때문이다.[12]

---

12) 한국어나 중국어 모두 주어 다음에 서술어가 나오는 것은 일치하므로 '가빈(家貧)'은 '집이 가난함'의 의미를 갖는다. 만약 '빈가(貧家)'가 된다면 이는 '집이 가난함'이 아니라 '가

따라서 대부분의 한자어는 '구인(求人), 세수(洗手), 식목(植木)', '등산(登山), 상경(上京), 재가(在家)' 등 각각 '독서(讀書)', '하선(下船)'과 어순이 일치하는 경우가 대부분이다.

그러나 한자로 구성되어 있더라도 이러한 중국어의 어순과 달리 한국어의 어순을 반영하는 경우가 소수지만 없는 것은 아니다.

> (22) 가. 음차(音借), 훈차(訓借), 면식(面識)
> 　　가'. 면식범(面識犯), 반면식(半面識), 일면식(一面識)
> 　　가". 철부지(不知)
> 　　나. 불세출(不世出)　　　　　　cf. 불출세(不出世)

(22가)의 예들은 문장으로 치면 '서술어+목적어'의 중국어 어순이 아니라 '목적어+서술어'로 한국어 어순을 따르는 명사들이다. (22가)의 '음차'와 '훈차'는 각각 '음을 빌림', '훈을 빌림'의 의미이고 '면식'은 '얼굴을 앎'의 의미를 가지고 있다. (22가)의 예들은 이러한 '면식'이 다시 명사 형성에 참여하고 있는 경우를 든 것이다. (22가")의 '철부지'는 매우 흥미로운 예에 해당한다. '부지'는 '알지 못함'의 의미를 가지는 한자어인데 문장으로 치면 목적어에 해당하는 고유어 '철'이 '부지철'이 아니라 '철부지'가 됨으로써 '목적어+서술어'의 어순을 가지고 있기 때문이다.

(22나)는 문장으로 치면 '목적어+서술어'의 형식을 취하는 것보다 많지는 않지만 '부사어+서술어'의 형식을 취하는 것으로 볼 수 있는 예이다. '불세출'은 '세출'이라는 한자어가 따로 존재하지는 않지만 '세상에 나타나지 아니할 만큼 뛰어남'의 의미를 가진다는 점에서 '세-'와 '-출'은 문

난한 집'이 되는데 '관형어+명사'의 구성도 한국어와 중국어의 어순이 일치하는 경우라고 할 수 있다. (21가)의 '지하(地下)'도 한국어로 '땅의 아래'로 그 어순이 같다는 것을 알 수 있다.

장으로 치면 '부사어+서술어'의 어순을 취하고 있는 예이다. 참고로 제시한 '불출세'는 '불세출'과 동의어 관계에 놓여 있는데 여기에서 보이는 '출세'는 문장으로 치면 '서술어+부사어'의 자격을 갖는다는 점에서 중국어의 어순을 따르는 단어라 할 수 있다.

(21나, 나')은 합성 명사의 어근 가운데 어느 하나가 형태소 어근인 경우이다. (21나)는 한자가 형태소 어근이고 고유어가 단어 어근에 해당하는 합성 명사의 예이다. '족발', '담장', '글자'에서 보는 바와 같이 한자 형태소 어근과 고유어 단어 어근이 동의 관계에 놓여 있는 경우가 특히 이러한 경우에서 흔하다. (21나')은 부사성 반복 어근이 명사와 결합하여 합성 명사를 형성한 경우이다. '부슬비'의 '부슬'은 부사 '부슬부슬'의 어근이고 '간질밥'은 '손으로 몸을 건드리거나 문질러서 간지럽게 하는 짓을 비유적으로 이르는 말'의 의미를 가지는데 '간질'은 '간질간질'의 어근이다.

다음 예들은 합성 명사의 구성 요소가 모두 단어 어근들로 이루어져 있는 것이다.

> (23) 가. 창문(窓門), 강산(江山) ; 창(窓)틈, 앞문(門), 강바람, 산새 …
> 　　 가'. 봄가을, 손가락, 발등, 눈사람 …
> 　　 가". 집집, 곳곳, 가지가지, 마디마디 ; 요소요소(要所要所), 시시각각
> 　　　　(時時刻刻) …
> 　　 나. 외딴길, 허튼소리, 옛사랑 …
> 　　 나'. 딴마음, 바른손, 왼나사 …
> 　　 나". 첫사랑, 한마음, 뭇사람 …
> 　　 다. 살짝곰보, 오목눈, 볼록면 …
> 　　 다'. 척척박사, 깜깜소식 …
> 　　 라. 접칼, 감발,[13] ; 질흙 …

---

13) '버선이나 양말 대신 발에 감는 좁고 긴 무명천'의 의미로 '발감개'와 동일한 의미를 가지고 있다.

라'. 건넛방, 나눗셈

(23가, 가', 가″)은 명사인 단어 어근이 결합하여 다시 명사가 형성된 경우이다. (23가)는 한자 가운데 단어 어근의 자격을 가지는 '창(窓)', '문(門)', '강(江)', '산(山)' 등이 다른 한자 단어 어근과 결합하거나 고유어 단어 어근과 결합하여 다시 명사를 형성하는 예들에 해당한다. 이에 대해 (23가')은 고유어 단어 어근끼리 결합하여 다시 명사를 형성하는 예들을 제시한 것이다. (23가″)은 반복에 의한 합성 명사 형성을 보인 것인데 명사 '집', '곳', '가지', '마디'까지는 고유어 명사가 반복된 것이고14) '요소요소'는 한자어 '요소'가 반복되어 명사를 형성한 것이다. 한자의 경우에는 '시시각각'처럼 명사는 '시각'인데 이를 통째로 반복하지 않고 선행 요소와 후행 요소를 나누어 각각 반복하는 경우도 흔하게 나타난다. 이는 그만큼 한자 하나하나가 의미를 가지고 있기 때문에 가능한 일일 것이다.

(23나, 나', 나″)은 관형사인 단어 어근이 명사인 단어 어근과 결합하여 다시 명사를 형성하는 경우이다. (23나)는 성상 관형사 '외딴', '허튼, 옛'이 명사와 결합한 것이고 (23나')은 지시 관형사 '딴, 바른, 왼'이 명사와 결합한 것이며 (23나″)은 수 관형사 '첫', '한', '뭇'이 명사와 결합한 것이다.

(23다, 다')은 부사인 단어 어근이 명사인 단어 어근과 결합하여 다시 명사를 형성하는 예들을 제시한 것인데 (23다)와는 달리 (23다')의 '척척박사'와 '깜깜소식'은 각각 '척'과 '깜'이 반복되어 형성된 부사가 명사 앞에 위치하고 있다는 점에서 차이가 있다.

(23라, 라')은 용언인 단어 어근이 명사인 단어 어근과 결합하여 다시 명사를 형성하는 경우이다. 먼저 (23라)의 '접칼', '감발'의 '접-'과 '감-'은 동

---

14) '나날', '다달'도 '날'과 '달'이 반복되어 형성된 명사이기는 하지만 선행 명사의 'ㄹ'이 탈락하고 있다는 점에서 어근의 형태 변화가 발생한 예들이라고 할 수 있다.

사이고 '질흙'의 '질-'은 형용사인 단어 어근에 해당한다.15) (23라')은 용언
어간과 명사가 결합할 때 사이시옷이 들어간다는 점에서 매우 흥미로운
예라고 할 수 있다. 사이시옷은 전형적으로 합성 명사에서만 보이고 또한
합성 명사라도 대등 합성어에는 들어가는 일이 결코 없다.16) 그런데도 (23
라')처럼 용언 어간 다음에 사이시옷이 결합하였다는 것은 그만큼 예외적
인 현상이라 하지 않을 수 없다.

　지금까지 살펴본 (23)의 예들은 합성어의 후행 요소가 모두 명사라는
점에서 공통성이 있으며 합성 명사를 형성하는 대부분의 경우는 이처럼
후행 요소가 명사라고 할 수 있다. 그러나 다음과 같이 명사가 후행 요소
가 아닌데도 그 결과가 명사가 되는 경우도 찾을 수 있다.

　　(24) 가. 이곳저곳, 여기저기, 요기조기
　　　　 나. 하나하나

　(24가)에서의 '이곳, 저곳', '여기, 저기'는 모두 대명사에 해당한다. 그러
나 이들이 각각 결합한 말인 (24가)는 모두 대명사가 아니라 명사로 간주
해야 한다. 그 의미가 어떤 장소를 대신하여 가리키는 것이 아니라 명사
'곳곳'이나 '도처(到處)'의 의미를 가지고 있기 때문이다. (24나)는 수사 '하
나'가 반복하여 명사를 이룬 것으로 볼 수 있다. 수사 '하나'의 의미는 수
량이지만 '하나하나'는 수량을 나타내는 것이 아니라 전체를 이루는 낱
낱의 대상을 가리키므로 수량을 나타내는 것으로 볼 수 없기 때문이다.

15) '곳감'도 동사 '곳-'에 명사 '감'이 결합한 합성 명사인데 '곳-'은 현대 한국어에서는 경음
　화를 경험하여 '꽂-'이 되었다. 이처럼 단어 형성에 참여한 요소는 변화에 보수적인 경
　우가 많다.
16) 그러나 종속 합성어라고 해서 사이시옷이 모두 들어가는 것은 아니며 이를 '바닷가'처럼
　표기에 반영하는 경우도 있고 '등불'처럼 반영하지 않는 경우도 있다는 점에 대해서는
　이미 언급한 바 있다.

그런데 (24나)의 '하나하나'는 경우에 따라서는 부사로도 쓰일 수 있다.

    (25) 가. 틀린 문제를 하나하나 짚어 가면서 검토해 보자.
        나. 사람들의 요구 조건을 하나하나 들어주었다.

(25가, 나)의 '하나하나'는 '일일이'의 의미를 가지고 후행하는 용언을 꾸며 주면서 격 조사와는 결합하기 어렵기 때문에 부사로 볼 수 있다. 이처럼 명사와 명사가 반복하여 명사로도 쓰이고 부사로도 쓰이는 것으로 다음과 같은 예들을 더 들 수 있다.

    (26) 가. 구석구석
        나. 순간순간(瞬間瞬間), 조목조목(條目條目) ; 사사건건(事事件件), 가
           가호호(家家戶戶)

(26가)는 고유어 명사가 결합한 경우이고 (26나)는 한자어 명사가 결합한 것이되 '사사건건', '가가호호'는 앞의 '시시각각'과 동일한 형성 방법을 보이고 있다.

14.4.3.2. 합성 동사

합성 동사는 후행 어근이 반드시 동사여야 한다는 제약을 가지고 있다는 점에서 그렇지 않을 수도 있는 합성 명사와 차이를 갖는다. 그러나 합성 동사의 선행 어근은 합성 명사처럼 형태소 어근이 오는 경우도 찾을 수 있다.

    (27) 가. 굴타리먹다, 옹받다 …
        나. 두남두다, 두남받다 …

(27가)의 '굴타리먹다'는 '참외, 호박, 수박 따위가 땅에 닿아 썩은 부분을 벌레가 파먹다'의 의미인데 '굴타리−'는 다른 단어에는 나오는 일이 없는 형태소 어근이라 할 수 있다.17) '응받다'도 '응석을 받다'는 의미이므로 '응−'이 '응석'의 의미를 나타내는 것으로 보아야 하지만 역시 단어의 자격을 가지는 것으로 보기는 어려운 예이다.

(27나)는 '두남−'이 '두다'나 '받다'와 결합하고 그 의미가 '두남두다'는 '잘못을 두둔하다'나 '애착을 가지고 돌보다'의 의미를 가지고 있으며 '두남받다'는 '남다른 도움이나 사랑을 받다'의 의미이므로 단어의 자격을 가질 듯도 한 것이다. 그러나 이 외의 다른 단어에서는 나타나는 일이 없을 뿐만이 아니라 단독으로 단어로 존재하는 양상을 발견할 수 없으므로 형태소 어근으로 간주할 수밖에는 없다.

다음 예들은 합성 동사의 선행 요소가 모두 단어 어근들로 이루어져 있는 것이다.

> (28) 가. 이름나다, 꽃피다, 마음잡다 …
> 나. 잘살다, 못쓰다, 가만있다 …
> 다. 붙견디다, 굶주리다, 뛰놀다 …
> 라. 무르익다, 낫자라다, 얕잡다 …

(28가)의 예들은 합성 동사의 선행 요소가 명사인 경우이고 (28나)는 부사인 경우이다. (28다)는 합성 동사의 선행 요소가 동사인 경우이고 (28라)는 형용사인 경우이다.

품사의 측면에서 합성 동사의 흥미로운 경우는 다음 두 예이다.

---

17) 이처럼 다른 곳에서는 보이지 않을 정도로 분포의 제약이 심한 형태소를 '유일 형태소' 혹은 '특이 형태소'라 부른다. 따라서 그 의미도 파악하기 어려운데 '느닷없이'의 '느닷−', '착하다'의 '착−', '오솔길'의 '오솔−' 등도 그 분포가 극히 제약되어 있다.

(29) 첫째가다, 둘째가다

(29)에서 '첫째가다'는 '무엇보다 우선적으로 꼽히거나 으뜸이 되다'의 의미이고 '둘째가다'는 '최고에 버금가다'의 의미로서 단순히 순서 개념은 아니지만 그것에서부터 도출되는 의미라는 점에서 수사가 명사화한 후 합성 동사의 선행 요소로 참여한 경우로 간주할 수 있다.

14.4.3.3. 합성 형용사

합성 형용사가 합성 동사와 다른 점 가운데 하나는 합성 형용사의 선행 요소 가운데는 형태소 어근에 해당하는 예가 상대적으로 상당히 많다는 점이다.

(30) 가. 거추없다, 귀성없다, 느닷없다, 드리없다, 부질없다, 사날없다, 속
절없다, 여들없다, 연득없다, 오줄없다, 쩍말없다, 하염없다 …
나. 감쪽같다, 끌날같다, 다락같다, 댕돌같다, 득달같다, 득돌같다, 신
청부같다 …

(30가)는 '없다'와 결합하여 합성 형용사를 이루는 선행 요소가 단어의 자격을 가지고 쓰이지 않는 것들을 제시한 것이며 (30나)는 '같다'와 결합하여 합성 형용사를 이루는 선행 요소가 역시 단어의 자격을 가지고는 쓰이지 않는 것들을 제시한 것이다.

(30가)처럼 '없다'의 경우 선행 요소가 형태소 어근이 많다는 것은 다른 말로 하면 단어 어근과 결합하는 '없다'의 경우는 더 많다는 것을 의미한다. 이는 '없다'와 반의 관계에 놓인 '있다'의 경우 합성 형용사에 참여하는 경우가 훨씬 적은 것과 대조된다. 따라서 '없다' 형용사는 가능하지만 '있다' 형용사는 불가능해 합성어 형성의 비대칭성을 가장 잘 보여 주는

경우가 '없다' 형용사와 '있다' 형용사라고 할 만하다.

> (31) 가. 그지없다, 까딱없다, 꾸밈없다, 다름없다, 대중없다, 더없다 …
> 　　 가'. *그지있다, *까딱있다, *꾸밈있다, *다름있다, *대중있다, *더있다 …
> 　　 나. 값없다, 관계없다, 맛없다, 멋없다, 빛없다, 상관없다, 재미없다
> 　　 나'. 값있다, 관계있다, 맛있다, 멋있다, 빛있다, 상관있다, 재미있다
> 　　 다. *뜻없다
> 　　 다'. 뜻있다

(31가, 가')은 '없다'는 가능하지만 '있다'는 불가능한 예들의 일부를 제시한 것이다. (31나, 나')은 '없다'와 '있다'가 대칭적인 예의 거의 전부이고 (31다, 다')에서 보는 바와 같이 '없다'는 없는데 '있다'가 가능한 것은 '*뜻없다', '뜻있다' 쌍이 유일하다.

또한 '없다'는 다음과 같이 구(句)에 해당하는 단위와 결합하여 형용사를 만드는 일도 있다.

> (32) 간데없다, 간곳없다, 너나없다 …

이들에서 '간데, 간곳', '너나'는 단어로는 존재하지 않고 모두 단어들로 이루어져 있으므로 구(句)적 존재라고밖에는 할 수 없다.[18] 물론 이들의 쌍으로 '*간데있다, *간곳있다, *너나있다'는 존재하지 않는다.

다음 예들은 합성 형용사의 후행 요소가 형용사이면서 선행 요소가 단어 어근들인 경우이다.

---

18) 특히 '간데'와 '간곳'에는 관형사형 어미가 들어 있다는 점에서 '간데없다', '간곳없다'는 바로 다음 장의 통사적 결합어로도 분류될 수 있다. 그러나 여기서는 우선 '없다'가 단어 형성에서 가지는 특성에 초점을 두어 이에 대해 살펴보기로 한다.

(33) 가. 낯익다, 남부끄럽다, 꿈같다 …
　　　나. 맵차다, 검푸르다, 짙붉다 …
　　　다. 가뭇없다, 곧이곧다, 다시없다 …

(33가)는 합성 형용사의 선행 요소가 명사인 경우이고 (33나)는 합성 형용사의 선행 요소가 형용사인 경우이다. (33다)는 합성 형용사의 선행 요소가 부사인 경우인데 '가뭇', '곧이', '다시'가 이에 해당하며 이 가운데 '가뭇'은 '보이던 것이 전혀 보이지 않거나 알던 것을 아주 잊어 찾을 길이 감감하게'의 의미를 갖는다.

　합성 형용사의 경우에는 후행 요소가 반드시 형용사가 아니어도 가능한데 이 역시 후행 요소가 반드시 동사여야 하는 합성 동사와 차이가 나는 부분이다. 이에 대해서는 이미 (19)의 '맛나다, 모나다', '잘나다, 덜나다'의 경우에서 살펴본 바 있다. 이들을 품사의 측면에서 정리하고 예를 추가하여 살펴보기로 한다.

(34) 가. 맛나다, 모나다, 네모나다, 기막히다 …
　　　나. 잘나다, 덜나다 …
　　　다. 낡삭다

(34)는 후행 요소가 모두 동사인데 형용사로 결과된다는 공통점이 있다. (34가)는 선행 요소가 명사이고 (34나)는 부사이다. 이에 대해 (34다)는 선행 요소가 형용사라는 특성이 있다.

　다음의 합성 형용사는 합성 동사의 '첫째가다, 둘째가다'와 견줄 만하다는 점에서 관심을 끈다.

(35) 하나같다

'하나같다'는 '예외 없이 여럿이 모두 꼭 같다'의 의미이므로 이때의 '하나'도 수사라기보다는 명사화한 것이라는 점에서 '첫째가다, 둘째가다'의 '첫째', '둘째'와 동일하게 처리할 수 있다.

14.4.3.4. 합성 부사

합성 부사 가운데 형태소 어근이 참여한 경우는 다음과 같다.

> (36) 가. 극구(極口), 과연(果然), 금방(今方) …
> 나. 점점(漸漸), 근근(近近), 왕왕(往往) …
> 다. 각자(各自), 기왕(旣往), 대략(大略) …

이들은 (36)에서 볼 수 있는 바와 같이 전형적으로 한자어에서 나타나는데 (36가)는 형태소 어근과 형태소 어근이 결합하여 부사가 된 것이고 (36나)도 이는 마찬가지이지만 동일한 한자 형태소 어근이 결합하여 부사가 된 것이다. (36다)는 형태소 어근이 결합한 것은 (36가, 나)와 같지만 부사로만 쓰이는 것이 아니라 명사로도 쓰이는 것들을 제시한 것이다.

다음은 합성 부사의 어근이 모두 단어인 경우이다.

> (37) 가. 밤낮
> 나. 곧잘, 곧바로, 더욱더, 또다시, 가만사뿐 …

(37가)의 '밤낮'은 명사와 명사가 결합하여 '늘'의 의미를 가지는 합성 부사가 된 경우이고 (37나)는 부사와 부사가 결합하여 다시 합성 부사를 이룬 예들을 제시한 것이다.

한국어 합성 부사의 가장 큰 특징은 (36나)의 경우에서도 살펴본 것처럼 중첩(重疊) 즉 반복을 통해 부사가 형성되는 일이 매우 빈번하다는 것이다. 먼저 형태소 어근이 반복하여 합성 부사를 형성하는 경우를 제시해 보기로 한다.

> (38) 가. 구질구질, 가뜬가뜬, 가랑가랑, 가물가물, 가불가불, 털털 …
> 나. 간신간신(艱辛艱辛)

(38가)는 반복되는 요소가 독립된 부사로 존재하지 않는다는 점에서 형태소 어근의 자격을 가진다. 한국어에는 이처럼 독립된 부사로 존재하지 않는 형태소 어근이 반복하여 부사가 되는 일이 매우 흔하다. (38가)가 고유어 형태소 어근의 반복인 데 비해 (38나)는 한자어 형태소 어근 '간신'이 반복되어 역시 합성 부사를 형성한 경우이다.

다음은 단어 어근과 단어 어근이 반복되어 부사를 형성한 경우를 몇 가지 제시한 것이다.

> (39) 가. 갈래갈래, 차례차례(次例次例) …
> 나. 가만가만, 거듭거듭, 겨우겨우, 고루고루 ; 부디부디 ; 이리이리,
> 요리요리 …
> 나'. 높이높이, 길이길이, 깊이깊이 …

(39가)는 명사 '갈래', '차례'가 반복되어 합성 부사가 형성된 경우이다. (39나, 나')은 부사가 반복되어 합성 부사가 형성된 경우로 반복 합성 부사에서 가장 많은 경우가 이에 해당한다. (39나)는 성상 부사 '가만, 거듭, 겨우, 고루', 문장 부사 '부디', 지시 부사 '이리'가 각각 반복되어 합성 부사가 형성된 경우이다. (39나')도 부사의 반복이기는 하나 이때 어근 부사는 '높이', '길이', '깊이'처럼 파생어라는 특징이 있는데 따라서 이들은 파생어의 합성으로 부사가 형성된 경우에 해당한다.

의성어와 의태어의 경우는 대부분 이러한 반복에 의해 부사를 형성한

다. 이것도 역시 형태소 어근이 결합한 경우와 단어 어근이 결합한 경우
로 나눌 수 있을 것이다.

> (40) 가. 흥얼흥얼 ; 대굴대굴(<데굴데굴), 고불고불(<구불구불) ; 사박사
> 박(<서벅서벅) …
> 나. 찰싹찰싹(<철썩철썩), 콜록콜록(<쿨룩쿨룩) ; 깡충깡충(<껑충껑
> 충) ; 딸랑딸랑(<떨렁떨렁) …

(40가)는 형태소 어근이 반복되어 의성어, 의태어를 형성한 경우인데
'흥얼흥얼'은 의성어, '대굴대굴(<데굴데굴), 고불고불(<구불구불)'은 의태어
의 예이고 '사박사박(<서벅서벅)'은 의성어와 의태어로 모두 쓰이는 것이다.
(40나)는 단어 어근이 반복되어 의성어, 의태어를 형성한 경우인데 '찰싹
찰싹(<철썩철썩), 콜록콜록(<쿨룩쿨룩)'은 의성어, '깡충깡충(<껑충껑충)'은 의
태어의 예이고 '딸랑딸랑(<떨렁떨렁)'은 의성어와 의태어로 모두 쓰이는 것
이다.

(39), (40)이 완전 반복에 의한 합성 부사 형성의 예라면 다음 예들은 부
분 반복에 의한 합성 부사 형성의 예라고 할 수 있다.

> (41) 티격태격, 비뚤배뚤, 울긋불긋, 오순도순, 알뜰살뜰, 아웅다웅, 피장
> 파장 …

완전 반복이 일어나는 경우 고유어는 '고루고루'처럼 대체로 어근이 그
대로 반복되는 데 비해 고유어임에도 불구하고 한자어 '사사건건'과 같이
'시시콜콜', '지지배배', '칙칙폭폭', '뛰뛰빵빵'과 같은 예도 없는 것은 아
니다.

1. 다음 단어에서 나타나는 어근의 형태 변화를 찾아 이를 분류해 보자.

> 가. 여닫다, 업신여기다, 사랑니, 부삽, 우짖다, 섣부르다
> 나. 모과(木瓜), 시월(十月), 대꾸(對句)

2. 다음 단어들을 통사적 합성어와 비통사적 합성어로 구분해 보자.

> 굳세다, 눈부시다, 꾀부리다, 높다락, 늘잡다, 누비옷

3. 다음 각 단어들에서 '냉(冷)'과 '온(溫)'이 어근인지 접두사인지 구별해 보자.

냉면	온면
냉수	온수
냉장고	온장고
냉찜질	온찜질
냉탕	온탕
냉풍	온풍
냉대	온대
냉하다	온하다
*	온도
*	온미
*	온액
냉국	*
냉기류	*
냉정	온정
*	온정적
냉정하다	*
냉정스럽다	*
*	온정주의
냉정성	*

4. 사전에서 다음 단어들의 의미를 찾아 '보리'가 해당 단어에서 어떠한 의미로 사용되고 있는지 말해보자.

가. 보리나방, 보리잎벌
나. 보리매미
다. 보리멸, 보리복, 보리새우
라. 보리저녁

5. 다음 합성어가 대등 합성어일 때와 융합 합성어일 때 어떤 의미 차이가 있는지 알아
보자.

가. 숙맥(菽麥), 천지(天地), 주야(晝夜), 모순(矛盾)
나. 피땀, 쑥밭, 안팎, 손발

6. 다음 반복 부사의 형성에서 나타나는 특징은 무엇인지 서로 비교하여 분석해 보자.

가. 얼룩, 불긋, 성큼, 허둥
가′. 얼룩얼룩, 불긋불긋, 성큼성큼, 허둥허둥
가″. 얼룩덜룩, 울긋불긋, 엉큼성큼, 허둥지둥
나. *비슷, *덕지, *무럭, *호락
나′. 비슷비슷, 덕지덕지, 무럭무럭, 호락호락

1. 다음은 사전에 등재되어 있는 말들이다. 이들이 사전에 등재되어 있는데도 합성 명사로 보기 힘든 이유가 무엇인지 생각해 보자.

> 가. 말괄량이 길들이기, 목넘이 마을의 개, 프로테스탄티즘의 윤리와 자본주의 정신 …
> 나. 원자론적 국가관, 마르크스주의 국가관
> 다. 경비 팽창의 법칙, 만유인력의 법칙, 견제 균형의 원리, 평행 이동 원리 …
> 라. 라틴 아메리카 비핵무장 지역 조약, 만국 공업 소유권 보호 동맹 조약 …
>
> ⋮

2. 다음 (가, 나, 다)의 합성어들은 어근이 일정한 경향을 띠고 결합되어 있다. 이 경향은 무엇인지 생각해 보자.

> 가. 어제오늘, 어녹다, 여닫다, 오르내리다, 개폐, 입퇴원, 승하차
> 가'. *오늘어제, *녹얼다, *닫열다, *내리오르다, *폐개, *퇴입원, *하승차
> 나. 행불행, 진위, 승패, 상벌, 길흉, 흥망, 성쇠
> 나'. *불행행, *위진, *패승, *벌상, *흉길, *망흥, *쇠성
> 다. 이곳저곳, 이리저리, 여기저기, 이럭저럭
> 다'. *저곳이곳, *저리이리, *저기여기, *저럭이럭

3. 다음 (가), (나)의 합성어 사이에서 보이는 의미 관계와 각 합성어 구성 요소의 의미 관계에 대해 말하고 (가')이나 (나')의 단어들이 서로 반의 관계를 이루지 못하는 이유에 대해 생각해 보자.

> 가. 동쪽, 서쪽, 남쪽, 북쪽
> 가'. 남쪽, 북
> 나. 곱셈, 나눗셈
> 나'. 곱, 나눗셈

제15장 통사적 결합과 통사적 결합어

한국어는 특히 조사와 어미가 어휘적 단어 형성에 참여하는 경우가 있다. 조사와 어미가 어휘적 단어 형성에 참여하는 경우는 4장에서 언급한 바와 같이 크게 다음의 두 가지로 나눌 수 있다.

(1) 가. 정말로, 멋대로
    가′. 갈수록, 가다가
    나. 별의별, 나도밤나무
    나′. 어린이, 갈고닦다

(1가, 가′)은 조사와 어미가 어휘적 단어의 끝에 존재하는 경우이다. 그동안 이러한 예에 대해서는 해당하는 조사와 어미를 접미사로 간주하고 결과적으로 이들 단어를 파생어로 간주하는 견해가 적지 않았다.

그러나 이러한 견해를 유지하기 힘든 것은 (1나, 나′)의 예들의 존재이다. (1나, 나′)은 조사와 어미가 어휘적 단어 형성에 참여하고 있다는 것은 (1가, 가′)과 같지만 그 위치가 어휘적 단어의 끝이 아니라 중간이라는 문제가 있다. 따라서 이들은 접미사로 간주할 수 없는 것이다. 어떤 조사와 어미는 단어의 끝에 존재하기 때문에 접미사가 되고 어떤 조사와 어미는 단어의 중간에 존재하기 때문에 그대로 조사와 어미가 된다는 것은 바람직하지 않다고 할 수 있다.

무엇보다도 (1)의 단어들은 모두 한국어가 교착어이기 때문에 나타나는 현상이라는 점을 접미사로 간주하는 견해에서는 포착하기 어렵다. (1가, 가')의 예들에서의 조사와 어미를 접미사로 분석하는 견해에 있어서는 특히 (1나, 나')의 예들에서의 조사와 어미가 '골칫거리'가 되어 온 것은 한국어의 특성을, 영어를 비롯한 인구어의 질서에 끼워 맞추려는 데서 온 것이다.

여기에서는 (1)의 예들을 모두 통사적 결합어로 간주하고 조사가 어휘적 단어의 중간이든 끝에 오든 조사 결합어로, 어미가 어휘적 단어의 중간이든 끝에 오든 어미 결합어로 간주하여 그 양상에 대해 살펴보기로 한다.[1]

15.1. 조사 결합어

조사 결합어는 다시 격 조사 결합어와 보조사 결합어로 이를 나눌 수 있다.

---

[1] 그런데 조사나 어미가 중간에 오는 경우 이들은 직접 성분이 되지 않으므로 이러한 경우를 통사적 결합어에서 제외하는 견해도 있을 수 있다. 가령 '어린이'라는 단어의 직접 성분은 '어린'과 '이'이므로 관형사형 어미 '-ㄴ'이 직접 성분이 되지 않는다. 따라서 '갈수록'의 '-ㄹ수록'처럼 직접 성분이 되는 경우와 구별을 하고 조사 결합어나 어미 결합어 모두 조사와 어미가 끝에 오는 경우만 통사적 결합어로 간주할 수도 있는 것이다. 그러나 이 책에서는 우선 한국어 단어 형성에 조사와 어미가 적극적으로 참여하고 있다는 사실을 강조하기 위해 조사와 어미가 직접 성분이 아닌 경우에도 이를 포괄하여 통사적 결합어의 테두리에서 다루기로 한다. 조사 결합어와 어미 결합어를 품사에 따라 일차적으로 나누지 않고 해당하는 조사와 어미의 종류에 따라 제시하는 것도 같은 이유에서이다.

15.1.1. 격 조사 결합어

먼저 격 조사가 참여한 통사적 결합어에 대해 살펴보기로 한다.

(2) 가. 물이못나게, 진배없다(진배없이)
　　나. 떡을할, 뭘
　　다. 꿩의다리, 범의귀, 닭의난초 …
　　다'. 남의나이, 남의눈 ; 닭의똥, 닭의장 ; 별의별

　(2)는 격 조사 가운데 주격 조사, 목적격 조사, 관형격 조사 즉 문법격 조사가 참여한 통사적 결합어의 예이다. 문법격 조사는 문장에서도 실현되지 않은 경우가 있을 수 있기 때문에 그것이 외현되어 통사적 결합어에 참여한 것은 그리 많지 않다. (2가)의 '물이못나게'는 '부득부득 조르는 모양'의 의미를 가지는 것으로 '물'의 의미가 명백하지는 않지만 '이'가 주격 조사임에는 틀림이 없다. '진배없다'의 'ㅣ'도 마찬가지이다.

　(2나)는 목적격 조사가 참여한 통사적 결합어의 예인데 '떡을할'은 '떡을할 놈', "떡을할, 오늘은 재수가 없구나."의 예에서 볼 수 있는 것처럼 관형사나 감탄사에 가까운 것으로 그 의미는 '못마땅할 때 내뱉거나 아무 생각이 없이 하는 말' 정도이다. '뭘'도 "뭘, 그 정도 가지고 그래?"에서 보는 바와 같이 감탄사이다.

　(2다, 다')은 관형격 조사가 참여한 통사적 결합어인데 (2다)는 관형격 조사가 식물 명칭의 형성에 참여한 경우를 모은 것이다. 따라서 대부분 구성 요소의 의미가 전체 구성의 의미와 차이를 가지게 된다. (2다')은 그 외의 것을 정리한 것인데 '남의나이'는 '환갑이 지난 뒤의 나이를 이르는 말'의 의미를 가지기 때문에 '남'의 의미가 분명하지 않다. 이에 비하면 '남의눈'은 그 의미가 비교적 명백하다. '닭의장, 닭의똥', '별의별'은 '의'

가 결여된 '닭장, 닭똥', '별별'이 또 존재한다는 점에서 특기할 만하다.

　다음은 의미격 조사인 부사격 조사가 참여한 통사적 결합어를 정리한 것이다.

(3) 가. 단숨에, 뜻밖에, 세상에 …
　　가'. 눈엣가시, 몸엣것, 소금엣밥, 뒤엣것, 앞엣것 …
　　나. 공으로, 실제로, 의외로 …
　　다. 이에서

　(3가, 가')은 부사격 조사 '에'가 결합한 통사적 결합어의 예이다. (3가)의 '세상에'와 같은 예는 감탄사에 속하지만 나머지는 부사로 쓰이는 것들이다. (3가')은 '에'가 단어의 중간에 나타난 매우 특이한 예들인데 '에'는 단어의 중간에 올 수 없으므로 여기에 사이시옷이 다시 결합하여 그 다음의 명사와 결합하고 있다.

　(3나)는 부사격 조사 '(으)로'가 결합한 통사적 결합어의 예인데 부사격 조사가 결합한 유형 가운데 가장 많은 예가 '(으)로' 결합어에 해당한다. (3다)는 부사격 조사 '에서'가 결합한 것인데 '이에서'가 유일 예가 아닌가 한다.

　(3)의 예들은 '세상에'와 같은 예를 제외하면 모두 부사에 해당하는데 한국어는 이처럼 부사격 조사가 결합한 부사들이 적지 않다는 특징을 가지고 있다.

15.1.2. 보조사 결합어

　다음은 보조사가 결합한 통사적 결합어의 예를 살펴보기로 한다.

(4) 가. 그같이, 이같이, 저같이

　　가'. 살같이, 새벽같이

　　나. 고까지로, 그까지로, 요까지로, 이까지로, 저까지로, 조까지로

(4가, 가')은 보조사 '같이'가 참여한 단어 형성을 보인 것이다. (4가)의 '같이'를 제외한 '이, 그, 저'는 대명사로 분석된다. (4가)은 다음 예들과 차이가 있다.

(5) 성화같이, 실낱같이, 악착같이 …

외견상으로는 (5)의 예들도 (4가)과 흡사해 보이지만 (5)의 단어들은 각각 '성화같다, 실낱같다, 악착같다'와 같이 용언이 존재한다. 따라서 이들은 '같이'에 '살', '새벽'이 결합한 '살같이, 새벽같이'와 직접 성분 분석에서 다음과 같은 차이를 갖는다.

(6)　가.　　　　　　　　　　나.

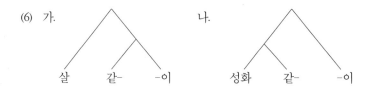

따라서 '살같이'와 '새벽같이'는 용언 '*살같다'와 '*새벽같다'가 존재하지 않는다.

(4나)는 보조사 '까지'가 결합한 후에 다시 '로'가 결합한 것이다. 이들에서의 '고, 그' 등은 따라서 대명사로 분석된다.

다음은 보조사 '(이)나', '(이)나마', '(이)야', '(이)야말로'가 결합한 것을 정리한 것이다.

(7) 가. 너무나, 어찌나, 언제나, 얼마나, 혹시나 …
　　　나. 고나마, 그나마, 요나마, 이나마, 저나마, 조나마
　　　다. 그야, 그제야, 이제야, 하기야
　　　라. 그야말로, 이야말로

(7가)는 보조사 '(이)나'가 주로 부사와 결합한 경우이고 (7나)는 '나마'
가 '고, 그' 등 대명사와 결합한 경우이다. (7다), (7라)에서 '야', '야말로'
와 결합한 '그', '이'도 역시 대명사이다.
　다음의 경우들도 모두 보조사가 결합한 통사적 결합어의 예에 해당
한다.

(8) 가. 고대로, 그대로, 요대로, 이대로, 저대로, 제대로, 조대로
　　　가'. 뜻대로, 마음대로, 멋대로, 제멋대로
　　　나. 나도겨이삭, 나도겨풀 ; 너도바람꽃, 너도밤나무 …
　　　나'. 고리도, 그리도, 아마도, 요리도, 이리도, 저리도, 조리도 ; 하도 ;
　　　　　예도옛날, 예도옛적 …
　　　다. 여간만, 자꾸만
　　　다'. 고만$_1$, 그만$_1$, 요만$_1$, 이만$_1$, 저만$_1$, 조만$_1$
　　　다". 고만$_2$, 그만$_2$, 요만$_2$, 이만$_2$
　　　라. 고만치, 그만치, 요만치, 이만치, 저만치, 조만치
　　　마. 고만큼, 그만큼, 요만큼, 이만큼, 저만큼, 조만큼
　　　바. 앞서, 이어서
　　　사. 글쎄요, 아니요, 여봐요
　　　아. 또는, 실은, 하기는, 혹은

(8가, 가')은 보조사 '대로'가 결합한 통사적 결합어의 예이다. (8가)의
'고, 그' 등은 역시 대명사로 분석되는 것이고 (8가')은 명사에 '대로'가 결
합한 것이다.
　(8나, 나')은 보조사 '도'가 결합한 통사적 결합어의 예인데 (8나)는 식물

의 명칭에 참여한 '도'가 단어의 내부에 나타난 경우를 제시한 것이다. (8나)의 '고리도, 그리도' 등은 부사에 '도'가 결합한 것이며 '하도'는 '많다'의 의미를 가지는 중세 한국어 형용사 '하-'에 결합한 '도'의 예다. '듣도 보도'처럼 용언 어간에 직접 결합하고 있다는 특성을 보이고 있다. '예도옛날, 예도옛적'의 경우는 (8나)의 경우처럼 단어 내부에 '도'가 나타나 있는 경우이다.

(8다, 다', 다")은 보조사 '만'이 참여한 통사적 결합어를 제시한 것이다. '만'은 8장에서 '강조', '단독', '한정', '정도' 등의 의미를 나타내는 것으로 보았는데 (8다)는 '강조'의 의미를 나타내는 '만'이 결합한 것이고 (8다')은 '정도'의 의미를 나타내는 '만'이 결합한 것이다. (8다")은 '한정'의 의미를 나타내는 '만'이 결합한 것인데 '정도'를 나타내는 '만'을 '만₁'로 표시하고 '한정'의 의미를 나타내는 '만'을 '만₂'로 구분한 것이다. 이들은 다음과 같은 품사의 차이를 갖는다.

(9) 가. 고만 일로 화를 내면 어떻게 하니?
나. 이제 고만 놀고 공부하자.

(9가)는 '정도'를 나타내는 '만'이 결합한 '고만₁'이 관형사의 자격을 가지고 있음을 보인 것이고 (9나)는 '한정'의 의미를 가지는 '만'이 결합한 '고만₂'가 부사의 자격을 가지고 있음을 제시한 것이다. 어느 쪽이든 '고, 그' 등이 대명사라는 것에는 변화가 없다.

(8라)는 보조사 '만치'가 결합한 것이고 (8마)는 '만큼'이 결합한 것인데 그 의미 차이가 크지는 않다. 이때의 '고, 그' 등도 대명사의 자격을 갖는다. (8바)는 보조사 '서'가 결합한 예들인데 '이어'의 경우는 그 자체로 어미 결합어인 부사인데 여기에 다시 '서'가 결합한 것이다. (8사)는 보조사

'요'가 결합한 예들인데 모두 감탄사로 간주되는 예들이다. (8아)는 보조사 '은/는'이 결합하여 부사를 형성한 경우이다.

이상의 조사 결합어들은 특히 대부분의 경우가 부사로 결과되고 있다는 점에 주목할 필요가 있다. 이렇게 보면 합성이나 파생, 영변화, 내적 변화를 비롯하여 반복에 이르기까지 부사가 단어 형성의 측면에서 가장 다양한 방법을 동원하고 있다는 것을 알 수 있다.

15.2. 어미 결합어

어미 결합어는 8장에서 제시한 어미 분류 체계를 따르되 이를 선어말 어미 결합어, 종결 어미 결합어, 연결 어미 결합어, 전성 어미 결합어로 나누어 살펴보기로 한다.

15.2.1. 선어말 어미 결합어

선어말 어미가 결합하여 단어화한 것으로 다음과 같은 예들을 들 수 있다.

> (10) 가. 거보시오 , 여보시게, 여보시오, 여보십시오, 이보시오, 잡수시다,
>   저보시오, 저보십시오 ; 어르신
>   가'. 늙으신네, 어르신네, 젊으신네
>   나. 고랬다조랬다, 그랬다저랬다, 섰다, 섰다판, 심봤다

(10가, 가')은 분리적 선어말 어미 '-(으)시-'가 발견되는 어미 결합어의 예들이다. (10가)는 '-(으)시-'를 분석할 수 있어서 '어르신' 같은 경우에

도 '어른'이 존재하지만 (10가)은 대체로 그렇지 못하다는 차이가 있어서 '-(으)시-'가 결여된 '*늙은네, *어른네'는 존재하지 않는다.2)

(10나)는 분리적 선어말 어미 '-았/었-'이 발견되는 어미 결합어의 예들이다. '섰다'는 화투 노름의 하나인데 어간과 어미의 결합형이 명사화한 예이고 '심봤다'는 심마니의 소리로서 감탄사이다.

15.2.2. 종결 어미 결합어

다음의 예들은 종결 어미 결합어를 몇 가지 제시한 것이다.

(11) 가. 여보게, 여보시게, 저보게
　　 나. 가타부타, 글쎄다, 글쎄올시다, 섰다, 섰다판, 심봤다
　　 다. 옳소
　　 라. 거봐라, 여봐라
　　 마. 거보시오, 여보시오, 이보시오, 저보시오
　　 바. 먹자골목
　　 사. 고렇지, 그렇지, 옳지, 이렇지, 조렇지

(11가)는 하게체 명령형 종결 어미 '-게'가 참여한 단어들을 제시한 것이고 (11나)는 해라체 평서형 종결 어미 '-다'가 참여한 단어들이다. (11다)는 하오체 평서형 종결 어미 '-소'가 결합한 예에 해당한다. (11라)는 해라체 명령형 종결 어미 '-아라'가 결합한 예이고 (11마)는 하오체 명령

---

2) 국립국어원의 『표준국어대사전』에는 '젊은네'는 등재되어 있고 '어른네'는 북한어로 소개가 되어 있다. 한편 (10)의 예들에는 선어말 어미만 존재하는 것이 아니다. 가령 '어르신'의 '-ㄴ'은 관형사형 어미가 결합한 것인데 이는 '어르신'이 선어말 어미 결합어로뿐만이 아니라 전성 어미 결합어로도 분류될 수 있음을 의미하는 것이다. 다른 예들도 두 개 이상의 어미가 분석되는 것들은 같은 처리가 가능하다. 이점 '고까지로'와 같이 조사가 둘 이상 발견되는 예들도 마찬가지였다.

형 종결 어미 '-오'가 결합한 경우들이다. (11바)에서의 '-자'는 해라체 청
유형 종결 어미가 결합한 경우이고 (11사)는 해체 평서형 종결 어미 '-지'
가 결합한 것이다. 이들 가운데 (11가, 다, 라, 마, 사)는 모두 감탄사라는
공통점이 있다.

15.2.3. 연결 어미 결합어

한국어에 연결 어미가 매우 풍부한 것처럼 연결 어미 결합어도 매우
다양하다. 그 가운데 가장 유형이 많고 또 많은 예들을 보여 주는 것은
'-고'와 '-아/어' 결합어이다. 먼저 '-고' 결합어를 몇 가지로 나누어 제시
하면 다음과 같다.

> (12) 가. 갈고닦다, 날고뛰다, 놀고먹다, 들고튀다, 먹고살다, 싸고돌다, 주
> 고받다, 치고받다, 타고나다, 파고들다, 하고많다 …
> 나. 고러고, 고사하고, 공중대고, 그러고, 대놓고, 들떼놓고, 마구대고,
> 무턱대고 …
> 다. 두고두고, 어쩌고저쩌고, 울고불고 …
> 라. 짓고땡
> 마. 보고, 치고, 하고

(12가)는 용언과 용언이 대등적 연결 어미 '-고'에 의해 연결되어 단어
화한 경우이다. 따라서 모두 용언의 자격을 갖는다. 이에 비해 (12나)는
'-고'가 어말에 사용된 경우인데 따라서 이들은 모두 부사에 해당한다는
차이가 있다. 한편 (12다)는 '-고'의 선행 요소와의 결합형이 반복된 경우
이다. (12라)는 '-고'가 용언의 연결이 아닌 데 나타난 경우이다. '짓고땡'
은 화투 노름의 하나로서 명사에 해당하는데 '-고'가 연결 어미인 이상

이러한 예는 매우 특이한 경우라고 할 수 있다. (12마)는 '-고' 결합형이
조사화한 경우이다.

연결 어미 '-아/어'가 결합한 단어들도 (12)와 평행하게 다음과 같이 몇
가지로 나누어 보기로 한다.

> (13) 가. 가려내다, 가려듣다, 가려잡다, 가리어지다, 가매지다, 가빠지다,
> 가져가다, 가져오다, 갈겨먹다, 갈겨쓰다, 갈라내다, 갈라놓다, 갈
> 라땋다, 갈라붙이다, 갈라서다, 갈아엎다, 갈아입히다, 갈아주다,
> 갈아타다 …
> 나. 건너질러, 곧이어, 그래, 되곱쳐, 듣다못해, 마침몰라, 아울러, 이
> 리하여, 통틀어, 하다못해
> 다. 고래조래, 그래저래, 물어물어, 이래저래
> 라. 살아생이별, 살아생전, 살아평생 ; 섞어찌개, 을러방망이 ; 꺾어
> 쟁이, 잘라뱅이
> 마. 따라, 부터, 조차

(13가)는 '-아/어'가 용언과 용언을 연결하되 이들 결합형이 단어화한
것으로 모두 용언에 해당하는데 연결 어미 결합어 가운데 가장 많은 예가
이에 속한다.3) (13나)는 '-아/어'가 어말에 결합한 것이 굳어진 것인데 따
라서 모두 부사에 해당한다. (13다)는 '-아/어'의 선행 요소와의 결합형이
반복된 경우이다. (13라)는 '-아/어'가 용언의 연결이 아니라 명사나 '-쟁
이', '-뱅이'와 같은 접미사와 결합하고 있다는 점에서 매우 특이한 예에
해당한다. (13마)는 '-아/어' 결합형이 조사화한 경우를 제시한 것이다.

연결 어미 '-아/어' 결합어가 (12)의 '-고' 결합어와 다른 점은 '-아/어'
는 다음과 같이 그 선행 용언이 현대 한국어에서는 존재하지 않는 경우가

---

3) 이 가운데는 종속적 연결 어미로서의 '-아/어'도 있고 보조적 연결 어미로서의 '-아/어'도
있는데 이를 따로 구별하지는 않았다.

적지 않다는 것이다.

> (14) 가꾸러지다(까꾸러지다), 거꾸러지다(꺼꾸러지다) ; 가라앉다, 가라앉
> 히다 ; 구태여 ; 그러내다, 그러넣다, 그러담다, 그러당기다, 그러들
> 이다, 그러먹다, 그러모으다, 그러묻다, 그러안기다, 그러안다, 그러
> 잡다, 그러쥐다 ; 기꺼하다 ; 까라지다 ; 나타나다, 나타
> 내다 ; 도리어 ; 바서지다, 부서지다 ; 사라지다 ; 쓰러지다 ; 엎드러
> 지다 ; 저어하다 ; 태어나다 …

　이들 가운데는 역사적으로 그 전대형을 확인할 수 있는 경우도 없는 것
은 아니다. 가령 '가꾸러지다'는 '갓ㄱ라디다'의 발달형이다. 그러나 역시
현대 한국어에서는 '*가꿀다'가 존재하지 않는다.
　다음은 보조적 연결 어미 '-지'를 찾을 수 있는 경우이다.

> (15) 가. 되지못하다, 마지못하다 ; 마지아니하다(마지않다), 머지않다, 못
> 　　　지아니하다(못지않다)
> 　나. 가당찮다, 같잖다, 괜찮다, 괴이찮다(괴찮다), 귀찮다, 깔밋잖다,
> 　　　꼴같잖다, 꼴답잖다, 남부럽잖다, 달갑잖다, 당찮다, 대단찮다, 되
> 　　　잖다, 마땅찮다, 마뜩잖다, 만만찮다, 변변찮다, 수월찮다, 시답잖
> 　　　다, 시원찮다, 심심찮다, 안심찮다, 야젓잖다, 어쭙잖다, 엔간찮
> 　　　다, 여의찮다, 오죽잖다, 올곧잖다, 우연찮다, 의젓잖다, 적잖다,
> 　　　점잖다, 조련찮다, 짭짤찮다, 칠칠찮다, 편찮다, 편편찮다, 하찮다

　(15)는 보조적 연결 어미 '-지'가 결합하고 있다는 공통점이 있지만 (15
가)는 '-지 아니하다'가 '-지 않다'나 나아가 '-잖다'로 나타나지 않는 데
비해 (15나)는 '-지 아니하다'는 '-지 않다'를 거쳐 '-잖다'로, '-하지 아
니하다'는 '-하지 않다'를 거쳐 '-찮다'로 축약이 일어난 형태로 단어화하
고 있다는 점에서 차이가 있다.

　　종속적 연결 어미 '-면'이나 '-(아/어)다'의 경우도 적지 않은 결합어를
보이고 있다.

　　(16) 가. 걸핏하면, 고러면(고럼), 그러면(그럼), 기왕이면, 까딱하면, 뻔쩍
　　　　　　하면, 아무러면, 어쩌면(어쩜), 언뜻하면, 왜냐하면, 이를테면(일
　　　　　　테면), 이왕이면, 툭하면 …
　　　　나. 건너다보다, 건너다보이다, 내다보다, 내다보이다(내다뵈다), 넘
　　　　　　겨다보다, 넘겨다보이다, 넘어다보다, 돌아다보다, 들여다보다,
　　　　　　들여다보이다(들여다뵈다), 따다바리다, 떠다밀다, 떠다박지르다,
　　　　　　떠다박질리다, 바라다보다, 바래다주다, 올려다보다 …

　　(16가)는 연결 어미 '-면'이 어말에 위치하여 단어화한 경우이고 (16나)
는 '-(아/어)다'가 선행 용언과 후행 용언을 결합한 후 이들이 단어화한
경우이다. 따라서 (16가)는 모두 일차적으로는 부사에 해당하고 (16나)는
용언, 그 가운데서도 동사에 해당한다.

　　이 외에도 연결 어미가 단어화에 참여한 것을 몇 가지 더 제시하면 아
래와 같다.

　　(17) 가. 고렇게, 그러게, 그렇게, 되게, 물이못나게
　　　　나. 보아한들, 설마한들
　　　　다. 어쩐지, 왠지
　　　　라. 그러나
　　　　라'. 그나저나, 그러나저러나, 드나나나, 오나가나, 이러나저러나, 지
　　　　　　나새나
　　　　마. 기다라니, 멍하니, 설마하니
　　　　마'. 보아하니(봐하니)
　　　　바. 그러니까
　　　　사. 가다가, 가다가다, 오다가다, 이따(이따가), 하다못해
　　　　아. 되도록

아'. 저물도록, 오래도록
자. 아무튼(암튼, 아무튼지), 어떻든(어떻든지), 어쨌든, 여하튼(여하튼
　　지), 하여튼(하여튼지)
차. 고렇듯(고렇듯이), 그렇듯(그렇듯이), 노드리듯, 악패듯, 오복조르듯⁴⁾
카. 갈수록
타. 세상없어도, 아무래도, 적어도, 천하없어도
파. 그래서, 나아가서, 따라서
하. 그렇지만, 하지만

(17가)는 '-게'가 참여한 결합어의 예이고 (17나)는 연결 어미 '-ㄴ들',
(17다)는 '-ㄴ지'가 참여한 결합어의 예이다.

(17라, 라')는 연결 어미 '-나'가 결합한 것인데 (17라')은 이것이 중복된
구성에 출현한 것을 따로 모은 것이다. (17마, 마')은 '-니'의 예인데 (17마)
은 '-니까'의 의미를 지니는 '-니'로 그렇지 않은 (17마')의 '-니'와는 구별
할 필요가 있다. (17바)는 '-니까'가 결합한 것이고 (17사)는 '-다(가)'가
결합한 것이다.

(17아, 아')은 '-도록'이 참여한 것인데 (17아)는 '-ㄹ수록'의 의미를 가
지는 '-도록'의 경우라는 점에서 '어떤 때까지'의 의미를 가지는 (17아')의
'-도록'과 구별된다. (17자)는 '-든지'가 결합한 경우이고 (17차)는 '-듯
(이)'가 결합한 경우이다.

(17카)는 '-ㄹ수록'이 결합한 예이고 (17타)는 연결 어미 '-어도'와 결
합한 예들을 제시한 것이다. (17파)는 '-아서'와 결합한 것들이고 (17하)는
'-지만'이 결합한 예들이다.

(17)의 예들은 모두 부사로 기능한다는 점에서 공통점이 있다.⁵⁾

---

4) '심하게 조르는 모양'의 의미.
5) 이러한 점을 중시한다면 (17)의 예들에서 보이는 연결 어미는 부사형 전성 어미로 다루는
　것이 더 나을 수도 있다. 여기서는 우선 8장에서 제시한 바와 같이 부사형 전성 어미를

15.2.4. 전성 어미 결합어

전성 어미 가운데 먼저 관형사형 전성 어미가 단어 형성에 참여한 경우부터 살펴보기로 한다. 우선 관형사형 전성 어미 '-ㄴ'을 들 수 있는데 관형사형 전성 어미 '-ㄴ'이 참여하여 관형사화하거나('다른, 바른, 오랜' 등) 감탄사화한 경우('고런, 그런' 등)는 이미 살펴보았으므로 여기에서는 이 외의 것에 관심을 가져 보기로 한다.

(18) 가. 가는귀, 뜬소문, 어린이, 지은이, 작은형, 큰집 …
나. 어른, 어르신

(18가)는 관형사형 어미 '-ㄴ'이 그 기능을 그대로 가지고 통사적 결합어에 참여한 경우이다. 이에 대해 (18나)의 '어른', '어르신'은 관형사형 어미가 참여한 구성이 명사화한 예로서 이른바 동명사형 어미의 용법을 간직한 것으로 해석할 수 있는 경우이다.

다음은 관형사형 전성 어미 '-ㄹ'을 들 수 있는데 감탄사 형성에 참여한 경우('빌어먹을, 염병할')에 대해서는 이미 살펴보았으므로 여기서는 이외의 것들에 대해 살펴보기로 한다.

(19) 가. 갈판, 감칠맛, 건널목, 걸그림, 견딜힘, 길짐승, 깔창, 끌그물 …
나. 거꿀날름쇠, 거꿀막이 ; 썰물 ; 열구름 ; 자물쇠

(19가)는 관형사형 어미 '-ㄹ'과 결합한 선행 용언을 현대 한국어에서 확인할 수 있는 경우이지만 (19나)는 그렇지 못한 것들이다. 따라서 (19나)의 가령 '거꿀-'류는 현대 한국어에서 '*거꿀다'가 존재하지 않는다.

종속적 연결 어미로 분류하였다.

다음으로 명사형 어미 '-기'가 단어화에 참여한 것을 살펴보기로 한다.

> (20) 가. 가지치기, 쓰기, 말하기, 달리기, 던지기, 누르기, 돈내기 …
> 　　나. 돈보기, 맛보기, 뺑튀기 …
> 　　다. 양치기, 소매치기, 모들뜨기6) ; 개미핥기
> 　　라. 기울기 ; 굳기, 밝기, 빠르기, 세기, 크기, 굵기

(20가)는 행위를 나타내는 동사에 명사형 전성 어미 '-기'가 결합하여 그 행위를 나타내는 명사가 된 것들이며 (20나)는 그 행위의 결과물로서의 사물을 지시하고 (20다)는 행위의 동작주로서의 유정물을 지시한다. '개미핥기'를 제외하면 나머지는 '사람'을 지시하는데 '양치기, 소매치기'에 대해서는 '서울내기'와 연관하여 이미 언급한 바 있다. (20라)는 이른바 척도명사를 형성하는 '-기'의 경우를 정리한 것인데 '기울기'만을 제외하면 나머지는 대체로 형용사에 '-기'가 결합하고 있다는 점에서 (20가, 나, 다)의 경우와 차이가 있다.

한편 그동안의 논의에서는 '-기' 가운데 (20)과 같이 단어 형성에 참여하는 것은 접미사로 보아 문장 형성에 참여하는 '-기'와 구별하는 경우가 적지 않았다.

> (21) 가. 목이 아파서 오래 말하기가 어렵다.
> 　　나. 연습을 많이 한 덕분에 이제 빠른 말하기가 가능하다.

(21가)에서는 '말하기' 앞에 '오래'라는 부사가 위치하고 있으므로 '말하기'는 품사가 동사이고 따라서 이때의 '-기'는 명사형 어미로 보고 (21나)에서는 '말하기' 앞에 '빠른'이라는 관형어가 위치하고 있으므로 '말하

---

6) '두 눈동자가 안쪽으로 치우친 사람'의 의미.

기'는 품사가 명사이고 이때의 '-기'는 명사 파생 접미사로 간주하자는 것이다.

그러나 '말하기'가 어떤 경우에는 동사이고 어떤 경우에는 명사라고 해서 반드시 '-기'를 두 가지로 구분해야 하는 것은 아니다. 앞에서도 여러 차례 언급한 것처럼 이는 '분석'에 기반한 '처리'일 가능성이 높아서 '형성'의 측면에서 보면 이 두 가지를 구별할 수 있는 방법을 찾기가 쉽지 않을뿐더러 다른 어미들도 모두 이와 같은 처리를 해야 한다는 점에서 부담이 적지 않기 때문이다.

다음은 명사형 전성 어미 '-(으)ㅁ'이 참여한 통사적 결합어의 예이다.

(22) 가. 가르침, 춤, 웃음, 얼음, 물음, 걸음, 잠 ; 기쁨, 더러움, 가려움, 수
　　　줍음 …
　　나. 비빔, 무침, 쌈 …
　　다. 글방물림,[7] 책상물림

(22가)는 '가르침' 등 동사와 결합할 경우에는 그 행위의 의미를 가지고 있다. 한편 '기쁨' 등 형용사와 결합하여 성질이나 상태를 가리키는데 이러한 경우는 '-기'에 비해 더 흔하다는 것을 알 수 있다. (22나)는 행위의 결과가 된 사물을 지시하는 경우이고 많지는 않지만 (22다)의 경우에서 알 수 있는 바와 같이 사람의 의미도 가지고 있다.

'-기'를 파생 접미사로 분석하는 견해도 적지 않다고 언급하였으나 '-(으)ㅁ'은 그러한 견해의 출발점이 되었다는 점에서 더 큰 의미가 있다. 중세 한국어에서는 명사형 어미는 '-(오/우)ㅁ'으로, 명사 파생 접미사는 '-(으)ㅁ'으로 서로 형식적으로도 구분되어 있었기 때문이다.

---

7) '글방에서 공부만 하다가 갓 사회에 나와 세상 물정에 어두운 사람을 낮잡아 이르는 말'
　의 의미.

우선 '-기'와 마찬가지로 다음과 같은 현상을 명사와 명사형의 구분 근거로 제시하는 경우가 있다.

> (23) 가. 오늘도 친구들과 크게 싸움.
> 나. 다행히 큰 싸움으로 번지지는 않았다.

(23가)의 '싸움'은 그 앞에 부사어 '크게'가 위치하므로 명사형임을 알 수 있고 (23나)는 관형어 '큰'이 '싸움' 앞에 위치하고 있으므로 '싸움'은 명사라는 것을 알 수 있다. 이에 대해 '-(으)ㅁ'을 모두 명사형 어미로 간주해도 문제가 없다는 것은 '-기'의 경우와 동일하다. 또한 중세 한국어에서는 형식적으로 구분되던 것이 현대 한국어에서는 구분되지 않게 되었다면 그 기능을 구별할 필요가 없는 것으로 간주할 수도 있는 것이다.

한편 '-(으)ㅁ'의 경우에는 파생 명사와 명사형이 '-기'와는 달리 다음과 같은 차이를 더 갖는다고 언급되었다.

> (24) 가. 큰 {울음, *욺}
> 가'. 큰 {싸움, 쌈}
> 나. 크게 {울음, 욺}
> 나'. 크게 {싸움, *쌈}

(24가, 나)는 어간이 'ㄹ'을 가지는 경우 명사는 '으' 탈락이 일어나지 않는데 명사형은 '으' 탈락이 일어날 수 있다는 것이며 (24가', 나')은 명사에서는 '우'가 탈락할 수 있는 데 비해 명사형에서는 이것이 불가능하다는 것이다. 그러나 이것도 명사형과 명사가 가지는 차이일 수는 있지만 '-(으)ㅁ'이 명사 파생 접미사와 명사형 어미로 구분되어야 한다는 것을 직접적으로 의미하는 것으로 받아들이기는 쉽지 않다. 명사임에도 불구하

고 (24)의 원칙을 따르지 않는 것이 없는 것도 아니기 때문이다.

    (25) 가. *살음 – 삶
        나. 알음 – 앎

  (25가)는 동사 '살다'와 관련하여 이의 명사로는 '*살음'이 존재하지 않고 '삶'만 존재한다는 것을 의미하는 것이고 '알다'와 관련하여서는 이의 명사로 '알음'과 '앎' 모두가 존재한다는 것을 뜻한다. 어떤 경우이든 '으'가 탈락한 '삶'과 '앎'이 존재한다는 것은 (24가, 나)에 대해서는 예외가 된다는 점에서 변화가 없다.

연습 문제

1. 다음 통사적 결합어의 의미를 구별해 보고 이렇게 표기를 구별한 이유가 무엇인지 생각해 보자.

> 가. 노름, 놀음
> 나. 알음, 앎

2. 본문을 이용하여 다음의 빈칸을 채워 보자.

	고	그	요	이	저	조
같이						
까지						
나마						
대로						
만						
만치						
만큼						
야						
야말로						

1. 다음 단어들에는 '웃음'이 공통적으로 나타나지만 직접 성분 분석을 일률적으로 적용하기 힘들다. 그 이유가 무엇인지 생각해 보자.

> 가. 눈웃음, 쓴웃음
>
> 나. 비웃음

2. 다음 단어들의 각 쌍은 어떤 특성이 있는지 분석해 보고 이러한 현상이 나타나는 이유가 무엇인지 생각해 보자.

> 가. 닭의똥-닭똥, 닭의장-닭장, 별의별-별별, 벌의집-벌집
>
> 나. ① 갈고닦다-갈닦다
>
> ② 걸어앉다-걸앉다, 꿇어앉히다-꿇앉히다, 끌어안다-끌안다, 들어앉다-들앉다, 들어앉히다-들앉히다, 들어오다-들오다, 뛰어놀다-뛰놀다, 물어뜯다-무뜯다, 얽어매다-얽매다, 엎어누르다-엎누르다, 옭아매다-옭매다, 잡아매다-잡매다
>
> ③ 걸머메다-걸메다, 걸머메이다-걸메이다, 달라붙다-달붙다, 들러붙다-들붙다, 물러앉다-물앉다
>
> ④ 검은종덩굴-검종덩굴, 굳은돌-굳돌, 굳은자-굳짜, 맞은바람-맞바람, 맞은혼인-맞혼인, 묵은장-묵장 ; 빗긴각-빗각
>
> ⑤ 돋을새김-돋새김

3. 다음 단어들을 직접 성분 분석해 보고 합성어로 분류하는 것이 좋을지 아니면 통사적 결합어로 분류하는 것이 좋을지 생각해 보자.

> 가. 가는개수염, 가는괴불주머니
>
> 가′. 가는귀먹다, 가는다리말랑게
>
> 나. 거꿀가랑이표, 거꿀원뿔꼴
>
> 나′. 두껍닫이자물쇠, 맹꽁이자물쇠

참고문헌

고영근(1978), 「형태소 분석한계」, 『언어학』 3, 29~35.

고영근(1989), 『국어형태론 연구』, 서울대학교 출판부.

고영근(1992/1993), 「형태소란 도대체 무엇인가?」, 『형태』, 태학사, 11~23.

고영근(1995a), 「주시경 『국어문법』의 형성에 얽힌 문제」, 『대동문화연구』 30, 233~
　　　　277.

고영근(1995b), 『최현배의 학문과 사상』, 집문당.

고영근(2001), 『역대한국문법의 통합적 연구』, 서울대학교 출판부.

고영근(2005), 「형태소의 교체와 형태론의 범위−형태음운론적 교체를 중심으로−」,
　　　　『국어학』 46, 19~51.

고영근(2010), 『표준중세국어문법론』(3판), 집문당.

고영근・구본관(2008), 『우리말 문법론』, 집문당.

고영근・이용・최형용(2010), 『주시경 국어문법의 교감과 현대화』, 도서출판 박이정.

고재설(1992), 「'구두닦이'형 합성명사에 대하여」, 『서강어문』 8, 17~30.

고창수(1992), 「국어의 통사적 어형성」, 『국어학』 22, 259~269.

구본관(1993), 「국어 파생접미사의 통사적 성격에 대하여」, 『관악어문연구』 18, 117~
　　　　140.

구본관(1998a), 『15세기 국어 파생법에 대한 연구』, 태학사.

구본관(1998b), 「단일 어기 가설과 국어 파생 규칙−15세기 국어 파생법을 중심으로−」,
　　　　『어학연구』 34-1, 153~174.

구본관(2005), 「국어 접미사의 분류에 대한 재검토」, 『우리말연구서른아홉마당』, 태학
　　　　사, 13~40.

구본관(2010), 「국어 품사 분류와 관련한 몇 가지 문제」, 『형태론』 12-2, 179~199.

국립국어연구원(1999), 『표준국어대사전』, 두산동아.

국립국어연구원(2002), 『「표준국어대사전」 연구 분석』.

국립국어원(2005), 『외국인을 위한 한국어문법 1』, 커뮤니케이션북스.

권용경(2001), 「국어 사이시옷에 대한 통시적 연구」, 서울대 박사학위논문.

김광해(1989), 『고유어와 한자어의 대응 현상』, 탑출판사.

김근수(1947), 『중학국문법책』, 문교당출판부(역대한국문법대계 ① 7).

김두봉(1916), 『조선말본』, 신문관(역대한국문법대계 ① 22).

김두봉(1922), 『깁더조선말본』, 새글집(역대한국문법대계 ① 23).

김미영(1998), 『국어 용언의 접어화』, 한국문화사.

김민수·남광우·유창돈·허웅(1960), 『새고교문법』, 동아출판사(역대한국문법대계 ① 96).

김민수·고영근(2008), 『역대한국문법대계』(102책)(제2판), 도서출판 박이정.

김민수·하동호·고영근(1977~1986), 『역대한국문법대계』(102책), 탑출판사.

김민수·고영근·최호철·최형용(2015), 『역대한국문법대계(Ⅱ)』, 도서출판 박이정.

김선영(2005), 「'X잖/찮-' 형용사에 대하여」, 『형태론』 7-1, 23~44.

김선효(2002), 「현대 국어의 관형어 연구」, 서울대 박사학위논문.

김성규(1987), 「어휘소 설정과 음운현상」, 서울대 석사학위논문.

김승렬(1988), 『국어어순연구』, 한신문화사.

김양진(2008), 「접어와 기능어-형태론적 단위와 통사론적 단위-」, 『한국어학』 38, 1~31.

김영욱(1997), 「공형태소에 대하여」, 『전농어문연구』 9(서울시립대), 181~198.

김유겸(2015), 「유추에 의한 파생접미사의 생성과 분화-강릉 지역어 '-엥이', '-에기'류 접사를 대상으로-」, 『국어학』 73, 229~267.

김윤경(1948), 『나라말본』, 동명사(역대한국문법대계 ① 54).

김일환(2000), 「어근적 단어의 형태·통사론」, 『한국어학』 11, 213~226.

김일환(2003), 「국어의 어근과 어근적 단어」, 『형태론』 5-1, 67~80.

김진형(2000), 「조사연속구성과 합성조사에 대하여」, 『형태론』 2-1, 59~72.

김창섭(1981), 「현대국어의 복합동사 연구」, 서울대 석사학위논문.

김창섭(1984/1993), 「형용사 파생 접미사들의 기능과 의미-'-답-, -스럽-, -롭-, 하-'와 '-的'의 경우-」, 『형태』, 태학사, 151~181.

김창섭(1985), 「시각형용사의 어휘론」, 『관악어문연구』 10, 149~176.

김창섭(1996a), 「국어 파생어의 통사론적 문제들」, 『이기문교수정년퇴임기념논총』, 156~181.

김창섭(1996b), 『국어의 단어형성과 단어구조 연구』, 태학사.

김창섭(1999), 『국어 어휘 자료 처리를 위한 한자어의 형태·통사론적 연구』, 국립국어연구원.

김창섭(2001a), 「'X하다'와 'X를 하다'의 관계에 대하여」, 『어학연구』 37-1, 63~85.

김창섭(2001b), 「한자어 형성과 고유어 문법의 제약」, 『국어학』 37, 177~195.

김창섭(2010), 「조사 '이서'에 대하여」, 『국어학』 58, 3~27.

김철남(1997), 『우리말 어휘소 되기』, 한국문화사.

김혜지(2014a), 「국어의 [명사+동사+-(으)ㅁ/이/기]]형 단어의 형성 연구-구성 문법 이론을 중심으로-」, 이화여대 석사학위논문.

김혜지(2014b), 「'구성적 틀'의 관점에서 본 '[N+V+-(으)ㅁ/이/기]'형 단어」, 『형태론』 16-2, 185~205.

김혜지(2015), 「국어의 중복 표현에 대한 화자의 의도 고찰」, 『국어학』 75, 373~404.

나은미(2006), 「어휘부의 존재 방식과 단어 형성－연결주의(connectionism) 관점에서－」, 『한국어 의미학』 20, 325~345.

남기심 외(2006), 『왜 다시 품사론인가』, 커뮤니케이션북스.

남기심·고영근(2014), 『표준국어문법론』(4판), 탑출판사.

남수경(2011), 「품사 통용의 몇 문제－기본 개념을 중심으로－」, 『개신어문연구』 33, 105~127.

남윤진(1997), 『현대국어의 조사에 대한 계량언어학적 연구』, 태학사.

노명희(1998), 「현대국어 한자어의 단어 구조 연구」, 서울대 박사학위논문.

노명희(2004), 「어기의 범주를 바꾸는 접두한자어」, 『한국언어문학』 53, 123~151.

노명희(2005), 『현대국어 한자어 연구』, 태학사.

노명희(2006), 「국어 한자어와 고유어의 동의중복 현상」, 『국어학』 48, 259~288.

노명희(2007), 「한자어의 어휘 범주와 내적 구조」, 『진단학보』 103, 167~191.

노명희(2008), 「한자어의 구성성분과 의미 투명도」, 『국어학』 51, 89~113.

노명희(2009a), 「국어 동의중복 현상」, 『국어학』 54, 275~302.

노명희(2009b), 「어근 개념의 재검토」, 『어문연구』 37-1, 59~84.

노명희(2010), 「혼성어 형성 방식에 대한 고찰」, 『국어학』 58, 255~281.

리우 완잉(2014), 「한국어 한자어 수 표현 구성에 관한 고찰－중일 양 언어와의 비교를 통하여－」, 『형태론』 16-2, 206~227.

목정수(2006), 「한국어 문법 체계에서의 '이다'의 정체성－기능동사 옹호론－」, 『어문연구』 34~4, 55~81.

목정수(2007), 「'이다'를 기능동사로 분석해야 하는 이유 몇 가지」, 『어문연구』 35-4, 7~27.

목정수(2009), 「한국어 명사성 형용사의 설정 문제－유형론적 접근과 국어교육적 활용－」, 『국어교육』 128, 387~418.

목정수(2011), 「한국어 '명사성 형용사' 단어 부류의 정립－그 유형론과 부사 파생－」, 『언어학』 61, 131~159.

박보연(2005), 「현대국어 음절축소형에 대한 연구」, 서울대 석사학위논문.

박소영(2011), 「한국어 통합합성어의 통사구조와 형태-통사론의 접면」, 『생성문법연구』 21, 685~706.

박승빈(1935), 『조선어학』, 조선어학연구회(역대한국문법대계 ① 50).

박용찬(2008), 「국어의 단어 형성법에 관한 일고찰－우리말 속의 혼성어를 찾아서－」, 『형태론』 10-1, 111~128.

박재연(2010), 「이형태 교체와 관련한 몇 문제」, 『국어학』 58, 129~155.

박주원(2011), 「술목 구조 VN형 한자어의 논항 실현에 대하여-'VN-하다'의 목적어 출현을 중심으로-」, 『형태론』 13-2, 267~290.

박진호(1994), 「통사적 결합 관계와 논항구조」, 서울대 석사학위논문.

박진호(1999), 「형태론의 제자리 찾기-인접 학문과의 관계를 중심으로-」, 『형태론』 1-2, 319~340.

박진호(2007), 「유형론적 관점에서 본 한국어 대명사 체계의 특징」, 『국어학』 50, 115~147.

박진호(2010), 「언어학에서의 범주와 유형」, 『인문학연구』(경희대) 17, 265~292.

배주채(2009), 「'달다, 다오'의 어휘론」, 『국어학』 56, 192~220.

성기철(1992), 「국어 어순 연구」, 『한글』 218, 77~114.

손달임(2012), 「현대국어 의성의태어의 형태와 음운 연구」, 이화여대 박사학위논문.

손혜옥(2008), 「'조사결합어'에 관한 연구」, 『형태론』 10-1, 85~110.

손호민(2008), 「한국어의 유형적 특징」, 『한글』 282, 61~95.

송경안·송진희(2007), 「유형론의 관점에서 본 한국어의 품사」, 『언어학』 49, 23~49.

송경안·이기갑 외(2008a), 『언어유형론 1(품사, 문장유형, 어순, 기본문형)』, 월인.

송경안·이기갑 외(2008b), 『언어유형론 2(격, 부치사, 재귀구문, 접속표현)』, 월인.

송경안·이기갑 외(2008c), 『언어유형론 3(시제와 상, 양상, 조동사, 수동태)』, 월인.

송기중(1998), 「어휘 생성의 특수한 유형-한자차용어-」, 『국어 어휘의 기반과 역사』, 태학사, 593~615.

송원용(1998), 「활용형의 단어 형성 참여 방식에 대한 연구」, 서울대 석사학위논문.

송원용(2000), 「현대국어 임시어의 형태론」, 『형태론』 3-1, 1~16.

송원용(2002), 「국어의 어휘부와 단어 형성 체계에 대한 연구」, 서울대 박사학위논문.

송원용(2005a), 『국어 어휘부와 단어 형성』, 태학사.

송원용(2005b), 「다중 어휘부 구조 가설의 실험심리학적 검증-생산적 접사 '-개, -질, -적'을 중심으로-」, 『형태론』 7-2, 257~276.

송원용(2005c), 「신어의 어휘부 등재 시점 연구-어휘 지식 유무 검사를 통한 검증-」, 『국어학』 46, 97~123.

송원용(2009), 「국어 선어말어미의 심리적 실재성 검증」, 『어문학』 104, 83~102.

송원용(2010), 「형태론 연구의 쟁점과 전망-유추론자와 규칙론자의 논쟁을 중심으로-」, 『한국어학』 48, 1~44.

송원용(2011a), 「한자계 어근 분류 방식의 심리적 실재성」, 『형태론』 13-2, 225~244.

송원용(2011b), 「불규칙적 고유어 어근의 심리적 실재성」, 『국어국문학』 159, 5~30.

송철의(1992), 『국어의 파생어형성 연구』, 태학사.

송철의(1993), 「언어 변화와 언어의 화석」, 『국어사 자료와 국어학의 연구』, 문학과 지성사, 352~370.

송철의(2006), 「국어 형태론 연구의 문제점」, 『배달말』 39, 117~141.

송철의(2010), 『주시경의 언어이론과 표기법』, 서울대학교 출판문화원.

시정곤(1993), 「국어의 단어 형성 원리」, 고려대 박사학위논문.

시정곤(1994), 「'X를 하다'와 'X하다'의 상관성」, 『국어학』 24, 231~258.

시정곤(1998), 『국어 단어형성의 원리』(수정판), 한국문화사.

시정곤(1999), 「규칙은 과연 필요 없는가?」, 『형태론』 1-2, 261~283.

시정곤(2000), 「공형태소를 다시 생각함」, 『한국어학』 12-1, 147~165.

시정곤(2001), 「국어의 어휘부 사전에 대한 연구」, 『언어연구』 17-1, 163~184.

시정곤(2002), 「단어를 바라보는 눈」, 『문법과 텍스트』(고영근선생정년퇴임논총), 서울
　　대학교 출판부, 195~216.

시정곤(2004), 「등재소 설정 기준에 대한 연구」, 『한국어학』 22, 185~214.

시정곤(2006), 「국어 형태론에서의 '생산성' 문제에 대한 연구」, 『형태론』 8-2, 257~
　　276.

시정곤(2010), 「공형태소와 형태 분석에 대하여」, 『국어학』 57, 3~30.

신서인(2000), 「현대국어 의존명사에 대한 연구」, 서울대 석사학위논문.

신서인(2011), 「문장부사의 위치에 대한 고찰」, 『국어학』 61, 207~238.

신중진(1998), 「현대국어 의성의태어 연구」, 서울대 석사학위논문.

심재기(1979), 「관형화의 의미기능」, 『어학연구』 15-2, 109~121.

심재기(2000), 『국어 어휘론 신강』, 태학사.

안병희(1965), 「문법론」, 『국어학 개론』, 수도출판사.

안병희(1968), 「중세국어 속격어미 '-ㅅ'에 대하여」, 『이숭녕박사 송수기념논총』, 을유
　　문화사, 335~345.

안병희·임홍빈·권재일(1997), 「언어 연구의 회고와 전망」, 『인문논총』 38(서울대),
　　1~86.

안상철(1998), 『형태론』, 민음사.

안소진(2010), 「국어화자 2음절 한자어 구성요소 파악에 대한 고찰-'직·간접류'의
　　형성과 관련하여-」, 『형태론』 12-2, 201~216.

안소진(2011), 「심리어휘부에 기반한 한자어 연구」, 서울대 박사학위논문.

안소진(2012), 「어휘부 등재 논의의 경향과 쟁점」, 『형태론』 14-1, 1~23.

안소진(2014), 『심리어휘부에 기반한 한자어 연구』, 태학사.

안주호(1997), 『한국어 명사의 문법화 현상 연구』, 한국문화사.

안주호(2001), 「한국어의 문법화와 역문법화 현상」, 『담화와 인지』 8-2, 93~112.

안　확(1917), 『조선문법』, 유일서관(역대한국문법대계 ① 175).

안　확(1923), 『수정 조선문법』, 회동서관(역대한국문법대계 ① 24, 25).

양명희(1998), 「부사의 사전적 처리에 대하여(1)」, 『한국어학』 8, 173~206.

양정호(2003), 「'이다'의 문법범주에 대한 고찰」, 『형태론』 5-2, 255~271.

엄정호(1993), 「'이다'의 범주 규정」, 『국어국문학』 110, 317~332.

엄태수(2007), 「사이시옷 현상과 한글 맞춤법」, 『시학과 언어학』 13, 239~288.

연재훈(1986), 「한국어 '동사성명사 합성어(Verbal Noun Compound)'의 조어법과 의미 연구」, 서울대 석사학위논문.

연재훈(2001), 「이른바 '고기잡이'류 통합합성어의 단어형성에 대한 문제」, 『형태론』 3-2, 333~343.

연재훈(2008), 「한국어에 능격성이 존재하는가-능격의 개념과 그 오용-」, 『한글』 282, 124~154.

연재훈(2011), 『한국어 구문 유형론』, 태학사.

연재훈·목정수(2000), 「상징부사(의성·의태어)의 서술성과 기능동사」, 『한국어학』 12, 89~118.

오규환(2008), 「현대 국어 조사 결합형의 단어화에 대한 연구」, 서울대 석사학위논문.

오규환·김민국·정한데로·송재영 역(2015), 『형태론의 이해』, 역락[Haspelmath, M. & A. D. Sims (2010), Understanding morphology(2nd), Oxford University Press].

왕문용(1989), 「명사 관형구성에 대한 고찰」, 『주시경학보』 4, 139~157.

유길준(1909), 『대한문전』, 강문관(역대한국문법대계 ① 06).

유현경(2003), 「'주다' 구문에 나타나는 조사 '에게'와 '에'」, 『한국어학』 20, 155~174.

유현경(2006), 「형용사에 결합된 어미 '-게' 연구」, 『한글』 273, 99~123.

유현경(2007), 「'에게'와 유정성」, 『형태론』 9-2, 257~275.

유현경(2008), 「관형사 '한'에 대한 연구」, 『국어학』 53, 65~86.

이광정(2008), 『국어문법연구Ⅲ-한국어 품사 연구-』, 도서출판 역락.

이광호(2002), 「유의어 정도성 측정을 위한 집합론적 유형화」, 『문학과 언어』 24, 57~78.

이광호(2006), 「선행 성분 없이 사용되는 의존 명사 구성에 대한 고찰」, 『관악어문연구』 31, 219~236.

이광호(2007a), 「국어 파생 접사의 생산성에 대한 계량적 연구」, 서울대 박사학위논문.

이광호(2007b), 「상대 빈도를 이용한 생산성 측정에 대한 연구」, 『국어학』 50, 57~76.

이규호(2008), 「체언 수식 부사-부사 관형 구성 연구-」, 『국어학』 51, 3~28.

이규호(2015), 「관형사의 하위분류-인칭/의문·부정 관형사의 설정-」, 『국어학』 74, 207~232.

이기문(1972), 『(개정판)국어사개설』, 탑출판사.

이기문(1976), 「주시경의 학문에 대한 새로운 이해」, 『한국학보』 5, 39~58.

이기문(1991), 『국어어휘사연구』, 동아출판사.

이기문(1998), 『국어사개설』(신정판), 태학사.

이남순(1988), 『국어의 부정격과 격표지 생략』, 탑출판사.

이남순(1996), 「특수조사의 통사기능」, 『진단학보』 82, 217~235.

이남순(1998), 「격표지의 비실현과 생략」, 『국어학』 31, 339~360.

이병근(1979), 「주시경의 언어이론과 늣씨」, 『국어학』 8, 29~49.

이병근(1985), 『국어연구의 발자취(Ⅰ)』, 서울대학교 출판부.

이상욱(2004), 「'-음', '-기' 명사형의 단어화에 대한 연구」, 서울대 석사학위논문.

이상욱(2007), 「임시어의 위상 정립을 위한 소고」, 『형태론』 9-1, 47~67.

이선웅(2000), 「국어의 한자어 '관형명사'에 대하여」, 『한국문화』 26, 35~56.

이선웅(2005), 『국어 명사의 논항구조 연구』, 월인.

이선웅(2012), 『한국어 문법론의 개념어 연구』, 월인.

이선희 · 조은(1994), 「통사부의 핵이동에 대하여」, 『우리말글연구』 1, 237~263.

이숭녕(1953), 「격의 독립품사 시비」, 『국어국문학』 3, 49~51.

이숭녕(1954), 『고전문법』, 을유문화사.

이숭녕(1956), 『고등국어문법』, 을유문화사.

이숭녕(1961), 『중세국어문법』, 을유문화사.

이양혜(2000), 『국어의 파생접사화 연구』, 도서출판 박이정.

이영경(2008), 「'오래'와 '오래다'의 문법적 위상에 대하여」, 『형태론』 10-1, 1~18.

이영제(2014), 「명사류의 명사성 판단 규준과 어근적 단어」, 『국어학』 72, 289~321.

이은섭(2004), 「동작 동사 파생과 동작성-'-거리-', '-대-', '-이-'의 동작성 구명을 중심으로-」, 『정신문화연구』 27-3, 115~136.

이은섭(2007), 「형식이 삭감된 단위의 형태론적 정체성」, 『형태론』 9-1, 93~113.

이익섭(1975/1993), 「국어 조어론의 몇 문제」, 『형태』, 25~43.

이익섭(2005), 『한국어문법』, 서울대학교출판부.

이익섭 · 채완(1999), 『국어문법론강의』, 학연사.

이정훈(2002), 「국어 어순의 통사적 성격」, 『어문연구』 113, 93~113.

이지양(1993), 「국어의 융합현상과 융합형식」, 서울대 박사학위논문.

이현희(1996), 「중세국어 부사 '도로'와 '너무'의 내적 구조」, 『이기문교수 정년퇴임기념논총』, 신구문화사, 644~659.

이현희(2006), 「'멀리서'의 통시적 문법」, 『관악어문연구』 31, 25~93.

이호승(2001), 「단어형성과정의 공시성과 통시성」, 『형태론』 3-1, 113~119.

이 훈(2003), 「통사적 접사 설정에 대한 비판적 검토」, 『어문연구』 31-3, 121~145.

이희승(1949), 『초급국어문법』, 박문출판사(역대한국문법대계 ① 85).

이희승(1955), 「삽요어(음)에 대하여」, 『서울대학교 논문집』 2, 45~61.

이희자(1997), 「'준말'과 '줄어든 꼴'과 '줄인 꼴'」, 『사전편찬학연구』 7, 19~42.

임동훈(1995), 「통사론과 통사 단위」, 『어학연구』 31-1, 87~138.

임동훈(2004), 「한국어 조사의 하위 부류와 결합 유형」, 『국어학』 43, 119~154.

임동훈(2010), 「현대국어 어미 '느'의 범주와 변화」, 『국어학』 59, 3~44.

임지룡(2004), 「국어에 내재한 도상성의 양상과 의미 특성」, 『한글』 266, 169~205.

임홍빈(1979), 「용언의 어근분리 현상에 대하여」, 『언어』 4-2, 55~76.

임홍빈(1981), 「사이시옷 문제의 해결을 위하여」, 『국어학』 10, 1~35.

임홍빈(1982), 「기술보다는 설명을 중시하는 형태론의 기능 정립을 위하여」, 『한국학보』 26, 168~192.

임홍빈(1987), 『국어의 재귀사 연구』, 신구문화사.

임홍빈(1989/1993), 「통사적 파생에 대하여」, 『형태』, 183~226.

임홍빈(1997), 「국어 굴절의 원리적 성격과 재구조화-'교착소'와 '교착법'의 설정을 제안하며-」, 『관악어문연구』 22, 93~163.

임홍빈(1999a), 「국어 명사구와 조사구의 통사 구조에 대하여」, 『관악어문연구』 24, 1~62.

임홍빈(1999b), 「가변 중간 투사론-표면구조 통사론을 위한 제언-」, 『제26회 국어학회 공동연구회 발표논문집』, 127~147.

임홍빈(2001), 「국어 품사 분류의 몇 가지 문제에 대하여」, 『한국언어학회 2001년 겨울 연구회 주제발표 논문자료집』.

임홍빈(2007a), 「한국어 무조사 명사구의 통사와 의미」, 『국어학』 49, 69~106.

임홍빈(2007b), 「어순에 관한 언어 유형적 접근과 한국어의 기본 어순」, 『서강인문논총』 22, 53~120.

임홍빈·장소원(1995), 『국어문법론 I』, 한국방송통신대학교출판부.

장윤희(1999), 「공형태 분석의 타당성 검토」, 『형태론』 1-2, 227~244.

장윤희(2006), 「중세국어 비통사적 합성동사와 관련된 몇 문제」, 『이병근선생퇴임기념 국어학논총』, 623~641.

장하일(1947), 『중등새말본』, 교재연구사(역대한국문법대계 ① 74).

전상범(1995), 『형태론』, 한신문화사.

전상범·김영석·김진형 역(1994), 『형태론』, 한신문화사.

전철웅(1976), 『현대 한국어의 경음화 연구』, 서울대 석사학위논문.

전철웅(1990), 「사이시옷」, 『국어연구 어디까지 왔나』, 동아출판사, 186~194.

전후민(2011), 「'-느-'의 형태소 분석에 대하여-'-느-'의 이형태 교체를 중심으로-」, 『형태론』 13-2, 311~333.

정렬모(1946), 『신편고등국어문법』, 한글문화사(역대한국문법대계 ① 61).

정승철(2003), 「『국어문법』(주시경)과 English Lessons」, 『국어국문학』 134, 73~97.

정시호(1994), 『어휘장이론연구』, 경북대학교 출판부.

정시호(2000), 「가족유사성 개념과 공통속성−어휘장 이론과 관련하여−」, 『한국어 내용론』 7, 491~520.

정한데로(2008), 「국어 복합어의 등재와 어휘화 연구」, 서강대 석사학위논문.

정한데로(2010), 「문법 차원의 등재에 대한 연구」, 『형태론』 12-1, 1~22.

정한데로(2011), 「임시어의 형성과 등재−'통사론적 구성의 단어화'를 중심으로−」, 『한국어학』 52, 211~241.

정한데로(2015), 『한국어 등재소의 형성과 변화』, 태학사.

조남호(1988), 「현대국어의 파생접미사 연구−생산력이 높은 접미사를 중심으로−」, 서울대 석사학위논문.

주경희(2000), 「'좀'과 '조금'」, 『국어학』 36, 379~399.

주시경(1905), 『국문문법』(역대한국문법대계 ① 107).

주시경(1908), 『말』(역대한국문법대계 ① 08).

주시경(1909), 『고등국어문전』(역대한국문법대계 ① 09).

주시경(1910), 『국어문법』, 박문서관(역대한국문법대계 ① 11).

주시경(1911), 『조선어문법』, 신구서림, 박문서관(역대한국문법대계 ① 111).

주시경(1913), 『조선어문법』, 신구서림, 박문서관(역대한국문법대계 ① 12).

주시경(1914), 『말의소리』, 신문관(역대한국문법대계 ① 13).

채 완(1985), 「병렬의 어순과 사고방식」, 『국어학』 14, 463~477.

채 완(1986), 『국어 어순의 연구』, 탑출판사.

채 완(1990), 「국어 어순의 기능적 고찰」, 『동대논총』 20, 103~119.

채 완(2003), 『한국어의 의성어와 의태어』, 서울대학교 출판부.

채현식(1994), 「국어 어휘부의 등재소에 관한 연구」, 서울대 석사학위논문.

채현식(1999), 「조어론의 규칙과 표시」, 『형태론』 1-1, 25~42.

채현식(2000), 「유추에 의한 복합명사 형성 연구」, 서울대 박사학위논문.

채현식(2001), 「한자어 연결 구성에 대하여」, 『형태론』 3-2, 241~263.

채현식(2003a), 「대치에 의한 단어 형성」, 『형태론』 5-1, 1~21.

채현식(2003b), 『유추에 의한 복합명사 형성 연구』, 태학사.

채현식(2006a), 「규칙과 유추의 틀」, 『이병근선생퇴임기념국어학논총』, 태학사, 567~583.

채현식(2006b), 「합성명사에서의 의미 전이와 관습화」, 『한국언어문학』 58, 5~23.

채현식(2006c), 「은유표현의 해석과 유추−심리과정을 중심으로−」, 『한말연구』 19, 377~397.

채현식(2007), 「어휘부의 자기조직화」, 『한국언어문학』 63, 137~155.

채현식(2009), 「용례 기반 이론에서의 어휘 지식 표상」, 『형태론』 11-2, 269~286.

채현식(2010), 「정보의 처리와 표상의 측면에서 본 괄호매김역설」, 『한국언어문학』 74, 147~169.

채현식(2012), 「계열관계에 기반한 단어 분석과 단어 형성」, 『형태론』 14-2, 208~232.

최경봉(1995), 「국어 명사 관형구성의 의미결합 관계에 대한 고찰」, 『국어학』 26, 33~58.

최광옥(1908), 『대한문전』, 안악서면회(역대한국문법대계 ① 05).

최규수(1992), 「주시경 문법에서 굴곡가지의 처리」, 『우리말연구』 2, 3~31.

최규수(1996), 「주시경의 토를 다루는 방식과 그 계승」, 『한글』 232, 59~98.

최규수(2005), 『주시경 문법론과 그 뒤의 연구들』, 도서출판 박이정.

최낙복(1988), 「주시경 말본의 형태론 연구」, 동아대 박사학위논문.

최낙복(2008), 「주시경 학문 연구의 역사」, 『한글』 281, 145~178.

최명옥(2006), 「국어의 공시형태론」, 『이병근선생퇴임기념국어학논총』, 태학사, 13~39.

최명옥(2008), 『현대 한국어의 공시형태론-경주지역어를 실례로-』, 서울대학교 출판부.

최상진(1992), 「복합명사 어순에 있어서의 공감도 연구」, 『언어연구』 11, 53~69.

최현배(1930), 「조선어의 품사분류론」, 『조선어문연구』(연희전문학교문과논문집 제1집), 51~99(역대한국문법대계 ① 44).

최현배(1937/1975), 『우리말본(다섯번째 고침)』, 정음사.

최현배(1967), 『새로운 중학말본』, 정음사.

최형강(2009), 「'형성소'와 '어근' 개념의 재고를 통한 '어근 분리 현상'의 해석」, 『국어학』 56, 33~60.

최형용(1997), 「형식명사·보조사·접미사의 상관관계」, 서울대 석사학위논문.

최형용(1999), 「국어의 단어 구조에 대하여」, 『형태론』 1-2, 245~260.

최형용(2000), 「단어 형성과 직접 성분 분석」, 『국어학』 36, 161~190.

최형용(2002a), 「형태소와 어소 재론」, 『문법과 텍스트』(고영근선생정년퇴임논총), 서울대학교출판부, 263~276.

최형용(2002b), 「어근과 어기에 대하여」, 『형태론』 4-2, 301~318.

최형용(2003a), 『국어 단어의 형태와 통사-통사적 결합어를 중심으로-』, 태학사.

최형용(2003b), 「'줄임말'과 통사적 결합어」, 『국어국문학』 135, 191~220.

최형용(2004a), 「파생어 형성과 빈칸」, 『어학연구』 40-3, 619~636.

최형용(2004b), 「단어 형성과 음절수」, 『국어국문학』 138, 183~205.

최형용(2004c), 「격조사의 핵성에 대하여」, 『우리말 연구 서른아홉 마당(임홍빈선생회갑기념논총)』, 401~418.

최형용(2005a), 「단어 형성에 있어서의 조사와 어미」, 『한국언어학회 2005년 겨울학술대회발표논문집』.

최형용(2005b), 「의미 중심 단어 형성론─황화상, 『국어 형태 단위의 의미와 단어 형
  성』(2001) 다시 읽기─」, 『형태론』 7-2, 469~488.

최형용(2006a), 「합성어 형성과 어순」, 『국어국문학』 143, 235~272.

최형용(2006b), 「'술래잡기'에 대하여」, 『이병근선생퇴임기념 국어학논총』, 1019~1033.

최형용(2006c), 「한자 접사와 고유어 접사의 대응 양상에 대하여」, 『한중인문학연구』
  19, 339~361.

최형용(2007a), 「동의 충돌에 따른 의미 변화의 한 양상에 대하여」, 『국어학』 50,
  329~355.

최형용(2007b), 「한국어 형태론의 유형론─하스펠마트(2002), Understanding Morphology
  를 중심으로─」, 『형태론』 9-2, 375~401.

최형용(2008), 「국어 동의파생어 연구」, 『국어학』 52, 27~53.

최형용(2009a), 「현대 국어의 사이시옷은 과연 형태소인가」, 『형태론』 11-1, 61~78.

최형용(2009b), 「국어의 비접사 부사 형성에 대하여」, 『정신문화연구』 32-1, 3~26.

최형용(2009c), 「한국어 형태론의 유형론적 보편성과 특수성─하스펠마트(2002)와 관
  련하여─」, 『형태론』 11-2, 425~438.

최형용(2010), 「품사의 경계─조사, 어미, 어근, 접사를 중심으로─」, 『한국어학』 47,
  61~92.

최형용(2011a), 「한국어의 형태론적 현저성에 대하여」, 『형태론』 13-1, 1~28.

최형용(2011b), 「형태론과 어휘─어휘적 단어, 어휘부, 어휘 관계를 중심으로─」, 『관
  악어문연구』 36, 6~48.

최형용(2012a), 「분류 기준에서 본 주시경 품사 체계의 변천에 대하여」, 『국어학』 63,
  313~340.

최형용(2012b), 「유형론적 관점에서 본 한국어의 품사 분류 기준에 대하여」, 『형태론』
  14-2, 233~263.

최형용(2013a), 「어휘부와 형태론」, 『국어학』 66, 361~413.

최형용(2013b), 「구성 형태론은 가능한가─보이(2010), Construction Morphology를 중심
  으로─」, 『형태론』 15-1, 82~114.

최형용(2013c), 『한국어 형태론의 유형론』, 박이정.

최형용(2014a), 「'덧셈', '뺄셈', '곱셈', '나눗셈'의 형태론─어휘장 형태론을 제안하
  며─」, 『형태론』 16-1, 1~23.

최형용(2014b), 「복합어 구성 요소의 의미 관계에 대하여」, 『국어학』 70, 85~115.

최형용(2014c), 「안확과 수사─초판본 <조선문법>(1917)을 중심으로─」, 『한중인문학
  연구』 44, 231~254.

최형용(2015a), 「형태론의 융합과 유형」, 『국어국문학』 170, 139~178.

최형용(2015b), 「문법에서 유추의 역할은 무엇인가─블레빈스 외 편(2009), Analogy in

Grammar를 중심으로-」, 『형태론』 17-2, 285~335.

최형용(2015c), 「학교 문법 교과서의 품사 분류에 대한 비판적 고찰」, 『언어와 정보
사회』 26, 507~548.

최형용 외(2015), 『한국어 연구와 유추』, 역락.

최형용・劉婉瑩(2015), 「한중일 품사 대조를 위한 품사 분류 기준 설정」, 『어문연구』
43-2, 117~149.

하세경・문양수(2005), 「국어의 사잇소리 현상과 최적성 이론」, 『언어학』 41, 267~303.

한글학회 편(1991), 『우리말 큰사전』, 어문각.

한정한(2003), 「격조사는 핵이 아니다」, 『한글』 260, 149~182.

한정한(2011), 「통사 단위 단어」, 『국어학』 60, 211~232.

허 웅(1963), 『언어학 개론』, 정음사.

허 웅(1963), 『언어학개론』, 정음사.

허 웅(1975), 『우리 옛말본』, 샘문화사.

홍기문(1927), 「조선문전요령」, 『현대평론』 1~5(역대한국문법대계 ① 38).

홍기문(1946), 『조선문법연구』, 서울신문사(역대한국문법대계 ① 39).

홍윤표(1994), 『근대국어연구(Ⅰ)』, 태학사.

홍윤표(1995), 「국어사 시대구분의 문제점과 문법사의 측면에서 본 시대구분」, 『국어
학』 25, 319~333.

홍재성(1990), 「어휘부 구성의 기본 문」, 『어학연구』 26-1, 247~252.

황도생(1991), 「명사의 파생체계에 나타난 빈칸의 문제」, 『주시경학보』 7, 140~149.

황화상(2001), 『국어 형태 단위의 의미와 단어 형성』, 월인.

황화상(2010), 「단어형성 기제로서의 규칙에 대하여」, 『국어학』 58, 61~91.

Ackema, P. & Neeleman, A.(2004), *Beyond Morphology*, New York : Oxford University
Press.

Ackema, P. & Neeleman, A.(2007), Morphology≠Syntax, In G. Ramchand & C. Reiss(eds.)
The Oxford Handbook of Linguistic Interfaces, New York : Oxford University
Press, 325~352.

Aikhenvald, A. Y.(2007), Typological distinctions in word-formation, In T.
Shopen(eds.)(2007), *Language Typology and Syntactic Description*(2nd ed.) Vol.
3, *Grammatical Categories and the Lexicon*, Cambridge : Cambridge University
Press.

Anderson, S. R.(1982), Where's Morphology?, *Linguistic Inquiry* 13, 571~612.

Anderson, S. R.(1992), *A-Morphous Morphology*, Cambridge : Cambridge University Press.

Anward, J.(2000), A dynamic model of part-of-speech differentiation, in P. M. Vogel &
B. Comrie(eds.), *Approaches to the typology of word Classes*, Berlin : Mouton de

Gruyter, 3~45.

Anward, J.(2001), Parts of speech, In M. Haspelmath & E. König & W. Oesterreicher & W. Raible(eds.) *Language Typology and Language Universals*, Berlin; New York : Walter de Gruyter.

Anward, J. & Moravcsik, E. A. & Stassen, L.(1997), Parts of Speech : A Challenge for Typology, *Linguistic Typology* 1, 167~183.

Aronoff, M.(1976), *Word Formation in Generative Grammar*, Cambridge, Mass : MIT Press.

Aronoff, M.(1994), *Morphology by Itself*, Cambridge, Mass : MIT Press.

Aronoff, M. & F. Anshen(1998), Morphology and the lexicon : lexicalization and productivity, in A. Spencer & A.M. Zwicky(eds.). *The Handbook of morphology*, Oxford : Blackwell, 237~247.

Baker, M.(1988), *Incorporation : A Theory of Grammatical Function Changing*, Chicago : The University of Chicago Press.

Bauer, L.(1988), *Introducing Linguistic Morphology*, Edinburgh : Edinburgh University Press.

Bauer, L.(2001), Compounding, In Martin Haspelmath & Ekkehard König & Wulf Oesterreicher & Wolfgang Raible(eds.), *Language Typology and Language Universals* Vol. 1, Berlin · New York : Walter de Gruyter, 695~707.

Bhat. D. N. S.(2004), *Pronouns*, Oxford : Oxford University Press.

Bhat. D. N. S.(2005), Third—person Pronouns and Demonstratives, In Haspelmath et als.(eds.), *The World Atlas of Language Structure*, Oxford : Oxford University Press, 178~181.

Bickel, B. & Nichols, J.(2005), Inflectional Synthesis of the Verb, In Haspelmath et als.(eds.), *The World Atlas of Language Structure*, Oxford : Oxford University Press, 174~175.

Bisang, W.(2011), Word Classes, in J. J. Song(eds.), *The Oxford Handbook of Linguistic Typology*, Oxford : Oxford University Press.

Bloomfield, L.(1933), *Language*, New York : Holt.

Booij, G.(2005), *The Grammar of Words*, New York : Oxford University Press.

Booij, G.(2010), *Construction Morphology*, New York : Oxford University Press.

Brown, D.(2011), Morphological Typology, in Jae Jung Song(eds.), *The Oxford Handbook of Linguistic Typology*, New York : Oxford University Press, 487~503.

Bybee, J.(1985), *Morphology*, Amsterdam : Benjamins.

Bybee, J.(2001), *Phonology and Language Use*, Cambridge : Cambridge University press.

Bybee, J.(2010), *Language, Usage and Cognition*, Cambridge : Cambridge University Press.

Bybee, J. & W. Pagliuca & R. Perkins(1990), On the Asymmetries in the Affixation of

Grammatical Material, In W. Croft & K. Denning & S. Kemmer(eds.), *Studies in Typology and Diachrony : Papers presented to Joseph H. Greenberg on His 75th Birthday*, Amsterdam : Benjamins.

Chomsky, N.(1970), Remarks on Nominalization, In R. A. Jacobs & P. S. Rosenbaum(eds.), *Readings in English Transformational Grammar*, Ginn and Company, 184~221.

Chomsky, N.(1995), *The Minimalist Program*. Cambridge : The MIT Press.

Clark, E. V.(1993), *The Lexicon in Acquisition*, Cambridge : Cambridge University Press.

Comrie, B.(1989), *Language Universals and Linguistic Typology(2nd)*, Chicago : University of Chicago Press.

Comrie, B.(2005), Numeral Bases, In Haspelmath et als.(eds.), *The World Atlas of Language Structure*, Oxford : Oxford University Press, 530~531.

Croft, W.(1990), *Typology and universals*, Cambridge : Cambridge University Press.

Croft, W.(2000), Parts of speech as language universals and as language — particular categories, in : P. M. Vogel & B. Comrie(eds.), *Approaches to the typology of word Classes*, Berlin : Mouton de Gruyter, 65~102.

Croft, W.(2001), *Radical Construction Grammar : syntactic theory in typological perspective*, Oxford : Oxford University Press

Cysouw, M.(2005), Inclusive/Exclusive Distinctions in Independent Pronouns and Verbal Inflection, In Haspelmath et als.(eds.), *The World Atlas of Language Structure*, Oxford : Oxford University Press, 162~169.

Daniel, M.(2005), Plurality in Independent Personal Pronouns, In Haspelmath et als.(eds.), *The World Atlas of Language Structure*, Oxford : Oxford University Press, 146~149.

Di Sciullo, A. M. & E. Williams(1987), *On the Definition of Word*, Cambridge. MA : MIT Press.

Dixon, R. M. W.(2010a), *Basic Linguistic Theory* Vol. 1, *Methodology*, Oxford : Oxford University Press.

Dixon, R. M. W.(2010b), *Basic Linguistic Theory* Vol. 2, *Grammatical Topics*, Oxford : Oxford University Press.

Dixon, R. M. W.(2010c), *Basic Linguistic Theory* Vol. 3, *Further Grammatical*, Oxford : Oxford University Press.

Dixon, R. M. W. & A. Y. Aikhenvald(eds.)(2002), *Word : A Cross — Linguistic Typology*, Cambridge : Cambridge University Press.

Dryer, M. S.(1988), Object — Verb Order and Adjective — Noun Order : Dispelling a Myth,

Lingua 74, 185~217.

Dryer, M. S.(1989), Universals of Negative Position, In M. Hammond et als.(eds.), *Studies in Syntactic Typology*(Typological Studies in Language 17), Amsterdam : Benjamins.

Dryer, M. S.(1992), The Greenbergian Word Order Correlations, *Language* 68, 81~138.

Dryer, M. S.(2005a), Prefixing versus Suffixing in Inflectional Morphology, In Haspelmath et als.(eds.), *The World Atlas of Language Structure*, Oxford : Oxford University Press, 110~111.

Dryer, M. S.(2005b), Order of Subject, Object, and Verb, In Haspelmath et als.(eds.), *The World Atlas of Language Structure*, Oxford : Oxford University Press, 330~331.

Dryer, M. S.(2005c), Expression of Pronominal Subjects, In Haspelmath et als.(eds.), *The World Atlas of Language Structure*, Oxford : Oxford University Press, 410~413.

Gale, J. S.(1894), *Korean Grammatical Forms*, Yokohama(역대한국문법대계 ② 14, 15).

Gil, D.(2005a), Distributive Numerals, In Haspelmath et als.(eds.), *The World Atlas of Language Structure*, Oxford : Oxford University Press, 222~223.

Gil, D.(2005b), Numeral Classifiers, In Haspelmath et als.(eds.), *The World Atlas of Language Structure*, Oxford : Oxford University Press, 226~227.

Goldberg, A. E.(1995), *Constructions : A Construction Grammar Approach to Argument Structure*, Chicago : The University of Chicago Press.

Goldberg, A. E.(2006), *Constructions at work : the nature of generalization in language*, Oxford : Oxford University Press.

Goldberg, A. E.(2009), The nature of generalization in language, *Cognitive Linguistics* 20-1, 93~127.

Greenberg, J. H.(1954), A quantitative approach to the morphological typology of language, In : Spencer, R.(eds.) *Method and Perspective in Anthropology*, Minneapolis : University of Minnesota Press, 192~220.

Greenberg, J. H.(eds.)(1966), *Universals of Language*, Cambridge, MA : MIT Press.

Greenberg, J. H.(1974), *Language Typology : a Historical and Analytic Overview*, The Hague : Mouton.

Halle, M.(1973), Prolegomena to a Theory of Word Formation, *Linguistic Inquiry* 4-1, 3~16.

Halpern, A. L.(1998), Clitics, In A. Spencer and A. M. Zwicky(eds.), *The Handbook of Morphology*. Oxford : Blackwell, 101~122.

Handke, J.(1995), *The Structure of the Lexicon : human versus machine*, Berlin : Mouton de Gruyter.

Haspelmath, M.(2001), The European linguistic area : Standard Averafe European, In Martin Haspelmath & Ekkehard König & Wulf Oesterreicher & Wolfgang Raible(eds.), *Language Typology and Language Universals* Vol. 2, Berlin · New York : Walter de Gruyter, 1492~1510.

Haspelmath, M.(2002), *Understanding Morphology*, London : Arnold.

Haspelmath, M. et als.(eds.)(2001a), *Language Typology and Language Universals* Vol. 1, Berlin · New York : Walter de Gruyter.

Haspelmath, M. et als.(eds.)(2001b), *Language Typology and Language Universals* Vol. 2, Berlin · New York : Walter de Gruyter.

Haspelmath, M. et als.(eds.)(2005), *The World Atlas of Language Structure*, Oxford : Oxford University Press.

Hawkins, J. A.(1983), *Word Order Universals*, New York : Academic Press.

Helmbrecht, J.(2005), Politeness Distinctions in Pronouns, In Haspelmath et als.(eds.), *The World Atlas of Language Structure*, Oxford : Oxford University Press, 186~189.

Inkelas, S. & Zoll, C.(2005), *Reduplication*, Cambridge : Cambridge University Press.

Jackendoff, R.(2008), Construction after construction and its theoretical challenges, *Language* 84-1, 8~28.

Jae Jung Song(2001), *Linguistic Typology —Morphology and Syntax—*, Addison : Wesley.(김기혁 옮김(2009), 『언어유형론-형태론과 통사론-』, 보고사.)

Jang, Yong—Seon and Sung—won Bang(1996), On constraining incorporation in Korean word formation, Paper presented at the 10th International Conference on Korean Linguistics, Australia : Griffith University.

Julien, M.(2007), On the Relation between Morphology and Syntax, In G. Ramchand & C. Reiss(eds.), *The Oxford Handbook of Linguistic Interfaces*, New York : Oxford University Press, 209~238.

Katamba, F.(1993), *Morphology*, London : The Macmillan Press.

Kiparsky, P.(1982), *Word formation and the lexicon*, F. Ingemann(eds.) Proceedings of the 1982 Mid—American Linguistics Conference, Lawrence : University of Kansas.

Lees, R.(1960), *The Grammar of English Nominalization*, The Hague : Mouton.

Lehman W. P.(1973), A Structural Principle of Language and Its Implications, *Language* 49, 47~66.

Lehman W. P.(1978), Conclusion : Toward an Understanding of the Propound Unity Underlying Languages, In W. P. Lehman(eds.), *Syntactic Typology*, Austin : The University of Texas Press.

Lieber, R.(1992), *Deconstructing Morphology : Word Formation in Syntactic Theory*, Chicago : The University of Chicago Press.

Martin, Samuel E.(1954), *Korean Morphophonemics*, Baltimore : Linguistic Society of America (역대한국문법대계 ② 79).

Matthews, P. H.(1991), *Morphology*(2nd), Cambridge : Cambridge University press.

Micelli G. & A. Caramazza(1988), Dissociation of Inflectional and Derivational Morphology, *Brain and Language* 35, 24~65.

Mugdan, J.(1986), Was ist eigentlich ein Morphem?, *Zeitschrift für Phonetik, Sprachwissenschaft und Kommunikationsforschung* 39, 29~43.

Nichols, J.(1986), Head—Marking and Dependent—Marking Grammar, *Language* 62, 56~119.

Nichols, J. & Bickel, B.(2005a), Locus of Marking in the Clause, In Haspelmath et als.(eds.), *The World Atlas of Language Structure*, Oxford : Oxford University Press, 98~99.

Nichols, J. & Bickel, B.(2005b), Locus of Marking in Possessive Noun Phrases, In Haspelmath et als.(eds.), *The World Atlas of Language Structure*, Oxford : Oxford University Press, 102~103.

Nichols, J. & Bickel, B.(2005c), Locus of Marking : Whole—language Typology, In Haspelmath et als.(eds.), *The World Atlas of Language Structure*, Oxford : Oxford University Press, 106~107.

Nichols, J. & Peterson, D. A.(2005), Personal Pronouns, In Haspelmath et als.(eds.), *The World Atlas of Language Structure*, Oxford : Oxford University Press, 546~549.

Plag, I.(2003), *Word—Formation in English*, Cambridge : Cambridge University Press.

Ramstedt, G. J.(1928), Remarks on the Korean Language, Mémoires de le Société Finno—ougrienne Vol. 58, 441~453, Helsinki : Suomalais—Ugrilainen Seura(역대한국문법대계 ② 16).

Ramstedt, G. J.(1939), *A Korean Grammar*, Mémoires de le Société Finno—ougrienne Vol. 82, Helsinki : Suomalais—Ugrilainen Seura(역대한국문법대계 ② 18).

Ramstedt, G. J.(1968), *A Korean Grammar*, Memoirs of the Finno—Ugric Society 82, Anthropological Publications.

Ridel, F.(1881), *Grammaire Coréenne*, Yokohama(역대한국문법대계 ② 19).

Rubino, C.(2005), *Reduplication, The World Atlas of Language Structure*, Oxford : Oxford University Press, 114~115.

Sapir, E.(1921), *Language*, New York : Harcourt, Brace and World.

Scalise, S.(1984), *Generative Morphology*, Dordrecht : Foris.(전상범 역(1987), 『생성형태론』, 한신문화사.)

Shopen, T.(eds.)(1985), *Language typology and syntactic description*(vol 3. Grammatical categories and the lexicon), Cambridge : Cambridge University Press.

Sohn, H. M.(1999), *The Korean Language*, Cambridge : Cambridge University Press.

Song, J. J.(1991), On Tomlin, and Manning and Maker on Basic Word Order, *Language Sciences* 13, 89~97.

Song, J. J.(2001), *Linguistic Typology : Morphology and Syntax*, Harlow : Longman.(김기혁 옮김(2009), 『언어유형론－형태론과 통사론－』, 보고사.)

Song, J. J.(eds.)(2011), *The Oxford Handbook of Linguistic Typology*, Oxford : Oxford University Press.

Song, J. M.(2011), Verbal Inflections in Korean and Mongolian : a Contrastive Analysis, *The Journal of Studies in Language* 27-1, 99~116.

Spencer, A.(1991), *Morphological Theory : An Introduction to Word Structure in Generative Grammar*, Oxford : Blackwell.

Stassen, L.(2005), Comparative Consructions, *The World Atlas of Language Structure*, Oxford : Oxford University Press, 490~491.

Stolz, T.(1996), Some instruments are really good companions－some are not : On syncretism and the typology of instrumentals and comitatives, *Theoretical Linguistics* 23.1-2, 113~200.

Stolz, T.(2001), Ordinalia－Linguistisches Neuland : Ein Typologenblick auf die Beziehung zwischen Kardinalia und Ordinalia und die Sonderstellung von EINS und ERSTER, In Birgit Igla & Thomas Stolz(eds.), *Was ich noch sagen wollte ... Festschrift für Norbert Boretzky zu seinem 65, Geburtstag*, Berlin : Akademie－Verlag.

Stoltz, T. & Veselinova, L. N.(2005), Ordinal Numerals, In Haspelmath et als.(eds.), *The World Atlas of Language Structure*, Oxford : Oxford University Press, 218~219.

Tallerman, M.(2005), *Understanding Syntax*(2nd), London : Hodder Arnold.

Tomlin, R. S.(1986), *Basic Word Order*, Croom Helm : Kent.

Underwood, H. G.(1890), *An Introduction to the Korean Spoken Language*, Yokohama(역대한 국문법대계 ② 11, 12).

Whaley, L. J.(1997), *Introduction to Typology : The Unity and Diversity of Language*, Sage Publications.(김기혁 옮김(2010), 『언어유형론—언어의 통일성과 다양성』, 소통.)

Wierzbicka, A.(2000), Lexical prototypes as a universal basis for cross—linguistic identification of "parts of speech", in : P. M. Vogel & B. Comrie(eds.), *Approaches to the typology of word Classes*, Berlin : Mouton de Gruyter, 285~317.

찾아보기

저자 최형용(崔炯龍)

서울대학교 국어국문학과를 졸업하고 동대학원에서 석사, 박사 학위를 받았다. 공군사
관학교 교수부 국어과 교관, 전임강사를 거쳐 아주대학교 인문과학대학 국어국문학전
공 교수를 지냈다. 현재 이화여자대학교 인문과학대학 국어국문학과 교수로 있다.

저서 『국어 단어의 형태와 통사 - 통사적 결합어를 중심으로 - 』
    『주시경 국어문법의 교감과 현대화』(공저)
    『한국어 형태론의 유형론』
    『한국어 연구와 유추』(공저)
    『한국어 분류사 연구』(공저)
    『한국어 의미 관계 형태론』
    『표준 국어문법론』(전면개정판, 공저) 등

논문 「파생어 형성과 빈칸」
    「합성어 형성과 어순」
    「국어의 비접사 부사 형성에 대하여」
    「국어 동의파생어 연구」
    「현대 국어의 사이시옷은 과연 형태소인가」
    「한국어의 형태론적 현저성에 대하여」
    「유형론적 관점에서 본 한국어의 품사 분류 기준에 대하여」
    「'덧셈', '뺄셈', '곱셈', '나눗셈'의 형태론 - 어휘장 형태론을 제안하며 - 」
    「복합어 구성 요소의 의미 관계에 대하여」
    「학교 문법 교과서의 품사 분류에 대한 비판적 고찰」 등

한국어 형태론

초판 1쇄 발행 2016년 2월 19일
재판 1쇄 발행 2016년 8월 19일
재판 2쇄 발행 2019년 3월 22일

저 자 최형용
펴낸이 이대현
편 집 권분옥

펴낸곳 도서출판 역락
주소 서울시 서초구 동광로 46길 6-6 문창빌딩 2층
전화 02-3409-2058, 2060
팩스 02-3409-2059
등록 1999년 4월 19일 제303-2002-000014호.
이메일 youkrack@hanmail.net
역락블로그 http://blog.naver.com/youkrack3888

값 26,000원
ISBN 979-11-5686-300-7 93710

* 파본은 구입처에서 교환해 드립니다.

이 도서의 국립중앙도서관 출판예정도서목록(CIP)은 서지정보유통지원시스템 홈페이지(http://seoji.nl.go.kr)와 국
가자료공동목록시스템(http://www.nl.go.kr/kolisnet)에서 이용하실 수 있습니다.(CIP제어번호: CIP2016004508)